烛之舞

杨青兰 著

沈阳出版发行集团

Ⓜ 沈阳出版社

图书在版编目（CIP）数据

烛之舞 / 杨青兰著. -- 沈阳：沈阳出版社，
2020.4

ISBN 978-7-5441-8011-5

Ⅰ.①烛… Ⅱ.①杨… Ⅲ.①学校教育－研究 Ⅳ.
①G4

中国版本图书馆CIP数据核字(2020)第047250号

出版发行：沈阳出版发行集团 | 沈阳出版社
（地址：沈阳市沈河区南翰林路 10 号　邮编：110011）
网　　址： http://www.sycbs.com
印　　刷： 三河市华晨印务有限公司
幅面尺寸： 170mm × 240mm
印　　张： 20.5
字　　数： 450 千字
出版时间： 2020 年 4 月第 1 版
印刷时间： 2020 年 4 月第 1 次印刷
责任编辑： 周　阳
封面设计： 优盛文化
版式设计： 优盛文化
责任校对： 赵秀霞
责任监印： 杨　旭

书　　号： ISBN 978-7-5441-8011-5
定　　价： 89.00 元

联系电话： 024-24112447
E－mail： sy24112447@163.com

本书若有印装质量问题，影响阅读，请与出版社联系调换。

序1

匠心台上烛之舞

何谓教育？教育，是事业、是科学、是艺术（教育家吕型伟教授语）。教育是痛苦的，追求事业、寻求科学、探求艺术，一如奋战在向日葵的田畴里的凡·高，殚精竭虑地去描绘生命的金黄！然而，无人喝彩，无人理解，无人重视！虽然，《向日葵》最终成为稀世珍品，可，那是凡·高生命的绝唱，那是艺术被践踏、生命被鄙视的回响。生前匍匐于地的凡·高，死后终于痛苦地站立成一尊神……

何谓教师？师者，教匠、工匠、心匠。师者是寂寞的，一如赤壁月夜下的苏轼，看见风穿过漆黑的荆棘林中，望见月徘徊于斗牛之间，听见洞箫幽怨泣诉，爱情的曲折，仕途的偃蹇，政治的波谲，冤屈的难鸣，在缺月挂疏桐之夜，他携着水般沉重的失落，寂寞地做着那个神鹤翩跹的梦……

每当我和青兰谈及教育这个宏阔的话题时，她总会用这种诗意的阐释代替烟火的颜色。青兰是理性的，也是感性的，并在这理性与感性交织之中追求她的教育梦想。

青兰的理性，让她能辩证地或超越地看到现实教育之外的某些东西，譬如教育不是眼前的分数而是未来的素养，教育不是整齐划一的"大棚种植"，而是聆听生命拔节的声音……因此，她觉得要适时回眸倾听，她喜欢倾听历届的毕业生进入社会的种种声音，这不仅是分享教育成果的喜悦，更重要的是自己从中捕捉到对教育的某些启示，从出口观照入口，从远点回眸原点，以此不断地调整自己的教育步伐，并点燃属于自己的教育烛光，在烛光摇曳中舞动教育生命的探戈，一跳就是三十年。她从花开跳到花落，从朝霞舞到黄昏，远去了滚滚红尘的喧嚣，深入到寂寞而痛苦的教育筑梦之路……"20岁，在众人纷纷'下海'的时候，她却'休坐乎杏坛之上'，为了'眺望远天杏鹤'，放弃了一趟又一趟'出海'的帆船；30岁，在摇滚的呐喊与歌厅的颤音中，她对着寒苍苍的长夜，守着氤氲的浓茶，一盏青灯，纵情于唐诗的蕴藉幽眇、恣意于宋词的瑰丽典雅中，让芬芳的醇酒酿成血液，让琼浆玉液浸润漂浮的灵魂；40岁，在落霞与股票齐飞的缤纷中，在'犀利哥'与'芙蓉姐姐'的竞相风流里，她却在陶行知的四颗方糖中吮吸，在魏书生的'六步教学法'中蜗行摸索，在于漪的情感课堂中流连忘返"（杨青兰《青舞飞扬》）；50 岁，在京东与淘宝的 B2C 与 C2C 的混战中，在人工智能与无人超市的高潮迭起中，她还一头猛扎在立德树人的大潮中，在核心素养的海浪声中深潜……点燃烛光，即使身处黑暗，也会变成点点星光。康德说过："故我发现其为信仰留余地，则必须否定知识。"青兰在追逐理性之光中，也芟夷了教育现实中某些杂芜之物，腾跃而上，远超数仞，虽然心旌也觉褴褛，但精神之果，却从没有蒙翳……

朱德庸说过："看清楚这个世界，并不能让这个世界变得更好，但可能让你在看清楚这个世界是个怎样的世界后，把自己变得比较好。"青兰的可贵，不是清楚而理性地看待教育，并以"体肤糙砺，棱角分明"来彰显教育的自然粗犷，而是在理性看清教育现实之后，还能感性地热情地拥抱教育。她把"浴乎沂，风乎舞雩，咏而归"的教育理想化为了最深情的陪伴，不揠苗，不助长，走学生"走过的路"，听学生"听过的歌"，尝试学生"曾经做过的一切"，"只是想离学生更近一点"。所以，她牵着"蜗牛"去散步，她看到了凌晨四点的海棠花开。此外，在漫长的教育生涯里，最好的时光，读懂学生也是青兰将教育理想附丽于现实的注脚。她明白，教育是基于了解学生、读懂学生的基础上才有"且听下回分解"的可能。所以，日凿一窍，混沌而死，是倏忽的混沌；"匠石运斤成风，尽垩而鼻不伤，郢人立不失容"，匠石郢人读懂了彼此，才能成全了彼此。青兰是懂学生的，她说："我甚至从他们的颦蹙之间读出心灵的符号。我知道他们的聪明与狡黠，知道那句美丽谎言里的波澜，知道那句漫不经心的话里的温度，知道那句蛮横无理的话里的真诚，知道那喘息之间的脉动。我了解我的学生，我拿起爱的手术刀，去医治那些或张狂、或自卑、或自闭、或蛮横、或散漫、或自大等'先天不足'之症的学生，'扩张、造口、探查、移植、修补、切除、缝合'等一系列动作，精准而又高效。"感性的青兰，让我们探测到了教育者的体温，还有深藏心海的两汪清泉。

本书由三部分构成：第一部分，回眸，听听那声音；第二部分，今天，我陪你长大；第三部分，沟通，从懂你开始。内容或偏于理性的思考，或偏于感性的吟哦，或圆融一体，这既是青兰的文风，更是她的教育气质，不忘初心，守护烛光，在独舞中不惧未来，在众行中不失自我。或许，她的思考还欠成熟；或许，她的行动还略为稚嫩，但是，勤思考，不因人以止；敢行动，不随人以废。不纠结混与清、醒与醉的概念，只是做点有益的思考、实在的行动，即使不能改变什么，但至少能让她懂得了教育有所不为才能有所为，即使过程会寂寞甚至痛苦。但是"没有相当程度的孤独，就不可能有内心的平和"（叔本华），所以世俗倒映了她的一身神清气爽。诗意栖居与充满劳绩的矛盾统一是青兰的一体两面。正如她所说："当我以理想的教育实现教育的理想之时，我便觉得自己是个幸福的人，无愧自己卑微的人生！"

"你看到我的时候，我的心盛放成芍药的样子，芳香凛冽"，于是，"你低头询问我的长久"，我说，一颗宁静与明镜之心，即使烛光微弱，也能摇曳千年！

一口气读完青兰的《烛之舞》，心头浮想联翩，隐隐约约浮现出一幅如同看罢杨丽萍《雀之灵》后如痴如醉般的画面感。于是，有了"匠心台上烛之舞"的感觉。

是为序。

李季

2018 年 12 月 23 日于羊城

注：李季，广东第二师范学院德育研究中心主任、教授，广东省中小学德育研究与指导中心副主任、首席专家兼研究部主任，中国陶行知研究会未来教育专委会理事长。

序2

在那花季雨季的渡口，感激遇到你

"一夜秋雷动，万里云生凉。无端风撼树，点滴雨打窗。堪怜兰柳质，颤立傲青霜。谁记苑边客，风中一株杨。"

提起杨青兰老师，除了自然泛起的孺慕暖意，脑海里出现的便是如上一副形象——大体每逢春雨蒙蒙，或是落叶纷飞的时节，就该担心她的呼吸道了——记得刚上高一时莫名其妙地被她点到办公室，缘分开始……高中三年几度重新分班，与同学们分分合合，我依然在她手下……说起当时让我当语文科代表的原因，她说："缘分吧，当时一看花名册，见你小子语文成绩不怎么样，就你了……"

记得一次次语文课前站在讲台上喊着"安静"等老师从办公室过来，然后我喊"起立"，转身与同学一起点头"老师好"，然后再转身回到位置上……

记得一次次课堂上老师招呼"右使……"（右使，我的绰号），我便条件反射地知道该做什么，出入办公室取那只装着演讲题目的小篮子，或是找那本还没说出名字的参考书……

记得高三备考的日子里，一次次我站在办公室的一角。老师身后，将那一摞摞等身的练习卷数成54张一叠，54张一叠……发下去，几天后又收成54张一叠，54张一叠……放在她案头……

大抵也是出于这点缘分，科代表有幸作为最先拿到书稿者之一，有幸先睹同门师兄弟的文字。感觉就如同宝玉看到龄官画蔷，最后悟到"你们的眼泪，看来我竟不能全得，从此后只是各人得各人的眼泪罢。"嗯，学生之于老师的回忆，诚然也是不能全得的——

高中三年，十六七八的年华，大约是人生最可回忆的时光之一吧，就像横亘在人生长路上的一段河流，这边叫花季，对岸是成年礼，而老师，就是这条河上的摆渡者。一群风华正茂的同学少年，因缘际会来到人生的渡口，或天真贪看河上的风景，或埋头专注彼岸的前路，尽管各自精彩，小小人儿"一句话，一辈子，一生情，一杯酒"，摆渡的老师更是他们在激流中可仰赖的唯一。但在摆渡者眼里，你我那一段段晶莹的花雨年华，只如无量恒河沙数的念珠，在她拈花指中，轻轻划拨……三年轮回，送迎一茬接一茬的生灵，来自王谢堂、百姓家，奔向海之隅、天之涯——这便是老师。是啊，杨老师的回忆，我们是不能全得了。从此后，只是各人得各人的回忆罢了。

然而，杨老师只有大士舍身的慈悲，并无菩萨甚深法力。每回摆渡，每期众生，杨老师均须燃身成烛的心力去完成师生间的一期一会。于是，便有了手上这卷《烛之舞》示现眼前。

Twins 歌中这样唱过："祝福都当诺言，以后怎知变迁？长大当然会善变。"一转眼，乌飞兔走了五千转，当年渡河的我离开高中校园也已十数年。仍然记得，当初备战高考时，年少轻狂不忘赌咒：考完之后得用笔狠狠批判这万恶的高考制度！如你所见，考完之后，这句咒言也随着旧课本，遗留在奔赴大学的行李之后了。随着阅历渐长，加上不时有"没有高考，拿什么拼赢富二代"的金句见诸报端，当日的弘誓大愿，即便还会记起，也都悻悻然背起手躲开了。何况"用笔批判"本身可笑——梁文道说："如果时事评论的目的是为了改变现实，那么现实的屹立不变就是对它最大的嘲讽了。"——今日展卷，才猛省，与教育现实一般屹立不变的，还有老师。我们哼着歌儿各奔西东了，她还战斗在教育的最前线，在斡旋，在平衡：天地之间有杆秤，那秤砣是学生，秤杆子挑着功名如山，你就是那定盘的星……

感激，累世因缘，您从我的世界走过，在那花季雨季的渡口，让我，遇到您。

张鸿捷
2018 年 12 月 7 日

备注：特别感谢钟文坚先生，以及吕丽琨、张鸿捷、黄少平、曹咏彤、蓝文锐等学生的鼎力支持！

目 录

第一部分　回眸、听听那声音

徐霞客在游太华山日记中言："未入关，百里外即见太华屹出云表；及入关，反为冈陇所蔽。"教育的轨迹亦然，从近看，看不出所以然来，要看清来龙去脉，非站远一点不可。

那些年，匆匆走过，"我像麝鹿一样在林荫中奔走，为着自己的香气而发狂"，不曾看见路边的落叶飘飞，不曾细听静夜的蛩音响起，一年一年，书本翕张，学生往来，我的教育似乎永远都在行走，像极了庞德诗中叠加的意象：这些脸在人潮中明灭/朵朵花瓣落在/湿润的/黑粗树枝上（陈彧慜译《在一个地铁车站》）。其实，我走过的只是点滴梦想与零碎的诗行，要把这些零碎的拼块构成教育清晰的拼图，我想需要的是：回眸，听听那声音，看清向来萧瑟之处，究竟是"风雨"还是"晴天"？因为，"萧瑟"处曾有走进你梦想的学生，"萧瑟"处有烙印你诗行的胎记，"萧瑟"处有你深夜与教育和解的泪滴……它记下我们所有的一切，就像帮我们拍了一部纪录片，在循环播放中看清教育的模样！

泰戈尔诗言：权威对世界说道/你是我的/世界便把权势囚禁在她的宝座下面/爱情对世界说道/我是你的/世界便给予爱情以在她屋内来往的自由。是的，教育不是教育者的告诉，而是受教育者的告诉！回眸，听听那声音，你会听到：教育，在门外脉动！

我为何拥有更多的选择权？

李绮群同学说：

我们需要更全面的素质教育，在学校里，应学会基本的生存技能，培养良好的公民道德修养，先学会做人，然后才是做事。我虽然生长在应试教育的年代，但从小就开始寻求多方面的发展，在小学和中学阶段除了刻苦读书、夯实基础之外，我还参加各种社会活动，努力提高自身的综合素质。

青心兰语：选择，是角力与合力

"我要求你读书用功，不是因为我要你跟别人比成就，而是因为，我希望你将来拥有更多选择的权利，选择有意义、有时间的工作，而不是被迫谋生。"龙应台对儿子说的一番话，迅速蔓延到社会各个阶层各个角落，尤其对不少教育者而言，这可是马鞭，扬起来底气十足。

其实，不是每个人都像绮群同学一样拥有来去自如的选择权，很多人在面临抉择时都会磕磕碰碰，甚至有些人一辈子都没有选择权。龙先生的殷殷话语，是对此最好的注脚。

首先，教育者的理念影响着"选择"。"我要求你读书用功"，"要求"即"提出具体愿望或条件，希望做到或实现"或"所提出的具体愿望或条件"。我想，这里的"要求"其实解读是丰富的。想不明白的人，是这样解读"要求"的：教育怎么一定是快乐的？我们凭什么对注定将要接替我们的子孙让步？想得明白的人，是这样解读"要求"的："揍了你钱文忠，你仍然可以成为教授，可对大多数孩子来说呢？可能因为恐惧，因为自卑，他们本来可以展示的天赋与潜能却被'揍'得无影无踪，本来应该拥有更美好的未来被鞭挞得粉碎。"（李镇西）；而更多的是似懂非懂解读"要求"的，所以有教鞭、有冷眼、有讥笑……乱象丛生。因为我们教育实践很大程度上是"他控"而非"自控"，或是两者的混搭，一旦离开外部的力量是不可持续的。（郑也夫）所以，培养选择权的土壤，如果一开始是贫瘠的，就不能奢望我们的学生在这种土壤上"生出"自选权。

其次，受教育者的个体特征影响着"选择"。"我要求你读书用功"，我们的教育把"读书用功"推到极致，"囊萤映雪"就是典范。我并不否认勤奋的重要作用，但是勤奋之后呢，仍然有不少孩子无法满足我们的高要求。因为有天赋的差异，有方法的殊异，为什么师傅敲三下，悟空就知道是"三更"的意思呢？换了一个悟能或悟净，恐怕都不能从"敲三下"联想到"三更时分"去吧？"不勤奋，不努力，不用功"，是批评学生频率最高的词语，也是罔顾教学规律的托词。每个学生都是不一样的烟火，有的擅长阴阳历算，有的擅长颜筋柳骨，有的长袖善舞，而有的平凡甚至平庸。不是每一个人都能实现飞天梦，也不是每一个穿上水晶鞋的姑娘都是灰姑娘。对于弟子言志，孔子能够因材施教，各不相同：哂子路，与曾皙，赞冉有，惜公西华……

所以，教师应承认个体的差异，有的放矢，否则，"不用功"就是教育者对受教育者的最大怠慢。

第三，机遇影响着"选择"。"我希望你将来拥有更多选择的权利"，"更多"一方面说明实力的重要，另一方面也说明机遇的重要。虽然说，实力是机遇的一部分，但远不是全部。当拥有了武松的武艺，你却无虎可打；当"凤凰"想唱成"传奇"，你却没有"星光大道"；当有马云的故事，你却没 Ken 为你打开一扇世界之窗……这也是影响着选择的一个"梗"。绮群同学当然是以实力说话，"中国注册会计师证书""中国注册税务师证书"，其中的付出非常人所能体悟，然而，从普华永道到著名会计师事务所，到著名税务师事务所，到李锦记财务经理，12 个年头，在四家不同种类的公司工作，与风格迥异的人相处，应对过许多不同类型的难题……这一切，是挑战，也是机遇，没有大平台，哪能涅槃？鲲鹏图南，也需要"抟扶摇羊角而上者九万里"，否则，"风之积也不厚，则其负大翼也无力"，何能"绝云气，负青天"？

没有人能随随便便就拥有人生的选择权，李绮群同学在人生中能够腾挪自如，成为赢家，也是多方力量搓揉打磨的结果！

TA 的故事

经过 12 年的寒窗苦读，我终于以较好的成绩考上了中山大学管理学院会计系。在大学四年的时间里，我除了努力地将专业知识学好，还将很大部分的精力用于组织管理、待人接物等各种社会实践活动中，为以后的工作打下坚实的基础。

1999 年毕业后的第一份工作，就是经过千军万马过独木桥式的考验，进入会计行业最顶尖的四大国际会计公司之一——普华永道国际会计公司（Price Waterhouse Coopers）广州分公司当审计员，在当年，那可是一份让人艳美的工作："高薪"白领，在高级写字楼办公，常年做"空中飞人"，一年下来，竟然可以积累到一张免费飞机

3

票的里程。在普华永道工作的一年半的时间，确实让我收获良多：公司给予我们大量的培训和足够时间，让我可以在正式开始工作之前考取中国注册会计师证书，第二年又考取了中国注册税务师证书。普华永道是一家国际化的大公司，有着国际化的管理模式、工作流程和人际关系；同时也让我深深地体会到工作的艰辛，在每年的审计高峰期，一个接一个的行程安排，接连不断的报告，没完没了地加班，独自一个人远途出差，连续半年无休息的工作，让人身心极度疲惫。

在广州独自奋斗了一年半的时间，我做出了人生的一个非常重要的选择，离开广州——许多人梦想停留的国际化大都市，回到自己的家乡——江门。对于我的选择，我的许多朋友和同事都表示不理解，众人皆是"人往高处走"，而我为何偏要"往低处流"呢？我也是经过激烈的思想斗争和慎重的考虑，才做出了这样的一个选择：其一，在普华永道的工作强度太大，繁忙时段每天工作十一二个小时乃是常态，长期下来身体确实吃不消；其二，我是一个很有思乡情结的女孩，每天都在想念着家，每个周末都要往家里跑，而且非要赖到星期一一大早才匆匆忙忙往公司赶；其三，我认为这是一个合适的时间，让我可以从头做起，为我以后的事业找了一个适当的切入点。

凭借着良好的教育背景和之前在普华永道的工作经历，我顺利地进入了当时最有名的一家会计师事务所，在这家事务所里，我兢兢业业，从最底层的助理开始做起，经过3年的努力，成长为一个能独当一面，承担起大项目的注册会计师。

某次机缘巧合下，我受邀加入另一家税务师事务所，在这家事务所工作的3年多时间里，我将自己拼命三郎的工作劲头发挥到了淋漓尽致的地步，从最开始的项目经理跃升为助理总经理，受到公司老总的高度赏识。

在积累了8年的事务所工作经验后，我又出做了一个重要的选择，到一家大型公司里找一份稳定的工作，以便我有足够的时间和精力去兼顾我人生的一个重要工作——照顾好我的家庭，教育好女儿，让她快乐健康成长。经猎头公司的推荐，我加入了李锦记公司，在财务部当财务经理，4年多来，工作非常规律，虽然有点沉闷，但我依然尽自己最大的努力，将自己常年积累的知识和经验充分地运用到工作中去，得到上司的赞许和同事的好评，人生的价值也得到较好的体现。

从1999年毕业参加工作至今已经历12个年头，我曾在四家不同种类的公司工作，与很多不同的人相处，应对过许多不同类型的难题，十几年的工作经历虽然不至于平淡如水，但却没有惊心动魄的职场风云，也谈不上什么成就。因为我在每一份工作岗位上都能坚持做到脚踏实地、尽心尽力、尽职尽责地把本职工作做好；同时还不断地充实自己，持续提升自己的能力，将职场所需的技能掌握好。命运总是眷顾有准备的人，做好准备，把握机遇，就能找到自己满意的工作。"不做骄傲的小孔雀，要做涅槃的凤凰"，这是我人生的座右铭，也是我一直以来做人做事的准则。

学生档案：李绮群，女，江门一中1995 届高中毕业，1999 年毕业于中山大学会计专业，现就职于李锦记公司财务部，任财务经理。

我们需要什么样的教育?

林志华同学说:

我觉得现在学校最缺乏人文教育,这方面可以借鉴中国台湾的人文教育或日本的教育理念。教育学生如何感恩,如何做一个受欢迎的人,进而更强大地去解决学习生活上的问题,还可以引进提升自身修养的课程。

青心兰语:人文的呼唤

《易经》说:"观乎天文以察时变,观乎人文以化成天下",主张的就是人文化成,即以人文精神感化天下。新文化的主旋律倡导"立人",造就民主的教育和以人为中心的教育——"立精神,扬个性,做真我"。可见,关注人的发展、人的建设是核心素养的终极理念。作为传承中华文化的语文学科,更应该高擎以人为本的大旗,让学生拥有自家的颜色,展现不同的个性风采,做个"真的汉子"。

可是,在应试教育与新课改的擂台中,我们的语文教学也出现了难言之痛,我们把"文"等同于"道",甚至以"道"取代了"文"。鲁迅的《孔乙己》固然被贴上"反封建"的标签以"深化、升华";戴望舒的《雨巷》也被解读成反封建、争取个性解放的战斗檄文。《雨巷》中那个丁香一样的姑娘全然没有了"丁香味",更多充满的是红卫兵小将的火药味。正因为语文被妖化成拯救众生之"道",所以,阉割人文、扼杀个性的"伪圣化"语文教学甚嚣尘上。

在人文缺失的教唆之下,学生很难说"人话"——真实的、自由的、富有个性的"人性"之话,更不允许说自私、冷漠、仇恨的"鬼话",大多在抒发着"啊!我光荣的大桥"等"公话"、套话、假话和"神话"。"冬天过去了",孩子们会异口同声地回答"春天还会远吗?"作文题目为"战胜脆弱",大部分学生就会同时遭遇"天灾人祸"。每年语文高考的时候,"三巨头"——屈原、陶潜、苏轼——都会跳将出来,成为拯救"芸芸众生"的"如来佛祖"。当然,学生更多呈现的是一种僵化的思维、同化的思维:隐逸的有陶潜,忧国的有杜甫,豁达的有苏轼,"我成功了"这种呼声只有诺贝尔从火药堆中才能吼出来……阉割了人文精神的学生,一派"曾经沧海"的老成,一派"饱经磨难"的早衰。我们这些"教育者"有时真的让"被教育者""教训"得无言以对。

事实上，语文核心素养，需要"以促进学生发展为基础，以语文科塑造人的独立品格与所需能力为基础"。我们的语文教学最根本的内核就是"人"。眼中要有人，要着眼于人的发展，这就要摒弃一元思维产生的思想霸权主义，要摒弃那种从精神与人格上对学生的奴化的做法，倡导多元思维的相对性，鼓励学生从自己的独特感受出发，丰盈精神，形成创造性思维。例如《小二黑结婚》里的三仙姑，作者几次写到"老来俏"的三仙姑虽然年纪大了，"小鞋上仍要绣花，裤腿上仍要镶边，顶门上的头发脱光了，用黑手帕盖起来，只可惜官粉涂不平脸上的皱纹，看起来好像驴粪蛋上下上了霜"。在作者笔下，三仙姑就是一个有着好逸恶劳、作风不正、装神弄鬼等诸多"疑难杂症"的反面人物。因此多年来对三仙姑打扮的解读的唯一答案就是"不合时宜"。可是，从今天看来，三仙姑的打扮并没有令人喷饭之感。六十多岁的刘晓庆也可以有着年方二八的"惊艳"打扮；八十多岁的黄昏恋也不是什么惊世骇俗之事；王宝强也罢、超级丹也罢，并非都是满满的正能量。所以，我们觉得三仙姑除了逼嫁小芹那件事外，应该称得上是个懂得生活的、敢于追求时尚的甚至还有点小可爱的女人，处处体现出"隐忍在农村那个旧思想里的人性之美"，与悲剧性无甚关联。因此，对三仙姑进行解读，我们就不能囿于时代的局限性，更不能把教参的"标准答案"发下来统一订正。我们要尊重 60 后、70 后、80 后和 90 后的个性解读。应该说，语文世界是一个无比鲜活、丰富而优美的世界。因为"道"而抽干了语文的内髓，相当于用简单化的分析、概括代替了对语文世界的生动的感受、体验和领悟。所以，倡导人文性，是语文培养学生核心素养的关键。因为它从根本上致力于改变压抑学生个性思维的偏狭，让学生能够利用自我人生的历练和文化的积淀，感悟与咀嚼文本中的人物命运，与文本中的人物共情，从而找到汉语深层的文化编码和精神基因。不"装神"不"弄鬼"，做"真实、自由、个性"之人，语文教育才会真正成为一种促进学生知、情、意和谐发展的推动力，才能把语文的核心素养的"人"字做大做实。

当然，林志华同学所呼唤的人文，并不是其孤军奋战的呐喊，更不是语文老师的孤独情怀。人文的教育，是贯彻教育始终的教育，是历代教育仁人志士孜孜以求的目标，是各门学科应当渗透的理念。作为课程体系的重头科目——语文，该如何"拨乱反正"，渗透人文情怀？作为这个重头科目的语文老师，该如何安置学生核心素养的灵魂？这是作为语文教师的我始终关注的话题。

TA 的故事

我，林志华，一个普通到不能再普通的人。同名字的人在中国估计就有上千个。

但我就是我，世上独一无二。我的经历，我的奋斗史也同样无可复制。

1976年的冬天，出生在中国侨乡——江门市中心象溪路1号一个普通家庭的我，是计划生育政策下的第一批独生子女（连一分田都没见过），从小就拥有城市人独有的特质。很多人都认为我性格傲慢、固执、任性，但我一直都谨记着妈妈从小对我的教导：要善待别人，谦虚对人，多与人交往，不要看不起人。这是我后来奋斗路上的人生信条。

小学的我就读于原中山小学（现紫茶小学）。可能因为从小没什么人陪我玩，爸妈又要上班，我比较孤独，性格比较内向，不太喜欢玩闹。上学后我如饥似渴地学习各种新鲜知识，成绩很快排到了班里前三名，并先后当过劳动委员、宣传委员、学习委员，最后当上了班长。用现在的话说，我就是一个学霸了。虽然我每天都跟自己说不要骄傲，不要自满，但骄傲自满还是不经意间表露出来。好多同学因此疏远我，用他们的话说就是"高攀不起我。"我孤独，同时却受到了老师的宠爱。我是老师和同学之间的桥梁。但桥梁不是那么好当的，你总得得罪一方。最后我无奈地选择了得罪同学，因为我已习惯了孤独。当然也有很多同学理解我的苦衷。我很感谢他们，更感谢我的老师教了我很多其他同学学不到的东西——管理。

毫无悬念地，我以全年级第一名的成绩考上了江门一中，是中山小学三个考入一中的学生之一。到了一中，我分到初一（1）班，遇到了人生第一个真正的对手——梁耀昇。作为班长，他初中三年里无论大小考试都是全班第一，我俨然变成了"千年老二"，他才是真正的学霸嘛，我在他面前秒变"学渣"。人生第一次遇到了挫折，我终于知道天外有天。我们当时的班主任兼数学老师伍健明，让我对数学产生浓厚的兴趣。这使我经常在数学测验、考试中拿满分，为我以后选择理科打下基础。后来我又遇到了让我改变很大的老师——杨青兰老师。

说起班主任杨老师，同学们都说印象最深的是她那高跟鞋响亮的声音，由远而近，让人肃然起敬。教室的喧哗会因此戛然而止。但作为学习委员和生活委员的我对杨老师只有敬重和热爱，并没半点害怕，相反我还千方百计找机会亲近她，想从她身上学习我不懂的东西。当然我学到了很多，最重要的还是管理和沟通的知识。这让我开始学会平衡老师和同学之间的关系。我记得杨老师在我面前提得最多的三个学长是张春来、阮海刚、李绮群。他们都是一中拔尖的学生干部，杨老师要我向他们学习，不单是学业上，还有管理上、沟通上。我把他们封作偶像，时时以他们为榜样（当然主要是从杨老师的讲述中了解他们是如何开展学生干部工作的）。在不断学习和努力中，我加入了一中学生会并当上理事，负责初一到高三六个年级的早操和眼保健操监督工作，直接向学校训导主任汇报。各年级各班哪个同学不出操，甚至不认真做操，我都记录在案，从不徇私，哪怕是对最友好的同学也不手软。当然我得到了训导主任赞赏的同时也得罪了不少同学。谁叫我是"天煞孤星"呢？后来我和几个学生干部一起，在学校的鼓励支持下成立了一中集邮协会。我是协会第一届委员。后来，我在杨老师的推荐下免试保送上了江门一中高中部，继续我的奋斗征程。

江门一中高中部几乎汇集了全市学习最好的学生。我的学习优势进一步被削弱。在班主任杨彪老师教导的头一年，我勉强能保住班里前十名。到了高二分班时我被推荐到一中第一届理科尖子班。我的成绩排名也由此被挤到了后面，挫败感是空前的。经过多少个苦思冥想的夜晚，我恍然大悟：人生不就是在不断的打击中成长吗？我不放弃，哪怕是倒数第一也要继续努力，因为我是江门一中尖子班的！

在这里我还要感谢已故去的班主任朱锦华老师。朱老师是公认的老黄牛。年过半百，身兼中国致公党华南区主席和省人大代表的他，每天早上五六点就来到办公室烧水、打扫卫生，从不间断。他的辛勤劳动让我感动不已，并下定决心：我将来工作也一定要这样无私奉献！

还有今已80高龄的俞汉鹏老师。他当年亲笔挥毫送给我的梅花图及"梅花香自苦寒来"的题词深深地印在我的脑海里，时刻鞭策着我。我的努力和不放弃，让我当年以全省第一名的成绩考入暨南大学本科口腔医学专业，开始了我的学医生涯。

依靠在一中打下的基础，我顺利地完成了暨大六年的学业。当然，求学过程也是辛酸的，学医真的辛苦。公共教学楼里，每天最早到的是医科学生，最晚走的也是医科学生。六年153门必修、选修课的数量，其他专业都不能比。都说上暨大的是"花花公子"，应该加上"医学生除外"。

记得当年朱锦华老师极力推荐我读暨大，还帮我争取到江门市"三好学生"称号以便降分录取。我开始很纳闷：中大医科不比暨大出名吗？后来我才明白朱老师的深意：学术有高低，但只差毫离，与人沟通才是硬功夫。我们是为人治病，不是兽医。人生病时的想法比猫狗多了去了，不能单靠技术。这点上暨大就有它的优势，因为它是国内知名的华侨大学，世界各地学生共冶一炉，彼此交流。这让我的视野顿时开阔了很多。当我帮新入学来自台北的师妹搬运行李，她父母向我九十度鞠躬时，我才知道鞠躬不仅是晚辈向长辈表达敬意，还能表达对陌生人的感恩；当我和来自澳门的同学吃饭时，我认识到要对上帝的赐予祈祷感恩；还有当随着香港义工联的同学去老人院看望照顾老人，看到老人眼里的泪花时……这些点点滴滴，让我感悟：人生需要感恩，感恩父母，感恩老师，感恩同学，感恩朋友……不懂感恩的人是不配当医生的，那样的医生总觉得病人感激医生是天经地义的。其实他们不知道，正是病人用疼痛、鲜血甚至生命积累起医生的经验和技术。因此医生正应当感恩病人呢！感恩，是我在暨大学到最宝贵的一课！

毕业后，我如愿回到江门，进入江门市口腔医院当一名医生。开始的几年默默耕耘，很多老师同学朋友甚至亲戚都不知道我在那里当牙医，多年后有人跟我说："原来当年在某某医生旁边的那个就是你啊？"我一笑置之。我明白医生出名不是靠广告，而是靠口碑。所以我一直怀着感恩的心，用中学时的毅力努力工作。我并没有想过参与医院管理，因为成为一名出色的医生、修炼好医术才是我的第一要务。

当迎来我自己的家庭，迎来我的一对儿女时，我也迎来了工作的第一个十年。我的朋友圈越来越大，知道我的人越来越多，亲戚朋友同学老师开始知道我，找我看牙。我渐渐成了一个"老"医生。这样又过了三年，我迎来人生又一个重要转折点：我遇到了李光辉医生——李医生原来也在市口腔医院，她离开口腔医院的第二年我才出来工作。碰巧当时我用的牙椅上面就有她的名字。这大约就是十几年前我和李医生种下的因缘树——我们一见如故，并得知她离开口腔医院后创办了一家口腔诊所。诊所用她名字命为"光辉"。现在已有12张牙椅，30个医护人员，还开展了种牙等高新技术服务，简直就是一家小型口腔医院！

有一天，李医生突然问我："有没有兴趣和我一起发展光辉口腔？你是一个人才。我觉得你应该有更高的发展。你应该凤凰涅槃！"一番话说到我心里去了：国营单位虽好，但过着朝九晚五的生活也容易让我心生懈怠。或许改变环境从而改变心态，从而激发自己的进取之心！

我放弃了高薪，放弃了国家干部的待遇，毅然去了光辉口腔当副院长。在光辉口腔待了一个月，我渐渐感觉我的选择没有错：虽然这里的医护人员学历和职称都不高（我算是最高的了），但他们工作都很积极认真，团队配合很默契。重点是这里科研氛围浓厚，精诚合作，一心一意为患者服务。2015年9月15日，广东省民营牙科协会江门分会成立，李光辉当选第一任会长。发言时她希望以后能成立光辉口腔医院，不辜负省领导对我们的期望。这条路很漫长，但我希望能在这条路上出一分力，因为，我的成功我定义！

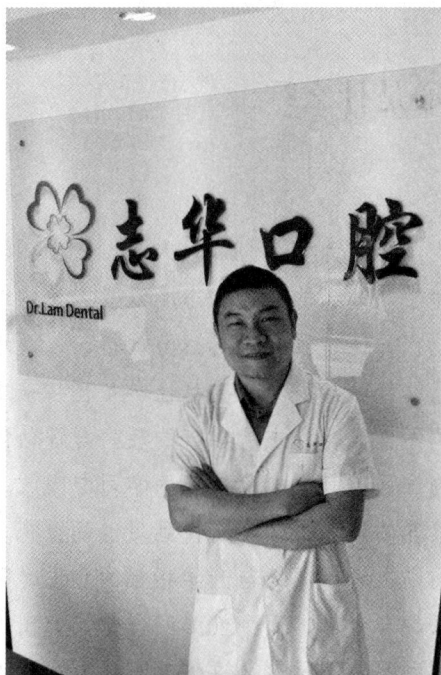

　　学生档案：林志华，男，江门一中1996届高中毕业，2002年毕业于暨南大学口腔医学系，2002年至2015年工作于江门市口腔医院，2015年至2018年工作于光辉口腔诊所，任副院长一职，2018年11月18日创办江门蓬江林志华口腔诊所并任院长。

教育的核心是什么?

赖日新同学说:

在我看来,教育的核心应该是让学生学会"为学"与"为人"。为学,既包括对具体文化知识的学习与吸收,也包括对学习知识的兴趣、态度以及方法的培养。为人,则指建立良好的品格,树立公民意识,铸造独立的思想与性格,以及培养与人交往及合作的习惯与能力。根据我自己的经验与观察,要想让学生在将来成为有所建树的人,为学与为人两者缺一不可。然而,当今主流学校的教育与评估体系仍过分偏重于为学,偏重用考试进行量化的方面:具体文化知识的学习与吸收。而学习方法和态度的建立,以及为人的重要素养的培养,却没有得到足够的重视。这使得应试教育大行其道,而素质教育的空间则在考试成绩与升学指标的重压之下不断收缩。学生得不到机会真正发掘自己的兴趣与爱好,而个性鲜明、特点突出的学生则不容易在学校找到适合自己发展的土壤。不得不承认,这种教育体系在过去很长的一段时间内向社会提供了一个相对公平的教育平台,也为国家培养了一大批基础扎实的建设人才,而我自己也是这个教育系统中的一个得益者。但是,我们也必须看到它的不足。这种体系对学生兴趣的培养以及创新能力的发展没有给予足够的实质支持,也缺乏对学生个性及独立思考能力的培养,这对国家民族的长远发展不利。同时,由于教育资源分布的不平衡以及代际迭代,贫困地区学生通过考试而改变命运的上升通道也变得越来越窄。从20世纪90年代中期开始,重点大学农村学生的比例不断下降。目前教育体系中存在的问题已经吸引越来越多人的关注,想要彻底解决问题,让"为学"与"为人"的理念完整体现在教育中,让我们的学生得到更加公平的教育机会和更加充分的个人发展,还需要很多人、很多部门的协作努力。在这里,我想分享一些个人成长的经历和感受,希望能引发同仁对学校教育得失的思考。

我想通过几个热门话题来分享一些我个人在美国学习和生活的感触。

某天吃午饭的时候,我跟旁边的美国同事聊起了他的家庭。他家大女儿在读大二,历史专业,同时副修音乐和日语。我问同事,他大女儿为什么选择学历史,这个专业的就业前景如何?同事的答案颇让我惊讶。他告诉我,这完全是女儿自己的意愿。在他大女儿14岁的时候，他带全家去弗吉尼亚的威廉斯堡玩（威廉斯堡是美国的历史名城，曾是大英帝国在北美最大、最富有，同时人口最多的殖民地首府，威廉斯堡见证了美国殖民地时期和独立战争时期很多重要的事件）。他大女儿被威廉斯堡的建筑以及它丰富的历史故事深深地吸引住了。从那以后，她便决定将来要在大学攻读历史，大学毕业后要去大图书馆或者博物馆工作。我同事说，在美国，大图书馆或者博物馆工作的收入不高，而且职位少，竞争激烈。他为这件事情没少操心，但他还是支持女儿的决定。她女儿也很争气，为了早日实现自己的理想，从中学开始便选修了很多大学的课程，成绩也不错。说实话，我挺佩服他们父女的勇气和决心。同样的事情，我觉得发生在中国的概率要小得多。实用主义在我们的学校教育和家庭教育中都占了主导地位。学校最关心的是考试成绩和升学率在区内的排名；家长最关心的是将来是否容易找工作，是否能有好的收入，而学生个体本身的兴趣和爱好往往被忽略。这使得学习变成了一项任务，学生是为了学习而学习，个体的潜力也得不到充分的发掘。一个人在做他喜欢做的事情时所能发挥出来的潜力和能量不是他在完成别人布置的任务时可以比拟的。

如果我问一个美国学生喜欢做什么工作，他往往能够直接回答这个问题，同时他还可以头头是道地解释他喜欢的原因。如果我问一个中国留学生（包括我自己在内）喜欢做什么工作，我很少能得到一个确定的答案。我们中国学生往往知道自己会做什么，却不知道自己到底喜欢做什么。这实际上折射了中美两国在教育理念上的一些差异。在我看来，这也是近年来中国鲜有大师级人才的原因之一。

中美两国的教育差异，还体现在学生能力的培养上。中国的教育重视自然科学的基础训练，而美国的教育则偏重于思维和综合能力的培养。很多刚来美国留学的中国学生都会有同样的感觉：在美国，做作业真累。一些专业基础课的作业，往往要花上好几天甚至好几个星期去完成。其原因并不在于美国学校的作业本身有多难，而在于这些作业经常包含开放性的命题。要完成这些作业，不仅需要翻阅很多课堂以外的资料，还需要花很多时间提炼观点，组织语言。有时候，这些作业还需要跟其他的学生合作完成。与此相比，国内的作业就显得"直接明了"。问题往往都解释得清清楚楚，而答案也只有一个，你只需要一个人埋头推公式，做计算。两国的教育方法都有自己的优点和局限性，我不想在这里草率地评价孰优孰劣。但美国教育中对独立思维和表达能力的重视和培养很值得我们借鉴和学习，因为这些能力直接影响到个人将来在社会上的发展。对于这一点，我在这几年的工作中深有体会。我所在的工作单位是一家跨国公司的研发机构，其工作人员来自世界上多个国家，其中中国人大概占了总人数的 10%。中国同事的技术能力大多都比较强，但能进入公司领导层的或者成为项目负责人的却很少。根据自身的经验，我觉得文化的差异仅仅是造成这种状况的其中一部分原因，沟通表达能力的不足以及团队合作技巧的欠缺则是更加重要的因素。这些能力的培养正是我们中国教育的薄弱环节。而这些能力的欠缺，已经成为制约优秀人才在社会上进一步发挥自己能力的障碍。

回顾身边的朋友，从中学到大学，从中国到美国，我发现在职场上比较成功的，往往不是学校里考试成绩最好的。他们都有一个共同点，就是有很好的综合素质。这包括专业技术能力、思维能力、自我调节能力、沟通表达能力、团队合作能力，等等。这实际上也反映了当今时代的需要。我们的教育制度需要与时俱进，摒弃以考试成绩为纲的教学理念，回归到培养学生为学与为人的本源。一方面，学校应该减少学生的作业与考试负担，给学生创造更多的空间去发掘自己的潜力与爱好，培养学生的好奇心，使学习成为学生的自觉行为；另一方面，学校应该加大培养综合素质的力度，通过合理的课程设计与作业安排，帮助学生养成良好的品格以及独立的思维，培养学生的表达能力以及团队协作精神。另外，我们的教育制度还需要更多的宽容，百花齐放，百家争鸣。只有宽松自由的土壤，才能孕育出大师级的人才。学校应该提供一个宽松的环境，鼓励老师和学生进行新的尝试，让学生的个性与创造力得到充分的释放，让不同特点的学生都能找到属于自己的天地。

教育是立国之本，希望我们的教育体制能紧跟时代发展的脚步，跳出应试教育的框架，不断革新，不断为地为我们国家培养优秀的人才。

青心兰语：状元，是教育的一个胎记？

对于中美教育之异同，我没有发言权，如果仅靠道听途说就指手画脚，只会沦为笑话。即使中国的教育，这么宏大的话题，我也不甚明了，我所知道的甚至是不真实的，因为每人看事情只是其中一个视角，而不是事实的全部。何况，浮游在浅海中的人哪知道深海中的万象呢？

据悉，社科院做了 1979 年 –2011 年的统计（微博），得出"我们调查了恢复高考以来的 3300 名高考状元，没有一位成为行业领袖""调查了全国 100 位科学家、100 位社会活动家、100 位企业家和 100 位艺术家，发现除了科学家的成就与学校教育有一定关系外，其他人所获的成就和学校教育根本没有正相关关系。"最后结论："中央教科院院长袁振国教授认为：'创新根本不是靠教育出来的'。""这就是我们的教育体制制造出来的，从小学、中学到大学都看分数，直到研究生毕业后到了科学院，还是看能不能发表好文章。"钟南山认为，从教育到科研体制都要反思。

当然，不能成为行业领袖，也不能说明高考状元的人生是失败的，也不能以此断定教育的失败。因为，追求卓越、追求状元也是教育的一个胎记。只是，我们的教育是否仅仅汲汲于追求高考状元？我们的教育是否仅仅交给学生谋生甚至发财升官的工具？如果答案是肯定的，那么，马云、潘石屹、曹德旺、杨国强等是不是让我们很无语？

"高考已经结束，考上大学的同学注意了：要记得和没考上或弃考的同学搞好关系，等大学毕业了好去他们的公司打工！考上一本的要经常联系二本的，未来家乡的领导就是他们！二本的要跟大专的搞好关系，他们将来是你们孩子的老师……"最近，这样的段子在网上很火，虽是调侃，但让不少网友感叹"很写实"。对于教育，是否也是被折射得拔凉拔凉的？

TA 的故事

"Life was like a box of chocolates, you never know what you're going to get."当我20年后收到杨老师的"作业"，我便想起了电影《阿甘正传》里面的这句经典台词。20年前，当我第一次在课堂上遇到杨老师的时候，我不会想到我们的师生情谊如此的深厚悠长。作为学生，我觉得自己是非常幸运的。我在个人成长的各个阶段都遇到了非常优秀的老师。他们有如海上的灯塔，在迷雾中照亮了我前行的方向。而杨老师就是这些灯塔中非常闪亮的一座，她那温和却又有力的灯光，穿过固有教学模式和教育思想所结成的厚厚的大网，在探索知识和人生的海洋上照出了一片新的天地。

虽然高考的时候我是五邑地区的状元，但我中学的学习之路并非一帆风顺。初中的前两年，处于叛逆期的我是一个不折不扣的调皮学生：不认真听课，不好好做作业，自习的时候爱搞小动作。我甚至迷上了电子游戏，班主任还因此约我爸到学校谈了一次。那段时间，我的考试成绩总是排在班上的倒数几名。默默无闻，不招人待见，便是我当时的真实写照。那时候的我其实也很渴望得到别人的肯定和关注，只是还没有在青春期的躁动中找到属于自己的方向。

当我在迷雾中彷徨的时候，杨老师的到来给我打开了一扇新的大门。我至今还清楚记得1993年第一次与杨老师见面的情形。在杨老师给我们上第一堂课之前，我从大家的议论中了解到她的背景：非常凑巧，她是我一个邻居的大学同学。在第一堂课结束之后，我鼓足勇气跑到杨老师面前做个自我介绍："杨老师，我叫赖日新。你是不是××老师的大学同学啊？××老师是我的邻居呢。再见！"没等杨老师回话，我便一溜烟地消失在人群里。我现在回想起来，仍忍俊不禁。我似乎还能感受到当时那种想要引起老师注意的心情。我不确定那一次突兀的问候给杨老师带来的到底是惊喜还是惊吓，但有一点我可以确定：杨老师并没有因为我是调皮学生而跟我保持距离，也没有刻意摆起老师的架子。正好相反，在接下来的日子里，杨老师主动地以她那特有的轻松而又不失威严的方式与我交流。我心里面感觉暖暖的，因为自己的积极主动得到了老师正面的反馈。我第一次意识到，跟老师之间的对话原来可以这么的轻松，而我也更愿意跟杨老师分享自己的想法。

在杨老师给我们班授课的这两年中，给我影响最深的是她那寓教于乐的教学方式。每隔一段时间，她就会挑出一段课文让我们分组以小品的形式表演出来。小品的内容和角色安排完全由学生自己决定，杨老师没有给出具体的限制。这种安排使得我们获得了充分的想象空间。每到表演课来临之际，班上都会热闹非凡：写剧本的，背台词的，排练的，大家打成一团，不亦乐乎。在课堂剧的热潮中，我也不甘寂寞。经过无数次思想斗争之后，我在一次课堂剧的准备会上自告奋勇担当主角。对于我这个名不见经传的"后进生"是否能够胜任，组里的同学还是有些怀疑。但我的坚持与执着最终让我获得了那次机会。关于那一次表演的记忆已经很模糊了，我只记得自己在表演中大胆模仿了一些老师的语气与神情，让全班同学捧腹不止。自那以后，杨老师给了我很多的鼓励和支持。我逐渐成为课文剧表演中的常客，也渐渐找到了一种成就感与认同感。这种感觉对于一个成绩落后的学生来说弥足珍贵。它好比大雾中一点闪烁的灯光，虽然没有直接照亮脚下的路，但却使得在叛逆期的我隐隐约约感觉到前行的方向。客观地说，我能够从一个后进生转变成一个成绩优秀的学生，是很多因素共同作用的结果。其核心是我自己体会到了学习的乐趣，学习从被动行为变成主动行为。在这个转变的过程中，杨老师寓教于乐的教学方式起了非常正面的作用。

杨老师的课对我产生的另外一个重要影响是锻炼了我在台上表达自己的胆量和能力。我还记得刚开始上台演出的时候，我会紧张得不行，心跳加速，耳根发热。后来演出的次数多了，也就渐渐变得从容了，在表演中遇到一些意外情况的时候，也知道如何应对。这些能力，不见得会直接影响考试的分数，但它对个人在社会上的发展有着非常重要的作用。在当今社会，很多工作都离不开团队的合作。仅有过硬的专业本领，并不足以让你获得成功。正所谓"酒香也怕巷子深"，你需要在团队中用合理的方式表达自己的观点，使得其他的人认识到你的能力，并且愿意采纳你提出的建议。这样整个团队的运作会更加有效，同时你也会获得更大的上升空间。

从初三下学期开始，我逐渐找到了自己的方向，学习成绩不断提高。不知不觉间，我也被冠上了好学生的头衔。不过我还是保留了自己爱玩的天性：我会听郭富城的新专辑；我会去电影院看成龙的新电影；我会在下午放学后去打球；我会在节假日去同学家 K 歌、打游戏……现在回想起来，当时保留的这些习惯实在太重要了。它们拓展了我的个性，使我没有变成一个只会学习的人。其实，学习和工作都只是生活中的一部分而已，有了自己的兴趣和爱好，生活才会变得更加完整。另外，从实用主义的角度来说，兴趣和爱好广泛的人往往更容易跟别人交朋友，也更容易在一个新环境里面立足。

学生档案：赖日新，男，1998 年从江门一中高中毕业，分别于 2002 年与 2005 年在清华大学电机系取得学士与硕士学位。硕士毕业后赴美国弗吉尼亚理工大学电力电子中心留学，并于 2008 年取得博士学位。目前在通用电气全球研发中心总部任高级工程师，是深海输电系统研究项目的负责人。

如果可以重来

李思华同学说：

曾经有一个高中老师说过一句话："我最喜欢最好的和最坏的学生。"这里的最好是指那些各方面都表现出色能为班集体争光的同学，最坏是指那些调皮捣蛋成绩不那么好的同学。当时我想，最好的我做不了，那就做最坏的吧。只是我有贼心没贼胆，最后还是循规蹈矩地做夹在中间的不起眼的乖乖女。事实证明那些曾经"最坏的学生"到现在并没有变成坏人。他们也会找到一份好工作，过着幸福生活。而一直让我羡慕的是他们之前尝试过许多我一直不敢尝试的东西，现在比我更懂得生活。像我这种循规蹈矩的人就是过循规蹈矩的生活，害怕失败，不会轻易尝试新事物或接受改变。生活不会有什么波澜，缺少刺激，我一直觉得这是一种遗憾。所以我觉得成绩好坏并不代表什么，如果可以重来，我情愿自己是个"坏"学生，有勇气去尝试不同的东西，这样生活才有更多的可能和精彩。

青心兰语：想做"坏"学生

历史上有一张著名的相片，一个糟糕的老师采取了一个常见的蠢办法：在毕业照中，按照成绩排名来给学生设定座位。优秀学生意气风发地紧靠校长和老师，坐在前排；差生远离校长和老师，蜷缩在后排和角落之中。那个好孩子就是伟大的犹太哲学家维特根斯坦，而那个差生就是后来心理扭曲发誓要灭绝犹太人甚至毁掉世界的希特勒。

所以，有人认为："教育，如果成为某一类人的天堂，就必然是另一类人的地狱。这个时候，天堂也不能称其为天堂，或者说，天堂就是地狱。"

确实，当我们的教育者都让教育的 GDP 嗜血的话，那么现实的荒诞剧或悲剧就往往不可避免地上演。不少老师有意或无意地把学生归类排序合并同类项，好学生和差学生壁垒分明地矗立在两大战壕，青眼长久关注着"珠峰"而白眼睥睨着"圭峰"（江门新会区的一座山峰）。当然，我们并不否认，好学生会让大多数老师省心愉悦，甚至会认为能教到好学生无疑是老师前半辈子修来的福分。可是，我们眼中的"好学生"，绝不缺乏"一白遮百丑"之人。正如资中筠在《我们的教育出了哪些问题》中所质疑那样："这个学生有这个长处，那个学生有那个长处，怎么就有一个学生或者几个学生什么都比别人好？这是不符合人的发展规律的。"

　　其实，如果我们直面教育的世界，我们不难感知，这种"龙生龙"的血统论，实际上是教育公平被扭曲并进一步潜伏的产物，是瓦尔登湖被引进的鲤鱼搅动的结果。一个所谓的好学生，不但可以进入尖子班享受高配置，而且还可以堂而皇之被冠名为"某名牌大学之星"，从而享受自修课出入自由，以及辅导课一对一的待遇，甚至具有诸多豁免权，包括劳动值周及班务诸事。有些特优学生，官方甚至有"严禁其帮老师收作业"等条款。当然，面对"地大物博、人口众多"的现状，诉求众生平等地享受"蛋糕"也是水中捞月镜里观花。只是，窃以为，教育毕竟不是丛林法则下的职业，它应该最温和地呈现它"佛光普照"的一面。正如"好人"评选，评上了固然是"好人"，但评不上也绝不是和坏人画等号，"好人"也不能骄傲地拥有特权。即使是"坐在路边鼓掌"的人并非"好人"，也应该给予应有的尊重。不能牺牲"路边鼓掌"的人的尊严去成全走"红地毯"的人的光芒。"闻道有先后，术业有专攻，如是而已"，正如曾经三次高考的"学渣"马云，最终从"昨日的你爱理不理"蝶变成"今日的你高攀不起"。教育，走红地毯也要慎防"走光"！

　　当然，这种因为成绩暂时落后或者其他迟到、打架等原因而急于作是非判断和道德归因的做法，也会剥夺了"差生"的春天。我曾经遇到这样一位学生，他自己很"识趣"地把自己归为"差生"，并坦承"上课迟到、讲话、传纸条、顶撞老师、睡觉、玩手机、玩游戏机、起哄、下课满街乱跑、打架、说脏话、欺负女同学、逃课、被纪检扣分、谩骂教官……我所犯下的罪状可围绕地球三圈，足可以记千百次过，可谓罄竹难书。"这样的学生，自然早就被火眼金睛的"孙悟空"当成"白骨精"穷追猛打了。然而，即使是这样看似不堪的学生，也有着血脉偾张的向上要求，一颗"勇敢的心"在现实的不公面前也会碎成一地玻璃。他曾这样问天："一个班的同学是连在一起的，但现在仿佛被分成了三六九等，只有某些被老师看中的同学，在课堂上才能畅所欲言。而我们呢？我们这些不被选中的，在下面看着他们在讲台上讲评，还要听从他们的思维走向去学习某科。老师赋予他们某种权利，而我们被弃之不理。这种选择式上台讲评的方式，只注重某些特定的人，我们被排除在外。请问老师我们的感受你考虑过吗？除了选中的人，剩下的人是什么？弱智？死人？还是一具具躯壳？看着你们在上面表演，表现你们的优势，我们这些差生要在下面当永远的观众吗？让优等生参与课堂，有意地忽略差生，这是对课堂的一种亵渎。在求学阶段，不应该有所谓的优、劣之分，同是同学，就应受到公平的对待，而不是让优等生表演，我们买票观看！"

当然，这可能仅仅是一个极端的个案。然而，深度发酵之后，我还是感觉到舌尖上五味杂陈。教书育人本来是教师的天职，然而，育人在教书的过程中似乎可有可无，甚至不了了之。对待"差生"更多是抡起"棍棒"，而好学生得到的更多是"糖果"。一边是冰山，一边是火焰，最终形成了畸形的教育地貌。然而，最让我脊背拔凉拔凉的是，这位十几年来"蒸不烂、煮不熟、捶不扁、炒不爆、响当当一粒铜豌豆"，却是高考结束后第一个打电话关心我身体健康的学生，是第一个因天气变化而叮嘱我保重的学生，是第一个没有拯救能力却又百计千方和我一起突围人生困境的学生。当一些我引以为傲的优秀生面对我生命困境而变身路人甲的时候，他给我的温暖穿过了寒伧伧的黑夜，像普罗米修斯盗来的火种，照亮的是我教育的春天。

或许，只有在有信仰的教鞭下，孩子才会被教育温柔以待；或许，只有教育者内外兼修，才有可能让青蛙成为王子；或许，我们最终改变不了世俗，但，世俗也改变不了我！

TA 的故事

我现在已经是两个孩子的妈了：大儿子刚上一年级，小儿子刚出生。我一直觉得自己前20年活得不明不白，真正属于自己的人生在工作后才正式开始，所以希望自己的孩子能更早地活得明白、自在和自主。我不断反思自己的成长历程，来调整对小孩的教育，希望能找到一种合适的教育方式，让他们不失自我地更好地享受学校教育。

我接受义务教育的9年很开心，高中3年很痛苦。也许是还小不懂事，也许升学压力不是很大，印象中小学到初中的9年都是开心的回忆。虽然没什么课外的爱好，却对课堂的内容很感兴趣。小学很用心地爱上数学，课堂上积极举手抢着回答；进了奥数班，做奥数题都觉得是一种乐趣。初中学习还好，压力最大的是上台背书。由于性格胆小内向，我一上台就紧张，什么都忘了，后来经过多次训练，才慢慢克服。在现在工作岗位上，有时需要上台做讲师，我也不再怯场。这得益于初中杨老师对我们的这种锻炼。还有就是杨老师的班会课，简直是一大亮点，完全打破了班会课沉闷说教的形式，也让我发现老师这个职业原来这么有意思！

高中进了尖子班，简直是我噩梦的开始。同学都很棒，还很会玩。他们一放学就冲出去操场打球，成绩照样顶呱呱，而我拼死拼活地苦读，也追不上他们。我压力很大，想跟他们一起打球，却反应迟钝接不住球，完全融不进他们的圈子。所以我很怀疑自己的能力，很自卑，同时也觉得真正的尖子应该像他们那样全面发展，而不应该像我这样死读书。我很想摆脱死读书，但是高考的压力让我没有空隙停下来，也没有勇气停下来。

　　临近高考的时候，眼看别人都在看笔记做总结，而我却是拼命地翻书做练习题。同学说我好厉害，但他们不知道我只是在不断地翻页中麻醉自己，其实根本做不进去。书我翻了一遍，但做出来的题目屈指可数。为什么这样呢？现在回想，大约是因为我不懂得与自己相处，不知道怎样去舒缓高考的压力，不知道怎么去找人倾诉，也不知道将如何面对高考可能的失利，所以用这种方式来自欺欺人：假使考差了也不能怪我，我尽力了。对于如何与人相处、与己相处的教育，我觉得在学校教育中是很缺乏的。

　　紧绷了三年的神经，到了大学一下子松开，收不回来了。经常逃课，或者上课打瞌睡，抄作业，也补考过—反正我成了名副其实的坏学生。也许是我不喜欢那个专业，也许是高考的后遗症一直没有消除，只感觉自己浑浑噩噩过了大学四年，完全没有人生目标，浪费了四年的青春。我不知道自己可以做些什么。究其所以，是我高中三年都埋在学科书里，与外界绝缘，没有能力选择自己喜欢的专业。本想选我从小就打心里喜欢的师范专业，但由于父母不同意，虽然破天荒地与父母大吵了一架，我还是习惯性地听从他们的安排，读着我不喜欢的计算机专业……

　　回顾过往16年的求学生涯，究竟是得是失？我觉得是有得有失。得到的是学习的能力：数学的逻辑思维、语文的欣赏能力、外语的学习规律，还有就是"把厚书读薄，再把薄书读厚"的能力。这些能力应该会伴随我的整个人生。失去的或许是：年少时读书的快乐、交友的快乐，还有让自己快乐的能力……其实我所得到的应该归功于学校教育，但失去的并不能全赖到学校教育上。因为相比于学校教育，家庭教育更具有影响性。同样的学校教育，放在不同的学生身上，出来不同的结果。这背后是家庭教育在起作用，我深信这一点。

　　所以，应试教育究竟好不好？没有好不好。"应试教育"只是别人给学校教育套的帽子，一个虚假的定位。怎样去应对和适应考试，更需要家庭的陪伴与引导。有的家长看重成绩，自然就逼着孩子除了读书还是读书；有的家长更看重长远发展，自然也就对考试成绩的好与不好处之泰然了。孩子也就在家长的引导下走向不同的路。

　　所以现在我对孩子教育的观点是"宁做鸡头，不做凤尾"，不争破头进最好的学校，不进"尖子班"。希望他可以在轻松的氛围里享受学习的快乐。先培养他们爱读书，书中自有黄金屋；然后培养他们爱运动，有强壮的身体；兴趣爱好则留给孩子自己去发掘，当他说喜欢的时候，就全力支持他去学；当前面三点都做到时，他自然也就能交到朋友，也能慢慢学会与人相处。但这些是从学校教育来的吗？我觉得不尽是。

　　孩子长大进入社会，面对形形色色的人和事，必须学会分辨真伪。话不能乱说，友不能乱交，心不能乱放，这些才是大学问、大本事。开始会觉得心很累，觉得社会怎么这样复杂？后来慢慢学会放淡，觉得这其中的细节很有趣，很让人回味。这些是在学校里绝对学不到的，而它又占据了我们一生中的大部分时间。那么学校教育还有没有实用性和实操性？为什么我说自己的人生在工作之后才真正开始呢？可能是出于叛逆心理，求学时期我不喜欢看课外书，一来没时间，二来很厌倦；没有什么兴趣爱好，耳朵和脑袋充斥着的都是学习学习再学习，而学习只包括课堂内容；不喜欢运动，因为一提到考试，两腿就发软；没有太多的集体生活，放学必须立马回家，极少被允许去同学家。这些都很严重地影响了我之后的生活质量。我知识面窄，只懂语数英，但谁交谈会讲语数英？所以我很难交朋友。没有兴趣爱好，不清楚自己的兴趣点，报高考志愿完全是言听计从，人生方向没有掌握在自己手里。不喜欢运动，没有发泄或减压途径。课堂外没有跟同学更多地接触，不懂得与人相处和深交。自从工作后，没有了考试压力，慢慢喜欢上看书，不同类型的书，兴趣爱好也找了些，有兴趣的就去学，慢慢喜欢上跑步、游泳和打球。见的人多了，慢慢学会跟不同的人相处，也找到一些深交的好朋友。工作之后的人生，虽然说没有很远大的目标，但起码活得明白，知道自己想要什么，然后努力获取自己想要的东西。这些都是我在学校里没有学到的。

　　对于学校教育，我有以下几点希望：

　　1. 死记硬背少一点，理解分析多一点。我上学时非常讨厌学历史，总需要背一堆无关重要的什么时间什么人做了什么事。工作以后接触一些历史书籍，才感悟到当你对整个历史事件了解比较深的时候，会觉得历史是一个很有趣的话题，而那些"何年何月何人何地何事"自然而然就记住了。

　　2. 标准答案少一点，开放性题目多一点。语文这科尤为突出，一个自然段落讲了什么内容，表达了作者什么样的情怀。我的天！答对就像是蒙对一样。就像我儿子班主任兼语文老师说的："敏感的话题是不会在班群里公开讨论的，因为当一句话化成文字，十个人看了有十个人的想法。"真心希望孩子不会遇到这些让人苦恼的题目。

　　3. 成绩攀比少一点，人文关怀多一点。家庭教育局限于家长的文化程度和对世界的认知水平，学校教育是一种很好的补充。特别在学生心理方面，家庭不一定有这样的专业能力去应对，但学校可以。适当增加心理医生或者心理辅导师，定期对学生进行心理开导很重要。

学生档案：李思华，女，江门一中 1998 届高中毕业，2002 年毕业于中山大学计算机系，现就职于中山市政府机关。

教育的真谛

黄晓锋同学说：

教育需要教给学生的是分辨真善美的能力，对生活的热情，对幸福的孜孜追求，和永不言败的信念（The power of love, the enthusiasm of life, the pursuit of happiness, and the faith of never giving-up）。

青心兰语：教育中的"成人"教育

《论语·宪问》中记载："子路问成人。子曰：'若臧武仲之知，公绰之不欲，卞庄子之勇，冉求之艺，文之以礼乐，亦可以为成人矣。'"其实，教育罔论古今，都追求"成人"教育，也就是对理想完美人格的追求。这也是君子所要达到的最高人格境界，充分体现了人的全面发展必须要达到仁爱、智慧、勇敢、艺、礼、乐等方面的要求。然而，今天的"成人"，似乎与"精英"连锁挂钩，说白了，"一白遮百丑"，分数定乾坤。首先，"尖子班"与普通班的分水岭，大多以几次考试作为准绳，"人设"地把成绩好的（或"先发育"的）阶层划到了"尖子班"，那些"呆萌"的孩子被撂在普通班里。从此，人生的标签分了"苹果六代"和"苹果六袋"。"准清华""准北大"可以享受"特殊窗口"，开小灶、一对一地在偌大的课室里自由学习、自由讨论、自由出入；而"准电大"则在人口众多的班级里吃"工作餐"，在蒸笼似的课室里接受"桑拿"的待遇。"三好学生"的评比天平更多会倾斜到尖刀班、倾斜到学习好的学生身上。虽然，也有一些"品德好"而学习"不咋滴"的"君子"，可是，"三道杠"无法戴到这些"红而不专"的学生臂膀上。

"我们不可能都成为名人，我们也不应该背负着想要成为名人的枷锁。"作为一名教育者，应该更多地思考怎样才能让更多的学生成为他自己而非名人（或圣人）。"成为名人"培养"精英"本身就是一个伪命题，是别人看教育者的眼光，也是教育者看别人的眼光，其实与本人的关系已经不大。我们应该培养一个善良高贵的灵魂，而非学霸式的英雄，尤其不能把另有专长的学生边缘化。

有时候，我们走进了一个"完全不能周旋的游戏"，而吊诡的是，我们居然还是这个游戏规则的践行者。

TA 的故事

我们或许还在迷雾中，但是脚下的道路越来越清晰了。

回想初中时代，已经是十五六年前了。当时杨老师意气风发，把她独特的语文教学带入一中，让我们为之兴奋、欢呼。杨老师推行的课文剧编写及表演，让语文课堂变成了话剧舞台。沉闷的语文教学被激活了，让学生对重点课文有非常深刻的理解。"话剧"里老同学们的很多场景至今还历历在目。

其实当年的中学老师都很有想法，很有创意。在应试教育的紧箍咒下，他们都会想一些新奇的方法让同学对学习更感兴趣。英语老师用新概念课本代替正规教材，让同学上台演讲课文内容；地理老师会经常找各种纪录片和多媒体文件在课堂播放。

但是，当年的我们还是被应试教育压得喘不过气来。到了大学之后，发现身边的同学都有各种各样的兴趣，而且都很有钻研精神。我感觉没有在中学阶段培养多样的兴趣其实是一种遗憾。中学阶段是一个人身心全面发展的重要阶段，应试教育把学生培养得很功利，分数为先。这样的大环境对身心非常不利。所以我的忠告是：多分一点心给自己的爱好，不要为了高考把一切乐趣都丢了。

到了美国，跟美国学生接触之后，我受到很大的文化冲击。美国人凭借着美元优势，过着无忧无虑的生活。学生的基础教育过于放松。我发现身边很多同学算加减法都要用计算器。另一方面，他们口才极好，对着一张空空如也的图纸都能侃侃而谈 20 分钟。社会环境宽松，社会资源丰富，再加上各国优秀人才的引进（实际上美国很多基础学科的人才都是外国人），美国在各个领域上面都领先于世界，也就不奇怪了。

我一直在反思，东西方的教育哪个比较好，如果以后有了小孩，让他（她）接受什么样的教育最好？最近"虎妈"的言论挑起了东西方教育大讨论，最后也没有一个所以然。其实我觉得东方的教育没有问题。语文教育强调历史人文，修身治国。台湾的国文教育就是一个很好的例子。我碰到过的台湾同学，大多中文造诣比较深厚，相比大陆的同学在文史领域涉猎更深更广。西方的教育强调个性，着重培养学生独立思考、演讲辩论的能力，鼓励学生自己去寻找答案。美国学生涉猎的知识面非常广，尤其对本国政治历史很感兴趣，很多人都希望进入政府，服务社会。

东西方教育的这个差异，很大程度上是在中学阶段产生的分歧。孩子在中学阶段对知识接受很快，并构建出人生观和价值观的雏形。数学、物理、化学、生物、地理教的是人类对世界的认识，历史、政治教的是对人类相互影响和人类影响世界的认识，而语文（广义，包括外语）则是一切知识的传播媒介。优秀的语文能力，包括阅读能力、写作能力、沟通能力、演讲能力。中学语文教育首先要培养的是对语文的热爱和上述的四种能力，然后才是应试的技巧。

我在美国和国内都工作过，在香港也工作过，深知语文能力对一个人成功的重要性。小到一封邮件、一封信函，大到项目汇报、年终述职，都体现了一个人的素质和竞争力。我的第一份工作是在洛杉矶一个设计公司实习。老板把图纸改完，会在图纸的下方告知我这个修改该发给谁，E-mail 如何写，称谓、行距都有标注，有时甚至还帮我起草提纲。我现在的英文书信能力完全是在那时打下的基础。到了现在，我们公司寄出的书信，我都会再三检查，务求中英文都简明、顺畅、格式正确。

后来去了深圳的一家房企工作，语文能力更加重要。我的主要任务是协调手上所有的资源，让设计最终施工落实。有时候一天不止一百通电话：对领导该怎样简明汇报，对设计师该怎样精确传达意见，对施工方怎样讨论进度，一切都必须迅速无误。做简报、组织逻辑、罗列事实、阐述轻重缓急、答辩提问，等等都和语文能力密不可分。那时有一位总经理很爱诗词歌赋，影响了他周边的下属。每有饭局必行酒令，题目以唐诗宋词为主，或考上下文，或考作者，或考年代。我由于古文知识很弱，每次坐在那里都噤若寒蝉，临时抱佛脚。

工作的第三个年头，我换到了一个英资在港的建筑设计公司。回归设计，我主要的工作是领导和协调一个设计组做国内的项目。小组里面有美国人、日本人、菲律宾人、香港人和内地人。我很了解各国人的说话习惯和表达方式，同时我也很理解甲方（房地产商／政府）的需求。所以在国内项目上，我很有发言权，能比较全面掌控项目。外资公司对文书的要求很高，所有的外部会议、电话沟通、内部会议都要双语记录。这也养成了我对重要事件做记录的习惯。

啰啰唆唆了一圈，言归正传。语文水平、语言能力是外人衡量你的最重要因数。这个因数可能会排在外貌因素之后，但是绝对比其他能力更重要。屈原的"路漫漫其修远兮，吾将上下而求索"，两千多年来鼓舞着中华民族；宋美龄在美国国会的演讲，唤起美国对中国抗战的支持；马丁·路德·金的"I have a dream"演说让美国的种族隔离政策彻底瓦解；王石的《让灵魂跟上脚步》让一个伟大的企业坚守着底线；乔布斯在斯坦福毕业礼的演说"Stay hungry. Stay foolish."至今依然让人热泪盈眶。

我们不可能都成为名人，我们也不应该背负着想要成为名人的枷锁。聆听心底里面的声音，做自己热爱的事业，对自己的内心诚实，爱你的亲人和身边的朋友。这就是我们的道路，是我们应该坚守的东西。至于语文学习，不必拘泥形式或时空，却要用一辈子去学，没有止境。

学生档案：黄晓锋，男，江门一中2000届高中毕业，2004年毕业于清华大学建筑学院并到美国哈佛大学设计学院攻读硕士，现居香港，LOCUS ASSOCIATES创始人，建筑师和景观建筑师。

我希望你还记得

吕万华同学说：

　　为了应试，我们总把眼光放在知识上，而忽略了方法。作为一名理科老师，我总对学生说，若干年以后，你不会再记得什么牛顿第二定律或动能定理的具体内容，但是我希望你还记得我教给你的思维方法，这才是你今后一辈子受用的。

　　思维方法，良好习惯，待人接物……这些都是我们的教育需要的。

青心兰语：优秀生的另类选择

　　"心想事成的人绝对不会快乐。最符合人性的真谛是：尽力活在你的想法和理想中，不要依据你达成多少欲望来衡量你的生活。"（《大卫·戈尔的一生》）我想，这句话特别适合做吕万华同学的注脚——心无旁骛，笃志教育的优秀学生。

　　优秀是一把双刃剑，剑法得当，可以所向披靡，助力事业，登顶华山。古如诸葛孔明：躬耕隆中也能折煞皇叔三顾茅庐，坐井可观天下三分，挥扇即成奇门八阵，土"村夫"碾压帅周郎，继而三分割据，宗臣万古；今如"外星人"马云——凭勇气、视野、敏锐等品质，让"黑边牡蛎"卖出钻石天价，用五百元起家，打下中国互联网的半壁江山，让普通的"双十一"变成全民狂欢的节日，让赚钱变成人类唯一玩不腻的游戏。然而，优秀这把双刃剑也会成为害己伤人的凶器。古有吕布——武艺高强的英雄胚子最终落得人人不待见，是因为徒有能力没有了忠诚；今有"抗震救灾英雄少年"雷楚年：成名后"走哪儿都是英雄"的膨胀感让他彻底找不着北，命运和一同在2008年汶川地震中涌现的"小英雄"林浩刚好相反。从小英雄到诈骗犯，有时就是一个优秀的距离。

　　在大多数教师的眼里，优秀生对老师的感恩程度，往往不如后进生、问题生。一方面源于教育对优秀的偏见，天赋成了优秀的通行证，一白遮百丑的"选美"机制，必然制造了不少"人工美女"，也就罔论高分数这种"玻尿酸""肉毒素""硅胶"对制造美埋下的祸根，而一些靠"勤能补拙"的孩子只能让"自然美"——天赋风干，祈祷某年某月有"善长人翁"的杨枝甘露；另一方面，一些所谓的优秀生，因为无须证明自己，孤高自许，目无下尘，甚至认为"江山"是自己打下的，与老师无关。

虽不至于"横着膀子走路,竖着眼睛看人",但真的难以和那些被长期白眼扫过之后,能够得到一点阳光就灿烂的"后进生"相提并论。

当然,万华同学是不在其中的,她的优秀是毋庸置疑的。然而,她给我留下深刻印象的并不仅仅是她的优秀,而是她走上了一条与优秀"标配套路"截然不同的人生之路。对于这种从小"霸"到大的"学霸""获奖达人",绩点满分,名校青睐、海外浸泡、衣锦还乡……无论是其"全方位无死角"的学业表现,还是成功到不可思议的"开挂人生",都是学霸开启的人生范式。然而,万华同学自始至终都把教师这个"痛并快乐着"的职业当作人生的唯一选择。携带着高考高分的傲人资本放弃北大而选择北师大,在别人眼镜跌成的一地碎片中,她处之泰然,安之若素。这也像极了她后来所选择的婚姻:我的烟火,与你何干?

在我的教学生涯中,还有与万华同学相似的另一位学生黄嘉煊。作为2007届江门一中的头号高考种子,他以优异的成绩笑傲江门,却拒绝恩师的循循善诱,舍弃"荷塘月色",只为在浙大的柔波里,"甘心做一条水草",十年漫溯于浙大"青草更青"处。这些不被教育功利、社会喧嚣搅乱凡心的优秀学生,总令我有泪流满面之感。精心培育多年的种子以这种方式狠刮教育者的脸,既让我羞赧又令我欣慰。毕竟,能培养一批逆光而行的学生,也是教育风景线上最美的剪影!

TA 的故事

我的理想也许你觉得太累,我的选择只有我自己体会。

我的理想很简单,就是当一名人民教师。从我有记忆以来,没有另外的想法。

我的求学时期,除了努力学习以获得敲门砖以外,我也在默默观察我的老师们的教育和教学方法。与小杨老师的邂逅令我眼前一亮:她令一盘散沙拧成一股绳,让我真切地体会到"无规矩不成方圆";她让我明白"律人必先律己"……相聚的日子虽然短暂,但从小杨老师身上学到的东西奠定了我日后工作的基础。

一直以来,我以为我钟爱的是汉语言文学,也一直以来,我以为我会如小杨一样成为一名语文老师。但在文理分科之时,自己的一次叛变改变了我的人生道路的一个小分支。我不能判断哪一个选项正确,我只知道我的大学是在苦涩难懂中度过,我只知道我的职场初期是在题海中度过。起码,我可以说,人的喜好确实会转变,不是说我不再喜欢中文,而是说我依然清晰地记得自己喜欢上物理那一刻的感觉。

也许有人会说,我的人生很单调,只是从一间学校到另一间学校;也许还有人会说,我的人生很顺利,只是从一间学校到另一间学校。而其实我想说,要坚持自己的理想,几十年都一样,需要付出很多很多。

我任教的第一所学校是天津南开中学—全国重点中学，周恩来和温家宝的母校，每年高考重点率接近百分之百的学校。我还记得自己那时一星期同时听三个老师的课，还记得每晚在办公室拼命埋头做题却经常一题也解不出来，还记得开学没几天就有学生对自己说："老师，我觉得你讲课没有自己的风格。"……我不知道其他职业是怎样的奋斗历程，我只知道由学校到学校并不是别人想象中的简单，甚至超过了我自己的心理预期。

我也要当班主任，我也想通过一些成绩来证明自己的实力。我把记忆中小杨老师管班的那些方法用在我的第一届学生身上。我很用心地陪着他们开展每一项活动，甚至周六日也会抽空去看看他们（他们是外省市学生，在校住宿）。高二一年在大家的共同努力下，我们赢得了各项奖状，风头直逼重点班……在欢喜之余，我却被告知：他们升高三，而我被留下了。泪水除了能说明委屈之外，并不能改变任何事情。我还清晰地记得小杨在我的周记中留下过"吕万华不相信眼泪"的字句。伤心过后，回想前尘，还有事后年级主管给自己"原则性太强"的评语。我想，我犹如一个练武之人，在欣喜地偷窥了绝顶武功的招式之后，却只是学了个形似，毫无神韵。我没有足够的内力和内功心法，只是要招式却无法发挥其威力。不能乱用"拿来主义"，必须要切合实际地用心去思考。

我无法忘记调动工作过程的艰辛，我也无法忘记那段过程内心的挣扎。我一步步地完成自己的理想，笃信的东西却不断地受到动摇。那时候，我又一次成长，却又掉入了迷惘当中，我们教育给孩子的是真善美，但社会也会充斥着假恶丑，如何去把握好平衡点，我一直在寻觅。

我工作的第二所学校是我的母校—江门市第一中学。带着美好中学生活的记忆，我回到了这里。说"报效母校"好像有点太崇高，我也只是想把我从这里学到的传统带给每一届学生。可惜现实与记忆的差距再一次给予我沉重的打击。阔别十年，太多东西需要我去重新适应。南北的差异把我以往的积累彻底沦为经验，毫无用处。我像一个新人一样，没日没夜地思考教学和教育，不断地实践反思。我喜欢给他们讲故事，我自己的故事，网络的段子，或者一些班里的趣事。他们听得饶有兴趣。三年来，仿佛我在他们心目中建立了一个"学霸"的形象。他们没法考究往事，但高考成绩却是"铁证如山"。所以我相信，我认真坚持三年来对他们的耳濡目染，略有成效。

这是一份充满挑战和日新月异的事业，因为我们面对的是鲜活的人。还记得南开的校长说过：我们错了可以挽救，但是对学生而言，就再也不能重来。我们必须很小心地对待每一个学生，每一句话，每一个动作。工作九年，说短也不短了，第一届学生也已走上工作岗位了，但关于教学和教育，我仍然有很长的路要走，有很多问题还没找到答案。

　　学生档案：吕万华，女，江门一中2000届高中毕业生。2004年毕业于北京师范大学物理学系，毕业后曾在南开中学任教六年，现任教于江门一中。

如何看待中国的教育制度

赵志强同学说：

作为中国教育制度下培养出来的，制度认可的精英（从小学到大学，一路重点，姑且算是吧），我认为在基础教育方面，中国的培养制度还是非常好的。至少我们在小学和中学阶段，学到很多扎实的知识。在语文、数学、英语、物理、化学等方面，我们有着比外国同龄孩子更扎实的知识基础。但这仅仅限于知识，我们的孩子在创造力，在逻辑思维能力，在独立思考能力上却远远落后于外国。教育资源分配的不均衡，导致了我们教育的急功近利。从小学开始，我就被灌输"要好好努力读书，将来才能考上好大学"的思想。我家环境不太富裕，家里也没有资源和关系，一切都只能靠我自己的努力。小学升初中，我考进年级的前五名，上了江门一中——这也是我们城市最好的中学了。中学六年，除了花大半年时间准备历史知识竞赛之外，其他时间都在努力读书，为的就是将来能考上好大学。这种严重功利性导向的教育模式，让我成了考试的机器。我已经没有心思去关注学习以外的东西，包括我个人的兴趣爱好、时事新闻、对世界的认知，通通都是空白。但我没有办法去改变，我只能靠努力，考上好的大学，杀出一条血路。

但如今，尽管掏尽一个普通家庭的财富，去培养一个大学生，往往毕业后还会面临失业压力，而目前普遍大学生底薪也下降不少，成了白菜价。大家会计算这个投入产出比是否划算。如果长此以往，必将会让更多的家庭放弃供养孩子读大学的念头。这个问题最终归结到一个源头：我们的教育要培养什么样的人才？我承认，在当今教育资源不均的情况下，尽可能地让有能力的人接受高等教育，高考作为一种相对公平的资源分配手段，仍将会存续很长时间。但我们可以考虑在初等教育阶段，引入更多关于独立人格、价值观等方面的课程和教育。类似杨老师于我身上的尝试，在青少年最敏感的发育时期，传递一种精神，让这精神能够长久指引孩子的成长，解决很多课本以外的问题。这才是教育作为一个国家与民族长远发展根本的应有之义。

青心兰语：没有灵魂的教育都是要流氓？

很多大教育家，如康德、尼采、杜威等，都认为"教育即生长"。而著名文化学者、作家周国平先生认为，所谓"教育即生长"，实际上是教育目标的问题。也就是说"每个人来到这个世界上，已经有潜在的人的共同精神属性和精神能力了。那么教育实际上就是让这些精神能力得到很好地生长，这个生长过程本身就是教育"。裴斯泰洛齐也指出："为人在世，可贵者在于发展，在于发展个人天赋的内在力量，使其经过锻炼，使人能尽其才，能在社会上达到他应有的地位。这就是教育的最终目的。"

其实，正如小赵同学所感，任何一种教育都不是非此即彼的教育。即使应试教育，用"存在即合理"来衡量，它也并非一无是处。不是选择应试了就要与素质熔断，不是所有的应试都令人唏嘘。衡水中学考上北大清华等名校的毕业生，几乎99%的孩子都表示，对衡水中学根本没有"怨恨"。这所"成批成批得像韭菜一样批发生产状元"的学校，是名校，也是魔鬼般的训练营；是学习"全能"，也是其他"各种不能"；是反人性的教育，也是收益最大的教育。可以说，没有衡水中学，就难于有"村娃"的清华北大。因此，毁誉参半，质疑与朝圣并行，既是衡水中学的现状，也是当前教育的撕裂现状：不是我不明白，而是我揣着明白装糊涂！当教育可以凭状元、凭名校、凭重点直接兑现白花花的钞票、金闪闪的皇冠，还有多少人能够静待花开？还有多少人会拒绝"转基因"而选择"晨兴理荒秽，戴月荷锄归"？卡夫卡说："从此出发，就是我的目的地。"只是，我们的教育，大多从此出发，就再也回不到目的地了。

"不怪衡水中学把学生们的高分潜能压榨到极致。不玩儿命考，他们还能怎么办？"将学生压榨到极致的，是教育的洪荒之力。即使学生其他方面（独立人格、价值观等）流放到了蛮荒之地，教育也会凭借成绩这股洪荒之力化腐朽为神奇，即使堕落为妖神也能拥有颠倒众生的力量。所以，为了练就这股力量，我们扯下了最后的一块遮羞布，不野蛮，怎教育？

王开东老师说，没有灵魂的教育都是要流氓。可是，当现实中你去要流氓，却居然不被惩罚，而且一旦得逞，还会风光无限，你又如何要求那些不要流氓却在流氓的世界里蓬头垢面的教师不掉链子呢？有时，教育者的良心在高分态势下是不堪一击的。当我们中国女排在里约奥运绝地反击，捧起了含金量最高的一面金牌时，全民荷尔蒙勃发，高呼"女排精神"。显然，只有在金牌的万丈光芒里，蒙尘数十年的"女排精神"才能重见天日，作为"叛徒"的郎平才有可能逆袭为国民女神！

所以，做一名有良心的教育者，最大的尴尬就在于，你既不甘随波逐流，又不敢一枝独秀。

33

TA 的故事

每个人在成长的过程中，都会经历很多成功与挫折。在成长的路上，会有很多良师益友陪伴着你。在这些人里，总会有几个人对你的成长特别重要，起到非常关键的作用。在我的三十多年岁月里，确实有这么一位老师，虽然我们相处的时间不长，但是却让我时常怀念。

认识杨老师是在初二上学期，那一年我 14 岁，被分到一中的快班。她是我们的班主任兼语文老师。那时的我很是懵懂，对于面前这位柔弱瘦小的女老师，绝对不会想到她对于我的今后有着如此深远的影响。

回忆这么多年的学生生涯，杨老师在我心目中有着不可磨灭的地位。杨老师是如此的特别，小小的身躯里有如此坚强的意志，并始终如一地贯彻着教书育人的理念。一个人，如果一辈子只做一件事情，并将这个事情视作生命，那是不可战胜的。

令我非常难忘的是，身为班主任的她会选择我当语文课代表，这个仅次于班长的职位。那时候的我很腼腆、胆小，甚至不敢在大家面前讲话。我私下跟杨老师说，我不敢承担这个职位。但是杨老师很坚定地选择了我，并让我组织了多次语文课文剧及班会，极大地锻炼了我的组织能力。我也渐渐地敢在全班同学面前表达自己的想法，变得更加有自信。

还有一次——那是初二下学期——我被学校选中，代表江门一中参加由广东电视台举办的"爱我中华"电视知识竞赛。对于当时的我来说，这是个千载难逢的好机会，但也存在着"巨大"的风险。比赛一共有四所学校参加，而且都是广东省顶级的中学。我们的团队一共四个人，将要接受为期六个月的封闭式训练，不能正常上课。如果我们取得前两名，就可以直接保送进入本校高中部；如果失败了，我们则面临着功课被落下，考不上本校高中部的风险。面对人生的机遇与挑战，我犹豫不决，只好求助于杨老师。就像当初坚信我可以承担语文课代表这个重任一样，杨老师给予我无条件的信任。她说，每一个巨大的机会后面，同样隐藏着巨大的风险。她认为这个机会非常适合我，只要做好风险把控，全身心地投入这场比赛，不要太在意结果，这应该是人生一次非常好的历练。我相信老师的眼光，勇敢接受了挑战，也成就了我自己。最终，我没有辜负杨老师的厚望，我们团队力压其他三所强校的代表队，获得了全省第一名的好成绩，也成就了我人生路上一段非凡的经历。

多年以后，回想整个小学中学到大学的教育历程，猛然发现，杨老师带我的那一年多，竟然就是我人生最重要的转折点。杨老师教给我的，不是单纯的知识。她给予我的，比单纯的知识珍贵一千倍一万倍，至今我依然享受着这份宝贵的礼物所带来的红利，这宝贵的礼物就是我的自信，是杨老师给予我自信，挖掘我的潜能，让我在日后的求学以及工作的道路上能够认清自己的方向，不会迷失。杨老师的理念，不拘泥于刻板的知识。她真正将教书育人作为自己终生的事业。所谓"教书育人"，教书是本职工作，育人才是更难、更高的事业。在当下的应试教育体制下，能够将教书育人两者充分结合的，杨老师是我遇到的老师里面做得最好的。

告别杨老师后，我的学生生涯一直比较顺利。从江门一中初中到高中，我虽然不是排名最靠前的学霸，但是一直保持在全年级的前二十名以内。在高中，我被选为班长，担任着比初中语文课代表更加重要的角色。整个中学的教育，最终的目的就是为了高考。这一场考试，检验了你之前六年中学加六年小学的付出是否成功。我也顺利考上了我的第一志愿大学第一志愿专业。

中学期间，我只顾着读书和考试，没有关心日常生活的很多其他知识。上大学后，我才开始切身体会到对于这个世界认知的缺失，以及这给我带来的跟别人沟通的障碍。我身边的大学同学比我拥有更多的见识，他们关心政治、历史、军事……大家聚集在一起的时候，有几个同学特别能说，上知天文，下知地理，而我只能作为听众，一句话都插不上。每当此时，我脑海里就是一片空白，怀疑这是真实的世界么？我为什么什么都不知道？后来我的室友，也是其中一个比较能侃的同学，指出是我的知识面太窄的缘故。从那以后，我开始关心时事，每天坚持阅读《环球时报》以及《参考消息》，也渐渐找到了感觉，至少我能开始跟别人谈论一些热门话题了。

大学期间虽然没有了高考，但是考研随之而来。虽然家庭条件一般，但我还没有养家糊口的压力，爸妈也支持我继续把研究生读完。我再一次不负众望，成功保送上了本专业的公费研究生，免交学费，每个月还有240元的生活补贴。终于，我不再有升学压力，也暂时没有了经济压力。本以为日子会过得好一点，但就在读研的那几年，中国的房价不断地疯涨，我开始感受到就业、成家的压力了。

人们常说，80后的我们是最"苦"的一代：高考遇上扩招，毕业不包分配，工作遇上房价疯涨……但80后的我们，也应该是幸运的一代：在信息化、全球化的时代，我们比父辈有更多的机会见识这个世界。毕业时，我毅然选择了国际销售作为我人生奋斗的道路。不为别的，只为在我年轻的时候，能够多走走，多看看这个世界，不再做一个井底之蛙。我不希望只成为应试教育下的产物，只会背书本上的知识，而不懂如何运用这些知识。就这样，我成为一名医疗器械国际销售代表，开启了一段新的人生之路。

我的第一份工作在深圳一家知名医疗器械企业。刚进公司，部门只有5个人，全公司只有200多人。作为一个应届毕业生，我努力地学习和自我提升。我至今还记得入职当天人力资源部经理跟我的谈话。他说，我们都想做自己的生意，但是在我们力量还很小的时候，只能依附于一个平台学习，然后再谋求发展。这句话至今一直影响着我。作为个体，力量非常有限，你只能依赖团队、平台，才能体现自己的价值。几年后一次出差印度，我和同事走了很多边远的地区拜访客户，收获颇丰。记得当时同事的一句话：如果作为旅行者，这些客户不可能驱车几个小时来见我们。而他们愿意这样做，唯一的理由是我们背后所代表的平台，有可能给他们带来价值，所以作为旅行者，你永远不可能体会到这些。这再次印证了人力经理的话。

公司后来发展得很快，规模从200多人扩展到最大时1500人。部门也从5个人的小团队，发展到60多人的大部门。在这个公司的七年时间里，我走遍了五大洲20多个国家，基本覆盖了主要的发达国家。我从一个一线的销售代表，成长为掌管一条产品线全球市场销售的经理。能够取得这样的成绩，我主要归结于以下几点：1. 勤奋的工作。一切成绩都离不开勤奋，特别对于销售来说，不管你有多高超的销售技巧，如果不勤奋，不努力地开拓联系客户，是不可能有成果的；2. 需要有伯乐的提携。一般来说，需要体现自己的能力或潜力，伯乐才会愿意提携，而这个过程中，跟伯乐之间的互动沟通，就非常考验情商，不能指望伯乐主动地无条件地帮助你，而需要你创造让伯乐了解你，欣赏你的机会，才会有提升的可能性；3. 需要利用好身边的资源，无论是内部的资源，还是外部的资源，为自己的订单和业绩服务。

学生档案：赵志强，男，江门一中2000届高中毕业，2007年毕业于东南大学生物医学工程学院，获生物医学工程硕士学位。现工作于上海，任职上海瑞示电子科技有限公司国际营销总监，董事长助理。

没有标准答案怎么办?

黄舟同学说:

高考前夕,我带着1/3源自国内打下的数理基础的自信,还有2/3对其他科目的忐忑不安,开始了负笈 Wesleyan 的历程。其中社会科学和人文艺术给我的震撼最大。我起初选择了经济学这门数学和社会科学甚至是行为心理学结合的学科,而这后来也成了我的主修。但 Wesleyan 的"博雅教育"要求我必须选择其他的科目,因此我选择了几门历史和文学的课程。在一门讲述十八至十九世纪欧洲革命历史的课程上,我被眼前所见震撼了。教授会提问诸如"法国大革命之后的欧洲动荡主因是阶级斗争还是民族意识觉醒"等问题。我的第一反应就是翻查教授指定的书目,潜意识里总希望找到作者的"标准答案",从而尽快地完成小论文或者能有理据支持小组讨论。然而,很多文献根本没有"标准答案",而且教授甚至会特意提供一些意见相左的阅读材料。于是我经常性地惊慌失措,被动地靠记忆罗列一些基本事实来取分。相反,看到很多本地同学能旁征博引额外的资料支持自己的立论,而且教授也并不以唯一的"标准答案"给分,我不由得憧憬西方式的教育——原来从小培训的自主性、创造性和发散性的思维,可以让人如此得益!

青心兰语:标准与个性

正如2000年广东语文高考作文题所疾呼的那样:答案是丰富多彩的!然而当我在改卷场中一份作文卷上看到这样一段结尾的时候,我又倍感理想与现实的距离。大意是这样的:老师,你们说答案是丰富多彩的,可是当我写出自己深思熟虑的答案之后,你们会不会用唯一的答案来评判呢?

教育其实存在着这样的撕裂,一方面鼓励学生独立思考,一方面却又以标准化的考试阉割学生的独立思考能力。就如广东语文高考试卷,即使主观题所占分值达到128分(满分150分),但学生的得分空间依然逼仄。作文题的审题就成了高三语文备考的重中之重,原因是"一子错,满盘皆落索"。例如广东2015年的高考作文题,关于"感知自然"中"近"与"远",这种侧重考查考生思辨力的题目,本来就是符合当下国内重视学生创新性思维能力培养的大趋势。可是,如果你的作文忽略了"感知自然"的几种方式,单从"近"和"远"谈二者之间的辩证关系的话,那么,你的思辨力也就没有多大价值。同理,语文试卷的"伪能力"测试也是"漫山遍野"的。钱理群、孙绍振先生曾经谈及一道出自朱自清先生《梅雨潭的绿》的题。题目要求学生指出作者的观察点,大多考生都回答了梅雨亭,但是标准答案是"梅雨亭边"。作家王蒙、余杰也曾经碰到过这种尴尬:自己撰写的文章被"命题专家""挖地三尺",出了 N 道颇具"含金量"的阅读题或貌似"低幼"的选择题。可出人意料的是,作家自己都难以完成这些题目,即便殚精竭虑完成了,也与"标准答案"相去甚远。这大概应了一句"当局者迷,旁观者清",命题老师总会比作者自己更了解"作者的本意"。当然,一些著名作家纷纷去做高考作文,也大多跑偏或不及格,这本身就让人讶异了!

然而,话说回来,作为一线老师,我深知标准的重要。我并不主张去标准化。标准答案既然存在,也必然有其合理之处,标准就像规矩,无规矩不成方圆。假如八十多万考生,"答案是丰富多彩的",也不太现实。毕竟,改卷者的水平、个性、才情甚至精力状况都参差不齐,在这个一分能"秒杀"千人的大环境下,缺了标准谁都伤不起。问题是,我们早已把标准化作为我们的教育理想去赤足狂奔,把标准贴在墙上层层落实层层分解,并以标准去扼杀所谓"奇葩"的个性化表达。七八十万的考生,总会有"奇葩"。他们对作文题目不是想多了就是想少了,不是想深了就是想浅了,总是不能"切合题意"(实际只是出题者的愿景)。这时候的标准就显得格外狰狞,手起刀落,往往就此终结了"我的童年"!

其实,标准与个性并不是一对不共戴天的仇人。

TA 的故事

2001 年,我怀着复杂的心情,在高考前夕离开了杨老师担任班主任的江门一中高三(10)班,到美国 Wesleyan 大学求学。一方面我固然是欣喜若狂,因为能够通过激烈的竞争获得 Wesleyan 的奖学金,而且又"及时地"逃离高考备战的沉重压力;但另一方面,这消息来得如此突然,以至于我未有足够时间来为离开做准备。我既舍不得亲爱的老师和同学,还有在那炎热潮湿的教室中从早上七点到晚上十点不停做模拟卷的每一天,同时也舍不得十几年来鞭策我成长的中国教育。我真的准备好了吗?

到了 Wesleyan 之后,我很快发现:理科的,以当场限时考试为评分方式的课程,我都得心应手,尽管我曾经在中学理科实验班因数学成绩远落后于文科而闻名。这很显然是得益于我们中学里长期的做题训练。但是,我同样很快地发现,Wesleyan 采取 Liberal Arts——一些香港报章优雅地译作"博雅教育",据介绍也被北京大学元培实验班采纳的通科大学教育模式，不但鼓励而且是强制本科生在知识面上全面发展。直到大三才需要定下专业方向，而大一和大二都需要平衡兼顾自然科学、社会科学和人文艺术三大范畴，而且自然科学里面也不能独孤一味。因此我不能只上最容易拿高分但其实最不感兴趣的数学课。

我们在中国注重分数，类似很多美国大学生关心 GPA。固然在美国一些专注理科的学校中，GPA 尤其是主修科目的考试分数是重于一切的。但是多数采取博雅教育的大学都注重全面发展。首先，GPA 本身就是多个学科的综合计算，能够有高GPA 的同学首先必然是个通才。另一方面，我们的同学之间很少有类似国内同学对"学霸"的崇拜感情。高 GPA 就"牛"吗？未必。很多学校的奖励是给予在社团、社工、体育活动中有特殊贡献的同学。类似"奥数"的竞赛获奖固然很好，但是和宿舍同学或邻近居民开展厨余回收堆肥同样获得老师同学的赞赏。再进一步扩展至职场，分数也不是很多大公司从大学招收新人的首要条件，相反它们经常强调的是团队合作精神、迎接和解决新问题的兴趣和能力、创造性思维等成绩以外的特质。其实中国也在往类似的方向发展，例如说很多公司宁愿招收一位学生会主席，而不愿招收一位四年都埋首于实验和竞赛的尖子生。

如果问："学习的动力是什么？"很显然，在高中的时候，我的回答就是拿到更好的分数，进入最好的大学，给自己、家人和学校争光。但是，在某个时刻我曾经不经意地问过自己"然后呢？"我问过一些在大学的师兄师姐，很多人苦读的目的就是为了出国，因此他们忙于冲 GPA、GMAT、托福，等等，似乎离开中国就是用青春拼搏的全部目的。我不免又想，"然后呢？"对于同样的问题，我没有答案，但我希望在 Wesleyan 这样的环境下，有更多的空间，能得到更多的帮助来找到我自己的答案。

在 Wesleyan，我曾有一次让分数主宰了我的决定，因此直到现在都有一点懊悔。因为从小以来的兴趣，我选修了天文学入门，兴致勃勃地和同班同学在学校的天文台里，看着美妙的夜空开始了第一堂课。谁料到天文学是相当缥缈的学科，所有的物理运动都只能通过间接的比对并且借助于艰深的物理定律来测算。而很多同学已经上过程度较高的物理课，很快我的成绩掉落到下等。然后我就主动找教授谈话，他说这只是一门入门课，你能发现自己的兴趣和拓宽知识面是最重要的，为什么如此看重分数呢？我挣扎了很久，想到如果拿到一个 B– 或者 C 的分数，GPA 怎么办？同学们会怎么说？沉默了很久之后我决定放弃了这门课和学分。直到现在我还是会想，如果我坚持自己的兴趣和热情，当天文学家的梦想会不会实现？后来看到一位来自印尼的小个子女同学的经历，更让我感触良多。基于她的祖国—千岛之国的海洋生态，她选修了海洋生物学。一开始也是困难重重，但十年过去了，她现在终于成了一名海洋生物学博士。她经常带队到海里，在船上一去两个星期，每天几次背着水肺入海收集数据。可能有一天我会在各大新闻和纪录片频道看到她，为唤醒公众对气候变迁和海洋生态受破坏的关注而发声。我和她俨然是两个相反的例子，引导我们思考学习的真正目的是什么。

距离高中毕业已经十几年了，很多事情都已经淡忘，但是有些轮廓必须要从抽离的、高空的角度才能看清。我相信我是幸运的。在高三最枯燥的日子里，杨老师并没有对我们施以严厉的管教，而是与我们分享很多师兄师姐的故事。他们辛苦拼搏之后，不但进入了心仪的大学，而且还各有成就，各自给了自己对"然后呢"这个问题的回答。另外，虽然高考文科的评分受到标准答案的制约，杨老师仍然鼓励我们发挥自己的想象，写出自己的思想，以此来锻炼自己的写作能力，只是适时地会提醒我们注意评分老师的尺度。我们师生之间都在高考的重压之下，互相理解、互相扶持，为我们怀着离梦想更近一步的希望和决心而付出汗水。

中国的教育制度，尤其是高考的种种不合理性毋庸置疑也无须多费笔墨阐述。人们常说数理化的扎实基础是我们教育制度的优点，这一点也的确使我获益良多。但是我在十多年的受教育历程中，体会到最重要的一点是：中国的教育制度，正如中国本身，是问题重重的。只可能在遥远的将来才能达到我们心目中理想的状态，而我们甚至对什么才是"理想的状态"都众说纷纭。但是，一切总是在慢慢地变化，我们每一位卑微的师生都在推动教育制度变革，正如我们每一位心怀善良的中国人都在推动社会进步，梦想总是会实现。在这个路途中，我们只能耐心，一起分担我们的历史责任。今天看来，我很庆幸我从小就在学校的小课堂中，学到了有关中国的更大的一堂课。这就是我大学毕业后立即回国工作的原因。

学生档案：黄舟，男，2001年从江门一中毕业，2005年毕业于美国 Wesleyan 大学。现于香港工作，任职荷兰威科集团大中华区兼并与收购部。

假如我排课程表

罗杰思同学说：

今天想分享之事，颇有些离经叛道之调，不但学弟学妹不宜观瞻，兴许还要博杨老师一眼怒睇——白教你那么些年了！

但蒙恩师教导多年，我学到的文章之大道是：我手写我心。直抒胸臆，当讲则讲，也是我当年选择报读新闻系的一大动因。

我觉得中国的学生，中英数理化政史地生音美体，课程不可谓不丰富多彩，但知识体系，或者说人生体系，总感到有所缺失。故此，假设我有编排中学课程的权力，我想给学生编一个这样的选修课程：

1．失败学：人皆曰成功学，殊不知中国年轻人最缺的是失败学。我们太强调成功的重要性，以致我们从上小学起，就一直小心翼翼，患得患失，缩手缩脚，只敢走最安全路线。因为我们完全无法面对失败，失败降临时或手足无措，或自暴自弃。说白了失败是成功之母，从失败中可以领会许多成功时得不到的收获。失败学不是鼓励你失败，而是教你怎样好好利用失败。学过自行车都知道，摔过几次，不怕摔了，自然就不会摔了。想成功？先学学怎么失败吧。

2．学习学：上了大学你就知道，知识是永远学不完的。你需要学习的最大本领，就是学习本身。进入一个领域，迅速抓住它的精髓，哪些需要领会，哪些需要死记，更重要的是，哪些未知可以和你的已知融会贯通，形成体系。举一反三，任督二脉自然就打通了。求职时，雇主老说"需要两年工作经验"。毕业生哪来这么些经验！能快速上手才是王道——而这个"快速上手"，其实就是懂得学习。

3．爱情学：爱情也要学？爱情太要学了。我们一辈子最大的决定有哪些？结婚肯定是其中一个了。你要找的这个人，要和你在一起大半辈子，还会决定你下一代的质量，能不慎之又慎吗？偏偏这么重要的一课，从来没人提起。我们都是摸着石头学会爱。其实很多人都不知如何与异性相处。宅男宅女，剩男剩女，即使是成功上岸的情侣，也在不知不觉地伤害对方，最后只是为了繁衍下一代而结合。我们这些独生子女一代本已缺乏与人沟通的正确技巧，对以后的爱人，更要认真负责啊。

4．辩论学：微博上没完没了的谩骂，论坛上永无休止的掐架……你细心看看，有几条是有理有据言之有物的？我们太习惯用立场代替是非，用屁股决定脑袋了。学会如何辩论，并不是为了争赢对方，而是真正审视自己的观点，对自己说的每一句话负责，平和地表达自己有逻辑的观点，问题才能解决。网络上是这样，公司里开会是这样，和家人商量家事同样要这样。我们太需要理性的言论空间了。

5.创意学：不是说我从事创意行业，就在老王卖瓜自卖自夸。在当今的社会打拼，拥有创意能让你事半功倍。以我为例，记得当年的高考作文《诚信》，我兵行险着地用一个交互人称视角的结构去组织了一篇微型小说。这个创意也许在我语文科799分里占据了颇大比重。人生的创意，不只是一个设计，一句巧语，它是一种生活的态度：可以是你给领导提报时的一点反传统创见；可以是你在下班回家选择的一条新路线……总之，在N种已知选择里，多提醒自己，是不是可以有第N+1种？

6.怀疑学：怀疑，其实也说不上是一门学问，更像是一个治学的态度。就以我现在这篇文章为例，这篇文章值得你参考吗？或许只是满纸胡言，也或许是句句真理。也许经过批判，你还是照单全收，但即使这样，也多了自己的一份思考，也真正是自己的东西。学会提问。只有一切先打个问号，最后的感叹号才会更确定。

7.当下学：我们的浮躁，背后有一个深层的心态：别人过得比我好，我不甘心。其实，当下永远是最好的。当学弟学妹们羡慕我们没有家长管束，有足够的金钱支撑自己的欲望时，我们也在羡慕你们没有谋生的压力，单纯地过着吸收知识的日子。其实，谁也别羡慕谁，每个阶段都是最好的。享受你的现在吧。知道这一点，大家也就不会浪费时间在嗟怨，而是抓紧当下的一分一秒，用好手中的每一张牌了。

以上是我毕业十多年的一点感悟，当中自然也有杨老师熏陶过的影子。我期待着中国教育的这一天：每个学生在毕业十年、二十年、三十年时，都能为那十多年的学生生涯，感到自豪，感到留恋。

青心兰语：我的课程我做主

"你为什么不喜欢学习呢？"

"老师，你认为只有学书本的东西才叫学习吗？"

这是一个按照"精英教育"标准而贴上"五毒俱全"标签的"差生"。与其说他的回答是对我的反驳，毋宁说是对我们现行教育的问责！

虽然答案是丰富多彩的，但毋庸置疑，现代学校教育的胎记就是标准化。这不仅体现在试卷的答案，还体现在教材的划一、班级的严整上，即如这位"离经叛道"的学生所质疑的。其实，这种强行制造单一的模式大行其道，连课外阅读都被视为"不务正业"。

我清楚记得，我上学时的体育课，既有跳山羊、跳木马、单双杠等技术型项目，也有掷铅球、投实心球、标枪等力量型的项目。然而，现在放眼看去，除了跳一跳广场舞，满眼就是摔不死、打不坏的球类运动。

我们的课程表，不知道从何时开始连安排一节自修课都成了美丽而羞涩的梦。据悉不少低年级的班因一个学生课堂讲话而被株连，全班孩子为此被剥夺了到球场"抖搂抖搂精神"的机会。我的孩子也曾因放学后到球场跑步而被警告，原因是有危险……这并非个案，这些剥夺孩子权利的教育手段，是否也在处处体现着教育者的无能？对于高年级的学生，音乐、美术等"非主流"课程的"瘦身运动"更是如火如荼，次科被顺手牵羊拿来补主科的事情时有发生。高三，更是到了"只要学不死，就往死里学"的肉搏阶段：早上 7:00 早读，上午 5 节正课，11:45 下课；下午 14:00 午读，接着三节正课和一节"下午练"，17:40 下课；晚上 19:00 开始三节晚修（周日晚则是两个半小时综合测试），22:10 结束。最后一个学期，所有"非主流"科目彻底消失，体育课也在高考前两三个月"寿终正寝"。孩子们满眼血丝，沦为学习机器，高速运转，生无所息！

假如真有那么一天，我们让孩子安排课表；假如真有那么一天，我们能把孩子感兴趣的东西都引入课程；假如真有那么一天，孩子的求学不再是纯粹的"求分数"，我们的教育，是否也就不再纠结"圈养"和"放养"这两难问题？

余光中先生曾经把英国当代诗人西格夫里·萨松（Siegfried Sassoon, 1886-1967）所写的诗句"In me the tiger sniffs the rose."意译为"我心里有猛虎在细嗅蔷薇"。2004 年的一次语文模考，以这篇《猛虎与蔷薇》命题的现代文就击中了一个小男生的软肋，沉醉不知归路，击节赞叹而浑然忘却这是"生死攸关"的考试阅读材料。

确实，这句话也深深迷醉了我。教育，也应该兼具雄性与雌性：既有金刚怒目，也有菩萨慈眉；既能"大江东去"，也能"小轩窗，正梳妆"，"细嗅"则是教育者对两者的调和与统一。可惜，当下的教育，雄赳赳气昂昂，刚性有余，柔性不足。

——我的课程谁做主？

——当然由不得你！

这个答案多少令人沮丧，可是，事实如此！

回到语文课上，积淀着几代语文教育工作者的曲折探求和深沉思考，洋溢着科学理性和人文精神相辉映的独特风采，新课标的出现无疑有着深刻的现实意义。然而，我们的语文教学仍未摆脱功利化的影子，更有教学体制、教学内容、教学形式方面的痼疾。因此，新课标下的语文教学犹如穿着"皇帝的新衣"，有着不少的疑点，遭遇不少的尴尬。

高中语文选修课是在必修课基础上的拓展与提高，有的侧重于实际应用，有的着眼于鉴赏陶冶，有的旨在引导探索研究。选修课的开设打破了原有课程的基本格局，为教学改革提供了广阔的空间，与此同时也给教师带来了前所未有的新挑战。

广东省教育厅关于开设高中语文选修课提出这样的意见："在选用同一种版本必修课教材的基础上，学校可以根据教学需要和教材实际选用不同版本选修模块教材，并且积极创造条件开设校本选修课，供学生选择修习。各地教育部门要按照课程方案和各科目课程标准的要求，加强对选修课开设指导和教学管理，指导学校根据教学要求和实际情况开设选修课，满足学生发展需求，进一步做好普通高中新课程实验工作，切实推进新课程实施。"（《广东省普通高中选修课开设指导意见》，粤教研〔2005）7号）

可是，高中选修课程的教学，目前还没有一个基本的、较为清晰的操作模式，需要广大教师在实践中创造与不断丰富。所以，在选修课上我们大大的玩了一场变相游戏。

变相一：老师选，学生修。选修课的目的本是要把高中生从"考试文化"中解放出来，使其被束缚的心灵重获自由，在选择中学会选择，在主动学习中实现有个性的全面发展。在选修课里，老师的角色不应该成为决策者。老师首先应该认真做好选修课的介绍，让学生充分了解课程的主要内容和特点。其次要让学生明白，选课既为了满足当前的学习需求，也为了锻炼自己，学习自我规划。这里，老师要帮助学生了解自己，包括志趣所在、发展趋向等，从而正确行使选课的自主权。可在实际操作中，我们的学生根本丧失了选择的权利。老师越俎代庖，选什么，如何选，成了老师的单相思。当然，不是老师不想放手，而是老师不能放手。高考考什么，我们就选什么；专家建议选什么，我们则不敢不选什么；这就是选修课的潜规则。在高考指挥棒的声东击西中，选修课真正沦为了一块鸡肋，除了能为高考增添一些考分之外，我实在看不出学生有选择的乐趣。

变相二：选修课上成了必修课。其实，不同类型的选修课之间存在着课程目标和教学方法上的差异。例如《现代散文》，全书共有五个单元，记叙、抒情、议论、理趣和文化各有侧重，如第一单元侧重于记叙性；第二单元侧重抒情性；第三单元侧重议论性；第四单元虽然大体上也属议论性散文，但更多的是对于人类生活中一些沉重问题的思考；第五单元则是抒情和文化的结合。由此，在教学中，我们应该有着不同的教学思路：对第一、二单元则侧重于阅读（背诵）、理解（联系）和领悟（审美），对三至五单元则侧重于理解（联系）、探索（质疑）和审视（研讨）。可实际上又有多少老师能把选修课上得有"选"的意味呢？大家知道，教育的最终成果已经异化为卷面成绩，而这卷面成绩往往就成了衡量教师能力和水平的标准，还会成为家长选择教师、学校评判教师乃至教师职称评定时的重要砝码。因此，把选修课上得比必修还要必修，这是每一位不敢睥睨成绩的语文老师的"明智"之举。

所以，当我们难于回答"主体性怎么主""活动课怎么活""选修课怎么选""新课标怎么考"等一众问题的时候，我们的课程就不存在可选性。罗杰思同学提出的自主安排课表也就成了一个励志的演说题目：I have a dream.（我有一个梦想）。

或许，当教育也有柔软的智慧，当猛虎温柔地细嗅蔷薇，爱情学、创意学等也就不会被视为外来物种而胎死腹中了。

学生档案：罗杰思，男，江门一中 2001 届高中毕业，2005 年毕业于山东大学新闻系，大学期间作为交换生到厦门大学新闻系学习。现工作于香港，任李奥贝纳广告公司创意总监。

对教育的希望

区江同学说：

我认为我们目前的教育被成人社会的焦虑和功利心扭曲了面目，打乱了节奏，教育首先要做的就是去功利化。我希望我们的教育能给予受教育者更多的自由，能更多地尊重和保护他们的天性，能更好地保护他们的求知欲和学习热情。一个人要真正活得好，EQ 和 AQ 远比 IQ 重要。会解多少道奥数题与你今后生活得是否幸福毫无关系，琴棋书画样样不通也不会阻碍你成为一个可亲可爱对社会有益的人。我希望：一、我们不要再那么追求"标准答案"，这真的是摧毁创造力的最佳途径。二、我们的考试不要再那么依赖死记硬背，多一些真正考察学生运用知识能力的题型，美国的小学生都能写小论文了呢。三、基础教育阶段难度应降低一点、节奏应放慢一点，把重点放在思维方式、学习方法的养成上。相反，大学的教育应大大加压，而不是目前的严进宽出，导致不少大学生在最应该刻苦学习的时候颓废地混日子。四、在基础教育中至少应增加两方面的课程，一是学习方法，包括正确的阅读方法、时间管理等；二是基本的心理学知识，让学生学会认识情绪、掌控情绪，在我看来这才是真正的素质教育。

青心兰语：当为师也焦虑成疾

前段时间我因半边脸麻痹而上了医院，一位人到中年的主任微笑地对我进行了问话，大概是"做什么工作""症状如何""家族病史"等常规性问题。约摸 5 分钟左右结束了"望闻问"，然后的"切"诊开了八大项身体检查，最后意味深长地让我住进了病房。

我每天莫名其妙地吊针，莫名其妙地吃药。医护人员就是对于我的病情三缄其口。六天之后，出院记录，我惊悚地看到"焦虑抑郁状态"！一刹那，我明白了医生那个意味深长的微笑，也明白了闪烁其词的苦衷，更明白了作为一个高三老师、一个班主任、一个吃无定时睡无定量的重点中学老师，会不会早就被"社会人"贴上了"焦虑抑郁"的标签，何况还挺像那么回事！

虽然，最终有更权威的专家诊断病因为颈椎变形压迫神经所致。可是，这已经不重要了，重要的是，心理教育的缺失，不单单在学生一方。而作为教育学生的老师，在超强压力下，心理亚健康已成为普遍现象。以我为例，早上 6:50 到校，晚上 22:30 离校，没有晚修任务的时候也大多 21:00 点离校，中间吃喝拉撒全在 300 亩方圆的学校。从宿舍到教室，从教室到宿舍，上课、改作业、学生宿舍管理、学生谈心、家长电话，以及多如牛毛的各种会议、工作室的培训等，已然疲于奔命。还有时不时的职务培训、公需课培训、学法竞赛、感想、模拟命题、竞赛课、研讨交流等，再加上学情调查、考试分析、升职论文课题等压力，像极了香港巴士大叔所言"你有压力，我也有压力啊！"

其实，教育者并不是打捞芸芸众生的千手观音，当学生念着"老师高抬贵手"的时候，我们的身心也遭遇着像 2015 年 7 月 8 号"股灾"般的蹂躏，"生存还是死亡"也多次像梦魇般在我的脑海中如五月的海螺轰鸣。可是，站在"神"的位置，你别无选择，唯一需要做的，就是手拈杨枝，轻拂红尘，兰指一弹，普度众生！

教师的心理问题，其实就是存放在教育档案里的一张苦脸。

TA 的故事

青春期，总以为林黛玉式的忧郁是多么的美，仿佛心头眉间不笼罩些愁云惨雾不足以表明自己是多么情感细腻特立独行清丽脱俗充满哲思……终日间仿若一朵楚楚可怜的带雨梨花，如今用时光的镜子一照，发现那时的自己其实不过是一朵强拗造型的奇葩。

可以想象，作为一朵内敛型的奇葩，我中学时的朋友圈子并不大。幸运的是高二下学期文理分班后，我结识了亦师亦友亦闺蜜的杨青兰老师。她为我在青春期这样一个人格形成的关键时期注入了许多正能量，并持续作用于我之后的人生。囿于命题和篇幅，在此我想说说她的教育对我职业发展比较重要的两点影响。第一是"保有赤子之心"，第二是"善于表达自我"，前者是人格的塑造，来源于杨老师的言传身教；后者是技术的培养，得益于杨老师创新的教育方法。

杨老师的体魄根本算不上强健，从外表上看，完全就是一枚弱女子，可她工作起来却像个钢铁侠，因此积劳成疾而住院都不是一回两回了。对待学生，钢铁侠充满柔性和关爱。记得当时班上几位同学无偿献血，杨老师还专门为他们煲了补血汤。

在我看来，杨老师之所以能这样，是因为她一直保有一颗赤子之心。因心如赤子，她淡泊名利，敬业执着，孜孜以求。因心如赤子，她对学生充盈着发自内心的爱。作为班主任，一个人面对几十个青春躁动，荷尔蒙分泌旺盛的少年实属不易，然而我从未见她对学生有过不耐烦的训斥。她也极少说教，而是用真诚和技巧无声润

47

物。从她身上，我深深地明白：真正成功的教育是感化，是唤醒，是一个灵魂唤醒另一个灵魂的过程。

我大学毕业后回到江门，成了一名公务员。工作初期，我也曾为功利而浮躁过，有时会想自己的收入与北上广的一些同学差远了，又或者觉得工作很枯燥、没有成就感，等等。在我苦闷的时候，无意中看到一篇关于杨老师的报道，中学时的记忆一下子鲜活起来。是啊，当年我不是说过要像杨老师那样做个敬业的人、做个让人敬佩的人吗？现在工作还没真正入门，就开始胡思乱想、左右摇摆，真是太不像话！仔细想想，虽然我的收入不算很高可也不低，再说公务员的工作性质就决定了工作不为求财；我目前的工作内容是有点枯燥，但还有更多需要学习的地方，不打基础怎么干大事呢；说到成就感，我的工作主要为政府领导决策服务，虽然不直接面对具体的个人，少有立竿见影的成果，然而政府的决策影响着一方的发展、百万市民的利益。这样的工作难道没有意义吗？

于是，我再也不多想自己能做什么、能得到什么，而是关注自己都做了些什么，扎扎实实地去做每一项具体的工作，即使再琐碎也力求完美。慢慢地，我发现：尽管工作中依然有苦有累有郁闷，但我不再焦虑，感觉很平和很充实。

收获在不知不觉中到来，甚至让我自己都有些意外和惊讶。在我埋头工作，从未考虑过晋升的时候，我工作刚满晋升年限就得到了晋升。领导还给了我一个"做事大气"的评价。后来，我又在较短的时间内相继晋升为副科长和科长。记得在科长竞选中有个民意测评环节，即全单位的人进行民主投票，由于我年纪太轻、资历最浅，并且自认不是个世故圆融、八面玲珑的人，我猜想自己得票不会太高，然而投票结果大大出乎我的意料，我居然大比分领先得了第一名。

真心地说，在竞选成功的那一刻，我的不安更甚于喜悦，我问自己，你配得起大家如此的信任吗？

借着这个契机，我认真地回顾了自己的工作历程，我领悟到：一颗赤子之心胜过苦心孤诣的钻营，虚与委蛇总敌不过真诚坦荡。因为保有赤子之心，就能沉心静气，对事对人对己少一些斤斤计较患得患失，多几分清醒理智淡定从容。纯真的人是不会真正吃亏的，因为心灵越单纯，能够容纳的东西就越丰富。

接着，说说杨老师如何帮助我们学会表达自我吧。在还没成为杨老师学生的时候我就听说过她，并且向往着去她的班。到了杨老师的班之后，发现她的班会课特别好玩，有妙趣横生的模拟法庭，有搞笑颠覆的课本剧，等等。杨老师还在语文课前开辟一个简短的演讲环节，班上每个人轮流上台，就自己感兴趣的话题进行几分钟的演讲。同学们的话题五花八门，另类的有"榴莲适合生长的土壤环境"，记得当时的我禁不住笑了起来，同学，你是有多喜欢吃榴莲啊？

我属于开窍比较晚的学生（因为我都沉浸在自我营造的忧郁世界里嘛），开始参与这些活动只当是课外的娱乐。后来才发现，这是多么重要的课程啊！通过这些活动，我们有了突破自我个性的机会，锻炼了在公众面前展示自我的胆量，培养了口才和自信心。这不，高三毕业时，我已经变得阳光多了。

工作后我发现，准确而有技巧地表达自己的观点以及演讲能力是职场必备素质。我的工作最终是通过面试得来的，我最近两次的晋升是通过演讲和无领导小组讨论等方式实现的。在目前相对保守的公务员系统也越来越注重通过演讲考察一个人的能力。以前我们常强调光说不练是空把式，其实光练不说也是傻把式。现代社会特别是竞争激烈的职场，"内秀"不再是一个褒义词，只说明你欠缺自我表达的能力。

以我本身的个性，如果在学校里没有接受过演讲与口才的锻炼，也许在求职面试时我会紧张得不知所措，也许我根本没有勇气站上竞岗演讲的舞台，也许在无领导小组讨论时我会一直沉默不语……因此，我由衷感谢杨老师当初寓教于乐，为我上了表达自我的启蒙课。

要在职场上取得成功，需要的当然不仅仅是以上两点，然而这两方面是我们在学校寒窗苦读时很容易忽视的问题。我庆幸遇到了一位好的引路人。杨老师现在是广东省名班主任工作室的主持人，我相信在这个工作室里会产生越来越多的好老师，会有越来越多的学生因此受益。教育，是多么美好而充满希望的事业！

学生档案：区江，女，江门一中2001届高中毕业，2005年毕业于中山大学法学院。现任职于江门市政府办公室。

应试教育，我有话说

吴宇星同学说：

反对应试教育的声音一直不绝于耳，曾经承受高考巨大压力的我当时也是同样的立场——应试无理。但是在高考以后，特别是踏足职场以来，反而很庆幸有高考。存在就是合理，应试教育的存在有其合理性，即使不是最优选择，也是有效分配稀缺教育资源的次优选择。中国人民大学的周孝正老师说过，高考是咱们的最后一块净土。我们可以想象一下，如果没有了高考，大学都是通过推荐或者自主招生的模式进行招生，既没社会关系又没丰厚财富的普通老百姓，还有多大的机会能进清华、北大？高考即使有诸多缺点，但至少各省都是统一考卷，各所大学都是看分录取，基本上排除了主观因素的干扰，确实如"净土"。

当然，积极面对应试教育，并不等于说就要不加以判断地全盘接受。我们为了考试埋头苦读的同时，也要抬头看路，不能忘了现在苦读就是为了将来走得更快、更远。不要被考试所束缚，不能只在乎分数一时的高低，不要忘了我们追求的本质应试是分数背后的知识。凡事都有利弊两面，应试教育制度也不例外，在用好其利的同时，对于其不足，应该通过个人自身的更加努力和进取来克服，而不是坐而待"弊"。

青心兰语：无问西东

电影《无问西东》里，时任清华校长的梅贻琦说："什么是真实？你看到什么，听到什么，做什么，和谁在一起，如果有一种从心灵深处满溢出来的，不懊悔也不羞耻的，平和和喜悦，那就是真实。"我总是有点偏狭地认为，做一个美善之人容易，做一个真实之人困难。吴宇星是应试教育下的"既得利益者"，也是"受害者"，可是，"洗脚上田"后，他并没有连"孩子"一起倒掉"洗脚水"，而是"沧浪之水见心清"，很为"衣衫褴褛"的"应试教育"缝补了几下。

对于应试教育，我不必赘言，因为发表的多篇文章已经阐明了我的观点，吴星宇对应试教育积极面对的心态，既体现了"小众"敢于发声的勇气，更体现了"只问自由，只问深情，只问盛放，只问初心，只问勇敢"的"真实"！

宁鸣而死，不默而生。然而，作为一名教育者，我也常常因怯弱而保持沉默。我记得有两次勇敢地说了真话，结果是一地鸡毛。1996年在申报语文一级职称的述职报告会上，我说了一番话，大意是"彼此共事，不用述职也知道我做过些什么，希望能得到你们的信赖"之类，然后没述职就下台了。我就此被"封杀"了，那是一段阴暗而潮湿的岁月，我只是因为反感过往的述职中某些"王婆卖瓜"甚至是"借鸡生蛋"的现象而表达了自己真实的想法，采取非暴力不合作态度罢了，没想到还沦为"狂妄自大"而成"过街老鼠"啊！时光荏苒，2016年，我们科组隆重地引进了一位专家，这对于久旱中的我们无异于遇上甘霖一般。专家年轻有为，编写了十几本教辅资料，这对于兀兀穷年而一事无成的我而言，更是高山仰止。因此，在座谈会上，我虚心的向他请教了当时"方兴未艾"的任务驱动型作文的备考思路。没想到"专家"一脸懵圈，最终在领导的圆场下体面下台。虽然，经实践证明，专家就是"砖家"，一个学期就卷了铺盖，可是，没有人会关注这场轰轰烈烈的拍砖活动的"承办方"，我却意外活成了一道坚硬的梗，一个时时拿出来"焖炸煮"的梗。

断臂的维纳斯有着崇高的审美意义，可是，假如，断臂的维纳斯走进我们的生活，这种断臂的真实会不会还能激发我们的审美兴趣呢？"看到和听到的，经常会令你们沮丧，世俗是这样强大，强大到生不出改变它们的念头来。"未来薄如蝉翼，我不敢以真话去捅破！

不管吴星宇同学对应试教育的理解是否正确（当然，本来就没有标准答案），可是，以一盏小橘灯去照亮黑暗前路的勇气与真实，却是我为之叹羡之处！伽利略说："需要英雄的国家才是不幸的，我多以此麻痹'躲在套子'中的我！"

TA 还说：

收到恩师邀约，感到万分荣幸！在执笔之前，认真思量杨老师嘱咐，却是百般滋味在心头。这里头有甜，"甜"是十年寒窗苦读算是比较幸运，一路下来过关斩将，最后高考终极一战，在老师们的指导下得以进入梦寐以求的高等学府；这里头也有苦，"苦"是进入职场后，自己在学生时点练就的本领还远远应付不了残酷的竞争，每当回首过去总是感到遗憾，后悔自己没能学得更多、做得更好。

高中求学阶段，在分数的包装下，躲在象牙塔的我总是自信满满，觉得没有什么是自己做不了的。进入职场后，这种自信很快就被打击得所剩无几。不要说"琴棋书画"这些技能特长了，光是待人接物、办公软件应用等小问题都已经带来不小的麻烦。分数、证书只是漫长人生道路上的一张资格证，只能让你有资格站在起跑线上，但能走多快、能走多远还得靠自己的真本领。所以，在读书学习阶段，除了多学，还要多练，多为自己累积"资本"。

书中自有黄金屋。只要多注意与生活实际相结合，做到学以致用，读书学习本来就能很好武装自己。工作以来，我做得最多的事情就是"写"，向上级汇报工作要写报告，对下布置工作要写通知，对客户开展营销要写方案，工作做好了要写总结，工作没做好要写说明。应该说，无论哪个工作领域，如果写不出个究竟、让人看了摸不着头脑，即使有再好的想法都是白搭。所以，现在终于明白为什么每次的语文考试都要写作文，而且分数还占了三分之一之多，这是在告诉我们写作的重要性，必须得下功夫打牢基础，而不是高分就能解决的。这样的切身经历还有很多，比方说，在做绩效考核、产品设计时都要用到数学、统计的知识，如果考试之后都"还给老师"的话，根本没有办法胜任岗位工作。

跳出书本多习本领。社会处世纷繁复杂，很多事情不是像在学校靠"一支笔"就能解决。所以，为了学校教育与社会实践能够无缝衔接，我们在应试教育的基础上还提出了"德智体美劳"全面发展、"素质教育"（现在倡导培养核心素养）等等，说白了就是光读书不行、死读书更不行。但是，在步入社会之前，包括以前年少无知的我，又有多少人能真正感受到这个必要性与重要性。工作了以后才发现，几天几夜的奋战成果有时还比不上一场球赛、一场晚会所起的作用，技能特长也能体现人生价值，是评价个人整体素质的重要因素之一。还有一个身边的例子，大学本科时有一个学妹是民族舞蹈特长生，成绩在班里算是一般，但是最后凭借跳舞这一特长成功申请了剑桥大学的研究生，这很好地说明了分数并不代表一切。所以，无论是为了锻炼身体，还是为了提升修养，根据自己的所长和特点学习掌握书本以外的本领非常必要，这能赋予个人分数所无法带来的力量与能力。

总的来说，对待考试要尽力而为，因为这是衡量个人素质的客观标准之一，但是不能本末倒置，考试只是检验手段，自身的全面发展才是根本目的。

学生档案：吴宇星，男，江门一中 2001 届高中毕业。2008 年毕业于中国人民大学劳动人事学院（硕士研究生）、北京大学中国经济研究中心（学士双学位）。现工作于中国建设银行股份有限公司广东省分行。

高中教育需要什么

郭睿同学说：

高中教育需要激发学生的求知欲，让学生有机会自己探索和总结，品尝收获知识和运用知识的愉悦。

高中教育需要让学生建立适合自己的学习方法，保持适当的学习压力，但给予一定的时间自由度，让学生自主地掌握学习的技巧，提高学习的效率。

高中教育需要让学生有更多的机会和已经毕业的优秀学生成为朋友，不但交流学习的经验和方法，更重要的是分享人生的经历和为人处世的基本规则。

青心兰语："求分欲"褫夺了"求知欲"？

师："灰姑娘的故事大家都知道。午夜钟声响了，一切都会变成原样，但是水晶鞋却没有。"

生："魔法失效了，为什么只有水晶鞋没有变回去呢？"

师："你不要胡思乱想，课文怎么讲你就怎么记，要不然得不了分。"

这是南方科技大学校长朱清时来到太原五中，与学生和家长畅谈创新教育所谈到的一个案例。

其实，这样的案例并不是孤案、个案，反而俯拾即是，最常见的问题模式是：

生："老师，这道题怎样理解？"

师："这个高考不考！"

这是扼杀学生求知欲较有代表性的一种模式。原因种种，主要归因于教育过于功利，"求分欲"褫夺了"求知欲"。我们几乎没有耐心去回答一个与考试无关的问题！就像我们无法等待一只经过正常时间发育的鸡。虽然明知道"肯德鸡"比不上"走地鸡"，我们还是毅然决然、绞尽脑汁地让鸡跑步进烤炉。看得见的GDP让我们更多人选择"麦辣鸡翅"而不是"白切鸡"。

朱校长说："中国的教育'竞技'，把高潮提前到了中学，大学反成了低潮。相当一部分学生，经历紧张的高中学习后，在大学开始'放松'，削弱了他们的求知欲、好奇心和学习动力。"其实，朱校长所说的高潮提前到了中学，也只是丛林法则下的舞蹈，貌似魅力四射，实则举步维艰。俄国教育家乌申斯基曾经说过："没有丝毫兴趣的强制性学习，将会扼杀学生探求真理的欲望。"其实这个道理，大家不是不懂，而是依然"万马齐喑"。毕竟，"诸侯争霸""逐鹿中原"，唯有挥鞭催马疾，哪敢吟风抱月眠？

这令我又想起了美国医生麦克杜格尔的灵魂称重实验。他认为如果灵魂的功能在死亡后继续存在，那么在生命体中，它必定占有一席之地。并且依照"最新的科学理论"，所有占有空间的物体都有一定重量，可以通过"对死亡过程中的人称重"来确定灵魂的状态。这种离奇逻辑，这种不遗余力的试验，甚至学术界褒贬不一的议论，都无法停止他对灵魂重量的求证、求知。我不知道这种匪夷所思的实验如果发生在我们的课堂，会不会被视为"来自星星的你"？

TA 的故事

从高中时期伊始的浑浑噩噩，到杨老师给我醍醐灌顶般的人生指引，一切仿佛都在白驹过隙间发生。步入清华大学的我，发现眼前竟是一片如此开阔的世界。然而还没时间回味这人生最美好的四年，我便又匆匆收拾好行李，踏上另一段改变我一生的旅途。

作为皇家艺术学院汽车设计专业第一个中国人，奥迪汽车设计第一个中国人，在欧洲摸爬滚打了七年的我，忽然意识到自己已经不再是那个午休时在教室里蹉跎时光的懵懂少年，而是一个把所有名利都远远甩在身后，继续在披荆斩棘的开路人。

人对时间的理解和记忆不是线性的，而是成比例的。当你十五岁的时候，每过一年，这一年就占据了你人生的十五分之一；而当你五十岁的时候，每过一年，这一年在你的眼中便仅仅是你人生的五十分之一而已了。因此人总会把自己的青年时期牢固地刻在记忆之中，而在这期间发生的一切，也是塑造他（她）的个性最重要的因素。

对我而言，从高中到工作伊始的这段时光，赋予了我极度的求知欲，教会了我如何学习的方法，给予了我对人性的领悟。时光交予我的这些特质，让我成了我，让我走了这样一条与众不同、艰辛却又无比精彩的人生道路。

求知欲在我高中以前只是细小的萌芽。一切的课程和考试也仅仅是应付了事。到了高中的后半程，当杨老师和父母让我意识到我要冲击清华大学的时候，迎着我汹涌而来的并不是压力，而是对知识的饥渴。我会自主地重新梳理学过和用过的东西，总结和概括，让头脑中形成一套与众不同的知识系统。随之而来的，是掌握知识的愉悦，发现新事物的惊喜。到了大学，这种精神上的奖励机制让我更肆无忌惮地在我感兴趣的知识海洋里大快朵颐；当别的同学在看似寡味的课堂上昏昏欲睡，我却会双手紧握，跃跃欲试。与全国最优秀的同学同场竞技，让我取胜的不再是争强好胜的竞争意识，而是对知识本身的领悟和孜孜不倦。

来到国外留学，校园内外的巨大文化冲击让人应接不暇。高中和大学时形成的良好习惯使我在这其中梳理和汲取自己想要的东西，而不至于窒息。这时，习惯于与同侪一争高下的我，忽然意识到这样做已是枉然：不同的背景和经历无法比较，唯一具有比较意义的，只有昨天的自己。我只能不断地自我完善，并且寻找自己的未来。幸运的是我找到了自己的未来。在奥迪设计开始工作以后，这强大的求知欲让我迅速地积累工作经验，掌握另一种语言，快速地成长为一名专业高水准的汽车设计师。

在国内校园语境下的"学习方法"，无非就是如何取得更好的成绩，如何让学习过程变得更轻松，如何掌握更多知识便于日后应用。而当我们毕业，被大学无情地踹出门外时，却很有可能面对一份完全陌生的工作，发现之前学到的东西毫无用武之地；或者当我们背上行囊选择出国深造，却面对一所没有围墙的学校和没有课程表的学期计划，习惯于老师们手把手地教导的我们突然变得无所适从甚至自甘堕落。这时候唯一有用的就是学习的方法。

我在准备高考的时候准备了自己的学习策略，也算是小试牛刀。在大学期间，我们经常会面对以前从未接触的知识和课程，但即便是赶鸭子上架，我还是硬着头皮把课上完，自己安排时间钻研和理解。虽然最后的成绩差强人意，但现在想来，不正是锻炼自己摸索学习方法的宝贵经历吗？从大学开始，很多的课程不再以课堂的形式出现，而是以"项目"的形式出现。不但要自己掌握好获取知识的方法，还要自己掌握好学习的进度和时间表，需要锻炼自己高度的自觉和自律，才不至于在最终考核的时候一塌糊涂。在我看来，这些都是学习的方法，都是学生时代留给我的宝贵财富。

步入社会，要学习的不仅是知识本身了，还有异国文化、新的语言、办公室政治、规章制度、政府官僚。只有掌握了正确的学习方法，才能在社会生活中游刃有余，有所作为。

蓦然回首，我发现授人以渔，或许才是学校教育最重要的使命。

对人性的领悟，其实是要花一生的时间去经历和体会的。或许比我年长的人都会觉得我在班门弄斧。但不积跬步，何以至千里？这些年来，对自我、对他人的每一次感悟，都是一次宝贵的成长。

中学时的我恣肆而狂妄，出言不逊和冷漠傲气，或许曾激怒和伤害过许多人，也让自己落下笑柄。随着时间的推移，我结识了许多师长和朋友。他们不但才华横溢，而且言行内敛自省，是我学习的榜样。彼此之间的相互尊重，促使我学会慎言慎行，学会换位思考，学会奉献与自律。这时再回首年少时的无知与莽撞，只恨自己没能早些有这样的领悟。

从大学开始，我选择了一条当时在中国很少人走过也很少人在走的道路—成为一名汽车设计师。虽然还是会和许多同学上一样的课，参加一样的活动，但是在很多很多方面，我要求自己必须要做出与众不同的努力。在这样的学习过程中，我学会了接受自己的不同，接受别人的异议，也学会了尊重别人的选择和生活方式。因为不同，人很容易消极悲观，不自信，看不到光明。幸运的是，我认识了其他也走在自己独特道路上的人。由此我学会了激励与自我激励，进而看清了本质所在：其实每个人的道路都是与众不同的。在国外学习和工作，我更加清醒地意识到自己的独特。而这时的独特已经转化成为一种动力和自豪，促使自己不消沉，不自负。

人在国外，要面对许多来自不同文化、拥有不同经历的人，要学会理解别人的文化和禁忌，也要学会容忍别人的不理解，和出于不理解的过犯。在我工作和生活中有交往的外国人，都有较好的教育和社会背景，最起码大家都比较礼貌融洽，一团和气。而在大街上遇到的陌生人，就不一定如此了。偶尔遇到有种族主义意味的言辞和挑衅，我会选择宽容地对待，一笑而过。因为大多数时候，此类言行并非源于仇恨，而是源于无知，我们不可能要求每一个人都有幸得到我们获得的教育和经历。对于现在还在高中阶段的中国孩子，出国留学或许会是必修一课。若能如此感悟，也许能让他们在异国他乡多一分自信，少一分焦虑。

高中毕业十年有余，而老师和父母还是能一针见血地指出我性格的弱点和处事不周。这堂领悟人性的必修课，我将以我的一生去修习。

写到这里，回头翻看刚才撂下的一字一句，顿时察觉这其实就是我久违了的自省，停下匆忙的脚步，回看自己无处安放的青春随时光飘散、沉淀。或许啰唆的废话对当代的高中教育是毫无用处了，我倒要谢谢杨老师给了我一次重新认识自我的机会。

或许，如果每一个有抱负的高中生能够养成自我评价自我反省的习惯，就是人生最有意义的收获。

学生档案：郭睿，男，江门一中2004届高中毕业，2008年本科毕业于清华大学汽车工程系，2010年于英国皇家艺术学院获得汽车设计专业硕士。现工作于德国，任奥迪汽车公司汽车内饰设计师。

教育的应然

黄少平同学说：

引用两位著名教育家的原话，蔡元培先生说："教育是帮助被教育的人给他能发展自己的能力，完成他的人格，于人类文化上能尽一分子的责任，不是把被教育的人造成一种特别器具。"陶行知先生说："教育是依据生活、为了生活的'生活教育'，培养有行动能力、思考能力和创造力的人。"

我认为教育的过程就是发掘人的天性、潜能以及潜在价值的过程。它不应该只是一种填鸭式的"灌输"，因为教育者的经验并不可能应用在所有人的个性与际遇中。教育的目标应该是培养被教育者独立思考、自学找寻解决问题方法的能力。那是一种"引导"，就像西方"education"一词是内发之意：强调教育是一种顺其自然的活动，旨在把自然人所固有的或潜在的素质，自内而外引发出来，以成为现实的发展状态。

回想起高中的教育，非常感谢我们的班主任杨老师别具一格的创意教育。有些老师上课会"照本宣科"地把教科书通读一遍然后稍做释义。这样的课，老实说同学们犯困或者开小差是难免之事。但杨老师会非常生动地结合当时的历史背景或者联系当今社会，开发我们的发散式思维，让枯燥的文字顿时变成脑海中活泼的电影片段。

另外，她非常注重培养学生的表达能力与表现能力。她会让同学们准备题目或话题放在抽签篮子里，每天语文课上，都会"双随机"——演讲人随机、话题随机——抽选同学进行即兴演讲。刚开始，有一些比较腼腆的同学可能上台后半晌也吭不出半句话，或者有些胆子大的同学一上来就不假思索地滔滔不绝、长篇大论，但思路却毫无逻辑性与组织性。不过慢慢地，同学们都爱上了这个课前演讲，大家不仅锻炼了自己的思维能力、应变能力和表达能力，也能够从其他同学的演讲中体会到不同思维迸发出来的火花。

同时，杨老师也会让我们分成不同小组，把课文当成是剧本进行分角色排练，上演了不同的"戏剧"，其中包括许多国内外名著，例如《雷雨》《罗密欧与朱丽叶》等，我们小组当年演的是《杜十娘怒沉百宝箱》，我们把角色变换了性别，一位男同学演"杜十郎",而我则演那位"负心郎"李甲。上演的时候全场爆笑不断,最后我们还获得了班级里评比的"奥斯卡"之影帝、影后。这些生动的演绎,培养了同学们的团队合作精神、想象力与创造力,也让我们对课文有了深刻的理解,时至今日仍然历历在目。

最近时常会听到一些令人扼腕痛惜的消息,如耶鲁和麻省理工的两个留学生才女,因为学业上暂时有一些落后竟想不开寻了短见。看到一篇文章评论道:"聪明二字,变成了中国尖子生甩都甩不掉的魔咒。这是我们的教育系统带给我们的印记。从教育的开端就被注入了竞争的思想,在激烈的一轮轮竞争中,我们对自己的定义也变成了一个数字。在教育的过程中,我们也慢慢地失去了定义自己的机会。孩童对于聪明的理解,和对天才的理解差不多。聪明的人总是不费吹灰之力便能解决任何难题,天才是不用付出太多努力的。天才一旦用功便会有超出常人的飞速进步。"

"物竞天择,适者生存"的竞争法则深深地渗透到每一个中国人的骨髓里。所谓的尖子生,从小被家长、老师及身边所有人赋予最殷切的期待,让他们觉得自己应该无所不能,难以接受失败。他们的"快乐"往往只能来源于征服挑战后的成就感。与同龄人"比较"成为他们定位自我的方式。所以他们一辈子都被社会世俗的成功论所定义,一辈子都为了获得旁人理所当然的"认可"在不停地设立目标,不断地去征服。

在求学阶段,这种成就感通常比较容易满足,因为只要一心读好书,拿到好的成绩就可以被肯定了。但是当踏入社会,评价一个人的标准变得多样化,不再仅仅通过考试认定的时候,许多尖子生很难适应自己不再是"焦点"的现实。不得意也时有发生,在潜意识里,比不过别人就像世界末日一样。求而不得,他们会感受到深深的挫败感,而且难以定义自身。

"我为谁而学习?我为谁而活着?什么才叫作成功和幸福?"这样的疑惑与思考伴随着我的成长。

中国的家庭关系中通常是一种权力关系,许多父母把孩子纳入自己的框架,将自己的期待与未完成的夙愿强加在孩子身上,望子成龙,望女成凤。但是,孩子并不应是我们的再版前言或后记,他们是独立于任何人的故事新编。

中国式的成功大多强调事业上的登峰造极,而我认为真正的成功应该是更全面的,就像一篇文章里看过的,成功包括五大板块:健康的身体、成功的事业、幸福的家庭、自由的财务、丰盈与自由的精神。

至此,我定义的成功与幸福是一种平衡。之前一段比较长的时间里,我以工作事业为中心，不惜牺牲休息与锻炼的时间，后来身体出现了透支，处于亚健康状态。我发现那是后患无穷的，而且单纯事业的成功并不能弥补其他方面的缺失。因此，我现在的生活目标是找寻老子哲学中的"顺应自然"，不急躁也不懈怠，在学习如何掌握人生的平衡之术，努力做好生命每个阶段给予的角色，品味其中的苦与甜，欣赏沿途那夏花之绚烂、秋叶之静美。

青心兰语：你就是那定盘的星

"我是一头人民教师。就像一头拉磨的驴子，我每天纠结的就是我转的圈有没有出绳之外，或者在绳以里，我画的圈圆不圆。磨里在磨什么，我关心不上。"（六六《我是一头人民教师》）

"穷则独善其身，达则兼济天下"，在这里，我不想纠缠这句话反映的究竟是儒家的理想主义还是道家的个人主义，也不想纠结于"儒表法里"与"儒表道里"的艰涩。我只想不能兼济时独善也未尝不好。让"一头人民教师"成为"一位人民教师"也不是一件难事。毕竟，纵使做不了"富贵山林两得其趣"的王摩诘，做不了"仰天大笑出门去"的谪仙人，做不了"沧海寄余生"的苏东坡，也可自乐于"采菊东篱下"的恬淡自如，断不至苟且于升斗稻粱之谋，而失去了生命律动的色彩。

现在的我，也正如六六所言，想做的事，一样也没做，我的理想离我越来越远。有时候，我会突发奇想，想把板着脸说教的班会课带到阳光底下，让孩子自由地在草地打滚、嬉闹、游戏，或者挺起丈二长矛，把样板戏般的讲堂高高挑起，像破"四旧"一样狠狠砸烂；有时候，我想把孩子带到郊野去捕捉朱自清的春天，去嗅嗅郁达夫"故都的秋"的"清、净、悲凉"。这样，比起"盼望着，盼望着，东风来了，春天的脚步近了"的渺茫希冀，比起"黄酒之与白干，稀饭之与馍馍，鲈鱼之与大蟹，黄犬之与骆驼"的舌尖上煎熬，语文的色彩会更绚丽一些、味蕾会更猛烈一些；有时候，我想奋不顾身地把那些将要在题海中溺毙的孩子打捞上来，晾晾身子、晒晒太阳，舒活舒活筋骨，可是，伸出的橄榄枝却往往变为最后一根伪稻草……当初的我，怀揣着瑰丽的教育梦想，像卖火柴的小女孩一样憧憬着教育的大火炉、烤鹅、圣诞树……然而，我擦亮了无数次火柴，烟火之后却是一地清冷。在这个"冲进重点孝敬爹娘"的年代，重点、状元是教育者的黄袍袈裟，是挂在脖子的"通灵宝玉"。摔掉了通灵宝玉，要么就是"行为偏僻性乖张"的愚顽皮囊，要么就是"于国于家无望"的纨绔膏粱，要么就是"一日呆似一日，失魂落魄，只管傻笑"的疯子……仰望着魏书生、于漪、李镇西……一串闪若珍珠的名字，我始终好奇作为一个网中人，如何才能挣脱这一恢恢天网，磨出自己的金字招牌，于猎猎西风下逍遥？

教育，我们总是追求制高点，希望在阳光的天空下洒满孩子童真无邪的笑脸。可是，应试的天空总像北京的雾霾，让我们艰于呼吸视听。我们来来回回挣扎、努力，后来才发现，要站在8848米的高峰点燃圣火是一件多么困难的事情。"天地之间有杆秤"，那秤砣是我的学生，秤杆子那头高考功名如山，我愿是那定盘的星。或许，素质与应试之间的平衡点，就是我们苦苦寻找的"准星"。

《美食、祈祷和恋爱》里智慧上师说："有时候，失去平衡恰恰是平衡的一部分。"可是，我们往往在失去中失去平衡。游走在理想与现实之中，又有多少人做到像黄少平同学那样，找准了人生秤杆的定盘星？就像学校德育，教育者都知道它有着无可替代的重要性，可现实却往往把它当作一块金疮药，"受伤"时镇镇痛，用完撕掉弃之如敝屣。

TA 的故事

像我的许多同班同学一样，我是在赞美声中长大的孩子，是物理尖子班的班长，成绩保持全年级前五名。在老师的心目中，是个应该要考上北大或复旦的好学生。

可惜巨蟹座的我天生有着一颗多愁善感的心。少女情怀总是诗，在压力重重的高三里，一直是"乖"学生的我竟不甘寂寞，叛逆地谈了一场还不知道爱情是什么滋味的恋爱。由于双方的性格差异，我们经常出现分歧。在悲观情绪的笼罩下，我们没有像理想情侣那样相互勉励着朝共同的目标奋斗，而是分心了。第一次模拟考试，我的成绩一下子掉到了全年级30名。我突然惊醒了，在最后的时光里全力以赴重新投入学习，但最后还是以一分之差与心仪的高校擦肩而过，掉落在一所"北方的北方"的院校，我的第二志愿里。

虽然这仍然是重点本科211工程院校，但与我的理想大学相去甚远。当时，对于在学业上一帆风顺的我来说，这是一个非常沉重的打击。大一整年，我都深陷在自卑与自责中。每当放假回家乡与同学聚会的时候，听着他们诉说自己的学校和看见老师对他们殷切的眼光时，我都想钻到地洞里去，感觉自己辜负了所有人，辜负了自己十二年的寒窗苦读。即使到了今天要坦诚写下这一段故事的时候，我还是有点羞愧，久久不能下笔。但是，没有这些经历，也不会有今天的我，也许只有当我们有勇气接纳自己每一段过去，成长的必修课才算真正圆满。

痛定思痛，我决心要实现我的名校梦：每个学期都考取到了一等奖学金，积极参加学生会与社团的工作，最终获得了优秀毕业生与城市"优秀大学生干部"的称号，并被世界排名前20名的一所英国高校录取。

我非常珍惜在英国读硕士的时光。这里是有着几百年悠久历史的世界顶级学府之一，培育过数十位诺贝尔奖得主、政治家、科学家。我每天在古老的校园里上课，与来自全球各国的同学组成不同的小组进行团队合作研究项目，在经济学专家的注目下自信地演讲并呈现我们的研究成果。

由于我的专业是国际经济与新兴市场研究，毕业后我踌躇满志地回到了全球发展最快的地方—中国。但是，我的求职之路却没有想象中顺利。我回国的时间错过了招聘高峰期，由于不是当地毕业生，参加校园招聘的机会也非常少。我在应届生网站上投了上百家公司，两个月下来却仍然杳无音讯。我开始怀疑自己不够优秀，怎么连笔试的机会都没有呢？后来我不断反思，看论坛上过来人的经验，发现自己妄图以一份简历投遍天下的错误，于是将简历修改成多个版本，有的放矢，慢慢地开始有了回音。

那段日子期间，父亲不幸中风，我心里压力越加增大。我希望尽早找到一份心仪的工作，让父亲安心，同时分担家庭的经济负担。独自一人在这个大城市里，我早上是那个穿着光鲜，在职场上奔波的"白领"；晚上，是蜗居在大都市华灯背后月租300元贫民窟里的"女某丝"。这种无缝的切换，对比鲜明，饱含着青葱岁月的苦涩却又孕育着美好未来的想象空间。

经过重重笔试、面试，我终于过五关斩六将拿到了一家世界500强、全球前三大的外资银行的offer，任职理财顾问。不过前所未有的困难也拉开了序幕。所谓"纸上得来终觉浅"，面对实际状况，每天都是脑力与体力的双重挑战：变幻莫测的国际金融市场、性格需求各异的客户、高强度的工作时间……经过四年的磨炼，我从一个只会偷偷模仿学习他人风格的黄毛丫头，变成一位相对成熟稳重，拿捏有度，拥有自己品牌风格的顾问。

后来，一家全国性的股份制银行通过猎头公司找到了我，邀我加入其私人银行部，成为其中最年轻的高级理财师。在这个更加广阔的平台里，除了帮高净值客户做资产配置外，我也参与到许多活动策划筹备、合作渠道拓展中。例如：举办高尔夫球联赛；筹划珠宝古董鉴赏活动；联合长江商学院开展私人董事会；邀请五星级酒店名厨为客户提供烹饪课程；邀请名医一对一为客户作健康咨询……我的工作愈发多姿多彩。

学生档案：黄少平，女，江门一中2004届高中毕业生，毕业于英国爱丁堡大学，经济学硕士，并荣获一等奖学金。曾在美国排名前三国际银行任职，现为国内某全国性股份制银行的私人银行部高级投资顾问。

适合自己的选择

黄振广同学说：

正确地考虑提前量并且做出适合自己的选择是非常困难的，我个人的建议是：假如有自己的兴趣，那么就努力把自己的兴趣发展成工作。假如还没有特别兴趣的，那就先找出自己的兴趣。

青心兰语：我是谁，我应往哪里去？

"我是谁，我应往哪里去？谁是我的上一个？我的下一个是谁？"这是对职业生涯的意义乃至于人生意义的追问，而对"我是谁？"这个问题的根本追问，并付诸行动，就意味着定位、选择、认同、信仰！"在合适的时间合适的地点做出适合自己的选择"说起来容易，实际上，它包含了三个关键词：合适、自己、选择。

"橘生淮南则为橘，生于淮北则为枳，叶徒相似，其实味不同。所以然者何？水土异也。"确实，合适的水土、合适的气候是橘与枳的分水岭。教育学生，也是在合适的时间合适的地点，以合适的手段做合适的事情。正如张爱玲所言："于千万人之中遇见你所要遇见的人。于千万年之中，时间的无涯的荒野里，没有早一步，也没有晚一步，刚巧赶上了，那也没有别的话可说，唯有轻轻地问一声：'噢，你也在这里吗？'"

想当初，意气风发，挥斥方遒，踏上讲坛，便有睥睨众生之感，做着日凿一窍之事——真理与大道，在这个时代，在我独特的生命里，呈现为这种独特的实现方式。然而，不屈从于功利主义与现实主义，不屈从于强权与武力，却也是衣衫褴褛，节节溃退。因为，在这个"小孩子像大人一样成熟，大人像小孩一样幼稚，女人像男人一样爷们儿，男人像女人一样娘们儿"的时代，教育者不能以切豆腐的热情去做教育之事。望闻问切，充分了解学生的"体质"，才能对症下药。不问症状，只想下猛药，极有可能让学生"无疾而终"或"一命呜呼"。教育者（匠石）能够运斤成风，也要学生（郢人）立不失容，否则"尽垩而鼻不伤"的效果只能挂在墙上作反面教材。

"不管全世界所有人怎么说，我都认为自己的感受才是正确的。无论别人怎么看，我绝不打乱自己的节奏。喜欢的事情自然可以坚持，不喜欢的怎么也长久不了。"村上春树说得那么诗意，让我感觉不到现实的失意。我们既要对付世界的喧嚣，又要对付内心的躁动，还要救出我自己，这确实不是容易之事。我们都在说别人的话，做别人的事，唯独难于做回自己。就像层出不穷的模仿秀，比卓别林更像卓别林，比周杰伦更像周杰伦，可是，除了山寨到几可乱真的 A 货，却无法回答"我是谁"这一简单到复杂的问题。然而，不管能否给出确切的答案，我们都应该向生命深处提出这个问题，并秉着初心给出最初的解答。而我们故事的结局，由我们自己在今日书写，由我们的学生们和后人们传阅。当然，重要的不是这传阅，而是自己的初心最终得以实现，而是在"主动和世俗进行着或宁静或激烈的抗争"中懂得"理想主义从来没有完全地胜利过，也没有彻底地失败过"的真理，而是能最终确认：你终于成为你自己！

生活上有很多事情是复杂甚至诡谲的。自问自答的游戏，其实永远没有正确答案。假如我们非得把七彩光谱简化为只有黑白两色的对立，那么，我们会永远患上选择困难症。当你碰到"一个是快要临死的老人，他需要马上去医院；一个是医生，他曾救过你的命，你做梦都想报答他；还有一个女人，她是你做梦都想娶的人，也许错过就没有了"这样的"心灵的选择"时候，不是每个人都能作出"给医生车钥匙，让他带着老人去医院，而我则留下来陪我的梦中情人一起等公车！"这样一箭三雕的选择。选择，不是简单的 ABCD，而是这 ABCD 中有无限排列组合的可能。正如黄振广同学所言："正确地考虑提前量并且做出适合自己的选择是非常困难的。"我总感觉到，智慧与勇气是选择的双翼，而我这双翼，总是畸形发展。每每在我面临选择的时候，相爱相杀，最后惨淡收场。其实，理想的教育者，会"把自己的生命看成一首由自己书写的诗歌，一部精神的小说，选择一种优美与崇高兼具的生命文风"。这样，才能让自己在教育教学之中乾坤挪移，才能选择诗意的教育而非失意的教育。

TA 的故事

提笔沉吟，感觉我并没有什么特殊的奋斗经历可以让人借鉴，也没有在职场里和各种人打交道的经验值得分享。

思忖良久，我意识到有一样东西一直以来都被我所忽略，或者说轻视的，那就是个人的选择。

古语云：天时地利人和。这是一个异常精辟的总结。天时，正确的时间；地利，正确的地点；人和，个人的运气，或者说，个人的选择。天时地利非人力所可以控制，唯一还算掌握在自己手里的是人和。一个人想成功，或者说想过得比较好，在合适的时间合适的地点做合适的事情非常重要。努力很重要，但只是相对而言，个人的选择比努力要重要很多。

结合我个人的出国留学经历而言，天时，当时美国科研经费多；地利，我在中国科学技术大学上学；人和，我个人选择了出国并且认真学习。（这里特指申请奖学金出国留学，自费留学的情况我不是特别了解。）假如当时美国科研经费不多，他们会减少各种招生规模，甚至不招生，也就意味着可以拿奖学金出国的人数会变少。这是最近一两年真实发生的情况，由于美国科研经费的减少，学弟学妹们申请出国的难度大幅增加。地利，我所读的大学—中国科学技术大学，在美国很多大学有着良好的口碑。拿数据说，我们专业当年毕业生12人，有6人申请出国并全部拿到了全额奖学金。我需要强调的是"全部"二字，也就意味着没有申请失败，即便在6人之中有的成绩稍低的同学（当然，不是很低）。人和，我个人选择了出国并且认真学习。假如我没有选择出国，假如我当时没有认真学习，即使天时地利都具备了，我也不能顺利留学。我出国留学这件事可以归结为，我在合适的时间合适的地点做出了合适的选择。假如当时美国的科研经费不多，或者说我不在中国科大上学，即使我付出再大的努力，我也不一定成功出国。

天时地利这两个因素很难控制，我们唯一可以掌握的也只有个人的选择。那怎么做出合适自己的选择呢？这是一个非常难的题目，我的答案并不好。我觉得一个关键词很重要："提前量"。这也是我一位本科老师一直在强调的。回想当时高中毕业填志愿时，坊间拼命鼓吹生物专业，称之为"21世纪的科学"。然而几年过去，我读生物的朋友大多觉得生物是一个大坑。因为目前专业人数过度饱和，以至于无论找工作，还是做科研，难度都比较大。不过要在个人选择时考虑提前量是非常难的。以诸葛之明，尚有不能逆睹之成败利钝，何况芸芸众生大多只能随波逐流，人云亦云。这也是成功人士不多的原因之一。

一本正经地胡言乱语了那么多，最关键的还是：在合适的时间合适的地点做出适合自己的选择。

学生档案：黄振广，男，江门一中2001届高中毕业，2008年本科毕业于中国科学技术大学，2014年博士毕业于密歇根大学安娜堡分校（University of Michigan – Ann Arbor）。现在密歇根大学安娜堡分校当博士后研究员（Research Fellow）。

好的教育

康惠丹同学说：

教育是一个复杂的涉及面极广的领域，我对于教育的思考也仅仅是基于一个过来人的观点，加上自己对于其他国家教育的粗浅认识，大约"好"的教育应该有着以下两点：

首先，教育应该是多元化的。当有着不同兴趣、性格、天赋的人被置于一种教育体系中时，这体系无形之中为我们的社会做了一次武断的人才筛选。只有适应了这种教育体系的人才得以发展，不适应者被迫作出改变而适应，而始终改变不了的则由于得不到适当的环境而被埋没。目前我国的义务教育体系在学生16岁以前都是单一的，而16岁以后的所谓"多元"在社会眼光中也有着明显的高低差异。世界上没有完美的教育体系，没有最完整的教案，就好像自然界中没有绝对最优的生存环境，但自然界容纳万物，万物相生相克才得以繁衍。只有单一的教育，筛选出的只是单一的人群，这群人有着相同的优势，也有着相同的缺陷。当这群人集中在社会的上层时，社会所展现出的弱点是明显而致命的，就像物种单一的生态系统一样极其脆弱。从个人的发展而言，在单一教育体系中，唯一可以做的是努力成为适应者。多元教育旨在因材施教，而单一教育则不过是因教选材。

第二，教育与考核分离。厘清教和考的不同目的似乎是必要的。教育的目标是否应该在于培养应付考试的人？绝大多数人大约都会给出否定的答案。教育的概念似乎更加宽泛，对文化、科学、思想等社会智慧的传承，以及对新一代社会智慧的启发和培养，似乎都应该归入教育的范畴。考核从根本上说就是对社会人员的分类，以决定社会资源的分配。二者结合基于两个简单的前提假设：一是受教育程度越高，对于社会贡献越大；二是考核成绩越高，受教育程度越高。这样的前提假设应该说在一定的历史时期具有相当的合理性，而且在比较低层次的教育中（比如识字与否的层面）也是毋庸置疑的。但当我们承认教育是应该有着不同的层次和方式的时候，对于教育成效的评判就不能仅仅依靠考核。在"教"与"考"紧密结合的机制下，考核所具有的局限性实际上极大程度地局限了教育本身。当"教"的背后永远被紧紧拴住一个"考"字，教是无法自由而多样的，任何与考无关的都将难以抵抗考的压力，沦为形式。

青心兰语：我看透了这个世界，但我仍然热爱它

"生命就是书写一个故事（叙事）；教育就是让每个人有省察地书写自己的生命故事；从事教师职业就是把教育作为自己故事的主旨，并用生命最大段的篇幅来展开与书写。"

——魏智渊、干国祥《沉沦与救赎：重申教师职业之天命》

是的，生命是不可复制的个案，每个学生都有自己滑翔的轨迹。作为教育者，不是以把所有的学生赶到同一跑道并轨为荣，而是帮助每位学生在自己不可改写的轨道中行进得更加轻便、更加惬意、更加充实。

1989 年那个炎炎夏日，当我怀揣着美好浪漫的小橘灯一脚踏进太阳底下最光辉的职业的时候，虽然心怀忐忑甚至惶惶然，但我相信自己能够运筹帷幄之中，决胜千里之外，一支粉笔通天下，三尺讲台筑人生，"将自己人生的意义编织到学生的成长中去"，竭尽所能使学生在自己的轨道上滑翔、起飞。刚开始有那么十年八年，我似乎播撒了一些希望的种子，不管班主任工作或语文教学，学校都放手放权，所以，我的地盘我做主。为了耕好自己的一亩三分田，我在规矩与方圆中乾坤大挪移：开创了"班会承包制""今日我当家"等德育新路径；语文课上，课前五分钟口头训练、课文剧表演、师生换位上课等方式让课堂成了欢乐的舞台，语文课成了师生期盼的"甜蜜约会"。我也似乎在这其乐融融中实现着自己人生的价值。但是，这种美梦很快就被现实的复杂性与残酷性所粉碎。随着"我们的教育"进一步做大做强，随着优质生源年年流失，随着高考重要参数纷纷跳水，某天醒来，突然发现，我像中了异朽阁的咒语：张开嘴巴，却失却了自己的思想，言不由衷地讲着千篇一律的问题；举起粉笔，写不出自己的思维导图，写的都是统一的课件模板；作业布置，再也没有任性机会，每个学生都只能啃着同一道"菜"，唱着同一出"样板戏"。"教育工厂"的流水线出口处，都是一张张方形的书卡，像极了《花千骨》中"上尊"的脸，仙味十足而没丝毫人间烟火！

教育资源天下大同，经典吟诵沦为了夏日聒噪的蝉鸣，课文剧表演、口头训练这种与应试"无关"的内容俨然"异端"。我偶有冲破黑暗现实的决绝，可又被现实黑暗反噬，导致全身"筋络震断""武功全失"。成绩是头顶乌纱的封印，成绩是检验老师劳动的唯一标准，成绩是"某丝逆袭"的最后一根稻草。教育像失却理性的炒股，涨停和跌停，都在尖叫……就这样，头带紧箍儿，在无边无垠的学科知识洪荒中挣扎沉浮。这种对现实的无力感，对未来的迷茫，以及对初心怀疑所带来的挫败，让

我几乎看不到黑暗中那盏小橘灯所曾发出的橘黄微光！

海德格尔说，以什么为职业，在根本上意义上，就是以什么为生命意义之所寄托。在经历重重困难之后，成为一个愤世嫉俗者，是很容易的；要成为一个仍然心怀梦想，怀着根本信念的人，则是艰难的。最可怕的是，人既不能对付世界的喧嚣，也不能对付内心的躁动。罗曼·罗兰曾经说过："我看透了这个世界，但我仍然热爱它。"但愿我对初心的坚守和信仰，能给你，给你们，在面对这个世界时多一分信心和一分力量，能给予你最温暖的呢喃："你别怕，我就是那个给你托底的人，我会跟你一起往下掉。不管掉得有多深，我都会在下面给你托着，我最怕的是，掉的时候你把我推开，不让我给你托着。"（《无问西东》）

TA 的故事

当我回望我求学的道路，回想已经远去十余年的高中生涯，在大多数的重点考点已经模糊之后，我发现真正让我受益无穷，在我进入社会后生活中依然支撑我启迪我的，几乎都是我的老师给予我考试内容以外的影响和教导。

高中时，几乎所有老师都是争分夺秒地讲习题、抢进度，而当时班主任兼语文老师杨老师却在课上安排了相当一部分似乎与当时高考指标无甚关系的内容。那些"课外内容"，我至今依然清晰记得。在这么多年里，我慢慢理解了杨老师苦心安排这些非考内容的用意。一个是课前五分钟演讲：老师在每一节课前都会抽签让一位同学上台即兴演讲，演讲题目由同学上台现场抽签决定，30秒的准备时间，五分钟的演讲，这个环节一直坚持到最后的备考阶段。这样固然可以训练学生遇到作文题后快速立意成文的能力，不过这种能力是否重要到每节课花5分钟甚至20分钟来训练？遑论这种训练的迫切性和必要性，我认为单纯从应试的功利角度看，应该会有更加高效的训练方式。另外一个是小说单元后的表演课：就是班里分成小组，挑选小说单元里面的课文进行创作排练，并进行表演。我清晰记得当时课堂笑声之大，让邻班同学无限神往，甚至让邻班老师无限惆怅。此后的时间里，我不止一次地向我的好友说起我的语文老师和小说表演课，他们的眼里是一半惊讶一半美慕。尤其是中国的朋友，那些曾经与我一样经过高考高压的人，他们都无法相信在这样分秒必争的关头，有老师会拿出两节课的时间让学生玩一玩、笑一笑。

在十多年以后，经历了一些事情，认识了一些人，我回头看这些"课外内容"，发现值得惊讶的并非这些"课外内容"，而是每个人不约而同地惊讶。这种惊讶隐藏着一种价值判断，"不约而同"说明了这种价值判断的高度相似性。这种判断是：课堂里面只应讲课内的内容，与考试与成绩密切挂钩的内容，甚至恨不得就是高考卷子上要考的内容。这并不是任何一个人的错，甚至可以说这并非任何一人所愿。"应试教育"，乃不得已而为之。然而当这种不得已逐渐成为一种似乎颠扑不破的公理后，却是让人担忧。而老师坚持的"课外内容"，从应试教育的角度，不算最有效，甚至低效，然而当思考的范围回归教育的本源，这种"课外内容"却弥足珍贵。上面提到的课前五分钟和小说表演课，往简单说，就是锻炼我们说话的能力。在应试的大环境下，我们被教育上课专心听，考试迅速写。即使是外语，我们也鲜有开口说的机会。而出了社会，几乎无可避免地是"说"。跟谁说，说什么，怎么说都是学问。而且还有各种各样的突发情况、尴尬场面、临时提问等等，又该如何应对？课前五分钟不是要求我们要在 30 秒内出口成章，七步成诗，而是训练一种临场的反应，一种应对和自圆其说的能力，一种面对突发状况的心理控制能力。对于职场上面试官的提问，不可能在草稿纸上列提纲然后作答；与上司的沟通也大多在于口头。从这个角度看，这样的能力语文课堂上不训练，似乎更该让人惊讶。

　　我并不是一个文采飞扬、辞藻华美的人，我的文章就是我的思考，幸而老师的教育也并没有把我强行塑造成这样的人。老师不在辞藻上要求我，只提点立意和说理，给我很大的发挥自由度。这样的训练实际上也影响到我后来的职业。作为一个建筑设计师，我需要与其他建筑师、客户、咨询专家以及各个专业的工程师进行沟通，表达我的设计理念，提出以及回答问题。这要求我谈吐自然，条理清晰。说理的杂文训练了我严密的思维和清晰的说理层次；高中时期语文课上的演讲和表演，又给我提供了口头沟通的环境和机会。虽然只是一种初步训练，却让我迈出了第一步，在后来遇到需要"说话"的场合，并不至于手足无措。

　　种种的课外内容让我受益匪浅，然而非常可惜的是，这仅仅是我所受到教育之万一。更多地，我是在一种以考试成绩为目标的体制下成长。这让我在离开国内进入了另外的教育体系后有非常强烈的感受。

　　在美国读书的时候，课程中大部分是只有十几人的研讨课（seminar），一般的内容是对阅读材料的讨论。据我的观察，课上中国人一般是不发言的，在被点到不得不发言时意见也往往类似。当然这里面也包括了我。反思自己的表现，开始我把原因归结为语言能力，毕竟是外语，阅读和表达的能力都不能与以英语为母语的同学相比。但后来当语言能力逐渐提高，沟通和表达已经基本没有问题的时候，我又发现即使我能说，我的观点与其他中国同学惊人的相似，而且自己都能感到观点并无新意。四平八稳的观点，几乎就是我在国内背着教授的观点的英文翻译。我的中国同学都是国内来自各个学校非常优秀的人，但是我们的思维方式和最终观点却如此的相似。就像月饼一样，不同的店模子似乎不同，乍一看却总是大约的形态，尝着也是大约的口味。又比如数学能力，几乎所有人都听说过，在中国数学成绩相当普通的学生在美国都可以轻轻松松地名列前茅。不止一次地，我的同学、同事讶异于我可以口算换算米、开根号、乘方。当外国人对着计算机抓耳挠腮不知道应该用什么除以什么的时候，我和我的中国朋友总能随口说出答案。然而这难道说明了华人的数学能力超群吗？似乎并没有。细数在数学界真正有着卓越建树的人，华人寥寥无几。从考试到研究，我们似乎脱节了。我们记住了很多的技巧、很多的公式、很多的常数，然而可惜的是，我们也仅仅学会了"记住"。

在美国毕业后，面临着职业道路的选择，我感觉到异常的茫然。从社会公认前途光明的路一路走来，面前的选择再也不像考试一样有正确答案。我碰过壁，经历过挫折，不得不面对很多在求学路上不需要面对，不需要兼顾的状况，不得不独自作出无法马上了解对错的选择。渐渐我意识到我自己不懂得回答没有正确答案的问题。并不仅仅是逻辑的推理和科学的证明，在人生的过程中需要回答的很多问题其实并不可明言对错，而是综合的思考后的判断。正如我在学校研讨课中的表现一样，我在职场的迷茫更多由于我太习惯于学习有正确答案的科目，而需要我发表意见、作出判断的时候，我却有点措手不及。我们善于记住，作出简单的推理，却并不知道如何去思考和判断，尤其在涉及各个方面，需要综合权衡和考量的情况下。我们要学习的还有很多……

学生档案：康惠丹，女，江门一中2004届高中毕业。高考五邑地区理科总分状元，2010年毕业于清华大学建筑系，后赴美国康奈尔大学进修于2011年毕业。现工作于香港，任职阿特金斯公司高级建筑师。

教育的模样

刘以浩同学说：

1.文山题海可以有。记忆与巩固是学习最重要的部分，但不至于昏天黑地，身心倦乏。

2.五礼六艺不能少。考虑是否结合兴趣，引入学分体系，让各科天才得到鼓励，不致磨灭于襁褓。

3.创新课堂很重要。针对有意愿的学生群体，如能效仿专业培训，提高效率与参与度，快乐学习才是义务教育的目标。

青心兰语：那年花开月正圆

和刘以浩同学的对话，有两次记忆特别深刻：一次发生在高一。他好奇地问我头发为何白了，我回答说："因为你不听话"，然后他"恍然大悟"道："我明白了你的老师为何有白发了！"当时只留下一脸窘态的我；另一次是高考报志愿，他漫不经心地问我："报浙大可好？"我说："好"，然后他问："能考上吗？"我回答："能。"最后我好奇地问："为何选浙大？"他嬉皮笑脸地说："美女多！"——这就是刘以浩，慵懒而聪明，嬉皮而诙谐。我想，对于当时成绩并不特别拔尖而又爱打游戏的他，很多人并不特别看好他的志愿，甚至有的"惊诧莫名"，然而，我却给了他一个坚定不移的答案，这既有鼓励的成分，更重要的是对他的充分了解，正所谓"知人论世"。

王开东老师在《教育的三个阴差阳错》中谈到，中国的孩子"金色的童年，变成了灰色的童年，灰色的童年又变成了黑色的童年！"觉得"这是一场比抗日战争还要悲壮的一段历程，从幼儿园到高中，整整十五年，孩子们过着暗无天日的日子，生不如死的日子。"即使是脱颖而出的人，对这段经历也都"不堪回首"。确实，这场"拉练"，有很多"体力不支""能力不够"的人被淘汰出局，然而，也有一些人在惊涛骇浪之中，熟谙"潮涨潮退"，成了"浪里白条"的人生赢家，似乎也没有留下多少童年阴影。刘以浩同学起码算得上应试教育下的"奇异果"，正如他开篇所言"从今天的立场与结果来说，我并不是一名好学生"。因为一般定义"好学生"：勤奋、上进、拼搏、成绩优异。而他除了成绩优秀，其他的"好学生"评选条件，似乎都擦肩

73

而过。更重要的是，当别人的脸都变成了一本长方形的书的时候，他的脸还能堆成一朵莲花，这似乎有悖于应试灰霾下的"蓬头垢面"的常态。

在我看来，一个人的快乐与幸福的感觉与环境有关，但更重要的是心境。给你一点阳光就灿烂，和给你整个春天都感觉到寒冷，这就是迥然不同的心境所致。就如非洲突尼斯亚偏远农村的肺鱼，在高温缺水的环境下，依然能"半死亡"几个月，只要等到雨水，依然赢得新生。应试本身也是教育的一种方式，至少从目前国情而言也是合理的存在。它之所以妖魔化，从"微微一笑很倾城"沦为"回眸一笑百丑生"，疯狂的竞争、畸形的攀比是其外表，人的过度作为是其内核。在这种氛围下，没到最后见分晓，都不要表现得很快乐，因为快乐的你在一堆"苦大仇深"的脸庞中格格不入。

TA 的故事

从今天的立场与结果来说，我并不是一名好学生。如果面对选择有多一份应有的勇气与笃定，也许这些年的道路会走得截然不同。

重新回想起中学的那段时光，竟已挥别十一载。

小时候的生活大多时间过得无忧而又不出众。小学时，学习成绩经常在班级的中游徘徊，只有数学还过得去。到了初中就更是偏科得可怕了。曾记得有一次因政治考试不及格，烦恼沮丧了好几天。幸好上了高中以后逐渐有点开了窍，高考时算是超常发挥，考了个颇高的分数，也考上了很多人羡慕的浙江大学。

回看那几年的经历，没有太多的磕碰与弯路，感恩家人提供了平稳安定的环境，感谢恩师们每一个关键时刻的指点。总结一下，有几个关键环节：

1. 马不扬鞭自奋蹄

何谈"开窍"？在我十三四岁的时候，意识上有了一个突然的变化，真切地感觉到了"分数论英雄"的游戏规则，于是才把学习放在了一切事情的前置，调动了一切能力去把这个前提完成，那是真正意义上的"开窍"。

于是一切也就简单了：自发的行动远远超过了填鸭式教育的效率，由自己定下的计划开始变得有条不紊，每个计划的执行也趋于一丝不苟，那时候的学习状态进入了一个良性循环，一切变得轻松而简单。课堂的45分钟，我的参与度越来越高，对老师意图的领会也愈加迅速；课余的时间更多地用作了"提升"而非简单的"补缺"，在与其他尖子生的交流中也可明显抓住难题的关键。

效率提升带来的效果是可怕且惊人的。在大部分同学的眼里我是个慵懒而聪明的家伙，每天不花太多时间学习，课余光顾着打游戏，真正考试时却又信手拈来，举重若轻。

回想起我的大学导师也反复强调一句话："态度决定高度，思路决定出路"，道理一样，诚不我欺。

2. 让自己全面优秀

态度的养成源于对自身责任的再一次认识，但进入社会站在同一起跑线的时候，能力却依然是最重要的评价标准。这个时候让自己全面优秀，提升综合能力就又成了课题。

如果说应试教育让我开了窍，那在企业里这几年让我领跑的细节却是"博学"。就比如一打杯子，应试教育只给你倒满了一杯，如对方刚好拿那一杯倒不会有问题，否则的话，一切皆空。能为那剩下的 11 个杯子都略倒上一些水，更多源于年少的习惯与老师的启蒙。

父母是第一任的老师，得益于父亲对我好奇心的挖掘与伴随少年时代的启蒙，我自小就对自然科学、社会科学都非常感兴趣。偶尔翻出年少时订了 11 年、订成一摞一摞的《科学画报》杂志，一些片段仍记忆犹新，对世界基础的认知与好奇心基本来源于此。课间时用作游戏机的那台文曲星电子词典，也教会了我最基本的编程技巧。

杨老师在课堂中强调的参与和互动，为我们带来窗外世界的一缕凉爽清风，新诗、文学史、古汉语，那么多晦涩的内容通过课堂的启发真正的嵌入了脑海里，时隔多年仍未能原物归还老师。课外兴趣拓宽了视野与宽度，虽然无法短时间在应试教育中体现与回馈，但站在十余年后的今天来看却大有裨益：越来越多的领域需要通才，而大家却都无暇修炼内功，这时你的眼界与爱好将会助你一臂之力。

3. 所谓的学科竞赛

中学时代的我侥幸拿过数学、物理、化学、生物等不少地区性学科竞赛奖状，然而对钻研难题毕竟没有太大的兴趣，故最终也与数学的奥林匹克无缘。社会对奥赛培养机制，与对举国体制体育的态度并无两样：对冠军趋之若鹜，对体制横加鞭笞。坐在观众席上的我，面对领奖台上的这一帮"天才"，除了敬佩之外却没有其他的质疑。

作家格拉德威尔在他的畅销书里提出了"一万小时定律"：人们眼中的天才之所以卓越非凡，并非天资超人一等，而是付出了持续不断的努力。1 万小时的锤炼是任何人从平凡变成超凡的必要条件。能在凡人所认为极度枯燥的 10000 个小时内适应下来，并最终有所成就的，哪位能否认他们的与众不同呢？也许问题不是出在应试本身，考验的反而是意志力与自控能力。如在竞赛上能做到持久的专注，在任何事情上应也能轻松胜任吧？

4.职场拼搏的碎碎念

如今在这家大型国企也工作了7年之久，恰恰也经历了7个岗位，从开始的技术支持岗位，到客户维系、业务管理，再到现在的基层管理岗位，每一步走来虽然平凡，却也掷地有声。在身边的同事那里见到了不少人的坚持，也看到了选择与折腾的魔力。

对自己，也对即将踏入社会的新鲜人，首要的还是那么一句话，一个人的职业生涯大概只有10000天，每一天是壮志踌躇还是浑浑噩噩，选择权还是在自己手上的。既然不能改变现状，那就先改变自己；改变了自己，才有可能去改变现状。

感谢杨老师对教育改革的坚持与笃定。一转念，又想起教室里挂着的那幅老校长的题字：

志不立，天下无可成之事。

学生档案：刘以浩，男，2004年毕业于江门一中，2008年于浙江大学毕业。毕业至今供职于某通信运营商，现为区域分公司行业客户中心总经理、党支部书记。

素质教育

张鸿捷同学说：

还是从朋友圈上的一道习题说起吧，题目是："我会看图写字"，然后列出五幅"图"，要求写出对应的"字"。所谓的"图"其实是五个甲骨文（或是金文？姑不考究），要求写的自然是"现代汉字"。

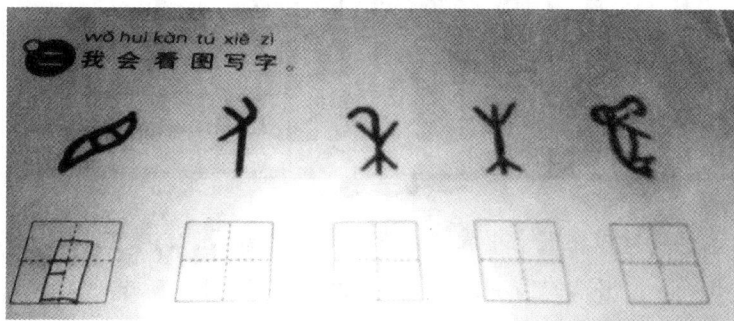

题目发自一位同学P君，是她小学一年级的表妹的练习作业，在线发给P君求助。P君家人上下均束手，便转发到同学群里讨论，仍是无果，徒留满屏牢骚：

"把孩子都害惨了！"

"哪里是素质教育？"

"这是对家长的素质教育。"

"我们都不会……"

……　……

最后是P君另寻朋友网上找到一张对照表，把问题解决了。

原则	举				例				释意
象	a								人或体一全部部
		人	女	子	口	鼻	目	(手)止(足)	
	b								动或物旁正像像
		马	虎	犬	象	鹿	羊	龜	龜
形	c								自然号物体
		日	月	雨	(電)申	山	水	禾	木
	d								人工器物
		壶	高	弓	矢	糸	册	卜	兆

必须承认，我对该题五个甲骨文也没认全，只感叹已被长江后浪拍在沙滩上，多少有点不服。没认出来的俩字，先靠猜，然后上网查找对应的"甲骨文""金文"来对照，终究未解。及至看到友人发上来的答案，一则惊喜，一则叹服。惊喜的是那行动物确实惟妙惟肖，叹服的是那位朋友找到答案的方法：如果我能想到另一个关键词"象形"，也许便也能找到。

虽然碰壁，但还是感受到出题老师的善意：她（他）毕竟没有生硬地抛出"象形字""甲骨文"等概念，也没有灌输字形流变的"知识"，只是质朴地要求"看图写字"。而且，这题似乎只来自《暑假园地》之类的习作。而我感兴趣的倒是同学们对于该题目的反应：

"这哪里是素质教育？如果不是找到网上这张表，连我们全都不会啊！"

没有调查，但相信这种反应当有一定代表性。因为我们习惯于交一份完美的作业，我们习惯于解决会做的题目，我们习惯于教育就是灌输知识。由于以上习惯，我们会无法接受孩子在作业本上留白；我们会指责题目超纲，出得太难；我们会认为题目在要求孩子死记甲骨文的写法（那样的话确实比孔乙己还孔乙己），继而更会质疑：让孩子知道甲骨文怎么写，有什么用？加上对中国教育的宿怨，便推导出：这不是素质教育。

那么问题是：孩子完成不了作业，或者作业不完美，又如何？题目或者出难了，又如何？题目不要求孩子死记甲骨文，又在要求什么？让孩子知道甲骨文怎么写，真的有什么用呢？

孩子完成不了作业，或者作业不完美，又如何？只要努力过，尝试过各种办法最后完成不了作业，真没什么大不了，丢人吗？充其量是想象力不好——"看图写字"考的不就是想象力吗？是谁先入为主告诉孩子这"图"叫"甲骨文"了？不是说，答案应是丰富多彩的吗？留白不也是一种颜色吗？不是说，人生没有标准答案吗？然而扪心自问，我们是否多多少少迷恋于"标准答案"？诚然对于标准答案，我们在考卷上还无法彻底抗拒，然而又何苦在练习本上纠结？大约群里关于这道题的讨论，有一句话是对的："这是对家长的素质教育。"是的，接受应试教育出来的我们，可能确实需要补补素质教育的课。不把面子（尤其是大人自己的面子）与孩子作业挂钩，是起码的素质。

题目就是出难了，又如何？孩子自信心将遭受巨大打击？如是，我们应该追问，打击的是孩子的自信？还是大人的自信？若是后者，我们该考虑如何纠正自己的世界观：在知识爆炸的时代，作为父母师长，我们早就无法在孩子心中维持全知全能的先知形象。我们能做的，或许只是在方法论上提供指导。懂得如何获得知识，是比知识本身更重要的素质；若是前者，我们更应该反思学校和家庭教育中哪里出了问题，从而导致一年级孩子自尊自信的脆弱——孩子的脆弱，往往源于家长自己放不下。退一步讲，也许要求一年级的孩子上网检索信息确实有点难，但时下孩子接触手机、IPAD等各类电子产品不可谓不早，别忘了这题目也许本就是孩子向P君在线求助的哦。引导、协助孩子善用电子网络资源，也是可行之途。

题目不再要求孩子死记甲骨文，又在要求什么？教育不仅仅是课堂上的40分钟，还包括课后的作业和练习；作业不仅仅是交上来的答案，还包括完成作业的过程，还包括作业后的评讲。大约这道题本来就是个引子，引导孩子主动寻找答案，期望授之以渔而非鱼；大约这道题本来就为了引导孩子发现：原来文字也能"有趣，有料"，原来"象"字可以真就是一头大象。指望孩子由此与文字、图画结缘，终身以之，那是过于浪漫了，也许大部分孩子只会一乐而过，那也不亦乐乎？

让孩子知道甲骨文怎么写，真的有什么用呢？其实上一个问题讲清楚，就不会有这一问聒噪了，但还是愿意多扯两句，因为"有什么用"的问题，已经触碰到了教育的价值观。

在功利的目的和形势面前，我们很精致取巧地从儒道两家各提炼了一句话，从小给孩子灌输，然而偏偏念成歪嘴和尚，一句是"要有用！"一句是"要适应！"后者造就人对不合理框框逆来顺受的冷漠；而前者则只关心看得见摸得着、立竿见影的"有用"……

每每提起素质教育，有些科目会每每受人诟病，比如数学。论点之一便是除了基本四则运算外的大部分数学知识，对于大部分人在毕业后的工作生活中完全用不上。然后结论就是让有志向、感兴趣的人去当数学家，放过大批陪读的被虚耗光阴的人。

观点基本同意，差别只是界定孰为"基本""几年级分科"等技术问题。然而对于这种论调，我隐隐藏着一种不安：担心"有用"会误导甚至扼杀"有志"的方向，担心功利教育打着素质教育的旗号大行其道，更担心最终学术和艺术的空间被功利所侵吞。

担心并非子虚乌有，以我所接触的科技企业领域举例："精明""经济"的老板们往往会绕开高投入与高风险的产品研发，而直接走山寨、抄袭的路数。因为人家有现成市场能来钱，又何苦另开山头搞研发，再提心吊胆新产品市场反馈不良？山寨产品只要稍加改头换面或者工艺改进，便可以"实用新型"的方式申请为自己的"专利"。低投入，高回报，还钻了科技政策的空子。于是除了个别行业龙头，大部分所谓"科技企业"都在低水平科研的泥潭里曳尾畅游，不亦乐乎。钱老问："为什么我们的学校总是培养不出杰出人才？"国人问："为什么中国少有诺贝尔奖？"因为我们有更"有用"的路可走。

教育，也许需要呼唤"自由而无用的灵魂"。

青心兰语：穿着素质的新鞋，走着应试的老路

"素质"一词在《辞源》中有两个义项：1. 白色质地；2. 犹本质。郑也夫先生认为，解释为"本色质地"更恰当。而2009年版的《辞海》这样定义"素质教育"：

20世纪80年代末提出的一种主导教育改革与发展的思想。强调综合利用遗传和环境的正面作用，形成理想的教育合力，促进全体学生生理与心理、认知与非认知等因素全面发展，促进人类文化向学生个体身心品质的内化及个体精神境界的提高，并为学生终生发展奠定良好基础。

说实话，多年来，"应试教育"与"素质教育"一直都是以水火不容的姿态呈现。两个热词像凤凰传奇的《最炫民族风》循环播放轰炸，除了勃发了广场舞大妈的青春尾巴之外，实在空洞乏味得像黄金脆皮鸡块。郑也夫先生认为："如果说'应试教育'没有找

到病灶，则'素质教育'不是一个好的药方。一对空洞的词汇，重复千遍，终成噪音。"

　　我想，也真没有多少一线老师能有郑先生的钻研精神，把素质一词掘地三尺，分出个青红皂白。大多时候，我们只是粗浅地把作业多少、补课与否、师生幸福指数高低等看得见、摸得着、说得出的具象作为最原生态的分水岭。作业太多、假期补课、师生教或学都苦大仇深等，这一切都要归咎万恶的"应试教育"。至于究竟什么是"素质教育"？说白了，没有一个经典案例可供内参。这种确凿的"应试"与含糊的"素质"，在思维层面上造成了我们"认知与表达的黑洞"。为了找到"素质"的"葵花宝典"，我们一窝蜂地花钱花精力去东西南北中取经。不管是 20 世纪 90 年代缔造黄冈密卷黄袍加身的黄冈中学，还是号称"没有作业，没有考试，没一个人厌学"神话级的杜郎口中学，还是连续 14 年成为全省高考"最强军团"的"巨无霸"衡水中学，抑或可以称为"中国高中教育史上一段可以记述的传奇"的昌乐二中……我们都怀着朝圣的心态。我们一方面羡慕忌妒着这"成批成批的像韭菜一样批发生产状元的学校"（白岩松），一方面又唾弃着这"除了学习，其他都是'各种不能'"的高考"超级加工厂"；一方面是舆论对这些"吃人的工厂"的管理模式的质疑与批评，一方面又是全省乃至全国学生、家长、老师的趋之若鹜。崔永元曾对衡水中学考上北大清华等名校的毕业生做了回访，出乎意料的是，99% 的孩子都表示：如果人生重来，还会选择这所学校。他们对学校根本没有"怨恨"。这多少有点让素质教育者"哀其不幸，怒其不争"了。其实，谁不期盼在"素质"的大棚里盛产各类"优之良品"？只是，有多少皇冠不是玩命得来的？也许校领导和老师也未必同意这反人性的教育模式，但从事实来看，这却是最直接、收益最大的路子。既然"淘宝"那么容易，何苦舍近求远到"实体店"？何况这种流水线的加工模式"解决了家长希望把孩子送到一个'纯粹的学习环境'，和一些地方政府把教育成绩办成政绩的要求"（时评人王传涛）。因此，模糊的素质教育，在明朗的应试怒吼中，只沦为了一种精神鸦片，穿着素质的鞋子，走着应试的老路，收获着貌似"杂交"的"水稻"。这种纠结，颇有点像看《武媚娘传奇》，表面上既想维护斯文做派，欣赏着大头相，骨子里却在觊觎热血沸腾的胸器。

　　化用《意林》的一段话，我们可以这样理解：教育残酷，bug 不断。我们疲于补漏，有时不过是拆东墙补西墙的徒劳之举。若能换个角度，索性把教育的 bug 撕开、撕大，它倒有可能成为新的出口，从而从漏洞百出的教育中开辟出一条独特的道路。

　　其实，哪怕赌上了老师们的心血，更赌上了学生们的青春，我们也能甘之如饴，应试也罢、素质也罢，吵吵闹闹，跟跟跄跄，也能看出教育者对教育的初心与现实结合点的探索与追求。我只怕，当我们的教育有太多无奈，我们无法改变，也无力改变，那时，我们会失去了对初心的坚守，失去了对现实的白眼，失去了改变的想法。

最后，补充一句，立德树人，学生的核心素养已经成为教育新形势下的热词了！我多希望，这些热词，不要只是走形，不要再与应试纠缠未了的争端。

TA 还说

十年树木，百年树人。要回答我们需要什么样的教育，大约应该先看我们需要什么样的人？从社会生态多样性的角度，自然各式各样方方面面的人都需要，然而这么一来，问题似乎更难把握。那么换个角度，我们不需要什么样的人？一时间一连串名字浮上来：刘海洋、马加爵、药家鑫、林森浩……思路立马清晰了：

我们首先需要懂得尊重生命的人，我们需要生命教育。回顾十二年的中小学基础教育和四年的大学高等教育，我们似乎掌握了很多知识，却很少关注过我们的生命本身，包括生命的伦理以及生命的价值等众多过往圣哲孜孜以求的命题，有的只是"格物之学"，和挂在墙上口号式的各种"热爱"。

"生命教育，即直面生命和人的生死问题的教育。"不管理论还是实践，打开搜索引擎都有许多现成的案例可供参考。除了编写教材、三尺讲台，生命教育更重要的切入点在于亲身体验，引发思考：

我们可以走进森林、郊野，不再仅仅是变换地点举办大食会，而是用身体五感六触去聆听虫鸟和鸣，辨花识草，感受大自然生生不息的美好。还可以从生态保护的角度，切入地理、生物课程的知识，适度而非肆意地采集标本，以"尊重自然"的理念替代"利用自然"的态度。如是，熊山之黑庶几无硫酸之患矣。

我们可以随不同年级开展不同的体验课程，体验生命的开始与结束，适时引入健康的性教育，体验母亲怀胎，参观殡仪丧葬等等。面对生与死，与其敏感和忌讳，将孩子放回社会中"领会"，不如主动构建健康的人生观、价值观，让孩子更加珍惜现有的生命以及身边的亲人。如是，屠刀举起的刹那，庶几会多一份来自良心的遮挽？

以上种种，不敢说便能减少青少年犯罪，但相信一个爱护自然、尊重生命的人大抵不会太坏。而尊重生命仅是人生在世的基本价值底线，面对现代社会的纷繁百态，我们需要人格健全的现代公民。我们还需要培养独立精神、批判思维的教育。

百花齐放固然美好，百家争鸣又岂止百家的态度？在信息爆炸的网络时代，谣言与辟谣之言此起彼伏，卿将何以自处？所谓花繁柳密处拨得开，才是手段；风急雨骤时立得定，方见脚跟。然而什么是"手段"和"脚跟"？—逻辑。

回想过去，"培养独立思考能力"也是学校师长挂在嘴边的关键词之一。然而对于"独立思考"的理解似乎只被限定在"独立完成作业"的空间里。理科有标准答案，文科有"统一思想"。而如何独立思考，作为研究思维与推理的逻辑学，只以数理逻辑的形式依附在数学课里搭配出售，而普通逻辑（演绎逻辑、归纳逻辑）似乎应该是语文课尤其是议论文作文的任务？然而又不见得。

回想当年所学的论证方法，曰举例论证，曰道理论证，曰对比论证、比喻论证云云。其实举例、名言只是素材，对比、比喻只是修辞；如果没有逻辑搭建论证的进路，举例、名言都是浮云：例子可能是孤例，正例千百不如反例一则；道理名言有条件性，这个古人随时能被那个古人驳倒；至于比喻……受传统类比取象文化熏陶的人可能完全没察觉它的漏洞。一如当年的国际大专辩论赛，由于主办宗旨是推广华语和展现华语魅力，所以追求文采、引经据典而轻视说理的辩论风格备受评委青睐，导致逻辑性和严谨性被长期忽视。

关于教育中逻辑的缺失，大体也有相似的制度性根源。独立精神、逻辑思维的培养，其意义除了在众说纷纭之中站对立场以外，更重要的是能在主观上摆脱对"标准答案""统一思想"的依赖，客观上敢于向价值扭曲的权威采取不合作，乃至于挑战。

我们需要什么样的教育？所谓坚守生命价值底线，保有独立批判精神，只是挂一漏万，权当抛砖。

学生档案：张鸿捷，男，江门一中2004届高中毕业，2008年毕业于北京交通大学环境工程系，2009年至2014年工作于北京华新绿源环保公司，历任至EHS部门主管。目前在江门工作，供职于江门市科学技术局。

我有一个梦想

张渝松同学说：

我梦想教育就是老师和家长共同努力的结果，它不应该以孩子学业和事业的成败来做准则。教育孩子更重要的是教育家长。我梦想中学的教育可以对学生传授更多社会实践经验，很多时候就算学习再好的同学也往往会在社会实践上碰壁。我梦想更多的老师可以带头鼓励开放性思维，不要一味灌输好分数好学校胜于一切的思想。有了一个开放的思维，孩子会自己通过生活来体会人生的道理。我觉得人的自信很重要，而老师和家长最大的任务就是帮助孩子建立自信，除了成绩，去发掘孩子在其他方面的长处。

青心兰语：教育的系统工程

"从家庭到学校，从政府到社会，都要为孩子们的安全健康、成长成才担起责任，共同托起明天的希望。"2015 年两会期间政府工作报告这句话意味深长。它再次突出了全社会共同办好教育的责任，因为"教育承载着国家的未来、人民的期盼"。

育人如治水。都江堰以其鱼嘴、飞沙堰、宝瓶口三大主体工程配合协调，实现分水、泄洪、控流，才能灌溉出"水旱从人、沃野千里"的"天府之国"，告别"蚕丛及鱼凫，开国何茫然""人或成鱼鳖"的感慨与惨状。教育亦然，需要家庭、学校、政府、社会有机结合，构建系统工程教育孩子，就像修建都江堰这项宏大的水利工程一样，只有修建成这样立足当下，放眼未来的"工程"，才有可能使教育从"洪荒之地"变成"水旱从人、沃野千里"的"天府之国"。

可是，在现实中，这项宏伟的育人工程往往由学校一肩挑，社会、家庭大多时候充当甩手掌柜，有时甚至还充当了智叟的角色，冷飕飕地讥笑着"愚公"之"愚"。

从理论上来说，教育的要旨在于立人。"立人"工程包括两大层面：一是指向精神的，它意味着观念层面上自由的获得和精神生命的提升；二是指向生存环境的，它意味着生活层面上自由的获得和生存环境的改良。然而，今天我们的教育受到三种拉力的影响："一是国家要培养合格公民，希望他们成为国家发展、社会发展的人才；二是家长把教育看成是敲门砖，认为自己的孩子是天才，望子成龙，个个都成拔尖人才；三是市场把教育作为逐利的工具。"（顾明远）三种不同方向的拉力车裂着教育，正所谓染于苍则苍，染于黄则黄。要培养出身心健康、积极向上的学生，就不能逞匹夫之勇，马加爵、药家鑫这些鲜活生命的毁灭，与教育合力患上"神经症性紊乱"症状不无关系。

若果从应试考试的角度去衡量，应该说在高考中意外失手而致成绩一塌糊涂的张渝松同学，粘贴上"失败者"的标签也是理固宜然。然而，今天的他，确实自由来往穿梭于东西方不同的国度，过上自己充实快乐的生活。正如他所言"虽然新的方向和中学时期的歌唱家梦想风马牛不相及，但是我觉得选择这条路是我在今天对理想的掌握，以及对快乐的追求。"我想，小张同学能够从高考的"战场"中幸存下来，而且成为人生的赢家，父母的鼓励与支持是其中重要的因素。当儿子作为高考的弃儿将被这个风云激荡的大时代边缘化的时候，要么彻底从人道沦为蚁道，要么忍受经济与心理的双重压力回到"满目疮痍的战场"从头再来。可是，作为高知家庭的小张父母，并没有用自己的成功学去绑架孩子的人生，也不因为自己是高校的领导而去苛求孩子给自己长脸，而是尊重孩子，在"民主协商"中达成共识，在一个名不见经传的学校砥砺着英语，让这把闪亮的"杀猪刀"最终成为行走天涯的"屠龙刀"。"男孩就是要出去闯一下。"有多少父母能这么放下心来让心肝宝贝去闯荡江湖，又有多少闪亮的父母甘心让孩子喑哑？所以，当我们在政绩簿上渲染自己"培养"了 N 个"清北"生的时候，千万别忘记，家庭才是孩子不可替代的第一所"重点学校"，第一任"清北教师"！

不是所有在高考中倒下的孩子，结局都只能是毁灭。当学校、家庭、社会携手合力，就有可能让孩子拥有正确应对和走出低谷或不幸遭遇的能力！

TA 的故事

2005 年的 9 月 2 号，我一个人坐在慢慢离港的船上看着爸妈远去的身影。有生以来第一次感到心里不是个滋味。我也曾出过很远的门，但是这次告别我相处了十九年的爸妈。一路上，我就记住爸跟我说的一句话："男孩就是要出去闯一下。"

杨老师说过，我是一个很乐观的人，一个很容易忘记以前的人。果然，一到机场，一切不开心和一切顾虑都已经被我抛到了脑后。那个稍微有点自大的我又占据了上风，然而，这个新的环境在第一天就把我的小小自大打回原形。以前可以引以为豪的英语现在变成了一个基本交流工具；从前还能博得几分赞赏的调侃现在一无是处；中学时还拿得出手的音乐功底也在多才多艺的同学面前失色。所以，现在回想起来，大学五年的大多数时间我都花在了如何融入一个新的文化以及如何重新定位自己的过程上。

　　刚刚参加工作，和其他同事一样，我连做梦都想着如何爬上企业的阶梯，成为百人之上的合伙人。平时做人也如是，干什么事情都要有目的，还要想方设法让上级在工作中注意到自己。为了能和重要的人物聊得来，我努力去学习冰球的规则和著名球手的故事；为了能在年评中出色，我放弃休息，对分配的工作来者不拒；为了能建立好的关系，我会把别人的过错放到自己名下。就这样过了两年，我才发现自己一直被别人牵着鼻子走路，自己的生活完全落入了盲目跟风的误区。升过职位，涨过工资，但最后还是不快乐。

　　中学时代我看了 Will Smith 多年前演的一部励志电影叫作《THE PURSUIT OF HAPPINESS》（《当幸福来敲门》）。电影在结尾写出了美国独立宣言中的一句话："人们追求快乐的权利是不可剥夺的。"刚刚见到这句话的时候我很难想象究竟怎么去追求一样无形的东西，一种这么缥缈的心理状态。人们大多数会相互问好，但是我几乎没见过在日常生活中有人问大家是否开心。而更让我百思不解的是，老美居然还称这是一种权利。回想我从小学到高中的生活，似乎眼前可以看到的只是好好学习，考好学校，找好工作，将来赚钱娶老婆，教育孩子，孝敬父母。路线虽然非常笔直，但是中间环节不允许有错，更没有太多的选择权。有很多人在中学的时候问我将来想干什么。符合逻辑的回答有两个：一是搞机械自动化，二是钻研纳米技术。这当然也是我进入物理班的原因。不太合逻辑的回答也有一个，就是成为一位美声歌唱家，能天天唱歌和在舞台上表演。这后面的回答却是我想起来心里会暗暗快乐的。当然这种想法在当时很不成熟，但是我相信无论思想再怎么活跃，当年的路也只有一条。

　　2012 年我对自己的未来思考了很多，从我将来从事什么职业到以何种心态退休。望着窗外的高楼大厦和匆匆的人群，我问自己，为何要执着知道不能发生的事，为何要强加一些自己没有兴趣的功课，为什么自己的满足感与快乐要建立在别人的肯定上呢？从前在中学不能选择人生怎么走，但是现在我有能力和条件去选择呀！回想我二十岁之前的路，爸妈一直在努力，想方设法地在我遇到挫折时让我能再站起来。在高考成绩一塌糊涂的时候，出乎意料地他们让我获得出国读书的机会。他们的努力，令我一直坚信车到山前必有路。也因为这种豁达的性格和生活方式，我在人生很早的阶段就开始寻找快乐的根由。原来，我们追求快乐的能力是发自内心的，并不是别人赋予的。在电影里 Will Smith 最终的快乐并非源于百万的美刀，而是源于自己对生活的控制，和对梦想的掌握。如果把这个道理放在我身上，很容易就会发现原来自己以前的不快乐是因为在追求事业和个人价值中丧失了自我，把别人的准则当成了真理，在做人上太要面子。而如今对于我来说，真正的快乐，是能够自信地走自己的路，对过去充满感恩，对未来充满信念，认真做好手头的事，真正过好每一天。如今想来，我很庆幸能在人生道路上遇到好父母以及好老师。他们也迫于无奈让孩子在应试教育下生存，但可贵的是他们没有扼杀我对理想和自我的追求，反而帮我打开思路，鼓励我的追求。

如果今天有人告诉我他（她）的生活不快乐，不如意，我会说：我相信路是自己走出来的，千万不要去苛刻自己来满足别人。记住生命是为自己而活，会享受生活也是人生价值的一种体现。

2012 年 5 月，我辞去了原来的工作，然后在同一个月内加入现在的公司从事地产与高资产净值人士税务咨询工作。我的梦想是在不久的将来和夫人一起拥有一家全方位的地产投资顾问公司，究竟能不能赚钱，能不能成功，都是后话，重要的是我们从现在开始积累和大胆地向着目标前进。创业的精神压力会很大，但我想我们每天都会乐在其中，因为这种为了同一个目标而前进的心态很实在，很简单。虽然新的方向和中学时期的歌唱家梦想风马牛不相及，但是我觉得选择这条路是我在今天对理想的掌握，以及对快乐的追求。

最近和一位久违的中学同学聊天，她说我好像跟以前不一样了。我想也许只是这些年成熟了，见的东西多了。但当回忆起中学年代时，我还是流连教室窗外的缕缕白兰花香，那清新、简单的人与人之间的关系，和那实在地朝着同一方向的追求。自己现在要追求的也不过如此。

学生档案：张渝松，男，江门一中 2004 届高中毕业，本科就读于加拿大滑铁卢大学，现居加拿大多伦多，任税务会计师。

"月"有阴晴圆缺

朱江晓同学说：

中外教育，各有自己的颜色，正所谓"月"有阴晴圆缺，中国教育，也是瑕瑜互见：

1.中国的基础教育很好，它给我们打了坚实的知识基础。

2.注重输出（说和写）的英语教育。我们的英语教育过于注重输入教育（读和听）了。

3.缺失领导能力的教育。中国学生的领导能力弱，害怕出头，害怕承担责任。

4.沟通能力的教育。我们取得别人信任的能力需要加强。

青心兰语：我们如此相似，我们如此不同

2014年10月，一场中英教学对比引发了中英两国对各自教育制度的热议和反思，而BBC（英国广播公司）纪录片《我们的孩子足够坚强吗？中式学校》中的一段话"英国学生在国际竞争中正在落后，中国学生正是我们孩子未来在职场上的竞争对手"更是搅动了中西教育利弊之辩。教育界普遍认为："中式教育下，学生的基础知识比较扎实，但应用能力有所缺乏；而西式教育有助于培养学生主动学习的能力、应用知识的能力，但知识储备较为薄弱。"

对于中西教育利弊这个深奥的问题，不是华山论剑一战定乾坤的事情，每个人看问题的角度，都只是站在自己位置上所看的视角，远远无法做到"360度全景无死角"。作为一名站在讲台上近三十年的一线教师，我的位置决定了我难于对中西方教育有什么宏观把控，即使所见所闻所想也都是些碎片式的信息。我只想从这些碎片中，尽量"脑补"出某个可能合理的情节。

我的学生中，遍地开花于异国他乡。如果要寻找他乡的故事，朱江晓同学其实在某个程度上可以说是测量中西教育利弊的一片试纸，酸碱度自然呈现。虽然，中国的"学科教育出现了机器式、填鸭式的倾向，扼杀了学习中本该有的乐趣。"（南京师范大学教科院副教授殷飞），可是，中国式的教育有时也有金灿灿的硕果，否则，一代又一代人的青春怎甘心在应试的刀尖上滚过？不管是秩序井然的课堂管理、整齐划一

的授课方式，还是师道尊严的师生关系，甚至是昏天黑地的"刷题"机器、高考"集中营"，是否从一定程度上，保证了学生的"站桩姿势"？正如朱江晓所言"中国的基础教育给我们打下了坚实的知识基础"，正是有了这一个奠基，他才有可能在美国土地上实现更高的梦想。其实，并不是中国式教育有多么的灭绝人性，只是在实现目标的路途上，我们很多时候不愿直道而行，而走一些"歪门邪道"，以实现教育的最大功利化。所以，单一的评价机制、灌肠式的讲课、疯狂的衡水模式、荷尔蒙井喷的口号标语才会大行其道。把应试教育推上风口浪尖的，其实恰恰是人的因素占了主导。然而，即使这样，也不能讥讽中国式的教育就是矮穷矬。对于被虐千遍的衡中人，他们是这样想的：对于小城市小百姓家的小人物而言，咱们和首都小百姓家的小人物并不在一个起跑线上，正是这点分数把咱和他们送进了一个跑道，就这一点而言，只能感恩。因此，中西方教育，无所谓高低强弱。就像脚上所穿的鞋子，合适则是最好的，为穿上水晶鞋而不惜削骨剔肉之举，实在愚妄之极。

　　有不少人喝过几口洋水回来，就唾沫横飞地膜拜在西式教育的光芒下。他们看到的是孩子们下午三点钟的放学，看到的是没有作业联系本的光鲜，看到的是小班授课的轻松，也看到了教学体系和评价机制更为多样化的灵活……当然，这都是事实，但并非全部真相，从事留学教育的英国百福集团 CEO 马良说，英国私立学校对升学的追求和中国学校没有多大差别。而中学在英国就读的夏雪说："虽然名义上放学时间差不多，但是很多私立学校都是住宿制的，大家放学后也都聚集在教室或图书馆学习。"

　　海德格尔读到老子的《道德经》时曾感慨：我们如此相似，我们如此不同。其实，这些表面差异背后，则是中西方不同国情和文化下产生的不同教育理念。中外合作大学、西交利物浦大学教授郭镜明认为："东西方教育各有优缺点，我们要做的是根据世界未来的需求，整合东西方文化和教育精华，探索一条属于自己的道路。"

　　走一条属于自己的路，这才是重点！

TA 的故事

　　高考终于结束了。考不上清华北大，但总算去了个国内前十的大学。自动化学院新开了个物流工程专业，妈妈说物流以后有发展，就它吧。武汉是个气候极端恶劣的地方，冬天下雪，夏天像火炉，唯一让人欣慰的是，武汉人很热情，尤其是女同学。快乐地过了两年大学生活，学生会活动，篮球队，吃喝唱歌。虽然没有很用功学习，但毕竟江门一中学生的底子在，成绩也没有落下太多，努力一下保个研还是可以的。班上有个武汉同学，S君，身材微胖，戴着一副高度数的眼镜，是我们班公认的学霸。

S君从大一开始就立下去美国留学的志向，成绩、学术研究、英语，一项都不落。虽然很佩服S君，但留学美国这个梦似乎离我太遥远，还是老老实实读研或者工作吧。

直到大二快结束的一个晚上，和一位将要赴美留学的广东学长夜谈。学长一直跟我讲美国的好，留学的好，但我只记得两句话："年轻不去折腾你活着干嘛？""不就是考个GRE，写几份英文申请吗？"听君一席话，胜读十年书。二十岁的我，突然意识到活在规矩里面太久，忘记了自己才是人生的总导演。

抬头看天，低头走路。大二暑假上了新东方，大三和S君一起考了GRE和托福，开始准备申请文书。大四上学期运气好，被学校派到台湾当交换生，预热了一下留学生活。回到武汉后发现S君又有了新的目标—转学金融—学霸的步伐永远无法追赶。我一边等待留学申请的消息，一边享受大学剩下的时光。S君当然不会浪费时间，大四下学期孤军奋战美国金融分析师考试。最后我去了偏远的威斯康星州，S君去了哥伦比亚大学。

刚到美国，一切对我来说都很新鲜。麦迪逊市是威斯康星州的首府，人口三十万。校园很美，是典型的校园城，朝气蓬勃。曼多塔湖畔是美国本科生们最喜爱的地方，喝着啤酒，听着乐队，看着帆船，沐浴着阳光。威斯康星大学一直排在全美派对大学的前五，学生们最爱的东西有两样：橄榄球赛和派对。

开学后，生活远没有想象的美好。在国内英语四六级都是优秀的我，听课吃力，更不要提说话了。我选的课基本只跟数字打交道，一整天除了上课听英语下课就是中文的沟通。一个学期过去了，我也逐渐适应了这种两点一线的中式生活。在美国的留学生活可以简单总结为七个字：好山好水好寂寞。这种寂寞常常让你静下来思考人生："这是你想要的生活吗？"也许大部分人都会回答不是，但又有多少人愿意改变呢？与其问自己是否喜欢这样的生活，不如问怎样才能得到自己喜欢的生活，努力追随内心的想法。第一学期的期末考试之后，我在纸上写下来美后的第一个目标：不做半聋半哑的留学生。

从那开始我就强迫自己多跟其他国家的同学交流。我们工程学院有许多来自印度的留学生，大部分操着浓重的"咖喱"口音，可是他们勇于表达，善于表达。这也许是中印留学生最大的区别。中国教育教我们少说话多做事，"枪打出头鸟"。到了美国，这成了中国留学生的思想枷锁。美国500强企业中有50家的CEO非美国本土人，而印度人占据了其中的一半，而来自中国大陆本土的连一个也没有。中国为美国输出了无数工程师和科学家，却难得找到一个可以领导美国人的企业家，反观美国却培养出无数领导世界的跨国企业家。这样的事实不得不让我反思。

　　带着疑问，我尝试认识更多美国本土的同学。在学校的国际交流中心我认识了愿意帮助外国学生学习英语的志愿者凯拉。凯拉是我认识的第一个美国本科生，她热情、乐观、自信，是美国学生群体的缩影。我们每周见面聊一个话题，我蹩脚的英语终于有了用武之地。第二年，重新找房子的时候我阴差阳错地住进了一个工学院兄弟会的房子。美国电影把兄弟会描绘成上流社会教会学校里的秘密组织。怀着好奇心，我战战兢兢地加入了兄弟会，成为唯一的中国研究生成员。跟电影描述的不一样，兄弟会更像一个学生会大家庭。除了每周六组织一次对外开放的派对之夜外，大家一起看球赛、看电影、出游、聚餐。不知不觉，我的听力突飞猛进，交流也变得没那么蹩脚了。

　　作为一个自费研究生，父母节衣缩食供我在美国读大学，自然多花一美元都感到难受，尤其在面对高昂的学费和物价时。第二学期末，偶然得知系里的杰夫教授需要一个助教，教的是运筹学，我大学学过的课程。若当上助教，学费全免且每月有一千多美金的生活费，这样的好事每个研究生都想去申请。我给教授发了一封邮件，但申请人太多，我的信石沉大海。我灵机一动，不如面对面毛遂自荐。我花了一天时间，把准备好的稿子背得滚瓜烂熟。第二天，鼓起勇气敲开了杰夫教授的门。"教授好，您有三分钟吗？""有什么事吗？我真的只有三分钟，我准备去开会了。""三分钟就足够了。"……回家后我收到教授的邮件，说被我的勇气和真诚打动了。我在家里蹦了好几分钟，那种幸福感我永远都忘不了。作为助教，每周我要批改作业和讲两节一小时的习题课。为了准备这一小时的课，我总是要花一整天的时间，在一个空旷的教室里反复演习。天道酬勤，之后的两个学期，我都被选为系里最受欢迎的助教。

　　不知不觉两年过去了，一直忙着上课和教课，工作的事情还没有头绪。这时我拨打了S君的电话。S君已经从哥伦比亚大学毕业，一心想转金融行业的他，正在攻读卡耐基梅隆大学的金融工程硕士学位。他给我介绍了纽约金融工作的情况，我心动了。在人生每个阶段总有很多目标，那些让你热血沸腾的，一定是你愿意付出青春去实现的。我开始准备金融分析师考试，海投简历到纽约金融机构的实习生职位。到最后只有一个公司回复我，科技总监佛兰克打响了我的电话："你是学工程的吧？你会哪些编程语言？"我硬着头皮吹嘘了一下。几个问题之后，他已经摸清我的水平，很有艺术地把我打发走了。我诚恳地给他写了一封邮件，承认自己的水平不足，愿意不要薪水地从头学起。也许佛兰克还没有招过免费的实习生，我被录取了。在纽约，我开始没日没夜地学习编程，几本厚厚的编程书硬是啃下去了。三个月的实习结束后，我为公司写的程序到如今大家也还在使用。实习后我回到学校延迟一个学期毕业，一边当助教，一边一口气修了四门金融相关的课程。一个晚上佛兰克打电话问我是否愿意回公司全职工作，我想也没想就答应了。就这样我开始了在纽约的生活。

纽约这个繁华的都市是一个令人兴奋的地方。每天你都会遇到不同的有趣的人，有才华的人，还有世界上最聪明的一群人。工作几个月后我渐渐感到自己的渺小和不足。用S君的话说，在金融机构里面的码农是没有前途的。我慢慢开始追寻新的目标—成为一名投资分析师。S君在毕业之后顺利地进入一家对冲基金工作。我追随S君的步伐，开始兼职攻读卡耐基梅隆大学的金融工程硕士。往后的两年半，我白天工作，晚上上课，常常忙到深夜。但这种充实的生活让我觉得每天都在进步。硕士毕业后，我也考取了注册金融分析师执照。皇天不负有心人，我顺利转到了公司的投资组，正式成为一名量化投资分析师。在这条投资分析的路上，我还有很长很长的路要走。

回首十二年，走了不少弯路。但也许这就是人生的精彩之处，只要你不停下脚步，前面一定会有你的路。

学生档案：朱江晓，男，江门一中2004届高中毕业，2008年毕业于华中科技大学系统工程系，2010年毕业于威斯康星麦迪逊大学系统工程系，2012年毕业于卡耐基梅隆大学金融工程系。现工作于纽约，任职奥桑纳西基金公司投资分析师。

教育，在希望的田野上

陈龚文同学说：

我希望教育不但关注知识的灌输，更要注重学生人格的健全和未来的发展。教育不仅是教授知识的输入过程，更是学生发现自己和肯定自己的输出过程。教育应该帮助学生发掘自己的兴趣所在，并提高其在这个方面的知识硬技能和素质软实力，同时帮助其完善自己的职业发展和人生规划。

青心兰语：向死而生

张承志说："我只是一个作家。我永远不是走红的文字商品的贩卖者，永远不是流行思潮顶峰的泡沫。我独立地表达而已。"

而"面对教育效率崇拜的现实，我们这些教育人更应当去寻找实现改善人品与人性的教育路径与方式。"当然，在逼仄的空间，做出力所能及的改善，不做"走红的文字商品的贩卖者"，而选择走"独立地表达"思想的道路，那是需要教育的憧憬与追求的。假如我们连"暮春者，春服既成，冠者五六人，童子六七人，浴乎沂，风乎舞雩，咏而归"的盛世和乐之美梦都没有，那么，在现实的挤压下，要么就是沦为羽翼，飞行着别人的轨迹；要么就是"扪参历井仰胁息，以手抚膺坐长叹"，在悲观与恐惧中变形。

虽然我们不惮牺牲，但并不主张无谓的牺牲，与其做教育的一介勇夫，倒不如做教育的智者。这种智，是"非暴力抵抗"，不与现实血淋淋地拼搏与战斗，而在现实中"选择积极的角色进入生活"（魏书生），根据教育的不同需要扮演好各种主角和配角、正角和丑角，在环境变化时及时做好转换角色的身心调整，以求实现自己的教育理想。

戴着镣铐又如何？我相信仍可舞出自己的狐步。每当学生站在讲台，滔滔不绝地讲着令人惊艳的话题时；每当学生把课文改编，智慧的火花燃亮了课堂的每一角落时；每当学生愁眉深锁，而我却"不识大体"地安慰学生"成绩不能说明一切，学习更看重过程"时，我都会涌起心宇澄清的愉悦感，甚至会把"体制"对课堂管制到无所不至的举措当成"大渡桥横铁索寒"，而我却有"三军过后尽开颜"的勇气与欢欣。

伊朗导演阿巴斯的电影曾经讲过一个故事：一个失意想自杀的人爬上一棵樱桃树，恰逢一群小学生放学路过树下，并希望他摇晃树枝好让他们捡到樱桃。结果，纷纷落下的樱桃不但让孩子们兴高采烈，同样也让尝到樱桃的他自己兴高采烈。每当我们被狗血的标语喷得鲜血淋漓的时候；每当我们自己被捆绑上班级分数作为"证供"呈堂的时候；每当我们孜孜以求为一班精神贫瘠的孩子涂上丰盈的颜料而仍在高考中败北，以致胸前挂不上大红花的时候，我都会想起心中的那棵樱桃树，或许只要用力摇动，我们就不至于绝望。因为，纷纷落下的樱桃，不管是路人甲、还是学生，抑或自己，都会尝到樱桃的美味，从而得到快乐与幸福！

向死而生，让绝望处开出最美的风景。

TA 的故事

大一阶段：独上高楼

刚从高考中解放出来的我，面对多姿多彩的大学校园，欢喜异常之余却无比慌乱。自上学以来，家长、老师和同学一直灌输、传递的理念，都是要读好书，拿好名次，考上好大学。但是，上了大学之后的生活和目标，以及整个人生规划，自己和旁人都从不曾仔细考虑。于是踏入大学校门那一瞬，顿觉身心前所未有的舒畅，以为此生任务已经完成，前途已尽在掌握之中，接下来不过以"玩乐人生，享受成功"的心态走下过场。

现实当然并非如此。中山大学是省内最高学府，全国各地高手云集。在任何一方面，无论学习、校园活动还是社会实践，都有大师级人物令人高山仰止。尤其在我选择的法律学科，每临考试，大部分人都会挑灯夜战，硝烟味极浓。而高中成绩一直不错的我，加上"玩乐"的心态，认为这些不足挂齿，因此得过且过，大一没有拿到奖学金。

我与别人的差距特别体现在综合能力方面。法律注重实践，而我深知自己在这方面的不足，因此我开学伊始便积极投身于各种各样的学生会和社团活动中。一开始便连连碰壁：面试时怯场、语无伦次，或者根本不具备应有的逻辑和思维能力。尤其当我了解到很多同学在高中时就有丰富的学生会和社团经验时，我更觉得自己是多么的渺小。曾自卑过，彷徨过，失落过，深刻反思之后我寻找方法并尝试改正自己的不足，继续在社团面试中屡败屡战，终于被一个有着"十佳社团"之称的社团吸纳了。

大学之所以被称为一个小社会，是因为里面有各种各样"准"社会的人际关系。大学学生会和社团集中体现了大学的这种"社会性"。在社团里，经常要面对的是上下级关系和同级关系。面对顶头上司的苛刻、急性子和坏脾气，我只能用"忍"字诀以及更快更好地完成任务的态度去面对。面对同级之间的分工合作，我必须要学会计划、安排、沟通和协调。好的团队能够让任务完成得事半功倍，而"独行者"往往难以开展工作并且不被理解。在无数次失败的经验教训之后，我逐渐从以前那个木讷寡言的标准好学生锻炼成较为乐于沟通协调的"准社会人"。

从高中跨进大学，脱离老师和父母的我，宛如独上高楼，在望尽天涯路的历练之中，在沉痛之中寻找着自己的方向。

大二至大三阶段：衣带渐宽

经过大一的懵懂和无知之后，大二开始逐渐意识到成绩对于无论工作还是继续深造的重要性。特别是法学专业，扎实的知识基础尤为重要。此外，抱负高远和勤奋好学的同窗们深深感染了我，让我明白高考不过是一个门槛，而大学才是人生奋斗历程的真正开端。于是，我一改大一的散漫，开始经常泡图书馆。大二的成绩尽管比大一略有好转，但仍然无法达到自己的要求。我发现自己缺少和别人交流所带来的思想碰撞和反馈也意识到大学乃至以后的学习不再是高中时代那样的"孤军作战"，知识需要应用和交流，才能在脑海中扎下根来，同时取他人之长补自己之短。"独善其身"只会让知识凝滞，也不具有效率。终于，我在大三时拿到了梦寐以求的奖学金。

与此同时，我需要考虑自己未来的发展前景。为了寻找自己的职业方向，我联系各种各样的专业相关单位进行实习：法院、律所、权力机关……人们都说工作中实际用到的知识不及之前所学的十分之一。但是事实证明，在工作中遇到的很多问题都与当时所学的知识点相关，先前的知识储备指导着我分析和解决工作中遇到的问题。靠着还算稳固的知识，在实习的时候较为得心应手。此外，实习把我从书斋中的理想化拉回到现实：要找到好工作乃至实现自己的理想不能只靠僵化的知识及一腔热血，更在于为人处事的态度、协调融通的能力、责任心和领导力……在法院实习时，同事说我"养尊处优，办事不力"；在律所实习时，同事评价我"沉闷呆板，缺乏活力"；在人大实习时，领导评价我"被动懒散，大意粗心"……尽管这些评价仅仅通过他们的言行或隐或现地传递给我，但我已能感受到自己与这个社会所需人才标准的明显差距。在处理待人接物等人际关系的过程中，我不断磨炼自己，努力改正自己的缺点，向着全面提升自己综合"软技能"的目标迈进。

逐渐适应大学生活的我，开始为自己的卑微理想付出不懈努力，乃至衣带渐宽也依然不悔。

大四至研究生阶段：众里寻他

经过大二以来在学习上的加倍努力，从来没想过能够继续深造的我在大四的时候获得了保研的资格。而我一直以来对自己综合素质的锻炼也使自己通过了保研的面试。这意味着我有一个较为轻松的大四，以及接下来能较为舒适地在学术领域钻研的两年。然而，研究生生活并没有想象中轻松，学业和就业压力也是前所未有的。研究生阶段对学术研究提出更高的要求，这迫使我锻炼自己的逻辑思维和创新能力，于是夜以继日地读书、练笔、思考和交流成了我研究生生活的主要内容。研究能力的提高使我发生了一些内在变化：思维比以前活跃和敏捷，看问题比以前深入和全面……学术之路寂寞却别有洞天，荆棘满途却同时繁花遍地。如果有人问我此路通向何方，我会轻轻抖落一身的烟尘：此路即彼路，此处即他处，此生即他生。众里寻他千百度，蓦然回首，那人却在灯火阑珊处。

学生档案：陈龚文，女，江门一中 2007 届高中毕业，高考语文成绩 135 分。2011 年本科毕业于中山大学法学院，2013 年硕士毕业于中山大学法学院，研究生期间获得"研究生国家奖学金"。现工作于江门，任职于江门市某司法机关。

教育之我见

赵荣灿同学说：

教育的不少问题似乎都来自高考这一选拔制度。我个人认为现今高考有点像从前的科举考试。但是从现实看来，高考还是一个公平度很高的考试，要一下子改变或者颠覆的确很难。我们可以从一个更长远的角度出发，尝试逐渐脱离"高考为上帝"这条单一的路线。如果我们觉得孩子接受教育是为了更好地在这个社会生存，那么改变是必须的。要加强以下几个方面的能力：

一、学习能力。之所以要用死记和题海战术，那是临时抱佛脚不得已而为之的方法。若想找到有效率的学习方法，我认为应该从幼儿园或者小学开始向小朋友灌输"学"的概念。给他（她）一点点提示，提供适当的帮助，让他（她）去寻找答案。这远比最后的答案重要。此外，可以在每个大阶段（比如一个学年，甚或初中、高中三年）前进行课程导读，简介这一阶段大概要掌握哪些知识，什么时候会到什么阶段，让学生可以在一个清晰的框架下学习，可以主动把握自己的学习进程。

二、口头交流能力。可以适当加入口头表达的考核。提供更多的机会让学生讲而非老师讲。例如让学生组成课题讨论小组，老师分发课题，学生们轮流当代表向大家演说讨论成果。其实这想法很久以前就有人提出，但老师们迫于教学进度和考试成绩的压力，几乎没有实施，如有，那一点点也不过是面子工程。此外，还可以考虑在入学考核时加入面试评分。

三、社交能力。一方面，放手让学生真正组织学生活动（更不要动不动占用学生的课余时间）；另一方面，鼓励企业或者其他民间组织开展学生活动能让学生接触社会，培养社交能力。还有，暑期减轻作业和补习负担，鼓励真正的社会实践（原来所谓的"社会实践登记"只是通过父母找关系盖个章完事，大家都懂）。

这些建议说大不大，却涉及全社会多个方面。例如鼓励成立帮助青少年成长的民间组织；例如考虑避免面试中的权力寻租行为等等。我真的希望会有更多像杨青兰老师那样敢于迈出第一步，挑战传统教育制度的老师。不是每个人都会当老师，但几乎每个人都要成为家长，家长的配合和支持能让这些老师在这条改革的路上走得更远，更顺利——希望我也能成为这样的家长吧！

青心兰语：诗意与失意

其实，我并不是斗士，也不具备大战风车的勇气与能力，更加不能说是挑战传统教育制度。恰恰相反，我仅仅希望坚守着优良的传统，坚守着传统教育中最本质最纯粹的部分，就像语文教学中听说读写能力的培养。随着传统的远去，"听说"基本上已经沦为了词缀，"读"则成了镶嵌公开课场面的"金边"，"写"却像单干的暴发户，一飞冲天。一场公开课的走秀，才换来数声"蝉鸣"，"一齐人傅之，众楚人咻之"，又有何用？文章，是隐藏作者灵魂之所，揣摩作者心怀，发现其中奥妙，穿越时空，与作者共脉搏，同呼吸，靠的是涵泳诵读，要么万马齐喑，要么异口同声，这语文课究竟咋了？

什么是语文？语文到底姓什么？一直以来，语文教育工作者从未停下探索的脚步。陈日亮先生认为语文是一门"心灵的学科"，"语文课应该成为学生内心体验的源泉，课堂上要有情感生活，有心智或活动。语文教学如果不能让学生凭借语言通灵感悟怡情益趣，那就是失败的教学"；王崧舟老师则追寻诗意语文，"让语文教育成为生命的诗意存在"；余映潮老师认为语文教学应富有创造性、审美性、实用性，"教师的教学艺术，能够优雅地造福于学生的课堂学习。"……

然而，现实却往往让"诗意"语文沦为"失意"。正如朱自清先生所言"教育被压在沉重的功利下面，不免有了偏枯的颜色。"教师也产生了不少的"枯叶蝶"。一些老师以社会的名利观为杠杆，通过公开课获奖、发表论文、出版著作等方式撬动自己人生的高位，披着教育的皮，变着自己的人生戏法；一些老师则对应试制度半推半就，在欲拒还休中寻找自己存在的快感，或采取一种犬儒的姿态，将教育职业仅仅当作糊口的钵盂，把工作当作"肉身"（不触及灵魂）的交易；还有一些老师，"则对一半出乎想象的西方教育尤其是另类教育悠然神往，夏山学校、巴学园、华德福，似乎成了他们心目中的理想教育和桃花源。"（魏智渊、干国祥《沉沦与救赎：重申教师职业之天命》）其实，应试不是十恶不赦，功利也并非卑鄙无耻，"君子爱财，取之有道"。可是，当"爱财"而无道失序，教育者也会沦为政客，只有一颗纵横捭阖的心，而缺乏教育者的情怀！教育者对教育有信仰，如教徒之于上帝。教育界的仁人志士前仆后继，虽然只是一方清凉，但毕竟有一方学子感到夏日的凉快！

最后，语文是"诗意"还是"失意"还取决于每个教育者对自己生命及其意义的体悟，对自己使命的认识（知天命）。教育功利的制造者从来不是老师，也从来不是学校，它是一个体制的功利，"是直接实施者、装聋作哑者，以及视而不见的观者们的共同的罪恶，如果我们今天无所作为，连说话的勇气都没有……"那么，我们将和鲁迅先生笔下的看客一样，也是教育的刽子手！

TA 的故事

2007 年我从江门一中毕业以后，考上了香港中文大学，主修会计，副修德语和金融学。很幸运地我能够先后接受内地和香港的教育。在 2011 年年初毕业之际还很顺利地获全球四大会计师事务所之一——普华永道聘请成为雇员。

我认为要分析现行的教育制度，应该要比较现在的教育给我们带来什么以及我们到底需要什么。记得在初中时，我总觉得学习是为了中考能顺利升上江门一中；而高中时耳边一直听家长念叨着努力学习考上理想的大学。但直到离开学校步入职场才猛然发现，原来我们一直奋斗了十几年，最终目的是要步入社会。换言之，我认为成功的教育应该给予我们各种技能，让我们能在社会上立足。

那么，社会到底需要具备什么样质素的人呢？通过几年来从事不同的社会兼职、学校工作，还有在职场的各种交谈和面试，我大概总结出三样也许是最重要的东西：基本知识能力、表达能力和社交能力。在我看来，如果能很好地掌握这三样东西，虽然未必能成为最优秀的人，但一定不会面临社会的淘汰。

一、基本知识能力

所谓基本知识能力，除了关于学科上的基本知识外，还应该包括学习新知识的能力。

仅从掌握学科基本知识的角度而言，我认为我们中国现行的教育已经做得够好了。在香港求学时，人们难免会将我们内地生和香港甚至国外交换生进行比较。我发现内地生在数理化甚至文科方面所掌握的知识都远远超过香港和外国的学生。理科方面的优势更为明显，面对稍微复杂一点的方程式，有些香港和外国学生便一筹莫展。所以，我相信每一个经过高考洗礼的考生在这方面绝对不输世界其他的同龄人。

但是，我们学习新知识的能力却值得商榷。往日我们提到中国高考生很直接就想到题海战术和死记硬背。几乎所有人都知道这并不助于真正掌握或运用知识，但不可否认这是提高分数的有效方法之一。在以分数论英雄的中国，题海战术和死记硬背成了救命仙丹，多少学子紧紧揪住这条救生艇不放。久而久之，我们形成的惯性思维就觉得接受新知识最有效的方法就是背和做题。但通过在大学的学习和在外面的工作，我发现这种方法很不好：背和做题不是完全没有效果，但它需要时间，大量的时间。中学里我们是两耳不闻窗外事，时间倒是对得起这一战术。但到了分秒必争的大学乃至社会，以最有效率的方法掌握所需的知识才是最重要的。在香港我就看到同学敢直接把教科书丢开，自己上网查资料挑重点学习，做习题只挑不同的题型做。很多同学会花大量的时间在前期的计划和准备上，让自己能随时知道自己所处的位置，不至于盲从别人或者看到哪学到哪。掌握知识是目的，而每个人达到目的的方法都不一样。但可以肯定的是死记和题海很难帮助你在社会上生存。

二、表达能力

表达能力有口头上和书面上的。表达能力在社会上的重要性大概不用我强调。你面试要推销自己，工作要联系客人、汇报上级，甚至生活上追求爱情也得懂得表达自我。工作生活处处需要表达，通过那么多年的教育，我们真的掌握这一能力了吗？

书面上的表达能力，无论中文英文我们都久经沙场。姑且不论文采，单从格式、逻辑、文理上内地生有绝对优势。大学写学术报告，毕业时进行工作申请，免不了写上一大堆文字，在这些方面内地学生特别吃香。相对而言，香港学生大多不会组织文字，往往想到哪里写到哪里，长篇文字的组织能力特别薄弱。

至于口头上的表达能力，情况却有点不一样了。香港学生表现往往比内地学生要好。书面表达允许你深思熟虑、从容道来，但是口头表达更多考验你的临场反应和知识积累的广度和深度。香港学生之所以在这方面表现比我们好，一方面是因为他们从小就接受面试的洗礼：进幼儿园要面试，进小学要面试，进大学也要面试。面试能力已经成为他们的考核标准之一。另一方面，我帮助过不少香港小孩补习中文，发现他们的课堂里充满大量的说话和聆听训练，甚至期末考试的语文考核是即场演讲和对话。正因为经过了无数的练习，他们才能从容面对观众，很好地表达自己心中所想。

在这里我要特别感谢我中学的杨青兰老师。她的课前五分钟即兴演讲训练真的让我受用无穷。当我到香港发现这里有数不尽的演讲时，当我在求职过程发现面试需要极度过硬的表达能力时，我还真没有害怕过，经过杨老师的两年"特训"，自是不弱于人！正是有了这份自信和这两年经验的积累，每每遇到这种需要临场表达的时候，我就知道我的 showtime 到了。话说回来，当知道杨老师因为这项课堂举措而受他人非议时，我实在震惊，老师那是实实在在地训练我们的生存能力啊。哪怕你内涵有多高，而拙于向人表达，有什么用？杨老师看到社会对表达能力的需求，勇敢地踏出这一步，何其可贵！

三、社交能力

踏入社会，处处需要与人沟通，同事、朋友、陌生人。刚刚步入社会的职场新手如我，如果社交能力有亏，相信在新公司肯定不会招人喜欢，甚至离被辞退也不远了。

　　我们在学生时代的生活面实在有点窄，除了必要的学习交流，我们几乎不会遇到其他人，学生活动也是少之又少，更别奢谈锻炼社交能力了。在这方面，香港的中小学有值得借鉴的地方：学校内部，大部分的学生活动例如运动会、歌唱比赛甚至游行活动等等，都是由学生自主组织完成的，老师只是一个辅助者。这决定了有更多的同学能够参与到活动中，提升与人合作的能力。至于学校以外，也有各类合资格的青年机构，例如童军、青年会、飞行协会等等，还有各类运动、文艺方面的青年团体。通过这些机构的活动，同学们有机会接触到不同年龄、不同职业的人，增进对社会的了解。此外，香港学生从事兼职的风气甚浓，不像内地学生会认为暑假兼职反而耽误了学习时间。由于以上种种，我们不得不承认，在社交能力方面，香港学生确实要比我们这些从内地高考选拔出来的所谓"精英"要高出一大截。

　　学生档案：赵荣灿，男，江门一中 2007 届高中毕业生，2011 年毕业于香港中文大学会计系，现居香港，任职于罗兵咸会计师事务所。

你会学汉语吗

钟华迪同学说：

中国人想要学好外语，应该且必须首先学好汉语。跟学习外语一样，学习汉语也应该从听说读写四个方面加强。

听——一般不会有太大问题。

说——高中的时候，杨老师每堂课前都会让我们作自主演讲或者命题演讲。这种方式很好，内容开放，更多地涉及时事，无论是身边小事、国家大事抑或国际热点都可以作为题目，这有利于培养同学们看待问题的独立思维以及表达个人观点的能力。

读——不知道现在高考的阅读题是什么样子，只记得当年我们总是要"揣摩出题人的意思"。之前在微博上看到这样一个笑话，说的是某篇高考语文阅读题的原文作者发现某个句子自己要表达的原意跟命题者给出的参考答案完全相反，让人哭笑不得。教学终不免要面对高考这一关，我觉得除了从文字上去赏析文章外，还应当增加对作者背景以及文章写作背景的介绍，而且不应仅仅停留在"鲁迅提倡新文化"或"张爱玲擅长爱情小说"这一层次上。就像我们翻译，不能直接按照字面翻译，必须查阅大量的背景知识，理解清楚原文作者想要表达的意思，然后再把这层意思用自己的语言重新组织一遍。语文阅读也一样，必须了解作者"为什么要写"以及"为什么要这样写"，才能真正明白"这句话表达了作者怎样的感情"。

另外，背诵其实是语言学习的一大武器，只可惜多年来我们都是被动地背诵，所以大家都对背诵很反感。背得多，记忆能力也会随之进步，反之就会衰退。许多人在毕业后发现，自己的记忆力已经大不如前，因为大学期间除了考前冲锋啃书，平时很少花时间去背诵一些有营养的东西。因此，如果在中学阶段养成良好的背诵习惯，必定受益终生。

写——之前就提过，现在的用人单位在招聘时喜欢考察中文写作。由于本科期间执笔写字的机会不太多（对理科生来说尤其如此），所以也应该在中学时期养成写作的习惯。高考作文以议论文和记叙文居多（没记错的话），以前杨老师也会给我们布置写周记的任务。我觉得周记的内容也可以更加多元化，即使是一部电影、一张 CD 的评论，或者微博热议的话题（如韩寒和方舟子的大战）都可以作题目，而且不一定每篇都需要交到老师手上被评上"优良中差"等级，也可以只作小组内部的传阅和交流，争取创造机会让同学们在没有思想负担的情况下写自己喜欢写的东西。"

应试教育肯定还将在很长的一段时间内继续下去。我希望能有更多老师能像杨老师一样，让学生在轻松的课堂环境中学习到真正的知识，体会到学习的快乐，让他们明白，高考是人生中重要的一步棋，但绝非唯一的一步棋；成绩也不是决定他们未来的唯一武器，只有良好的综合素质才能让他们立于不败之地。看，当年我们班高考输得最惨的那位同学，现在学业有成，事业前途一片光明，堪称史上最 TOP 的物理尖子班最牛的绝地反击战！

青心兰语：追求大道，不废小术

据王蒙称，他不会做孙子在小学四年级的语文题。题目是：窗户外面长着高高的杨树，让在四个选项里选一个意思相同的句子。王蒙称："我看来看去，四个选项都对，我还真不会。"

无独有偶，福建省以《朱启钤：被抹掉的奠基人》一文命制的高考阅读题，原作者林天宏自己试做竟然"不及格"。

"难道命题者比作者本人更能理解文章的立意和解读吗？"尴尬的是，真的出现了"模仿卓别林比卓别林本人更像"的答案，现实中不少学生觉得这样的阅读题能够轻松得分。他们深谙答题攻略，"'抄'是得分秘诀，会比自己论述得分高""99% 的答案会在原文中找到""答案在问题相关字眼出现的那一段里找""题干往往就有明示暗示答题方向"……凡此种种套路，早已"深入人心"。

"一边是不及格的原作者，一边是技巧熟练到不用看文章也能阅读理解的学子"，这种撕裂的现状，一方面凸显了命题者"庖丁解牛"般的出题技巧，另一方面则凸显了考生对标准化、模式化答题掌握得游刃有余。道高一尺魔高一丈，不管老鼠如何聪明，都玩不死笨猫。对于游戏规则，大家都心照不宣。

戴尔·卡内基说过："一个人的成功只有 15% 是依靠专业技术，而 80% 却要靠人际交往、有效说话等软本领。"因此，在长期的套路上摸爬滚打，最终突围而出的考生，又有多少能凭借着 15% 笑傲人生呢？然而，正如钟华迪同学所言：应试教育肯定还将在很长的一段时间内继续下去。有买卖，就会有伤害，应试所产生的刀光剑影，必然伴着红尘万丈中的躁动与喧嚣，踏着高分的斑斑血迹，在自吹与他擂的合力之下，在造星运动中完成了我们从灰姑娘到白雪公主的蜕变。这种"普大喜奔"的局面，高分低能甚至无品的一锅黑暗料理被掩盖。虽然我们都明白"成绩也不是决定他们未来的唯一武器，只有良好的综合素质才能让他们立于不败之地"，然而，当"众人皆醉我独醒，举世皆浊我独清"时，你就极有可能"清醒"成一条"粽子"。其实，"追求大道，不废小术"，也许对于目前被应试裹挟的师生而言，是一个不错的选项。因为，我们既不愿意成为有奶便是娘的冯道，又难于成为大战风车的堂·吉诃德！

TA 的故事

我们这一代人，大概早的从小学一年级就开始学英语，晚的从初中开始学。而我们这届当年是从小学四年级开始设置英语课程的，直至入读北京外国语大学时，我已经学了十三年的英语。初中和高中的时候，我的英语成绩在班上都名列前茅；大学期间参加托福、GRE 等留学类考试，成绩也不错；再到后来便是意外地考上了心中的圣地—北外高翻。

我跟大多数考进高翻的同学一样，对自己的英语水平都"感觉良好"。可是，开学的第一周我们就倍受打击。负责教我们汉英笔译的是高翻的镇院之宝—李长栓教授，以及新加坡籍老师周蕴仪。李老师治学严谨，对英语的语言质量有着很高要求。在他看来，我们多年来为了应付中考、高考以及各类出国留学考试而学的英语都不是正宗的英语，而是地地道道的 Chinglish（中式英语），这样的英语只能自欺而不能欺人。周老师为人更加直率，母语为中英双语的她在批改我们的第一次作业时索性就批评某些同学"不懂英语"。大家心高气傲，自然很不满，但是看了周老师给我们写的参考译文之后，大家随即心服口服，无话可说。的确，差距是存在的，还是那种巨大的、质的差距，不是花上几年工夫，看几本翻译教材就能弥补的差距。

原因是多方面的。李老师专门花了一堂课的时间，跟我们一起研究，那些年我们一起学的英语，即高考英语。高考英语考察语法知识和词汇量，高考英语写作批改标准就包括了使用复杂句式和高级词汇两项。应试教育下我们写出来的东西是给阅卷老师看的，所以，我们的老师也就被迫传授我们这种舍近求远、弄巧反拙的写作方式。实际上，现代英语写作的主流是"简明英语"，句式简单，意思明确，因为写出来的东西是要给读者看的。读者不会参考什么大纲，他判断文章好坏的唯一标准就是自己是否看得懂、看得舒服。由于受到高考英语的影响，并在大学期间受其后遗症继续骚扰，我们在作业中写出来的英语显得唠叨烦琐，一个词能表达的我们偏爱用一个短语，前文提及过的内容我们偏要重复一遍。为了纠正我们的英语观念，周老师从新加坡买回了一整套当地初中教材供我们阅读，内容涵盖各个自然学科。让中国的研究生读新加坡的初中教材，听起来十分可笑，但周老师就是希望我们把从前学的统统扔掉，重新学习真正地道的英语。

另一个原因是缺乏背景知识。一是翻译时所需要的专业背景知识。李老师多次强调"缺乏背景知识，翻译寸步难行"。因此，我们每次作业前都必须先阅读相关书籍。二是文化背景知识。如果对英语国家的文化背景没有足够的了解，很难树立起正确的英语观。

在学院的新年晚会上，三班的同学演唱了一首原创歌曲《我们都是学翻译的好青年》，其中有一句自嘲"汉语和外语都没有学好"。的确，除了英语水平不过关，我们在自己的母语汉语上也没能体现出优势。在英汉笔译中需要扎实的中文表达能力才能让自己的译文看起来不那么"翻译腔"，在英汉口译中更是需要出色的语言组织能力将自己记下来的笔记连贯流畅地翻译出来。这一点在口译课堂上做练习时就能清晰体现出来：发言人说英文，我们做速记，然后用中文翻译出来。由于英语不是我们的母语，所以在英汉交传时，我们需要花更多的精力去听和理解，花较少的精力去记笔记（汉英交传时则相反）。班上有一名同学，论速记和口译水平，她并非最拔尖，但是由于她有出色的演讲能力和语言组织能力，所以即使在笔记不全或者记得比较零散的情况下，她依然能够流利地甚至完全不中断地用中文翻译出来。

相反地，中文成了制约很多同学在汉英笔译和口译方面继续前进的瓶颈。"外语学到了一定程度，阻止你继续进步的可能是你的母语水平。跟随着你外语水平一路下滑的，也可能是你的母语水平。"这是加藤嘉一来北外演讲时说的一番话。前半句我已经体会到，后半句在身边的人里也能找到很多例子。大学本科阶段一般都会继续设置一到两年的英语课程，但是由于宽松的学习环境，加上比高中更加枯燥乏味的课本，大学里的英语学习彻底沦为形式，四级和六级考试是学习英语的最后理由。过了这两关，大家也就基本可以跟英语说再见了。语文的待遇更惨，《大学语文》只有一个学期的课程！

于是就有了这样的情况：我们花了很多时间，甚至牺牲了相当一部分本应用来学汉语的时间来学习外语，到头来，我们外语没学好，汉语也拿不出手。有鉴于此，许多用人单位在招聘时开始设置汉语写作这一关。前一段时间跟研二正在找工作的学长学姐交流，他们当中不少人就吃了这样的亏。

本科毕业后，不少同学都工作去了。经常可以在微博上看到大家缅怀逝去的学生时代，有一些同学翻出高中时的日记本和写过的作文，更是感慨地说："哥以前也是个文艺青年啊，现在都成文盲了！"去年暑假在街上溜达，路过某所幼儿园，见到门口贴着红色大横幅"××幼儿园第二届英语口语大赛"。当时心里就想："现在的小孩子得有多累啊。我们下一代的小朋友们还有童年吗？"外语是一种技能，但绝不应该在母语基础还不牢固的情况下就开始学习外语，这样非但会使学习外语成为负担，更会阻碍孩子母语水平的提升。毕竟这里不是国外，不能提供母语级别的英语环境，因此不能像周蕴仪老师在新加坡那样从小就把双语作为自己的母语。

所以，中国人想要学好外语，应该且必须首先学好汉语。跟学习外语一样，学习汉语也应该从听说读写四个方面加强。如上。

学生档案：钟华迪，男，江门一中 2007 届高中毕业，2011 年本科毕业于中山大学数学系，2013 年研究生毕业于北京外国语大学高级翻译学院。现工作于深圳，任职招商银行总行离岸金融中心产品经理。

教育的愿景

李嘉浩同学说：

在我看来，最理想的教育模式长这样：由学生自己主导学习，老师从教授者转化为引导和鼓励的"啦啦队"角色，并且要取消分科制度，取消分班，另外让学生参加不同学科的兴趣小组进行学习，还应允许不同年龄的学生参加。评核时应该以考试与小组项目结合作为标准。

青心兰语：眼中有泪，心中有光

"一个人从小受的教育把他往哪里引导，能决定他后来往哪里走。"（柏拉图）那么，最好的教育究竟长啥模样？一千个读者便有一千种解读，雅斯贝尔斯说："一棵树摇动一棵树，一朵云推动一朵云，一个灵魂唤醒一个灵魂。"蒙台梭利说："引导孩子走独立的道路。"卢梭说："最好的教育就是学生看不到教育的发生，却实实在在地影响着他们的心灵，帮助他们发挥了潜能。"苏霍姆林斯基说："只有能够激发学生去进行自我教育的教育才是真正的教育。"……大咖云集，众说纷纭，只是，这些都是我们的愿景罢了，因为教育的最好模样，似乎没有放诸四海而皆准的典范。而现实中，不少的愿景颇类"山竹"（2018年第22号台风）：从太空俯瞰宏伟壮观，而落到地上却是满目疮痍。在我看来，孩子是否在受教育过程中享受快乐人生和养成健康人格应该成为我们教育的图腾。当然，快乐的含义是丰富而立体的："一箪食，一瓢饮，在陋巷，人不堪其忧，回也不改其乐"，这是快乐；"身体的无痛苦和灵魂的无烦扰"，这是快乐；"健全的、正常的、和谐的生活"这也是快乐……可是，快乐，对于应试天空下的师生，已经成了"香奈儿"，可远观而不可亵玩焉！

"本来，作为一种人才遴选制度，至少在目前，高考还是一种相对公平的制度，一种利大于弊的制度，一种暂时难于替代的制度。只是，我们的教育评价体系，却过分地依赖高考的'指挥棒'，而使高考制度沦为千夫所指。殊不知，任何一种制度都非十全十美，高考制度存在的许多弊端是确凿的，但是，人为的'哄抬'却使它雪上加霜。"（杨青兰《不是每座山都能成为珠峰》）尤其是以高考成绩论成败的评价体制，把一众教育者都席卷在"山竹"的十五级风圈之内，在这种超强的风圈里，每个想站立着的、抬头走路的人都显得寸步难行的。而"群体盲从意识会淹没个体的理性，个体一旦将自己归入该群体，其原本独立的理性就会被群体的无知疯狂所淹没"。（古斯塔夫·勒庞《乌合之众》）因此，我们也只能顺着风向，一边骂骂咧咧，抨击衡水模式，认为是惨无人道的虐；一边却是组团去挖掘"金矿"，每天上万人的淘宝团掘地三尺，力求参透"瑜伽师地论"；校园的天空飘拂着以生为本的鲜红旗帜，课堂上却是千人一面生吞活剥的某某案；每天高嚷着培养学生的核心素养，却把师生刷衡水卷作为最核心的素养；我们记住了别人的思想，却没有了自己的思考……名校、重点班、尖子生，数罟屡屡入洿池，反复筛选、反复分班，直到确认过眼神，"婆罗门、刹帝利、吠舍和首陀罗"壁垒分明，才告尘埃落定，"凡有的，还要加给他叫他多余；没有的，连他所有的也要夺过来。"这种以牺牲大多数非优之良品的"差生"的利益为代价的"马太"式做法，试问我们的孩子健康何在？快乐何寻？

然而，我们视沉默为金，因为，我们很是明白："一个人精神失常，是极容易被识别的；一群人的精神失常，却很难被发觉。而最先发现并且指出的人，通常会被认为是精神病。"（古斯塔夫·勒庞《乌合之众》）"可是她什么衣服也没穿呀"，谁都不愿意做那个第一个揭开真相的男孩！

李嘉浩同学在高考中的失手，却成了他人生绝地反击的利器，一路披荆斩棘，一路"打怪升级"，终于在康桥中"满载一船星辉，在星辉斑斓里放歌。"高考失手，绝地反击，升级打怪，人生赢家，这种反人设的道路，在我的学生之中，虽非普适，但绝非孤案，原因多种，但"即使是在做错了的时候，人也要有无条件的自信，并且要敢于尝试，敢于丢脸"，这或许是李嘉浩同学华丽逆袭的其中的一个要素。然而，如果我们教育者在学生处于低谷的时候，甚至失败的时候，却不伸以援手，或者把他分流到后进生的行列，抑或我们只是"向学生奉献真理"，却从没有激发学生"自己去发现真理"，那么，李嘉浩们或许真的是"前不见古人，后不见来者"的孤案了。

而作为教育者，假如眼中有泪，心中有光，或许，李嘉浩和非李嘉浩都能长成各自喜欢的模样，彼此快乐，各自安好！

外面的"山竹"还在肆虐，当功利性大有作为唯一标准趋势的当今教育，席勒的《审美教育书简》中的那个"美"的世界似乎离我们越来越远，最终只看到了"山竹"呼啸而过的"丑"的世界！

TA 的故事

我是李嘉浩，是江门一中 2007 届的学生。高中的时候在理科尖子班，杨青兰老师是我的班主任。高中的时候我成绩不算突出，在班上属于中上水平。2007 年是我人生的一个转折点，当年高考失手，只去了省内一所普通的一本高校读电子工程专业。从上大学开始我就决定要发奋图强，因此大学前两年基本都在图书馆和实验室度过。那时我的专业成绩排在全系前三名，积点成绩基本满分。

本科第三年，我交换到英国爱丁堡大学继续进修。在英国的学习让我收获很多，在这里，我可以接触到最前沿的科学技术。大学的暑期里我曾在实验室担任科研助理，也曾随同实验室参与过欧盟的合作科研项目。爱丁堡大学的学习经历让我对科研产生了很浓厚的兴趣，也促使我产生了读博深造的想法。在2012年，凭着专业成绩第一和丰富的科研经验，我被剑桥大学的工程系录取了。我在剑桥度过了至今人生中最愉快的五年。这里的学术氛围很浓厚，在这个约40平方公里的小镇里，诞生了97位诺贝尔奖得主（也就是说平均一平方公里有两位诺贝尔得主）。我每天最愉快的事情就是与学术大神交流，结交身边优秀的朋友，去听世界级大师的讲座。我的博士导师在我读博期间对我影响很大，他给我传授更多的是思维模式，也经常给我灌输要有勇于改变世界的思想。我博士毕业后进入剑桥大学 spin-off 的一家初创公司担任技术主管，从事半导体芯片设计工作。

在求学生涯中，我记忆比较深刻的是国外教育特别重视学生动手能力和团队合作能力的软技能。这种技能在工作中尤其重要。另外，即使是在做错了的时候，人也要有无条件的自信，并且要敢于尝试，敢于丢脸。个人要进步，就必须要跳出自己的舒适区。

要说对我影响比较大的道理，首先就是要找一个比自己年长5-10年又比自己优秀的人作为自己的导师。经验的累积是需要花费时间的，前辈的一句话可能让你少走几年的弯路。（强烈建议江门一中多发掘校友资源给在读学生传授经验。）其次，要成长和进步就要走出自己的舒适区。不逼自己一把，谁也不知道自己有多优秀。此外，梦想每个人都应该有，而且要为之付出行动，不要只是停留在嘴边说说而已，要不然就成了空想。我们不妨给自己定一个短期目标（两年），中期目标（五年），长期目标（十年），目标明确地朝理想付出行动。同时，及时反馈也很重要。它能够让人们随着时间的推移，通过不断地纠正错误和提升技巧而使自己的技能精益求精。在这里推荐一本对我影响蛮大的书《刻意练习》。杰出并非一种天赋，而是一种人人都可以学习的技巧，成为杰出人物的关键，在于刻意练习。而刻意练习的核心是目标明确，专注投入，及时反馈，不断挑战舒适区，找到行业优秀导师，强化动机，坚持练习。

谈到杨老师的影响，不得不说说她寓教于乐的教学方式。她常常在课堂上组织学生话剧表演，给枯燥的学习添加了不少乐趣。每次课前的口头训练是我记忆最深刻的，从中提升的语言表达能力等等也是我高中语文课上学到最有用的技能。杨老师亦师亦友，和学生关系很好。

现代的应试教育弊端主要在于让学习变得过于功利，过多的考试严重打击了学生学习的积极性，为了应付考试，学生经常需要大量刷题备考，效率低下。应试教育只重视知识点的巩固，却忽略了学生其他软技能的培养，例如沟通能力、团队合作能力、解决问题的能力等等。

学生档案：李嘉浩，男，江门一中2007届高中毕业，2009年交换到英国爱丁堡大学继续进修，2012年被剑桥大学工程系录取。博士毕业后进入剑桥大学spin-off的一家初创公司担任技术主管。

敢问路在何方

黄瀚林同学说：

中国的教育将走向何方，这是一个大问题，不是一两句简单的话可以说得清楚。但我理想中的教育应该除了教给学生基本的知识外，更多地激发每个人不同的潜能和兴趣，让每个人在不同的领域都能发挥自己的价值。应试教育在中国目前的国情下是不可避免的，在以后很长的一段时间内也是不可替代的，而且未来也很难撼动应试教育的重要地位，因为目前来讲考试是相对最公平的选拔方式，应试教育的重要性不言而喻。然而我们也许可以换个角度想，是不是可以更着重考核学生综合运用知识的能力，从而教育学生更多考试以外的东西呢？这还需要教育工作者一代又一代的努力。对于教育，我有着以下几点希望：

1．向学生传授各学科基本的知识；

2．培养学生思考问题的逻辑思维能力和解决问题的能力；

3．教育要与时俱进，不要闭门造车。

青心兰语：不一样的烟火

汉献帝刘协是汉朝最后一任皇帝，一生颠沛流离，命运坎坷，甫逃出董卓之手，又被袁绍与曹操所惦记。然而，曹公最终得以挟天子以令诸侯，皆因其在汉献帝穷困潦倒、食不果腹之时，献上一碗热气腾腾的面条罢了。金银玉帛对于饥肠辘辘的人而言，失去了应有的光泽。说到教育，何尝不是这样，每个学生都有不同的潜能和兴趣，为让每个学生在不同的领域都能发挥自己的价值，有时，给学生的不一定是"黄金"，可能只需一碗"面条"。

北上广艰难，可为什么还有那么多人飞蛾扑火？那是因为，这些城市给了人们最珍贵的东西——可能性。"可能性"往往给人各种憧憬与希望，而教育往往把无数种可能变成唯一。因此，不少学生就活成了教育所需要的模式，而非他自己应有的颜色。一千五百多年前，孔子就"闻斯行诸"这一问题，对子路和冉有给出两个截然不同的答案，因为"求也退，故进之。由也兼人，故退之。"这就是因材施教的经典案例。今天，我们的学生接受统一打磨，颇类宫廷剧的套路：先是百般蹂躏，之后茁壮成长，练就腹黑之术，最后夺宠夺嫡，复仇翻盘。学生从个性迥异，到长成一本方形的书，就是一个教育的距离。其实，谁都懂天纵之教，可是在现实面前，我们往往伤不起，因为一票否决，你就永远被抛离这个风云激荡的应试"球场"，失去"兼济天下"的入门券，也就无法拥有"独善其身"的条件了。

我的孩子曾经也酷爱写作。小学一二年级的世界，满是缤纷的色彩，暖人的色调。见到金鱼缸的一条金鱼，他在 30 分钟内就可以写成一篇童趣盎然的《金鱼历险记》；听到许冠杰唱的歌词"扮武松打虎打到只猎狗擂低咗（趴下）"，便脑洞大开，创作一篇 800 多字的文章，把自己描绘成一个打猎狗的大英雄，并勇敢地作为期末考试作文呈交了上去；甚至异想天开，把隔壁家养的宠物想象成白龙马，而父亲送给他的生日礼物则是"大象"；作为金庸的骨灰级粉丝，他在三四年级就已经横扫"飞雪连天射白鹿，笑书神侠倚碧鸳"，并疯狂创作他的武侠小说，已有三四十万字的手稿……这种与"主流价值"背道而驰的兴趣，很快就被我扼杀在摇篮之中。随着年纪的增长，应试套路的熟习，他再也无法写出"黄鼠狼给鸡拜年——哈哈大笑"的金句，再也没有"第一天，豆子没发芽；第二天，豆子也没发芽；第三天，豆子发了一点芽……第七天，豆子终于长出长的芽了"这样的观察力了，在他的笔下，渐渐流淌出"我用想象触摸你诗的轮廓，我手心的雪花含苞欲放"式的呻吟，或者站成"一只脚踩扁了紫罗兰，紫罗兰却把香味留在那脚跟上"的高度……假如，当初我能宽容地让他"一本正经地胡说八道"；假如，当初我能逆风飞扬，不以高压态势封锁他阅读金庸的兴趣；假如，当初我也能像郑渊洁一样，对孩子的天性爱好能温柔以待……相信，他不会湮灭在茫茫人海中，只是一个失去鲜活笑容的灰色头像，他一定能够成为把猎狗打趴的"大英雄"！

是的，孟尝君食客三千，我们只记得他的鸡鸣狗盗之徒。每个人都是不一样的烟火，教育不能做日凿一窍之事，否则，很多学生便会"七日而死"！

TA 的故事

我本科毕业于中山大学化学与化学工程学院，高分子材料与工程专业。我本科选择化学类专业的时候，完全是凭着高中时期自己对化学的一腔热爱，打算以后成为一个化学科研工作者，在实验室探究化学世界的奥秘。

2011 年 9 月迈入中山大学的校门，经历了从高中到大学的转变，我发现在大学里面除了学习，还有很多其他的活动可以参加，包括团委、学生会、各种有趣的社团。在接触一些基础的化学理论课和实验课之后，我也发现自己对于化学的兴趣并没有以前那么强烈了，感觉化学的研究学习和我以前的想象得不太一样。当时我还想过转专业，去读法学或者经济学。后来因为转专业难度比较大，而且虽然对化学的兴趣减弱，但毕竟学习成绩还不错，还可以拿到奖学金，所以就一直坚持了下来。

大二的时候我继续在化学上努力，同时也接触到科研范畴，参与了学院的一个本科生科研项目。大二这一年下来，我成绩很好，还拿到了国家奖学金，但是对化学科研依然没有很大的兴趣。当时我还在考虑本科毕业之后的路要怎么走，是出来找工作呢，还是继续读研？

经过大二暑假的思考，我觉得还是更偏向于升学读研，所以就考虑去哪里读研究生的问题。因为想着去外面的世界看看，所以就想着去北京或者香港。大三的时候，我考了雅思，考得也不错，有了去香港深造的基本条件。大三下学期我非常认真地准备北京大学化学与分子工程学院的夏令营，然后也顺利地通过了夏令营，获得了保送北大的资格。因为想着北大的平台更大，就放弃了去香港科技大学读研的想法。

大四上半年也没有做很多的事情，课程也不多。大四下半年就是去北大完成本科毕业论文，也提前体验了研究生的生活。回来中大之后就好好体验了毕业季，和同学们各奔东西了。

到如今，我已经在北大开始了研究生的生活，其实更像是本科生活的延续，认识了很多好朋友，学习了一些基础的课程。因为时间有限，所以也没怎么进入实验室工作，现在还在考虑未来研究方向。希望下学期能早日进入正常的研究生状态。

洋洋洒洒地总结了高中毕业之后的经历，我也在总结和反思自己的过去。高中毕业之后这段的时间里，令我感触比较深的是，作为一个大学生，我还没有完全摆脱应试教育的影响。本科的时候，为了获得奖学金、为了保研、为了其他的一切荣誉，我还是很看重自己的成绩。除了在期末复习周特别认真，在平时也是考试导向型的学习，并没有太多真正的兴趣驱动，直到今天。回过头看看，其实也很难说清应试教育或应试学习到底是好还是不好，因为在短期内，它确实可以给你带来很多利益，而且也可以让你在短时间内掌握一定的知识；但是从长远来看，应试教育应该还是弊大于利，现在倡导的终身学习就是让每个人在人生的每个阶段为了自己的工作、生活、兴趣而不断去学习，这些不是为了考试而学的知识也许能给你的人生带来更多真正的收益。

读研究生后，在不同的课堂上，不同的老师对于考试的看法也不一样，有些老师不主张考试，而是通过其他比如专题综述等方式对学生的知识量、思维方式、表达能力进行考察；还有一些老师很传统，就是要进行笔试，上课的方式也偏向于应试教育。但是研究生的课程总体来说还是更侧重于思维方式的培养以及研究案例的分析。

学生档案：黄瀚林，男，江门一中 2011 届高中毕业，2015 年毕业于中山大学高分子材料与工程专业，同年保研进入北京大学化学与分子工程学院攻读博士学位，研究方向为局域表面等离激元材料在光催化中的应用。

教育的三个层次

李乐同学说：

我们的教育应该体现出以下三个层次：

一、"入乎其内"把握学科内容的本质、核心、脉络、思想和方法，把关乎学科根本的东西梳理出来，传授给学生，让学生获得真知，获得真才实学。

二、遵循教育教学规律，努力用好的教学方式，让学生学得自然、学得有效。一方面，要遵循学科知识的逻辑规律有序呈现教学内容，另一方面，要遵循学生思维活动规律，由浅入深，由易到难。两方面结合，让学生在教学情景中与先哲"对话"，经历知识的"再发现"。

三、充分展示教学内容的美。让课堂教学活动的张弛有节奏美、让师生双边活动和学生之间多边活动有和谐圆融之美，以美的教学让教学内容润物无声地潜入学生心田，让学生的发展与成长水到渠成、自然而然。

青心兰语：钱学森之问

2005年，温家宝总理看望钱学森，钱老感慨说："这么多年培养的学生，还没有哪一个的学术成就，能够跟民国时期培养的大师相比。"钱老接着发问："为什么我们的学校总是培养不出杰出的人才？"

钱老之问，是一个集科学、教育、体制、历史等诸多因子在内的艰深命题。"钱学森之问"就像2016年高考作文备考的热点——任务驱动型作文一样，指令性的"任务""驱动"着中国教育界有识之士的探讨与破解。而我下意识地想到了"核心素养"这一关键词，不仅仅因其为当今热词，更重要的原因，它恰恰是对钱学森之问的最好注脚。

诚然，学生核心素养的培养极其迫切与重要，然而，更迫切与重要的就是培养学生核心素养的老师所具有的核心素养。"为什么我们的学校总是培养不出杰出的人才？"也许我们需要更杰出的老师。

今天，教育的画布上前所未有的绚烂。然而"绘事后素"，绘画的事要后于素净的底子。先有素色的底子，然后才可以描绘出美丽的图画。当我们的底子"素"不起来，就难于为"绚"。作为人才中的人才，导师中的导师，教育的推手——教师的素养高度，也就决定了学生素养的高度。

教师核心素养的形成，不是遗传，也非口口相授，它需要沉潜于心，需要"如切如磋，如琢如磨"。然而，在这个什么都不缺的年代，我们恰恰缺乏的就是一颗沉潜的心，一颗素净的心。当然，这不能完全怪罪于一个小小的老师，毕竟，在这个大环境下，要求老师既要兼济天下，又要独善其身，似乎有点拔高主题之嫌。老师也不是只进不出的貔貅，在打了多年"向公务员看齐"强心针的激励下，生活依然"望尘莫及"。面对"省吃俭用，刚够吃饭"的老师，你总不能要求他们仙袂飘飘不沾人间烟火。当家教被视作有违"师德"之律令而断了老师最后念想的"夜草"时，总有当家庭支柱的老师要为飞涨的猪肉价格愁眉深锁。因此，不少有机会讲点金句的老师到处贩卖金句，有机会在天上飞来飞去的决不走地上的走火通道，有机会读到《论语》就炮制点卖相好的"教育糕点"……这是一个教育专家最多的时代，这也是一个教育专家最少的时代。当我们为了生计而迅速"成名成家"时，核心素养也就只能沦为两朵高原红，除了"病态"呈现生存的恶劣环境，再也无法证明"身体"的健康情况。

当然，社会的大环境也进一步缩窄了教师"冶炼"核心素养的空间。对于教师而言，最核心指标的莫过于分数。"业不在精，高分则行"，当一个学生的核心素养几十年后才慢慢彰显，而分数却是立竿见影地检验教师能力与绩效的时候，我们又怎敢奢望每位老师面对利诱之时坐怀不乱呢？教育本来就不是一个能产出白花花银子的行业，每个行业都有对她指手画脚的底气，每位家长都是独当一面的"教育家"，甚至学生也敢因为老师催交作业而抡起老拳。宿管老师夫妇被迫双双下跪"谢罪"（湖南省桃江县职业中专）；教师被学生轮番上阵围殴（安徽亳州市蒙城县范集初级中学），这些不是个案。当下的教育生态恶劣如斯，当"人类灵魂工程师"被打得"魂不附体"的时候，除了降低下限，低配置求生存之外，何以濡养光鲜的素养？

时势造英雄，在这种情势下，老师队伍也面临洗牌。有人顺势而为，振臂一呼，在应试的天空下摇旗呐喊，像嗜血的北极熊，舔舐着"沾满学生鲜血的利刃"而忘乎所以。有些管理者甚至沦为教师队伍的"那摩温"，没有光，没有热，没有温情，没有尊重。精细化的扣分无孔不入，甚至管到了"肛门"，精算师般地把考试"栽在"节假日前，以便让蜡烛在节假日里充分燃烧，否则，"就不好意思了"。当然，当你焦头烂额地"一念向北"的时候，你的所有努力也难于抵挡周遭的乱箭齐飞，不是所有朝代都盛产太宗，也不是所有大臣都是魏征，俗话说，上有所好，下必甚焉。其实，"明君与能臣，昏君与奸臣，都是相伴而生的。"只是，作为管理者，如果把扛起教育大旗的老师呼来唤去，甚至变成青蛙王子就忘记自己是蝌蚪的前半生，那么，你又奢望被烟火呛得满面尘灰的一线老师优雅成一朵鲜花，是否有点难度系数过高？

近日，一则"顺丰快递员遭京牌轿车车主打耳光"的视频在网上疯传。而我倍感温暖的就是顺丰总裁王卫替员工行道的霸气："如果这事不追究到底，我不再配做顺丰总裁！"有这样一个把一线快递员当作公司"真正核心资产"的总裁，也就不难理解他的顺丰大厦所缔造的神话！

当然，教师核心素养的养成，有自为与他为的因素。当我们无法从王卫的世界路过，最起码也要做到"独善其身"，不要让思想裸露，让寒风吹彻。我们所从事的事业不是爆炒绿豆的事业，更不是"你喝酒，我埋单"的事业，从种子到鲜花到果实的过程，充满希望，也复杂无比。如果没有专业素养，没有教学教育技艺，我们如何把一棵幼小的树苗，培育成参天大树？如果我们自身不优秀，如果我们自身不卓越，那么孩子的优秀和卓越，又和我们有什么关系呢？

李乐同学对教育提出的愿景，不管是"入乎其内"，还是遵循教育教学规律，抑或要充分展示教学内容的美，这一切，都回归到培养人才的人才——教师的身上！

"钱学森之问"是一个关于中国教育事业发展提出的一道难题，需要整个教育界乃至社会各界共同破解，唧啵唧啵半天，也只是呵呵而已。

TA 的故事

教育实习是我大学阶段最后一项极为重要的实践性环节。通过实习，我接触与本专业相关的工作，把理论和实践结合起来，锻炼综合运用理论知识分析并解决实践问题的能力，并真正体会到作为一名中学教师的幸福感。

我的实习学校是北京市第五中学。尽管只有短暂的一个月时间，却是我大学生活中最难以忘怀的一段。回想当初怀着热情而又年轻的心奔赴学校，心中有些激动，又有些忐忑，初为人师，百般滋味，尽在心头。

我任教的是高二年级历史学科，教学指导老师是未见其人已闻其名的"老罗"——罗劲松老师，班主任是睿智风趣，经验老到的青年语文老师——徐淳老师。实习工作主要分教学实习和班主任实习两方面。到实习学校后，我尽快适应校园环境。通过批改学生的月考试卷，登录成绩，向班主任及科任老师请教，了解学生情况、上课情况，我惊喜地发现我所教的这个班级是学校首届文科实验班，一个非常优异也非常活跃的班级。班里的学生普遍热爱阅读，对历史学科的兴趣也很高。针对这种情况，课间和自习的时候我都会积极与学生交流、分享我的学科经验，充分准备讲课环节。

实习第一周，基本都在听课。我走进年级里所有历史老师的课堂，感受不同的教学风格，也从课堂上了解学生上课反应，以及观察老师如何引导、调动学生的积极性。每次听课我都做好听课记录，比较和吸收同一内容不同老师的教学优点。以前听课是从学生的角度出发，重点在于学习知识，掌握知识，而现在是以一个实习老师的身份听课，注意观察老师的教姿教态、教学形式、教学方法以及如何巧妙处理课堂突发状况。第二周我开始走上讲台，开始了自己第一堂正式课——"文艺复兴巨匠的人文风采"。前一天十分紧张，试讲了好几遍；课前还在心里讲；预备铃响时，我已忐忑地站在讲台；开始上课后，我发现自己没有之前那么紧张了，一节课下来十分顺畅。唯一遗憾的是语速过快，经常自问自答，没有给学生充足的时间思考和回答问题，提前几分钟就已经结束课堂内容。课后我虚心地听取了老师的教诲和学生的意见，不断思考如何改进。

经过罗老师的讲授、指点和自己的反思、摸索，在随后的讲课中我的语速也比以前稍慢了些，师生间互动很好，配合也很默契。这很大程度上调动了学生的积极性，活跃了课堂气氛。直到讲"新文化运动"时，在充分备课的基础上我更有自信了，课堂节奏也把握得游刃有余，结束铃声响起时得到学生一致而热烈的掌声，也得到罗老师的肯定和赞扬。我从胡适先生的一段话导入："二十五年来，只有三个杂志可代表三个时代，可以说创造了三个时代：一是《时务报》，一是《新民丛报》，一是《新青年》。"从《新青年》这份刊物入手，来谈新文化运动的背景，结合刊物的诞生、发展，来谈新文化运动的概况，并以刊物中的文章为例分析运动的思想主张，最后以历史大视野去关照运动的性质、积极影响和局限性。对《新青年》刊物的熟习和运用又与我平日专业上的积累密不可分。这堂课随后又在历史系里展示，得到院系指导老师的好评。

与此同时，我接管了高二（5）班的班主任工作。这项工作既要求照顾班级整体情况，又要注意到每位学生不同个性，切实锻炼处理实际问题的能力。要做好班主任工作，首先要尽快记住班上每一位学生的姓名。当班主任的第一天，我就向徐老师要了一张座位表，在不到一周的时间里，我基本记住了班里学生们的名字。犹记得当我在走廊里清晰地喊出一位学生名字时，浮现在他脸上的喜悦神情。班主任其实就是学生在学校里的家长，关心这些孩子，对每一位学生负责是我们的职责所在。我每天早上不到6:00起床，7:05准时到教室跟班，监督早自习、课间操、午自习，放学后检查值日情况，还要批假条，处理班级其他事务等等。作为一名实习班主任，我尽自己最大的努力做好这些工作，有什么想法，及时与班主任商量，虚心向他请教。我希望能成为学生的朋友，也希望学生成为我的朋友，休闲时间多与他们接触。在我管理班级期间，班级没有发生什么意外事件，而且班级气氛更加活跃，师生相处非常融洽。

在实习计划中，有一项是设计班会活动方案。考虑到班级很少开展班会活动的情况，经与班主任、班长多次沟通，最终确立了"认识你自己"这个主题，让学生明晰自我认识、自我剖析的意义，坚定理想信念和奋斗方向。通过自我展示、提问、视频放映、班主任总结等环节，学生充分地参与到班会活动中，发挥学生的主体地位，在体验中感悟收获。尤值得一提的是，我在课间采访了九位任课老师，请他们点评到每一位同学，并剪辑成长达18分钟的"老师眼中的自己"的视频。视频放映过程中笑声、讨论声不断，放映结束后许多同学都表示深受鼓舞，这是对我此前付出的最好回报。

做班主任，比做任课老师要多一分爱心，多一分耐心，多一分细心，对待每位学生就像自己的朋友一样，用诚意开启学生的心门，让他们感受到浓浓真情。实习过程中，班主任交予我批阅学生周记的任务。我津津有味地读着学生们一周以来的思考，并用红笔写下一两句评语，有时还会与学生当面交流批阅感受。置身于这些聪颖少年之中，我却感受到一种同龄人的气息，他们的话题常令我有所触动和感怀。

告别之际，看到同学们脸上流露的依恋和不舍，我觉得自己的工作没有白做，这些天的辛苦没有白费。一个月的教育实习，使我对教师职业的认识又迈进了一步。这次实习，使我收获了经验，认识了不足，体验了教师这个平凡而又神圣的职业，也感受、思考了许多教育改革的问题。无论将来选择如何，我都会珍惜这些经验和感受，不断成长，不断进步！

学生档案：李乐，女，江门一中 2011 届毕业生，本科就读于北京师范大学历史学院，2015 年保送至北京大学历史学系硕博连读，继续深造，研究方向为中国近现代思想文化史。

语文是什么

刘耀新同学说：

何谓语文？在大学里并没有语文一课，有的是"汉语言文学"。那是以更高的高度去剖析我们习以为常的"语文"了。其实，在高中阶段，以我看，所谓语文实则是做人（当然是否属实就另当别论）。

为什么我会有这样的想法呢？回顾古代的文人墨客，大多受儒学影响。他们毕生追求的是"正心、修身、齐家、治国、平天下"这一终极目标。因而，他们首先要学会的便是"正心修身"，也就是做人的道理。而我们的语文，从道理上说，绝大部分继承自古代文人留下的精华，偏重于主流的儒家思想也是可以想象的。因此理论上，语文也应乎可导人"正心修身"，甚至以之为最终目标的。

只可惜，现在的教育体制之下，须有语文一科，却缺了做人一课。

有人可能会说，语文是实实在在的知识，是一门技能课，并不是为了所谓的"做人"。此言差矣！既然语文只是传授技能，为什么课文的内容会在时代的浪潮中更迭呢？原因很简单，不同的课文蕴含不同的思想，就会导人向不同的道路。因此语文恰恰是塑造人性，教人做人的一门学问。

可悲的是，在当今高考制度之下，语文慢慢变成了一项技能，一项熟能生巧的技能，而不是一种素质。在高考讲求的"快、准、稳"中，语文渐渐定格为一个套路，一种格式，僵化成了一种思维定式。在流水线一般的课堂上，整齐划一的作品被生产出来。

可喜的是，我并不是这样机械般地走过来的。

在大学里面，我参加了学生会的工作，虽然比较辛苦，但还是获益良多，感触良多。在一次总结会议上，我问我的部长为什么当时会选上我。她的回答让我很意外，说是因为看到了我在班里竞选班委时的一次发言。有趣的是，我当时发言并不是为了竞选班委，只是为了向全班同学介绍我自己，在一番慷慨陈词之后表明我不参加选举的想法（竞而不选，这手段有噱头吧？）。而恰恰是这么一次经历，让我的部长看中了我。

现在想来，要不是平常口头训练多（类似演讲的全班性发言），我不会在讲台上侃侃而谈，也不会得到别人的青睐。这完全归功于杨老师的教学方法。因为某些制度的原因，这些训练不能够在其他时间进行，所以老师只能用课堂的时间来训练我们大纲没有要求的素质。现在看来，这些训练能明显拉开人与人之间的差距，尤其当我看到一些同学在众人面前老半天憋不出一句话的时候。

说了这么多，只是想表明语文是最应该推行素质教育的。它从目标上，从效果上都指向人的素质。当然方式上也是，唯有素质提高方能提高语文水平，单纯的技能提高是乏力而短暂的。

但是，目前的状况大家有目共睹。现在推行的"素质教育"并不是我们心目中的那么回事儿。人们会说高考制度不改变，那么一辈子都是填鸭式教育而非素质教育。然而，我想并不是单纯的高考这么一个简单的原因。

之前看过一篇有趣的文章，说所谓素质教育，就是要先承认人的差异，再根据人的差异去因材施教，使每个人都有素质上的提高。是的，孔夫子也为此受人称颂啊。但是问题来了，因材施教不是不好，问题是因材施教便是承认人与人的差异，即承认人之间有区别，有高低。如果说因材施教就是将有音乐天赋的培养成音乐家，将有体育潜质的栽培成运动健儿，那么，有领导才能的便应培养成领导者。更重要的是，我们知道人的成长离不开先天基因和后天环境，而基因是可以遗传的，同一个家族的成长环境是相似的。因此，被筛选出适合做领导者的人，极大可能就是领导者的后代。隔壁三叔的口头禅："那个胖子一生下来就是天才！"也不无道理。那么因材施教就是要承认这个代代相传的不变定律。

所以，人们心目中的那个"素质教育"和如今国家推行的"素质教育"必然不是同一件事。我们觉得货不对板也是情有可原。

以我看来，现在的教育应该属于技能教育。愣给你丢一大堆技能，不管有用没有，以后能不能用上，用得好不好就看你的造化了。为什么这么说呢？就拿大学里面的申请书来说。任凭你文笔如何精彩，排比铺陈如何精巧，辞藻如何华丽，没有由衷的情感，没有深刻的分析，不以利害说之，无论经费申请还是留学申请，统统都是妄想。而这些恰恰是目前的教育所不能带给你的。学生可以背范文，可以密集练笔，却不能以此深化自己的思想，不能磨砺自己的洞察力，而对此大有裨益的阅读又恰恰不在高考的考察之内。有人说高考里面有阅读题，没错，有阅读，但那些都是套路。先套格式再说，剩下的看人品，这恐怕是多数应试考生的心声吧。所以说，目前推行的技能教育实际上削弱了人与人之间的差异，所有人都学一样的东西，就能使人的差距不至于过大了。

从这个方向看，老师的教育道路似乎是泥泞的，但也不尽然，虽说是技能，但是经过训练与否还是有相当差别的（这里指运用技能的差别）。因此我认为如今的素质教育虽不能回归到孔子时代那么富有弹性，但是我们仍然可以避开僵化的道路，去学习运用技能的技巧。我认为老师所做的工作正在于此。杨老师各种"口头训练""课本剧""辩论赛"，无不在锻炼我们将相同技能重组再塑造的能力，她的另辟蹊径，找到了一条学生发展的中庸之道。

我想，杨老师桃李满天下，各有各的精彩，而非同一个模子出来的流水线产品，这才是她最大的欣慰吧。

十年树木，百年树人，教师是一份崇高的职业，育人是一项伟大的事业，感谢老师，感谢兰兰。

青心兰语：语文是语文

语文是什么？"语文是炫目的先秦繁星，是皎洁的汉宫秋月；是珠落玉盘的琵琶，是高山流水的琴瑟；是推敲不定的月下门，是但求一字的数茎须；是庄子的逍遥云游，是孔子的颠沛流离；是李白的杯中酒，是曹雪芹的梦中泪；是千古绝唱的诗词曲赋，是功垂青史的《四库全书》……"

这一问一答之间，语文真如盛世大唐的贵妃醉酒，春情顿炽；又如衣袂飘飘的江左梅郎，颠倒众生。然而，现实中的语文，却是乱象四起：语文是政治课，纵横捭阖笑谈天下事；语文是美术课，小作坊制作热闹非凡；语文是地理课，挖地三尺探究死海是怎样形成的；语文是音乐课，从张若虚的《春江花月夜》到莫扎特的《小夜曲》……在这热闹非凡的表面，唯独无法倾听语文心脏跳动的声音。

"语文教育，攸关孩子的精神底色，民族的精神未来。可它，不是筑在空中的楼阁。"然而，当今的语文教材，却又迷雾重重。要么是教材的边缘化，要么是教材的神圣化。所谓教材的边缘化，教材像个充气娃娃，"塞入、补充大量拓展性的资料、信息"，貌似"蔚为大观"，实际花多眼乱，除了成功转晕学生之外，可能会劳而无功；或是"举一反三"，以课文之一例，"进行非常'科学'细致地'拆解'、深入地'鉴赏'、精心地'把玩'、反复地'历练'，以此达到让学生'循例'学会听说读写，'循例'自能大量'繁衍'言语的目的。"似乎学习教材内容只为解题服务，只为高考而厉兵秣马！所谓教材的神圣化，或是"两耳不闻窗外事，一心只读圣贤书"，或是同一目标、同一教案、同一问题、同一课件、同一规范作业……思维被格式化，思想被反复复制粘贴，畅行着扭曲的"共性思想"，抹杀和压抑着"精神个性"。这些逐功利、失底线的做法，虚高了语文的脸面，高唱着"亩产万斤"的大跃进之歌，让孩子用作文"做一场文字秀"。结果，"三岁的娃娃也能扭腰翘臀，摇滚着'最炫民族风'"，个性迥异的学生在"炼丹炉"中最终形成"共性思想"，"精神自我"却渐行渐远了。

对于每一位学生而言，都没有"青春超长待机"之说。为了让每一位青春时期与我相遇的孩子都能爱上语文，都能濡染语文气象，我总是黔驴技穷地让语文裹上草莓的芳香，尝试着"口头训练""课本剧""辩论赛"等方法途径。当然，这种尝试也只能藏着掖着，从不敢"招摇过市"，否则，在"渔阳鼙鼓动地来"的应试天空里，每一根绷紧的神经都纹着"千万别出什么乱子"的"刺青"，容不下半点悠扬的叮咚。"从诗行里斟一杯浊酒，却盛满离人的眼泪；从书页间点数曲清歌，便唱尽万古的痴情"（郑嵘峭）在唐诗宋词的流韵聆听着世界的脉动，这种流淌在语文血液之中的缠绵悱恻曲折迂回，何尝不是对现实中大一统的教案、拾人牙慧的教改、千人一面的语文教学一记狠狠的耳光！

其实，语文是语文！

学生档案：刘耀新，男，江门一中2011届高中毕业，2015年毕业于国立中山大学。现于德国攻读研究生。

教育的"焊接口"

杨炜樱同学说：

我认为在高中时就应该让学生接触社会，这会在一定程度上减少他们刚上大学时的迷惘。同时，为了培养学生的自觉性与独立性，应该给予他们更多自由分配的时间，让他们学会自学，让他们学会从图书馆中找答案。对学生口头交际能力的训练不能落下，应给予他们在公共场合发表自己想法的机会。

梁铭辉同学说：

我之前上过一个教授的课，他说，大学教育不是教给我们知识，而是教给我们获取知识的方法。我很同意他的观点，但是我觉得这种意识从大学才开始已经为时已晚，应该从初高中就开始培养学生如何获取知识，而不是填鸭式教育。

青心兰语：高中与大学的焊接口

杨炜樱与梁铭辉同学不约而同地谈到了高中生活与大学生活迥然不一的感受，虽然落点不同，但感受相类。

与其说大学是一片圣土，倒不如说是一个熔炉、一座炼狱。它融入了天南地北与社会方圆，它是连接"地狱"（高中）与"天堂"（社会）的"炼狱"（大学）。步入"炼狱"后有些人成了"神雕侠侣"，有些人"笑傲江湖"，而另一些人却只能"侠（狭）客行"，为什么？原因在于高中与大学的教育颇不相类。

首先，从管理模式上，高中重"收"大学却爱"放"。高中时期，学生是"提着脑袋"做人，从头发到校服，从早恋到交友，从纪律到成绩，从学校到家庭……每一个细节就像趴在放大镜下的蚊子，被无限地放大着。所以，当一个脖子被掐了十几年的学生突然被松开，除了狠吸几口气之外，剩下的就是尽情地挥霍这千年等一回的"有氧活动"：大学校园内，看见一男一女坐在树下，不用上前制止了；夜黑风高时，也无须劳政体主任、级长的大驾，去逐一检查空房子里、天台之上的"隐情"；宿舍里，围炉夜话，与君共此时，一杯何以酹？飞机头也罢，喇叭裤也罢，追星也罢，抱团也罢，再也没有了800字的检讨书，没有了触目惊心的"牛肉干"，没有了爹娘的双打或红白脸，没有闲事挂心头，真是人间好时节！所以，高中的出口与大学入口，像极了《桃花源记》中所描绘的那样："初极狭，才通人。""复行数十步，豁然开朗。"这种极窄与极宽的落差，让学生像进入了稻谷筛选机一样，瞬间稻糠分离。当然，可惜的不是糠皮被淘汰，而是一些本来尚属饱满的稻谷，在老师阴魂不散的鞭策之中尚能勇猛精进，而在独处中却显露出青面獠牙。假如，我们高中的教育也能张弛有道收放自如，也能在讴歌太阳光辉的同时指出黑子的存在，也能在加强他律的同时培养其自律，我想出口与入口的合龙就是水到渠成之事，无须拼命调适，最终在"大一彷徨，大二逍遥，大三惶恐，大四遗憾"中"放飞了"希望和梦想。

其次，在学习内容、学习方法上，高中重"灌肠"大学重"穿肠"。高中阶段，九门科目，走着走着就散了。还没到高三，就只剩下中英数"三国鼎立"外加一个综合，从此开启了眼前一黑的刷题模式。打个不恰当的比方，为了制造出高考那个"法国顶级鹅肝"（高分数），我们这些匈牙利农户（教育者）几乎用尽了所有能想到的道术，来"灌输"毫无"咀嚼"乐趣或丧失了咀嚼功能的"鹅"（学生），而获利（高考奖励）也是丰厚的！所以，洋思中学的"先学后教、当堂训练"，东庐中学的"讲学稿"，杜郎口中学的"三三六"自主学习模式，昌乐中学的导学案模式以及衡水的军事化模式……水陆全堂，一应俱全。然而，掀开这层温情脉脉的面纱，谁都在想高考分数那点事儿。可是，大学里不再把这点当回事儿了，从中小学教改可见一二，剃头挑子一头热。大学，意味着学生可以真正有选课的机会了，有安排学习生活的规划了，有尝试创业的平台了……所以，大学生活有喧嚣，有凄凉，有火热，也有真诚。它不像"清教徒"般修行的中学生活。也正因为诸多不同，让一些曾经星光熠熠的中学生进入大学之后，如泥牛入海，悄无声息了。

教育应该有自己的脉象。从小学到中学到大学，我们应能从这脉象中触摸到教育的一致性与连贯性，而非壁垒分明的三大阵营。杨炜樱同学所希望的"在高中时就应该让学生接触社会，这会在一定程度上减少他们刚上大学时的迷惘"，也是从另一个角度来说明教育是一条链，环环相扣，不管是低端还是高端，不管是入口还是出口。从微观而言，都应该既有自己的内涵形式；从宏观而言，也要有整体的风格和步调。正如"四折一楔子"的元杂剧剧本体制一样，不管"北曲四大套"，每套有多少支曲子，都是"同属一个宫调，一韵到底"，教育也是如此，各个阶段的目标、内容、途径迥异，然而，我们还是应该"同属一个宫调，一韵到底"，这样，才不至于让学生跑调甚至误闯"华山派"而不知后面还有"出所"二字。

高中生本应该吸点社会烟火，否则，一波的"鲜肉、腊肉、熏肉"，你又如何一辨高下真伪？

TA 的故事

踏出高考战场的一幕,仿佛只在昨天。多年的大学生活,完全有别于中学象牙塔般的生活。

大学没有校门,学生进出没有限制,这在一定程度上给予了我们自由,同时也要求我们相应地提高自我约束能力。教室、老师不再具有约束力,完全靠自身的自觉。对于刚进大学的我们,那时就如离巢的小鸟,渴望自由,也担心会迷失。于是我想,也许在中学时就开始培养学生自觉学习的能力,那么到了大学也就没那么容易迷失自我了。

大学就像一个小社会,不仅学习,社团工作、人际关系等等方面都会被放大。社团成了一个新鲜的事物,对新生产生极大的诱惑力。"百团大战"犹如一个小型的人才招聘会,他们需要人才的同时,我们也在花花绿绿的宣传单中寻找适合自己的舞台,这是双向的选择。我是一进大学就打定主意要加入学生会的,然后再加一个社团也就够了。后来我加入了学院的学生会和雏鹰志愿服务协会。一个给我提供了学习的平台,让我学会如何做手绘,如何做海报,如何做好一个现场宣传;一个又给我提供了帮助他人的机会,而这是双向的,你回馈社会的同时,社会也在帮助你提升自己。

其实在社团里,也存在着选择的问题。学生会的工作量非常大,我们常常会熬夜到凌晨一两点,然后第二天还得去上早课,如何平衡学习与社团的问题?这也是社团面试时经常问到的。其实时间是自己的,这又回到上面所说自我约束的问题,社团的工作固然会占去我的一部分时间,可是在大学里,还是有很多自己分配的时间的,不像中学那样把课都排得满满的,只要我能抵抗住电脑的诱惑,一切就容易多了。我个人更关注的是社团之间的平衡,两个社团甚至更多时,肯定有时会发生冲突,这需要我们考虑后作出取舍。我发觉,中学时只会考虑学习上的问题,比如说先做哪科作业啊,如何分配做题时间啊;到了大学后,我需要考虑的东西多得多了,需要想哪个工作更重要,哪个更急,甚至会因为在某个社团能得到更多的归属感而优先考虑那个社团。情感会左右我的判断。可以说,在大学里,最要学会的就是选择。

大学给我另一个印象就是人际交往的复杂。中学的人际关系很简单:一起学习,一起玩。到了大学,接触的人更多,需要和形形色色的人打交道,即使我不赞同一些人的做法,有时也只能屈服。幸好我加入的学生会宣传部是个有爱的大家庭。我们一起工作,一起学习,一起出去玩。部长当我们是小孩那样照顾。所以在上大二后,我还是留在部里,帮部长们照顾好我们下一届的小朋友。我希望这有爱的氛围能在我们这里一届一届地传下去。有时在外面遇到不顺心的事,起码还有能在一起开心的人。

大学是能让我交际能力迅速上升的地方，无论是面试还是平时和上课的教授同学打交道，都需要一定的交际能力。在面试的时候，我会考虑面试官想知道的东西、想要的答案，同时还不能怯场，幸好高中时就做过类似的口头训练，反应会比较快，而且也有了一定的勇气。

还记得以前会问上了大学的学长，大学生活是不是很轻松之类问题，现在觉得问再多都没用，这完全取决于自己。很多人都以为大学生活很自由很轻松，其实你想要真正的大学生活的话，一点都不轻松，你想得到的东西越多，所付出就要与之成正比。每个人的大学生活都不一样，你想要过得怎么样，要靠自己的选择。大学就是一个过渡的时期，从象牙塔走出的我们，正在通过大学这一扇大门摸索着社会。至于我的未来怎么样，还需要我一步一步坚定地走下去。

学生档案：杨炜樱，女，江门一中2011届高中毕业，2015年本科毕业于浙江大学能源工程学院。2018年于浙江大学获得动力工程硕士学位。

TA 的故事

我进大学之后发现一个现象，就是中学教育与大学教育的脱节。我们在高考之前就经常听到别人说大学很轻松的，不用怎么学，远没有高中那么辛苦，很自由，没人管，过了高考就完全解放了。

一上了大学，才发现这是天大的谎言，大学真的一点都不轻松。有一句话很流行：高中的考试，考的都是自己会做的、反复练的题目，大学的考试，考的都是自己不会做的、生疏的题目。虽然这说得有点夸张，但是却一定程度上反映了真实情况。高中有来自老师、家长、同学还有高考对自己的压力，很多同学就是在这种压力下被迫努力学习的，没有学习自主性，一旦到了大学这种相对自由一点的环境，没有人天天看着你，很容易就堕落了。包括我身边一些大学同学，因为大学学习的课程太难，听课听不懂，失去了信心，心想每天早起到教室睡觉、玩手机，还不如不去上课，于是就天天晚睡晚起，整天躲在宿舍玩电脑，连吃饭都是餐餐叫外卖，最后红灯高挂，没能毕业。造成这种结果的原因除了他自身的原因外，客观上有中学教育与大学教育的脱节。我觉得有以下几点：第一就是中学内容和大学课程难度上的脱节，造成很多人不能适应；第二就是学习环境以及学习强度的脱节，高中是为了高考太苦了，一到大学相对宽松的环境就放纵自己了。随着我在大学学习经历的增加，我越来越觉得学习不应该靠别人的推动，而是来自自己内部动力。

还有就是大学教育与社会需要的脱节。我没有这方面的经验，但我之前有机会跟一个在华为公司上海研究所工作的学长交流，他给了我很多职场的经验。在进入华为公司之前，他曾经参加过一个咨询会，当被问到会擅长什么时，他当时就傻了眼，他只能跟那个人说，自己是学自动化，其实什么也不会。但是那个人跟他说，这没太大关系，因为公司在员工正式上岗之前会有一个职业教育课程，让员工快速地掌握编程的技巧还有其他的技能。因此员工在上岗之前不得不花时间重新学习自己本应该在大学已经学会的东西。我还听过一些已经工作的人说，在大学四年学的东西还没有在工作岗位四天学的东西多。这一点都不夸张，大学学的东西很多在以后工作都用不到，大学培养的人不能充分满足企业需要的，我觉得是大学教育很大的问题。

但我觉得大学教育对以后工作还是有很大的作用的。当我们问那位学长，在工作中用到最多的大学学过的知识是什么。他当时的回答出乎我们大多数人的意料，他不假思索地说："数学。"他解释说他在工作时编程用到的就是数学的逻辑和算法，没有一定的数学素养对一个编程员来说是很不利的。因此他特别提醒我们要学好数学。

学生档案：梁铭辉，男，江门一中2011届毕业生。高考后被同济大学电气信息专业录取。目前在同济大学电子与信息工程学院攻读硕士研究生。

朝阳在左，余生在右

周今起同学说：

做一个最真实的自己，活得与众不同。

青心兰语：做真实的自己

每天起床我都会看看那血红色的朝阳，它在我的世界左边出众地闪耀着，而我的余生，我的未来，正在我的右边流淌，等待我去开垦，或者毁灭。

有一个孩子曾经问我：老师，我的诗歌答案比标准答案还要完美、深刻，为什么我每次顶多只能拿1分？（满分7分）。我每次都认真地看了这个很有思想见地的孩子的答案，每次都为他迥异的见解击节，可是最后的解释往往以阉割孩子的创新为终了：虽然诗歌的解读是丰富多彩的，可是应试的答案往往只有一个！看着他每次闪亮的火花冒出一股青烟，我只能默哀三分钟。我们都听过一个很简单的道理：世界上没有两片完全相同的树叶。这是个耳熟能详的道理，我们很多时候仅仅把它贴在墙上，"高原反应"的时候才会像氧气罐一样取下"猛吸"一通，可"行动如常"的时候，我们往往忘却了缺氧的痛苦。我们在教育的路途中往往追求穿新装的皇帝，看看哪位孩子经过多年的铸造最像皇帝模子，而不是让孩子经过教育的浸润最终能够成为他自己！当姿态万千的脸最终变成同一本书的形状，这是否就是我们所需要的答案？

"在真实中生活，生活在真实中，按人的本性或良心说话行事"，哈维尔所倡导的，和今天周今起同学的呐喊"做一个最真实的自己，活得与众不同"不谋而合。确实，假如作为一名教师，我们都是"睁着眼睛说瞎话"，只教"僵死的知识和美丽的谎言"，我们如何能培养脊梁？我们如何让社会澄清？

我曾经也是一个敢于说真话，做实事的人，我也曾像卢梭一样牛哄哄地说"不管末日审判的号角什么时候吹响"，我都敢走到至高无上的审判者面前，勇敢地坦诚自己的所想、所做，坦承我就是我——偷盗、说谎、诬陷、奸淫、感情生活泛滥……我敢于把一个人的真实面目全部展示在世人面前——此人便是我。

然而，"邪恶进攻正直的心灵，从来不是那么大张旗鼓的，它总是想法子来偷袭，总戴着某种诡辩的面具，还时常披着某道德的外衣。"在现实面前，你的率真往往会沦为笑话，甚至是刺向自己的锋利匕首。因为，当我不单纯为面包而写作，我便无法得到面包，甚至面包碎片。虽然我的才华并不藏匿在笔端，而是凝聚在心间，然而，缺乏面包的日子，会很快地"窒息我的天分，扼杀我的才华"，让我"孤傲而豪迈的思维方式"产生幻觉。还记得当年带高三毕业班，只因为坚持语文课前三分钟的口头训练，只因午读的时候让学生上台唱主角讲课，或许还有一些与高考逆风飞扬的做法，如课文剧编演……谁知道呢，我便开始了被调查的灰暗历史，听调查者唱着魔性的歌。结果，我在莫名的调查中成了别里科夫，战战兢兢，最终躲在套子里，生怕再惹出什么乱子来。逆境有多种多样，"有的能使你的心灵高尚并且变得坚强，有的则打击和扼杀你的心灵"，而很不幸，我所处的正是后一种。

　　"你看到什么，听到什么，做什么，和谁在一起，如果有一种从心灵深处满溢出来的，不懊悔也不羞耻的，平和与喜悦，那就是真实。"（《无问西东》），然而，要做真实的自己，便要拥有"能做我的自由，和敢做我的胆量"（林语堂），要不苟富贵，不慕名利，让自己拥有一个丰盈的精神世界，方能成就一个更加从容自由与真实不阿的自己，方能对"生存还是死亡"的选择不纠结于心，不迟疑于行，不媚俗于态！

TA 的故事

　　我在巨大得像足球场的办公空间静坐，温柔得像三点钟月光的灯照耀过来，美女秘书移动猫步像白狐悄然走来，带着春天溪水般的笑涡端上一杯咖啡说"老总慢用"。

　　我微笑着接过，然后回到现实，并没有什么美女，有的只是深圳新单位的新室友，一个在玩游戏，一个在很响亮地看视频。走到阳台并没有月光，窗外的建筑灯光像鬼影一样潜进来。回想过去，只能说它们曾经存在，我如一个冒失的小兵，一不小心就踏进了未来。

　　比起别人，我算是一个略有故事的人，参加过全国性的大赛，也去卖过报纸，销售过班服，开过淘宝店，还当了很长一段时间英语老师，甚至还拉了一个月的保险，最后还搞了一年的创业—虽然没有成功，但也小有收获。如果说在学校学到的是人生的真谛，客观的真理，进入社会更多的是要学会厚脸皮，同时选择与身边的环境同化，或者坚持自己。

　　在大学，进了宿舍房间你就会发现以各种姿态呈现在你面前的兄弟，床上睡着的，墙上靠着的，奋笔疾书的，埋头学习的，写情书的，聊微信的，狂玩游戏的。虽然鄙人所在的学校也号称985、211，但千万不要被这名号骗了，凌晨两点有时也能听到隔壁宿舍联机玩游戏的狂欢声，而我所在的出了两个保送研究生的宿舍也一度成为远近闻名的麻将场，直到被辅导员取缔。

我算是自觉的一个，但不能算是最努力的那个。刚进大学时是很想在学术上建功立业的，刚进去就请教系主任怎样写论文，也被班主任拉进了她的产学研究团队；自己也参加了户内户外、大大小小的一些学术性竞赛；也带过很多学术团队，但每每最后总是人心涣散，大家自己做自己的事情，研究的东西就搞不来了。我后来绕着大学城的外环像个傻子一样骑车散心，在某大学墙报上，看到一个招英语报主管的广告，就去应聘了。然后我就当了整个广州的英语报销售主管，于是一系列的营销计划，招人，招小主管……当时应该是我最忙最疯最有冲劲的一段时间，恐怕大学城所有 2011 级学生都与我有一面之缘。我常常在晚上招完人之后耳朵塞着 MP3，骑着单车呼啸而过，像旧时代的土匪天不怕地不怕，跟高中腼腆害羞的小男孩简直判若两人。团队建立起来，我手下有 400 多个人，简直可以去开工厂了。但后来进行销售我才知道，人多是一回事，但能不能充分用好这些人又是另外一回事。你可以邀之以甜言蜜语，请之以千言万语，用尽三寸不烂之舌让他成为你的左膀右臂，但是到了紧要关头，靠得住的还是自己。

后来，又做了英语老师，其实也不过是兼职教一些天真烂漫、无知可爱的小朋友单词与语法，对自己的能力其实是毫无长进的，但大学的后三年坚持下来，倒也给我带来了稳定的财源和天真烂漫的日子。我平均每天能笑三十次以上，都是那种发自内心的笑，看到那些纯洁心灵，你不由得不为他们开心。后来，我拉了几个小伙伴开一个家教机构，倒也撑了一段时间，不过后来他们读研的读研，工作的工作，自己也没能找到合适的合伙人，人生中的第一次创业就这样悄无声息地结束了。但我想，或许，我还会卷土重来，这很 difficult，但 it's possible。

大三暑假，突然想考研，从高中以来一直想去北大中文系玩玩。于是真的用心备考了好一段时间，不过还是差几十分。我打算再抽时间去考一次，成与败其实无关紧要，我心态放松，这一切只与梦想有关。

或许你会笑我这样做一下，那样做一下，不专心当然会失败。我承认我很失败，但我的人生很多彩。我回想高中及以前的我，学习态度非常诚恳，永远是老师心中的优等生、乖孩子，中规中矩地学习、考试、保送、升学，在成绩方面的确也风光了一段时间。但在学校其实永远有学得更好的同学，你考 99 分，还会有人考 100，追逐分数是一个永无止境的过程。学校的教育的确让你追求卓越，知道了许多知识，但或许有一点它并没有教会你，那就是认识自己。到了社会，成绩并非衡量你们的唯一标准，甚至很难说是标准。社会是一架巨大的机器，你的往昔就像进入了绞肉机，变成一团烂泥，你后来所受的训练都是为了让你更好地适应现状，成为一个在大多数人眼里成功的人。但你要记住，所谓的"成功者"好像一个被人穿好衣服的皇帝，光鲜亮丽之下只有自己才知道得失在哪里，真正崭露头角的人才并不是那个学皇帝学得最像的人，而是那个和皇帝最不同的人。

做一个最真实的自己，活得与众不同。

学生档案：周今起，男，江门一中2011届高中毕业，2015年毕业于华南理工大学国贸系。现工作于广州，任职美中国际托福老师。

"高分低能"的症结

区嘉和同学说：

社会考察的是人各方面的素质，然而，当下的教育却仅仅看重分数。在很多人看来，只要分数高就是好学生，教育也变得以分数为本。教育与社会的需求脱节，出现了很多"高分低能"的情况。我认为教育应该是全方位的素质教育，从知识、道德，到每个人的生活能力、交往能力、工作能力，每个人应该全面发展，教育也应该兼顾到各方面，而不仅仅是以分数为重。

首先，我想在这里说明的是，我现在仅仅是一个清华大学的博士研究生，也没有参加过什么实习。但是，俗话说，大学就是一个"小社会"，从高中到大学，跨越的不仅仅是独立生活这个坎，更重要的是适应由学校走入社会的这个过程。我将攫取大一这一年，以及我的小小职场经历——社团工作作为陈述的重点。

到了现在，我可以总结一句：社会与你接受到的应试教育截然不同。应试教育下，成绩是唯一被看重的因素。只要你学习成绩好，你就会被人视为好学生，会受到家长、老师和其他人的喜爱。在应试教育下，你唯一要做的或许仅仅是努力学习，争取个好成绩；然而，社会却与此大不相同，社会不会过分看重你在学校的学习成绩，真正看重的是你的工作能力，交往能力要有良好的人脉关系，这些是需要长时间的积累才会形成。社会对人的评价有多方面，这也要求我们要全面发展，努力提升各方面的素质。

当我来到大学校园的时候，眼前的一切令我有点不适应。过去的十二年里学校希望你的是坐在教室里认真的学习，争取一个好成绩，这是应试教育下学校对我们的期望。然而，大学却与此不同，学校里的社团会明显增加，学习也不是显得那么的重要。大学是一个过渡的地方，是我们从校园逐渐走向社会的地方，人与人之间的关系也不仅仅是以前的同学、师生关系，会产生例如合作、上下级等等的关系，这都需要我们去进行适应。然而应试教育对我们在人际关系方面等等的要求不是很高，会令很多的同学在刚刚进入大学时产生很多的不适应，这也包括我。

进入大学后，社团是一个让你得到工作锻炼的机会。然而当你希望进社团，他们都要进行面试，就如同去求职面试一样。这对于在应试教育下度过十二年的我们来说是件新鲜事。我还记得当年我报名了很多的社团，然而前几个面试结果并不是那么的如意，很多都会被刷下来，原因主要是我没有掌握到面试的技巧，面试的时候十分紧张，也不知道该说些什么。这时，我想起了高中时期语文课上的口头训练，其实面试正如口头训练一样，放轻松，把自己的特点介绍出来，从容地回答问题就好。在我看来，过去的口头训练是应试教育下的一种突破，它要求的是我们的口头交际能力，而不单纯是学习能力，口头交际能力在我们未来在社会工作中显得相当的重要。

面试通过后，我成了一名干事。所谓的干事，就是别人给你事情，你要去干。工作能力和人脉关系也因此体现。工作能力是基础。当我们走进社会去求职工作时，工作能力是首位，你要懂得如何去做才会有人去欣赏你，需要你。然而应试教育并没有教会我们这个能力，很多东西都需要自己去探索，去尝试，但是应试教育没有给予到我们这个机会，这也就是应试教育的一个不足之处，造就了很多"高分低能"的情况。工作能力需要慢慢去培养。在这一年的时间里，我做过海报，发过传单，制过表格……工作的能力也就从这一件件事情中逐步积累。另外一个就是人脉关系。俗话说：人多好办事。这并不是假话，一个人有再多的能力也不可能完成所有的事情，现代的精细分工使得我们在完成一件事情时可能要有多个人的合作，这就需要我们有良好的人脉网络。进入大学，尤其像我这样到外省读书，一开始便是一片空白，人际网络便需要重新建立。通过交流，工作等等活动，一年的时间，我的人际网络也算是不错。这也是应试教育没有教会我们的东西，需要我们进入社会后自己学习，自己体会。

经过一年的时间，我由干事变成了一个小小的部长，但是我学会的东西却有很多。最后，真心说一句：分数并不是想象当中的那么重要，应试教育带给我们的并不是一切，当你进入了这个社会以后，你会发现社会需要的是我们多方面的能力。在应试教育的笼罩下，每一个人都应该目光长远一点，要学会全面发展。

青心兰语：教育就是培养"完人"

分数不重要吗？假如我提出这样的问题，相信大家会认为这是一个低幼而没有讨论价值的问题。这是一个大数据时代，舍恩伯格认为"数据化就是一切皆可量化"。大数据时代最大的转变，就是颠覆了千百年来人类的思维惯例，它放弃对因果关系的渴求，而取而代之关注相关关系。也就是说只要知道"是什么"，而不需要知道"为什么"。在这样一个颠覆思维的大数据是时代，我们的教育也不可避免地和数据挂钩，教育也会是充斥着"算法和机器"的冰冷世界。因为，数据会与利益挂钩，每一分，高考就可以秒掉万人，每多一个重点，就有可能缓解一个"中产的忧虑"，每多一个清华北大，学校就有可能招收到更多的优质生源。确实，谁敢振臂高呼，教育的GDP，让它见鬼去吧！？

然而，即使环境恶劣，也不应绝弦诵之音。"明明是奔赴一场灾难，就像赴一场华丽的盛宴。"如《无问西东》的沈光耀，在警报响起的时候，总会去灶上煮一碗冰糖莲子，从容自若。教育的生命力看似微弱，在敌机的轰炸中摇摇晃晃，然而却星火不灭，绵延不断。

数据也罢，分数也罢，既然绕不开，也无须把它绕成一条上吊的绳索，虽然，"在失去选择的环境中，没有人是不可以打败的"。可是，只要我们把"死结"打成"活结"，甚至"蝴蝶结"，学生便可在分数重压下还能喘上几口气。比如，评选"三好学生"不要因分数而一票否决；比如成绩出来不要排名，即使排名也不要公开张贴，不要大张旗鼓地在走廊上张贴"黑马白马"成绩的"琅琊榜"；比如，合唱团的指挥，可能是班级中成绩最不济的那个；比如，和家长联系的时候，谈论的话题可以是学生的业余爱好等。这些微不足道的"松绑"做法，终有一天，会让孩子挣脱镣铐跳舞！

教育要培养"完人"，它反映了人类对自身本质的理解以及对自身发展的追求，它是基于教育高于教育的哲学范畴。"完人"追求自主性与自由性相统一，他／她是全面发展的人。例如古希腊作为"完整的人"体现在"健美的体魄，优雅的气质，高超的艺术审美"等方面，而当今我国教育诠释"完整的人"，无疑是具有核心素养的人，这虽然并不排挤分数或者成绩，但这远非分数或成绩能控制话语权的问题。我们的学生为什么从高中去到大学，只是一步之遥，可是，不少学生还是讶异两者的迥异，其实，并非高中与大学隔着"长江天堑"，而是高中时期我们人为地屏蔽了一切与"学习无关"的东西，学生沦为了分数的"小白鼠"。所以，当大学生活撤掉了这个屏障，我们才会震撼于"推窗放入大江来"全新世界。

"17岁神童遭退学"这样高分低能的案例虽然不是普遍存在，然而，这确实是铁一般的事实存在，除了遗憾与悲哀之外，我们的教育（学校与家庭）更应该"扣好人生的扣子"，把立德树人作为教育的根本任务和新时代的主旋律！

学生档案：区嘉和，男，江门一中 2011 届高中毕业。2015 年毕业于上海交通大学安泰经济与管理学院，现在是清华大学五道口金融学院的博士研究生。

叶浩蓝是怎样炼成的

叶浩蓝同学说：

"不跪不怂不逃避"，即使身处困境和低谷，"过着六十分以下的生活，却用尽一百分的气力，渡千百种艰难，也要喊声'生活万岁'"。（周珊珊《不跪不怂不逃避：即使是无名之辈，也配得上这句"生活万岁"》）

教育要重视能力培养：

1.人生规划能力：人生是不能等别人来安排的，它要靠自己去规划和奋斗。"没规划的人生叫拼图，有规划的人生叫蓝图；没目标的人生叫流浪，有目标的人生叫航行！"（刘素云）对自己有着充分的认知，从而规划自己的人生，才会在忙碌中不迷失，在挫折中不放弃！

2.合作能力：走出学校之后，一个人不可能完成一个大的"项目"，这需要与其他人一起想方设法去解决一个个难题。独行快，但众行远。

3.为人处事能力：做事先做人，这是处事原则；立业先立德，这是做人原则。只有为人诚信，做事踏实，与人为善，才有可能打开成功之门。

青心兰语：奔跑的灵魂是没有白发的

叶浩蓝是怎样炼成的？四年前，叶浩蓝离开江门一中，到美国求学的时候，曾经回答了这一问题。

从今天的"审美"看来，叶浩蓝就是家长眼中羡慕的"别人家的孩子"：生活优渥，还很孝顺；颜值高，还很努力；有智慧，还很谦虚；有才华，还很内敛……可是，"滤镜"前的叶浩蓝，也曾是一个让"父母感到恨铁不成钢"的孩子，叛逆、早恋、甚至没考上一中……如此种种，按照电视剧的套路，他也只是"活不过一集"的配角罢了，很难有在生活中闪亮主角的机会，所以断不会有着从"赵西风"到"厉致诚"的逆袭！

在素笺上走笔，游走的总是美好的诠释；在盛宴上交汇，博郁的都是惬意的平生！其实，素笺上每朵璀璨的烟花，都是无数个寂夜构成；素笺上每片苍苍兼葭，都是无数次蛰伏而成。流年可以将故事写成葳蕤葱茏的模样，可是，叶浩蓝的成长之路，却是无数遍野蛮生长的过程。既有来自老师的外孵器和来自他自己的内驱力，从外打破和从内打破的双剑合力。

对叶浩蓝而言，老师的从外打破是猝不及防的，自从成为班主任的"一道菜"，便开始了凤凰涅槃的过程：他是"泥石流"中的一股"清流"，他要活出"清流"的勇气和毅力，要有强大的定力与自制力，要耐得住寂寞，要挡得住诱惑，要受得注冷眼，要扛得住排挤，要守得住初心。这对于一个缺乏"群众"基础、又没有成绩作为正义、更没有班干经验的学生而言，真的是一件逆天之事。可是，叶浩蓝却"逆生长"了，他立志要做一个德才兼备的班长，他立志要做一个深孚众望的班长，他立志要向自己的目标奔跑。志向，也是成就这一切的关键！"男儿千年志，吾生未有涯。"（文天祥）古语亦云："取乎上，得乎中；取乎中，得乎下。"志当先存高远，而后以力、物辅之，方能成之。十六岁的叶浩蓝，用两年的时光，建造了一座通向月亮的桥，那是因为他有着年轻人罕有的痛而不言、笑而不语、迷而不失和惊而不乱的心志。挤压着课余、晚修、周末、节假日等时间，像陀螺般地游走在作业、班务、会议之中，无数个日子，上完九节课又开始处理班务两三个小时；两年的时间，准确地充当着宿舍同学的"人肉闹钟"，叫醒这个拉起那个，让"懒人云集"的宿舍从没有过迟到的记录……声音哑了，还在继续管好班级的纪律；咳嗽不断，还在撸起袖子打扫课室；无数遍工作安排被推倒重来，无数次带领集体活动举步维艰，无数次"耳光"比"掌声"还响……每一道美丽的彩虹，都是风雨后的磨砺，每一颗璀璨的珍珠，都是野蛮生长的泪珠！今天，我以诗般的语言镌刻他那段成长的罅隙中的那般狼狈，只是想证明一个未知数：无数遍的蛰伏，才能长成了行走的花朵？

内驱力是叶浩蓝蝶变的魔力，而自律与基于自我认知的人生规划则是叶浩蓝最突出的亮点。中国从 20 世纪 80 年代开始，每隔十年就有一代人被称为"垮掉的一代"，"跟病毒似的，生一个垮一个"，"90 后"就是被认为"比老辈儿的棉裤腰更垮"的一代。可是，现实生活中，不少"90 后"还是才华与责任的担当。叶浩蓝自从低票当上正班长，他就开始了对自己近乎苛刻的要求：要求同学做的，自己首先做到；同学做到的，他做得比同学更好；自修课，他维持纪律；堆积如山的作业，他是按时按质完成的为数不多的一个；他有颜值，一堆花痴为他狂，可他进退有度；他有运动天赋，羽毛球长期独领市级风骚，在省里也夺得青少年业余锦标赛第七名……他几乎是没有死角的自律，同学用放大镜也难觅"病毒"的"无菌人"！而且他还有超出同龄人的成熟，他有自己的想法，有自己的梦想，为了实现梦想，他进行顶层设计，从路径、方法到目标：一个多学期，他的学习成绩就从"凡人"飞升"上神"，跃居全级百名之内；一年半的时间，他就从一个普通的社区大学，进到了美国名校加州伯克利分校；暑假打工，凭借超前的意识和过人的能力，脱颖而出竞聘到美国硅谷实践锻炼的机会；大学还没毕业，美国旧金山就已经抛出了橄榄枝，他将任职 Databricks 的软件工程师……叶浩蓝从一个"问题班"出来却没有成为"问题少年"，从一个只有 10 票当选的班长成长为一个全票通过的班长，从一个重点中学的"择校生"到著名高校的优秀生……他走的每一步，都是全力以赴，精准而高效的，不枝不蔓，最终，走成了青春最好的模样！

其实，每一个全力奔跑的身影都值得呐喊助威，每一个追风的少年都值得全力托举，每一个拼搏的青春都值得由衷致敬，每一个奋斗的灵魂都没有白发！今天终将逝去，就让昨天的一场烟火，在记忆里辗转成一首温婉的唐诗宋词，安放在岁月深处。不管岁月的齿轮会赋予怎样的苍凉或华美，我们只记住那些汗水与泪水交织的时光，记得奔跑曾带来的希望和光明！

附：叶浩蓝是怎样炼成的

吾就读于江门一中 2015 届高二（9）班，在博学多识、和蔼可亲、循循善诱的班主任——兰姐的带领之下，从初中的嚣张、自大的体育委员转变成自律、德智体美全面发展的、师生心目中的标杆人物。

在初中，我正处于叛逆期，自认为懂得很多，独立意识和自我意识日益增强，迫切希望摆脱父母的监护。因此，经常上课不认真听、天天放学都跑去打篮球、曾经拍拖，心很散，导致成绩只徘徊在全级的中游。父母也知道了我成绩上不去的根源，经常教导我。正处于叛逆期的我总是和父母对着干，时不时与父母发生口角，让父母感到恨铁不成钢。最终以一分之差与江门一中正取分数线擦肩而过，只能背上择校生的名号。

进入江门一中，在我遇上了诲人不倦、经验丰富的班主任兰姐的同时，也进入了一个歪风邪气十足的、散漫的"条子班"。开学后，我与另外两名同学渐渐得到了兰姐的信任，她将一部分工作交给了我们。在一个多月的工作和思考后，我决定参与竞选班长。由于竞选班长的另一位男同学与其他同学打成一片，得到他们的支持，而我则严于律己、走上正气的道路，与初中的我形成巨大的反差，导致一些同学以为我很自傲。因此我并没有得到大多数同学的支持，最终在班长竞选中票数仅有 10 多票，比另外一位男同学少了 40 多票。兰姐觉得这个班级需要正能量，所以她"逆风飞扬"坚持让我当正另一男生做副，给了我一个锻炼并成长的平台。

由于在初中阶段只做过体育委员，并没有担当大任的经历，班干能力的培养几乎从零开始。不过，即使起点低，我也没有灰心丧气，我知道人生总有第一次，因此我耐心听取班主任的教导，及时反馈总结，让自己迅速"野蛮"成长起来。

经过了两年的努力，我从一个一无所知、一窍不通的普通学生转变成综合素质较强的风向标人物，完成了一个蝶变。如今，在管理班级、处理日常事务方面已到了得心应手的境界，继续驰骋在学习与工作的两条主干线，用汗水浇灌学习，将激情赋予工作。在高中阶段，我的化学成绩尤其突出，化学竞赛获校二等奖，校十三届科技节化学实验竞赛获一等奖，并光荣入选全级的化学竞赛班。在历次考试中，我都能保持在全班前 10 名，全级前列。

班主任曾经因病住院一个多月，我深孚众望，担当起班主任之职，带领全班同学有条不紊地学习、生活，扛起班级领军的大旗，赢得师生交口称赞！我还负责记录班里的好人好事，纪律、卫生、上课以及各项突发事件的记录处理工作，两年如一日详细地记录这些"琐事"，井井有条，成为远近闻名的"大内总管"。在学校，我担任了多种职务，在提高自己学习成绩的同时，我尽职尽责，努力做好自己的负责的每一项工作。身为级干，我能团结带领其他学生会干部认真做好各个班级的卫生纪律检查评比工作，每当学校举办校运会、文艺晚会、消防演习、网上祭英烈等大型活动，我总是率先垂范，成为最忙碌的一人；身为班干，我帮助全体同学提高自主自律、自我管理的能力。同时，我还带领全班同学力争上游，让班集体从一个"条子班"蝶变成一个闻名全校的好班级，多次获得"先进班集体""文明班集体""学习优秀班""文化建设示范班""课间操比赛一等奖""文艺汇演一等奖""书香班级"等众多殊荣，两年来，18 面锦旗在班里迎风飘扬，并创造了宿舍 0 扣分的纪录！

叶浩蓝是怎样炼成的？我认为有以下几点：

1. 学而不思则罔

反思是我完成蝶变的重要内因。我知道我起步比别人晚，因此我要在有限的时间内比其他人学得更多，而且还要节省更多的时间去学习，只有这样我才能赶上别人。在每次完成班主任分配的任务之后，我都会思考一个问题"下次做这件事可不可以再高效一些？"在长时间的锻炼后，我也领悟到节省时间、提高效率的真谛。此外，每天睡觉前，我都会思考今天做了什么，有什么需要改进的地方，有什么做得好的地方，并想想解决问题的最优方法。反思并不是去后悔，而是为前进铺路。因此，反思是我蝶变不可或缺的重要因素。

2. 主动

按照《现代汉语词典》的解释，"主动"一词是指："不待外力推动而行动（跟被

动相对)",它是内在动力的外在表现。工作认真主动是我一直得到兰姐信任的原因之一。主动不需要过多的花言巧语,需要的是一句"请问有没有什么工作要做?"在工作后,我会第一时间交代工作的进度,让班主任有大概的了解。如果班上发生了什么事情,我会在适当的时候给班主任反馈,探讨解决问题的方法。

3. 凡事预则立,不预则废

班主任将任务交给我后,无论事情的大小,都需要有计划,我会先问问自己做这件事,应该怎么做,并将计划写在我的记录本上,以便于以后工作的方便。通过计划,可以预计未来可能的变化,从而制定适应变化的最佳方案,减少工作中的失误,以提高工作效率和效益。在每天晚上睡觉前,我会思考今天做了什么,有什么改进之处,明天要完成什么东西。由于我是班长,有时工作较多的时候会导致学习的时间少了很多。我正是通过挤时间并分配好各科作业的时间来完成学习上的任务。做计划时更需要有前瞻性。前瞻性是一个人对事物发展正确的预判和前瞻。前瞻性是需要磨炼的,需要遇事勤三思,多动脑,分析原因,推论过程与结果,善于观察事物,从外到内,由表及里,发展与变化,发展与变化同环境等原因的关系,有了多思、深思、善思的良好习惯,对事物发展态势自然就有越来越清楚地掌握,前瞻性自然就具备了。

4. 锲而不舍,金石可镂

只要持续地努力,不懈地奋斗,就没有征服不了的东西。我一直都认为,世上没有什么完成不了的事情,把每一件平凡的事做好就是不平凡。

5. 君子以细行律身

班里组织的各项活动我都积极参加,劳动中最脏最累的活我总是抢在前头;地上有纸屑我总是主动捡到垃圾箱;黑板没有擦我总是主动拿起板擦;自习课我总是主动维持纪律……这些都是细节,将一个个细节搭建起来就会是一座摩天大厦,这就会超越平凡了。

我正凭着自己顽强的毅力和自己踏踏实实的努力,在浩瀚的学海中奋力遨游。我用正直与善良为歌,以热心和豁达为曲,弹奏着一曲质朴的暖人心扉的歌;我用理想和追求做笔,进取和奋发为墨,书写着一幅多彩的人生画图。我以全面发展为努力的航标,创造出自己最美的青春奇迹!正是这些外力、内力作用促使我成为如今的叶浩蓝。

TA 的故事

转眼间离开高中校园已经 4 年多了,每每回想起高中的时光,心存感激并有万分愧疚。高中阶段,是我人生最重要的一个阶段,从懵懂无知的少年转变为恪尽职守的班长，从处理事情的无从下手到干练敏捷，从不孚众望到不负众望，这一切都是经过兰姐的千万次教诲与指导的成效。我在这段时间里，找到了自己的学习方法，学会了如何分配时间，领悟了如何管理一个班，也更懂得为人处事的道理。

不论在高中、大学，还是出来工作，每一个平台都是一个陌生的环境，学会如何在这种陌生环境中生存是成功的第一步。

来到国外读书，语言环境发生了巨变，并且也发现了很多中美在教育方面的不同。在美国的大学，每节课的平时成绩（作业、考勤、课内参与次数）在总评成绩约占比四分之一，这让学生在除考试之外也时刻保持着认真的态度，减少了临时抱佛脚的现象。除平时成绩外，每节课还需要学生各自组队并运用课堂上学到的知识完成特定的项目。考试占了总评成绩的大半，考试的内容与课上内容相差甚远，所以需要学生在课后花时间去钻研与做练习。美国的这种教育方式就如同你要鱼而我教你织网打渔，你想知道结果而我给你提供足够推出结果的各种信息，这就是启发式教育。

在加州大学伯克利分校的第一场计算机考试，自认为有牢固编程基础的我还达不到全班平均分。这是一个狠狠的教训，我不断地反思，主动认识学长学姐，向他们请教如何在伯克利的考试中拿到高分。最后得到的结论是，我只了解了课上知识的皮毛，课后没有认真思考并理解每个概念背后的含义。在改掉这些坏习惯之后，我以优异的成绩完成了这节课。

当到达一个新环境，我们都知道别人的思想和行为我们控制不了，而新环境也不以我们的思想意志为改变，因此，我们只能去适应，不妨忘掉之前的经历，树立信心，多向前辈虚心请教，留意观察。相互尊重是人际交往的基本原则。在美国加州，来自不同国家不同文化的人都聚集在这里，英语成了通用语言。在这个文化大熔炉里学习与生活，必须学会如何去尊重其他的文化与来自五湖四海的人们。在经历过相互尊重与被种族歧视后，让我更加坚信相互尊重的重要性。在大学第一个学期，每次数学考试都接近满分的我吸引了众多同学的目光。我并没有瞧不起那些同学，因为我知道每个人都有自己擅长的地方，我们没有必要把自己的长处与别人的短处做比较。在这节数学课上我也结识了不少本地的朋友，在课外我和他们讨论题目并向他们请教生活上的问题。被种族歧视的那一幕让我记忆犹新。当时，我与几个小伙伴晚上在街上走，有一辆车开到我们旁边，车内几个白人说出极其刺耳的种族歧视的话语并向我们泼了一瓶水，接着就扬长而去。这种事情并非单一事件，种族歧视的案件在全世界时常发生。出现这种状况原因种种，教育的不平等也是一个方面。教育不仅仅是让学生学会课本的知识，为人处事的道理，最重要的是让下一代懂得相互尊重与包容。

自我认知让我对人生有了更好的规划。自我认知需要了解自己的目标与追求，知道自己喜欢和讨厌什么。每个人的基础与天赋存在差异，当你了解自己，才能找到属于自己的道路。

在伯克利的这几年，我遇到了北大应用数学系尖子班前三的同学，正因为在国内的大学无法换专业，他在北大读完大三毅然决定来到美国从大一开始读他梦寐以求的计算机专业。我在伯克利也认识了另一位传奇人物，他在国内初高中都是在体校的足球班，之后进入国内职业俱乐部足球队。在退役后已经财务自由的他选择在洛杉矶的一个社区大学开始他的留学生涯。在外出参观加州大学伯克利分校的过程中，他坚定地跟同行的同学说他一定能考上这里。那些同学觉得他说的是天方夜谭，因为他没有初高中的正规教育，英语是来到美国后从最基础的英文字母学起，英语口语说不清。经过了奋斗，他最终是那个社区大学当年唯一一个进入伯克利的学生。正因为这两个同学了解自己，知道自己想要什么，今天才有如此辉煌的成绩，这给我也是相当大的启发。

美国大学本科会给学生足够的时间去选择自己喜欢的专业。刚上大学的时候，我对读什么专业还迷迷糊糊。由于第一个学期的课业相对轻松，在课余时间我看了很多大学的不同专业的公开课视频，想借此机会寻求自己喜欢的专业。当我看到了斯坦福的计算机入门公开课，我被深深地吸引住了。自此以后，我决定读计算机专业，并立志在将来成为一名软件工程师。

在经历了国内与国外的学习与观察，我发现身边那些了解自己、有人生目标的朋友会比其他人走到更快、更远。对于读研还是工作这个问题，身边有部分读计算机的朋友思考了无数夜晚。对于我而言，我更喜欢从事偏向于实际应用方面的工作，所以并未在这问题上耗费时间。也许当他们抛开其他人的决定，知道自己想要什么，自己喜欢做什么的时候就会更加果断。

很感谢兰姐在我高中阶段的悉心教导，培养了我良好的品德与能力，让我学到人生中最重要的知识和为人处事能力，让我经受了各种磨炼之后，完成了我人生中一次重要的蜕变。

"世上道路千万条，条条大路通罗马。"只要把握好正确的目标和方向，保持良好的心态，勤勉而坚定地走自己的路，不断地反思，就能走出困境，走向光明，走向完美的人生！

学生档案：叶浩蓝，男，江门一中2015届高中毕业，2018年12月本科毕业于美国加州大学伯克利分校电子工程及计算机专业。毕业后将在美国旧金山工作，任职Databricks的软件工程师。

教育的"芯片"是什么?

邓逸韬说:

　　教育的"芯片"是学生核心素养的培养,培养学生的诚信精神,培养学生做人、处事和学习的能力。这样,学生才有可能拥有安身立命的"芯片",才能有为家国驰骋的条件!

青心兰语:有些话,我只想对你说

　　狄更斯在100多年前曾说:"这是最好的时代,这是最坏的时代;这是智慧的时代,这是愚蠢的时代;这是信仰的时期,这是怀疑的时期;这是光明的季节,这是黑暗的季节;这是希望之春,这是失望之冬;人们面前有着各样事物,人们面前一无所有;人们正在直登天堂,人们正在直下地狱。"

　　亲爱的孩子,我之所以引用狄更斯这段话作为我的开场白,是因为没有什么更好的语言来表达我这段时间过山车般的心情了。从高考到放榜到填报志愿,人生所有的喜怒哀乐怨,全过了一遍。高考两天,浓缩了十二年寒窗苦读的莘莘学子的所有梦想与追求;高考放榜日,则是全民顶礼膜拜的"登基日",是真龙与锦鲤、凤凰与山鸡的分水岭;高考报志愿,则是所有"固化阶层"明暗心里较量疯长的日子。孩子,妈妈和你一起奔跑,从日管三餐夜管一宿,到高考餐的严防死守,到高考宝典的死啃烂嚼,无非也想"笨鸟"栖上"高枝",虽然"上帝为每只笨鸟都准备了一枝矮树枝",可是,我还是入乡不能免俗,我偏偏让你去够那根本不属于你的高枝儿,结果,你最终还是从不属于你的高枝上摔下。三年前中考分数出来,我还清晰记得那时候的你的表情变化,分数异于平常的高,那是你初三几乎不睡不喝而奋斗得来的"血汗钱",对于从未登顶高分的你,有那么一瞬间,你高兴得低沉地吼了一声"耶"!可是,这低调奢华的"一声吼"很快就戛然而止,当你朋友的分数更高的时候,当你听到最低的录取分数线为730分的时候,我可以清晰地听到你的心碎成一地玻璃的声音,以及由青紫变死灰的脸色,那是一个做母亲最心碎的颜色!今天,这种心碎的声又一次噩梦般响起,对于这个有梦想就有奇迹,有奔跑就有收获的日子,你又一次被现实的"虚假广告"骗得"血本无归",你用行动粉碎了"天道酬勤"的"谣言"了!

孩子，从放榜开始，你刚刚阳光了十天八天的脸又开始"十面霾伏"起来，其实，我深深理解你"霾伏"下的渴望有多沉重，深深理解你梦幻粉碎的绝望有多深，在这种灾难面前，我承认我们也是其中的因子。

因为我们出生连"中产焦虑"的矫情资格都没有，妈妈也是一个灰姑娘，也会做着穿上水晶鞋的美梦。当然，这种美梦一方面是寄希望于自己这个笨鸟，永远都在这个聪明人满街乱窜的当下"先飞"；另一方面，我也很世俗地"生一个鸟蛋"，然后把希望"寄托在下一代"的"优秀工程"的打造上。"一人之心，千万人之心也。"这本无可厚非，因为，在这个某某逆袭某二代、某云撼动某诚的年代，我们也很想凭借当初所生的"鸟蛋"成功"嫁入豪门"，能争取到"终于可以和菲利普王子一起到洛卡娜岛喝咖啡"的机会！说实话，在这个逼仄的世道中生存，社会比丛林还残酷，我也很想你有个海阔天空的未来，躲开荆棘丛生的"石屎森林"，没有爹可拼，只有寄希望于"拼孩子"，说不定出了一个"朗朗"，十几年的"高利贷"都会"连本带利"收了回来。所以，我们也一边安慰你"不要紧，努力就行"；而一方面，却暗中"加大力度"，分秒必争，马不停蹄地把你送到数学、英语、物理、化学等熔炉中车轮战般地锻造。你的明眸在一天天浑浊，你的镜片一天天加厚，然而，你为了父辈如山的希望，你咬咬牙，甩把汗，继续奔跑在路上，生无所息。

作为一个始终被辛劳挟裹着疲惫，神经纤细而又自尊的你而言，更沉重的压力是来自那种沮丧的现实与希望的梦想的矛盾。你寄居于重点中学的屋檐下，你的班级"星光熠熠"，你每天都有着在别人探照灯下的扫射中体无完肤的挣扎，周考月考模拟考，甲级、乙级、超级黑马风驰电掣，总让你这匹"功在不舍"的驽马疲于奔命而又无处突围。当你夙夜匪懈、无冬无夏地奔跑的时候，沉重的打击劈头盖脸接二连三来袭，你似乎从来没有在应试的田畴上收获过高产的杂交水稻！你的近视度数一路飙升，可是你的成绩却常常是此消彼长，偶尔一次单科靠前或总分突破关隘，你说话的声音都充满了悸动，甚至喜怒哀乐从不形于色的你也会绽放你吃上最喜爱的食物——"陈皮丝清蒸海鲈鱼"才有的腼腆笑容，虽然只是昙花一现，但也足以温暖人间四月的父母亲！

然而，亲爱的孩子，经过这十几年和你的朝夕相处，经过高中三年咱们"生死相依"，经过这十多天的跌宕起伏，妈妈从"初极狭，才通人"的思维关隘中突围而出，对你、对"成龙"、对人生终于有了豁然开朗之感。梦想实现时的欢颜固然重要，然而筑梦过程的汗水更加弥足珍贵。生命的成长是一个漫长的过程，咱俩一起趟过高中三年的褴褛岁月，妈妈因此塑造了更强悍的内心，更合理的教育观。我承认我不是超人，我是在一边流泪一边坚强中撕裂前行。刚开始的时候，妈妈也活得像个土狗，灰头灰脸，某领导任性地把教工子弟归类为"优之良品"和"纨绔"二代，厚此薄彼，寓贬于褒，一石三鸟地对"没雨伞不奔跑"的教工父母打脸。我不敢苟同成功学，但我并不拒绝成功人士给弱者输出的正能量，不会鄙夷颜值比我高又聪明又勤奋的人，可是这并不能因了自己的强大而践踏弱者自尊的理由，就像坐上"好人"的位置一样，并不说明评不上的都是坏人一样。可是，这个空间流动的就是这种空气，重点生、重点临界生、黑马成了这几年当之无愧的头号热词，壁垒分明地把你们分成了三六九等，作为头顶所谓 N 种紧箍咒摆在神坛上的妈妈而言，有一个欠缺光环的孩子简直就是被围观与吐槽的对象。这些"围观者"，也是"血统不同，阶级不同"，感情不一。有着和妈妈一样境况的人多是心照不宣，孩子的状况成为彼此从不掀开直视的"脓疮"，彼此都在龙应台的"即使你平庸，父母也未必失望"中含泪喝上几碗"心满意足"的"鸡汤"，在六神磊磊的"高考考不上，无非我这样"的自我开涮中"意淫"；某些资质平平、平庸半辈子的人，则因为生了一个"金蛋"，养了一头"公鸡中的战斗机"而从此"一人得道，鸡犬升天"；至于"龙生龙，凤生凤""老子英雄儿好汉"的黑松露般的人而言，与生俱来的"贵族气质"更是扑面而来：你儿子怎样啦，我儿子在世界 500 强公司任职！当然，恶意的柳妈也是存在的，但更多的是无恶意的闲人，故事"听到这里"，"往往敛起笑容，没趣地走了开去"或"脸上立刻改换了鄙薄的神气，还要陪出许多眼泪来"，或"特意寻来，要听她这一段悲惨的故事。直到她说到呜咽，他们也就一齐流下那停在眼角上的眼泪，叹息一番，满足地去了，一面还纷纷的评论着"。在强大的成功学的传销围剿下，妈妈也像六神磊磊笔下的老帮菜一样，严厉地传销着"完蛋论"：考不上重点大学，你就完蛋了；没有双学位，你就完蛋了；没考上公务员，你就完蛋了；没有注册会计师资格，你就完蛋了；没有评上优秀，你就完蛋。总之，你"这辈子很容易完蛋。"

　　孩子，我之前不是不明白，而是明白了还是要"昧着良心"地狱式的"折翅"训练，想让你给自诩聪明的妈妈贴上两片"高原红"。然而，现在妈妈终于明白，既然我们不是乌鹊，何必要做出"绕树三匝"的高姿？其实，努力奔跑，走到适合自己的位置，无论高矮，也就无愧了。这个世界上，总会有人天天吃鲍鱼，有人天天喝白粥，只要喝着白粥的我们，对白粥甘之如饴，坦然面对来自鲍鱼阶层的白眼扫描，那么，也就不会因为吃不上鲍鱼而一路发疯了！有时候，妈妈也会反思吃鲍鱼的心态，这是因为不少人多少都有名利之心，本来追求"鲍鱼人生"无可厚非，关键在于这个社会有点"老态"，那些吃上鲍鱼的鄙夷吃白粥的，那些吃白粥的因为吃不上鲍鱼而自卑或愤青。在这个全民很股市的年代，我们既没有"生产性要素"来占据高位吃上鲍鱼，也没有"破坏性要素"作做空股市走势的庄家，掠夺别人口中的鲍鱼，那么，也就只能远离上天遁地的"股市"，远离"价值投资"，把钱存到银行，旱涝保收，赚取二厘三分息。

孩子，理想与现实永远都是存在无法调和的矛盾。一方面，我们向往美好的理想，为做一个善良的"农夫"而孜孜以求；另一方面，我们又常常被救醒的蛇——现实致命一击。妈妈就是一个案例，在理想与现实中扭成麻花。我自诩清高，不爱站队，结果在"牛李之争"中"虚负凌云'数'丈才，'半生'襟抱未曾开"；一方面，我粪土着那些镁光灯下裤带比嘴巴还松的"高人"。可是当妈妈走正常渠道十天八天都无法搞好的事情，而"高人"眉眼之间就能化腐朽为神奇，一个小时就立马竣工；当我苦苦奋斗三年，三年不知肉味和你们同生死，共患难，三进医院都不下火线，可是高考数据仍然不能雄起的时候，你就会对那些曾经嗤之以鼻金蛋滚滚而来的"高人"俯首称臣；当我被作为"小金人"被众人一次又一次地举起，我却在壹号土猪高昂的价格面前羞赧而过的时候；当我筚路蓝缕为工作室做开荒牛并且依然高擎班主任语文教学的旗帜，而得到的回报居然是屡屡"被留级"的时候；当我"不解风情"地拒收"条子"罔顾招呼，而从此与某项评委工作再也无缘的时候……亲爱的孩子，在这个"最好的时代和最坏的时代"，不管是学校也好，不管是社会也罢，我们的道术走得太快，我们的灵魂却被落下，我们顺手一抄，都是一些谋生术防身术厚黑术，所以，无论我们做得多好，都会有人说我们做得不够好或做错了；无论我们吃鲍鱼还是白粥，都会有人嫉妒或憎恶；无论我们多努力多辛苦地工作或学习，都会有人嘲笑或鄙夷；即使我们什么都没有做，有的人也会无缘无故地敌视、排挤、抹黑……因此，在丰满与骨感的矛盾中，我们无须沮丧，因为我们很难讨好所有人，也没有必要让所有人满意，只要我们问心无愧、尽力而为，喝粥也可以仰起头来，低收入也可以把拧巴的日子过得充实。如果真有那么一些显摆的人，真有那么一些口叼鲍鱼当金镶玉的人，那么，我们把这些人当作丧家的资本家的乏走狗好了，"我们只需镇定地继续走自己的路，不需要害怕和理会他们的虚张声势"。毕竟，日子不是活给别人看的。孩子，只要明白了这一点，我们即使遭受指责、非难、讥讽、毁谤等，也不会太难过，也不会太挫败，也不会丧失信心，更不会把人生过得谨小慎微，像个装在套子里的人！

有人说，坚持做白雪公主，身边围绕的自然都是王子；尝试去做小红帽，也别怪前路是一匹匹大灰狼！亲爱的孩子，你是一位敦厚得无以复加的孩子，我知道白雪公主也罢，小红帽也罢，都不是你想不想做的问题，是根本有没有能力和机会去做的问题。十八年来，在应试教育的天空下，你无法号上脉，呼吸到属于自己的新鲜空气，一白遮百丑，一试定终身，让你一米八的个头始终没有昂首的资本。虽然，我们有"让懂的人懂，让不懂的人不懂。让世界是世界，我甘心是我的茧"的勇气，可是，我们仍然会有自己发不了光就拼命诅咒黑暗的时候。不过，亲爱的孩子，人生的苦乐很多时候都是自己的感受罢了，这和客观环境并不一定有直接关系，正如一个不爱珠宝的女人，即使置身比弗利山庄(Beverly Hills)这个财富与梦想汇集的伊甸园，也无伤她的自尊；满足于"狗吠深巷中，鸡鸣桑树巅"的人也并不艳羡任何学者的荣誉头衔，或高官厚禄。孩子，"你的爱好就是你的方向，你的兴趣就是你的资本，你的性情就是你的命运"，各人有各人的桃源，有自己适合并乐于安享的山水。正所谓"一支三叶草，再加上我的想象，便是一片广阔的草原。"所以，你无须因了某点技不如人而像首陀罗一样生活，低头做事，抬头做人，穿适合自己的草鞋，会不会更能安步当车？

孩子，十八年来我们总是一起出发，却各自掣肘。说实话，把你送到他方求学，这不但是你的抉择，也是妈妈的抉择，与其说，这是一场拼搏，倒不如说这是一场赌博，经济的压力不言而喻，儿行千里的担忧更是挥之不去的乌云，站立尚且困难的你要高飞，三餐并不富足的我们要勒紧裤腰，这些都是我们求学他乡最薄弱的链条，一旦掉链，后果不堪设想。然而，我们却犯难而上，淡忘着"股市有风险，投资需谨慎"的警告，执意去"融资炒股"，原因很简单，当你十八岁的时候不经历一个人的时光，三十岁时怎能有一个人的味道？"铠甲再厚也无用，伤疤硬实才防身。"（刘同）是骡子是马拉出来遛遛，你有追梦的勇气，我们有托梦的脚手架，希望助力你一程，你日后可以策马扬鞭，寒冷与潮湿，因为它逼迫着你去提升自己，去挣脱命运的枷锁。它会让你学做一棵树苗，在贫瘠的土地里不断地汲取营养，去迎接最后的挺拔！

到大洋彼岸去，并不意味着龙门的降低，因为"真正的龙门是不会降低的，要体会到真正的龙的感觉，还是要回去重跳那个没有降低高度的龙门"。所以，孩子，像傻子一样坚持，像疯子一样拼搏，时时保持着谷底的姿势，因为，无论怎样攀爬，都是向上的方向！

感谢你，亲爱的孩子，感谢你陪伴我一路走过的风景，如果没有你，我的人生也只是活不到三分之一的深度，我也无法在这个浮躁与功利的世界体会到把教育当手段的做法的痛心，也无法蹲下身子去聆听那些栖在矮枝上的鸟儿的鸣声，更加无法走进那些"低矮的灌木丛林"为它们争取到生存的阳光而思考和疾呼。孩子，我相信你温润如玉般的品质，这个时代毕竟还是最好的时代，一定会有你的发光的地方，一定会有你到达的高度，一定会有一批助你一臂之力的贵人，相信自己，你就是父母的传奇，也是我磕长头祈求的最理想的儿子的模样！

"世界以痛吻我，我要报之以歌。"亲爱的孩子，不管世界如何冰冷，请不要丧失了为人的善良、正直与感恩之心！

这些话，我只想对你说！

妈妈

2015 年 7 月 5 日星期天

TA 的故事

时光匆匆，俯仰之间，高中阶段已为陈迹。而我，也完成了留学澳洲的本科学习，踏上昆士兰大学硕士研究生的新征程。

谈起初来乍到澳洲的那些日子，事实并非想象中的那样一帆风顺。开始时内心还憧憬着未来的蓝图，渴望借此平台能一展自己的鸿鹄之志，甚至重整应试阶段的萎靡不振。可是，当你以为可以战胜所有的对手，你却还是被这个大时代所裹挟，踉踉跄跄，根本不是什么岁月静好的模样，唯一需要做的，就是学会迎风破浪。

首先，你必须接纳变化，打败自己，语言关就是一条蜀道。对于澳洲，我知之有限，只知道它四面环海，国土辽阔，并拥有很多独特的动植物资源和自然景观，享有得天独厚的气候条件。我憧憬着阳光海岸，我几乎来不及细想便投身到这个文化多元的国家。在大学校园内，国际留学生不计其数，而英语变成了所有人的共同语言，想要快速融入澳洲当地的学习与生活，语言与沟通几乎成了生存的一项技能。

可是，我并不是一个善于沟通的人。从小学到高中，任何一个阶段都坚持沉默是金的态度，且无论父母如何苦口婆心忧心如焚地反复强调沟通的重要，我依然故我，这使得我刚来澳洲之时经常吃哑巴亏，还要忍受着无尽孤独。第一天的开学典礼，看着班上座无虚席，四百多个同学彼此迅速点燃，积极地沟通介绍，我却寂然不语。颇为抵触这种纷扰喧闹的场面，冷脸贴笑脸，当然，能量是守恒的，你有多冷，你得到的也有多冷。不接受变化，活在自己冰冷的世界，最终导致我在第一个学期基本上"石化"。那可真是一段最黑暗、最压抑的日子，抛开繁重的学业不说，平日里基本没有倾诉对象，也没有人会像以往父母朋友那般对自己嘘寒问暖。"在汹涌拥挤而不断前行的人海里晃荡"，"每个人都想找出自己的出路"（歌德《意大利之旅》）而我则常常于夜幕下茕茕孑立，街上越是嘈杂与喧嚣，越显得自己的孤立无援，像极了微信登陆界面上那个眺望蓝色星球的孤独小孩。生活至此，崩溃无声！庆幸的是，我遇到了人生道路上一位举足轻重的导师。她是我们会计主修的一位导师，为人温厚仁爱，如沐春风。起初，我选报她的课完全是被她风趣幽默的讲课风格以及其口碑所吸引。她的课最鲜明的特点就是经常通过师生互动来活跃课堂气氛，以及提升学生对每个知识点的消化能力。当时在只有我一个华人学生的情况下，我连开口打招呼也变得极不情愿，更别提与他人互动了。于是，我俨然成了班上的"边缘人"，几堂课下来，对知识的掌握也愈发变得困难。而她，或许早就注意到了我课上的沉默寡言，在了解到我的现状后，她主动担起了我的辅导老师与心理医生职责。在与她的数次交谈之中，我汲取到的不单是知识，更是她丰富人生阅历所积淀下来的价值观、人生观和世界观。至此，我才深刻地意识到，"虽然生命从来不曾离开过孤独而单独存在"（加西亚·马尔克斯《百年孤独》）。但是，"没有谁是一座孤岛，在大海里独踞"，而沟通则可以把"一块小小的泥土，连接成整个陆地。"沟通意味着一切，一意孤行只会使得生活举步维艰，与他人渐行渐远，甚至被社会所淘汰，正如托马斯·巴楼所言："在太空时代，最重要的空间是存在于耳朵与耳朵之间。"到了学期的后半段，我通过参加学校的一系列社团活动开始结识了不少同学，他们中有本土人，有来自日本新加坡等地的亚洲人，也有来自美加地区的留学生。通过与他们的进一步交谈，不仅使得我在口语上突飞猛进，更赋予了我一份与人交谈时的从容与自信。我开始在课上变得积极主动，也乐意与老师同学进行互动，渐渐地，我在沟通中找到了自己所期盼的世界。学期末，我以班上第一名的成绩结束了该门主课的学习。

在其他科目的学习上，澳洲的教育更重视学生的语言表达能力。从文凭开始，我们基本每学期至少其中三门课都含有上台演讲的评分要求，有的还不止一次，从数分钟到数十分钟不等，而这些评分最终要被纳入总评，权重大。这对于平日里早已惯于出口成章的澳洲本地学生而言不足为惧，甚至对于其他国家有过历练的留学生来说亦不至于到惶恐不安的地步。然而，相对于表达能力较为逊色的部分中国留学生而言无疑是个较大的挑战，甚至有些留学生，畏惧殊甚，两股战战，口齿不清，逻辑不明，过程仿如一辆破旧的二手车在泥泞崎岖的山路上挣扎前行，狼狈不堪。所以，成绩好而一白遮百丑的做法在澳洲这里的学校成不了"尚方宝剑"，只有乐于沟通、善于表达的学生反而更能入师生的"法眼"。

对于演讲，不得不提一下我的母亲兼高中三年的班主任兰姐。幸运的是，我不但是兰姐的儿子，而且还是她的学生，当然，我一直还是她骨灰级的粉丝。高中阶段我在一票难求的情况下，挤进了兰姐的门下，并得益于她的前瞻的教育理念，她文道结合，寓教于乐，重品德、重思维、重能力，课文剧编演、作文擂台、反思文学、走心班会、"今日我当家"等对我辈影响深远。譬如课前五分钟口头训练，分上、中、下三段，凡入门者根基不深理应从下段习起，自挑话题，配以稍长时间，如此每人一巡，视情况待学生口舌之功稍有起色，再无含糊其词之时，便可进入中段训练。中段限定话题范围，神情、动作、仪态、表达要求更高；时机成熟后，就开始"虐心"的上段模式，随机抽号，随机抽取固定话题，三十秒思考，五分钟演讲。刚开始，大家都如临大敌，可是，经过反复训练，不少同学舌灿莲花，妙语连珠，口头训练成了班人最期待的盛宴！而我亦有幸耳濡目染，虽未能舌战群儒，但应付课堂上的演讲也能差强人意。

其次，要适应散养，锻炼和提升自学能力。批判性思维和开放性思维对很多在澳留学生来说是两座大山。而这两种思维的普遍题型均存在于论文与考试中，灵感的获取还需进一步通过阅览大批量相关书籍以及浏览无数网页自学后所得，其过程往往烦琐无比，更别说每学期还需面对不止一次的论文加考试，不少学生倍感压力、几近崩溃。在这种情形下，我们依然要完成至少两门主课和两门选修的学习。

而在我刚开始时学习尚未进入状态，再加上每节课都要消化一百多页的PPT内容，俄而便已心力交瘁，只想缴械投降，更别说挤出额外时间去阅读教材以加深对每个知识点的理解。在澳洲学习，讲究的是独立自主，讲究的是放养甚至散养，师生之间、同学之间似乎没有什么交集，除了上课刷刷脸（有些同学甚至脸都懒得刷），之后就是"各干各的一份事"去了。因此，面对学习的困难，能请教到老师和成绩好的同学的机会罕有，更别提习惯"圈养"的"来自星星的"我。最初一个月，我"居则忽忽若有所亡，出则不知其所往"，老师讲过的话基本从左耳进，立马又从右耳钻出，撰写出的报告也是天女散花，不着边际。

不从俗浮沉，不与时俯仰，就要迅速调整姿态。我在连滚带爬了一段时间之后，逐渐摸出了学习的一些门道：其一，对于大课的知识点，由于内容过多，且不都是重点，我会提前进行选择性的记忆与针对性的学习，查阅相关的资料以辅助理解，到了课上再针对预习时不熟悉的内容听取讲解，并巩固熟悉的点，课后再以知识网络的形式输出；其二，在巩固完大课的知识点后，我会做相关的小课要求的练习题，相关错题改正后并在小课上尽量跟随老师的思路再解一遍题，力求加深对此知识点的理解，使得每一个点都能入木三分。这样，不仅使得我对每一个重点知识都有较深的理解，而且极大地提高了我的学习效率，我对学习从未有过的得心应手，从而也"偷得了"更多的浮生半日闲的生活。

第三，诚信是立国之基，做人之本，对于游学于外的学生尤其重要，因为这不但是个人的脸面，还关乎"国脸"。澳洲社会风气淳朴自然，人与人之间大多不虚伪、不做作，讲究诚信，学生个人的能力不同，但是，倘若不以欺诈等手段谋取"福利"—好成绩，学校概能"温柔以待"；虽学业平平，往后亦能"笑傲江湖"。而我们有些留学生，屡屡传出代上课、代作业、代考试等消息，即使冒着轻则挂科重修，重则驱逐出境的危险，也未能遏止其以身试法者，着实令人感慨嘘嘘！

所以，我们更应加大对诚信教育的力度和深度，而不能浮光掠影。诸如早期《皇帝的新装》等入选教材的童话故事，其实也并没有真正让孩子意识到谎言的灾难性后果，甚至在教授过程中只偏重章法技巧的分析。当然，现实中不诚信的行为付出的代价往往也是"皮外伤"，偏重道德的谴责而非惩处。阴阳合同、偷税漏税、假疫苗……折射的恰恰是由于缺乏诚信的损人利己行为，以及诚信教育缺失的问题。"商德唯信，利末义本"（《吕氏春秋》）信在前，利在后，诚信才是根本。

最后，我以没能活成兰姐引以为傲的传奇深感遗憾，但是，我侥幸活成了兰姐喜欢的模样！在我的成长道路上，兰姐一直强调有愧于我，她忙于工作，让我的童年几乎是与一堆各色各样的玩具共成长。即使高中三年，兰姐还是厚彼薄此，我的思想工作她放心地托付给父亲，而其他学生的思想工作她却"亲自操刀"。虽然这样，但兰姐对我的影响是巨大的，她从未因我的成绩问题而批评我，却曾因为我撒谎而半夜惩罚我写反思；她从未因我是她的儿子而偏袒溺爱，相反，她会抛下发烧的我而忙于照顾其他生病的学生。她重教书更重育人，她把班级的"道德之星"高高挂在墙上，让差生能够响亮说话抬头走路……也许，母亲并不完美，可是她的正直、仁爱、睿智、幽默、豁达、勤奋、善于反思等个性品格，却是我能想到的最理想的母亲形象！我想，在母亲这种无须声张的力量面前，任何辞藻都显得苍白而单薄，任何修饰都显得累赘而徒劳。

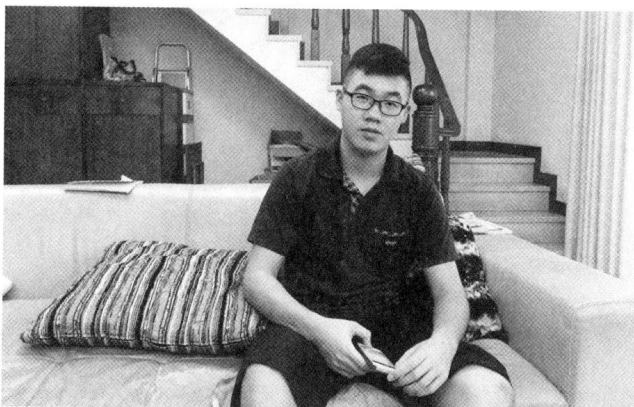

学生档案：邓逸韬，男，江门一中2015届高中毕业，现为澳洲昆士兰大学在读硕士研究生。

153

第二部分　今天，我陪你长大

　　柏拉图认为，把灵魂中原来没有的知识灌输到灵魂里去，就像把视力放进瞎子的眼睛里一样。事实上，教育只是把这种能力引导到正确的方向，由看洞壁影像（个别事物）转移到看太阳（向善），教育就是促使灵魂的转向。

　　说得多好啊！我们的教育，并非万能；我们的教育者，也非"挟泰山以超北海"，无所不能。可是，很多时候，我们都在做着日凿一窍的事情，想当然地认为"鲦鱼出游从容，是鱼之乐也。"还为此滔滔雄辩："子非我，焉知我不知鱼之乐？"教育，弊端在于"太能为"，似乎每一朵云彩，都是菩提老祖的筋斗云；每一记钟鸣，都是震古烁今的黄钟大吕。我们的教育，承受不了多少的静默，总需要有一点声音来拯救。殊不知，"蝉噪林愈静，鸟鸣山更幽"只是文学的审美，现实的教育，如若动静过大，反而愈不见"林静"和"山幽"的风致了。

　　最重要和最有用的教育法则，不仅不应该聒噪非凡，而且还必须漫水深藏，静水流深。我们曾用泥土塑造的教育神像，反复地塑了又捏碎了。那是因为，你总想证明：你的眼波里有我摇曳生姿的教育倒影！

　　其实，最好的教育，需要的是静静地陪伴。如陈奕迅的深情告白：

　　陪你 / 把彷徨写出情节来

　　陪伴你 / 一直到 / 这故事说完

2011年9月5日 跪下身子看孩子的世界

今天，我是本班最后一个报到的人。我处理完母亲的后事，带着漫天的阴霾，走进了2014届（9）班的课室。据说这是全级八个重点班之一，曾拥有过免中考搭直通车昂首阔步踏进重点中学的辉煌历史。他们的历史渊源对我而言是"一穷二白"，除了姓名和性别，他们的"英雄事迹"全都在这场透明的暗箱中操作掉。没有过去的人是苍白的，也是可怕的。对于一个暮气浓重的我而言，泯灭了年轻时盘龙峡漂流的"野性"，面对60个"苍白的学生"，我不知道应该怎样还原他们的斑斓色彩，又或许应该如何涂画"这片洪荒大地上的印迹"。我感到一种莫名的惊悸，就像盘旋在科罗拉多大峡谷的直升飞机，虽有俯视之高度，可你永远无法逼视"那条桀骜不驯的巨蟒"，无法探测那诡秘而充满魔力的深渊。

我的脚步划过走廊，挨着过道的一个学生在伏案而眠。我轻轻地步上讲台，比以前任何一次迎接"新人"都要来得波澜不惊。年年的送往迎来终于把我稚嫩的心房磨出一层厚厚的老茧，像潜伏的余则成，有着"闲敲棋子落灯花"的淡定从容。我扫描了一下全场，黑压压的学生直抵讲台与后墙，像个罐头密不透气。我把凌乱的讲台一一收拾，然后别有深意地问："你们刚才看见老师做了些什么？"结果，学生的回答令我很讶异：有的说"没做什么"，有的说"看见你理了理发鬓"，有的说"在眨眼"……只有两位女生回答"看见你在收拾桌子"。我表扬了她们，并从细节谈起，说明细节决定成败的道理，并开启了第一次"故事叙述"：1986年1月28日上午，美国航天飞机"挑战者"号（Challenger）从佛罗里达州卡纳维拉尔角肯尼迪航天中心的发射架上升空，73秒钟后突然爆炸，7名机组人员全部遇难，其中包括美国37岁的中学女教师麦考利夫。价值12亿美元的航天飞机被炸成碎片坠入大西洋。而造成这场灾难的源头仅仅是一个O型环的材料缺陷。由于航天飞机发射时气温过低，寒冷的天气对火箭垫圈产生影响，最终导致爆炸。其实，这就是一个涉及细节的问题，所有重大的问题都没有疏忽，可就是忽视了低温天气对这个"稍有缺陷"的O型环影响的风险，结果发生了这场貌似意外的灾难。同学们都静静地听着，没有我想象中那种"呵呵"的热烈，甚至连一个故作惊讶的表情都没有。

说实话，我很相信一见钟情，可是，第一眼我就感觉这个班不像我的"菜"。睡觉、垃圾满地、缺乏观察、无动于衷，难道这就是传说中的重点班？可是我必须动筷。

　　如果跪下身子看孩子的世界，学生也许会感到老师过于浅水看虾。这个世界本来就是纷繁复杂的，一只眼睛看世界永远都看不到一个完美的世界。蛙声固然聒噪，可是"稻花香里说丰年，听取蛙声一片"何尝不是稼轩之乐？学生趴桌子睡觉，是不是不习惯全新的寄宿生活？缺乏观察，是不是多年的应试教育剥夺了他们观察的眼睛？垃圾满地，是不是我们的父母、我们的老师也曾有"垃圾不用扫，唯有读书高"的"潜规则"灌输？孩子并不知道成年的世界发生了什么，他也很难揣摩我那五味杂陈的滋味，他只知道我的世界并没有改变，轨迹将一如既往。

2011 年 9 月 26 日 多看了一眼

这是一篇有点久远的文章了。文章的作者，去寻找他所预设的那个懒惰混日子的"主人公"，结果符合预设——"一个满脸乱胡须的老人，穿着一件褐色的工作服，坐在一把椅子上为一小块马铃薯地锄草，在他的身后是一间没有油漆的小木棚。"可是，当他满脸鄙夷准备转身离去之时，他又"从另一个角度朝老人望了一眼"，这才发现"老人的椅边靠着一副残疾人的拐杖，有一条裤腿空荡荡地直垂到地面上"。顿时，"好吃懒做混日子的人物"一下升为一个"百折不挠的英雄"形象了。今天，我也因为多看了一眼，便有了这个故事。

有一个 N 姓的男生，他要求做临时班干部，却从不按规矩出牌，午读喝饮料，自修讲话"越位"，不交作业，上课睡觉，课间迟到，说话高调张扬。他身边聚集了一些粉丝，整天谈一些吃喝玩乐的话题。更有甚者，为了好玩，他曾把一个生日蛋糕涂抹在另一个学生的身上、床上以及被褥，使得该生睡不了觉，最终惊动家长当夜接该生回家。这件事情，还在全校通报批评。当时的我，也颇为费解：作为一个重点生，还真的做出"非重点"之事？尤其看到他写给级长的三份检讨书，积极检举他人，反思自己马虎，反复强调自己的被动，反复强调被欺负的学生家长不追究责任，希望能够得到级长的宽大处理……自始至终，并没有意识到问题的严重。为此，我严肃地批评教育他，并连续开了两节课的班会，就此事展开讨论。最终，他也向全班道了歉，被校停宿走读半个月。事情到这里似乎也算处理完毕了。可是，在处理事情的过程中，经过和 N 同学和他母亲的多次打交道，我才了解到他的生活状况。原来他生活在一个离异家庭，父亲母亲都各自组建了新的家庭。N 同学有家难归，只能寄宿在保姆家中，缺失家庭情感。他有一点小聪明，父亲又许诺不久的将来，他可以绕开高考这根独木桥，去国外走阳关大道。所以，家庭教育的缺失，造成了该同学自我中心、目无纪律、玩世不恭的状况。了解到这一切，我深感汗颜。我总把看到的角度当成是全部或者是正确的角度，这也许是"白眼之下，难有好生"的最好注脚吧。从今天起，我应该更多地从这个学生的成长环境出发，更多地采取关心的态度，甚至鼓励他的英语兴趣，让他当上英语课代表，以荣誉去规范他的行为。站在他的角度看问题，希望一个缺乏家庭关爱的孩子，能在老师的多看一眼之下，从此会有不一样的颜色。

2011 年 10 月 14 日 学生虽无字，常读便是书

每一位学生，都是一本无字之书。

有一位 Y 姓学生，一个月之内的作业累计有 19 次缺交，而且没有任何的解释或愧疚。对待这种前所未有的情况，我很是纳闷。后来，我单独约他到办公室聊天。谁知道他一踏进办公室，就开始哭泣，无论我怎么哄他，他都是以抽泣来代替说话。为了搞清楚他缺交作业的原因，我给出了 20 多个选项，"作业是不是太多了？""是不是太难了？""是不是不懂？""是不是老师的要求过分了？"……他咬紧牙关坚持摇头，10 多分钟过去，他终于说出三个字"做得慢"。然后，我又询问他做题慢的原因：是否"不会做？"是否"成为一种习惯了？"是否"书写慢？"……他摇头否决了我二三十个备选答案后，终于又吐出三个字"不知道"。我不死心，对他说任何事情都有前因后果，我们只要找出原因，就可能避免出现相类似的现象。可是他除了摇头就是抽泣。我转换话题再次询问：为什么老师还没开始问，你就一直哭？他又摇头。我说，你能用语言表达吗？他又摇头。没辙，我又给出了几十个候选答案。他一一摇头，二十分钟，终于又挤出了三个字："脸皮薄。"后来我想，与其这样胶着状态，不如日后动用他的好朋友做他的思想工作，从外围入手可能会让他袒露心声。于是，我又试探地问"你来到这个班有好朋友吗？"他点头，我又追问"和哪位最好？"他又摇头，为了套出他的"同党"，我一一把全班的名单罗列。他摇了十几分钟后，终于吐出了三个字"L 某某"。最后，我告诫他要开开心心过日子，勤勤恳恳去学习。谁知道他又摇头，我很惊讶，说：开心过日子都做不到吗？他点头，我追问"为什么"，他又摇头，摇了十来分钟，挤出最后三个字"做不到"……一个小时左右的谈话，我出了近 100 道的选择题，他除了多次的摇头之外，就只挤出了上述 15 个音符……

每次师生谈话，都是矛盾体在释放，忍住了，你是天使；忍不住，你是恶魔。

当我耗尽洪荒之力，打着"为你好"的旗号，都难于撬动这个学生的金口时，我望着他远去的身影，一刹那，我突然领悟了：这个身高只有 1.5 米左右的男孩，在如林的小鲜肉之中，"乐景哀情"的身高，是否成为他沉默是金的因子？我骤然想起他在班干竞选中说过的一句话："我没有外貌，没有身材，你们可以叫我打酱油！"是的，听其言，观其行，可见这个身高的阴影像个鬼魂一样吞噬着他的内心。如果我们

能站在他的高度去窥探他的内心世界，我们也就不难理解他人际交流的障碍，以及用极端自卑撑起的极端表现。

对于教育，我们诚惶诚恐，我们小心翼翼，我们毫无保留，却不一定就能把爱，变成相爱。因为，很多时候，不懂学生，仅凭悬丝把脉，我们只能一本正经地胡说八道。

2011 年 10 月 16 日 每一个班级都有可能是上帝失败的作品

刚开学的时候，我满怀憧憬在脑海里刻画了一个重点班的宏伟蓝图：学习好，纪律严，悟性高，精神饱满，斗志昂扬，意气风发。可是，想象很精彩，现实很残酷。接触之后，我明显感到一种巨大的落差：空有重点班之名，而全无重点班之实。他们所有的硬件都在发软：学习上，从分班前的唯一一次可以看得见的成绩看来，可以说惨不忍睹，中英数三科总分最高的 179 分，最低的只有 108 分，数学 47 分就是全班第一名；纪律上，住宿纪律一路红灯，离开了父母的监管，个个如断线风筝般漫天飘散。"牛肉干"（班级扣分单）如雪片飞到我的桌面；作业迟交缺交成了普遍现象，甚至有一个月内缺交 19 次作业的记录；早读作为早餐的佐料；集会姗姗来迟，还推搡不迭；自修课上抛掷纸团、交头接耳、串位；班干部则在"沸腾的粥里"添油加醋，乐在其中；语文测试上用手机上网作弊；上课一片寂静，球场伤兵满营……这完全颠覆了我心中构造起来的春秋大梦！我的心游走在重点班的美梦与伪重点的羊肠小道上，像中了玄冥二老的玄冥神掌，煎熬在冰与火之中。

我从来不敢揣测学校的英明决策，在生源抢夺如白刃战的今天，没有比"让利优惠"更好的"促销"措施了。更何况周边城市已对我校造成三面围剿之势，唯一出路就是身后的一面大海，不破釜沉舟，只能成瓮中之鳖。可是，难于相信的是，我们的形势比"四面楚歌"更严峻。在"市场经济"的大潮中，"阳澄湖大闸蟹"都游过了山的那一边，剩下的小毛蟹被某些"不法商家"印上激光标识，然后戴上标识带和"戒指"。更难于驾驭的是，这批戴着"推荐生""重点生"头衔的孩子，躺在光环里沾沾自喜，全然不知这头顶的金冠不是钻石发光，而是太阳照在秃顶上的幻象。因此，我的教育就进入一个很尴尬的灰色地带。如果是货真价实的重点，你完全可以凭借人品、才情、学识酿造一个强大的气场，成为他们的精神领袖，以点带面、提纲挈领地把班级治理得井然有序；如果定位为一个后进班，那么我们在定规矩之时懂得打感情牌，让"阴生植物"得到阳光，从而培养成"向阳植物"。可是，这种"无间道"的班级，高不成低不就，软硬不吃，只吃自己一套。因此，我只好慢慢摸索，站在他们的高度上，去探索班建工作和教育工作。

有一首情诗，唯美动人：你的眼睛 / 那么好看 / 适合装下所有深情 / 你的鼻子 / 你的耳朵 / 那么好看 / 适合听上一生的情话 /

可是，不是所有的尖刀班都是杀敌的好手，甚至连"切腹自尽"的勇气都不如普通班。原来，每一个班级都有可能是上帝失败的作品。或许，对面敷粉，你的价值就从此体现！

2011 年 10 月 18 日 每一种仪式都需预演？

今天下午第三节是高三学生的成人宣誓仪式。本来这仪式的参与人员只限于踏入成年的 18 岁学生，可偏偏有些头脑过分活络的人觉得这是一场难得的思想教育盛宴。结果，家长来了；结果，高二十六七岁的学生来了；结果，高一十五六岁的学生也来了。当然，这种教育的动机无可厚非，每一个细节都应该成为教育的契机。可是问题是，谁也没有求证过这个契机是否管用。就像未成年人去参加成年人的婚宴，观摩次数多了是否也懂得婚姻的真谛？

冒着依然火辣的秋日阳光，站在偌大的足球场上，高三 18 位学生代表在蓝天丽日下复述着别人的誓词，开启着自己的人生故事。讲台下，少不更事的高一、高二学生在开心地说笑，一位家长代表铿锵的语调配上不在调上的广普，让这些看客多少有了点鼓掌欢呼的借口。我们班那几个没事都找茬儿的"混混"更是笑得前仰后翻。在我头顶丝丝作响的白烟中，在我"寒气森森"的"扫视"下，他们僵化了笑容。

在我还在"怒视"的时候，学生已经跳将出去。原来，我还没有理清头绪的宣誓，在我瞑目的瞬间已经圆满结束。学生瞬间"射向"为数不多的篮球场，这些有着"火拼"经验的学生，早练就了"汤普森瞪羚"般的速度。

一天的"对峙"眼看消失于无形，我长长地呼了口气，走向那汪最能安抚人心灵的清池，一天的疲惫，全揉碎在荡漾的清池里。

我承认，"生活往往庸常，但我们又常常不甘于庸常，所以，我们需要必要的仪式感来唤醒内心的渴望与动力。"如"沐浴焚香，抚琴赏菊"，这是你对生活的热爱，对幸福的敏感。如果，在盛大的喧嚣后，我们的内心更加沉潜，我们在认真地与过去告别，我们将开启自己人生的新纪元。那么，"活之有仪，幸甚至哉！"

2011 年 10 月 20 日 谁让你丢掉感恩之心？

18:20 了，我正准备回家的时候，一位 L 姓的女生打来电话，充满亢奋地叫我快去篮球场，"（9）班与（3）班激战不下。"我一听，赶紧跑到篮球场，暮色四合的球场，周边一溜是楚汉两边阵营的啦啦队，（3）班男丁摇旗，（9）班女将呐喊。球场上，12 个"模糊的身影"在争抢着一个"模糊的"篮球，在"视野收缩"的情况下，拼抢、传球、上篮。接近尾声的时候，陈同学倒下了，腿部抽筋，脸色铁青，躺在水泥地上，在同学的揉搓之下，还心系战况，狂叫"黄某某上""上上上，别传球"……活像个从拉斯维加斯赌城赌输了钱的赌徒，失心疯了！当最后的哨声响起的时候，郑同学又倒在了篮球场上，腰椎旧患在这场"生死决战"中复发了，当场动弹不得，只好从医疗室借来担架"搬运"！看到伤的伤，倒的倒，不倒的匍匐在地，真有哀鸿遍野之感。

没有饭吃，没时间洗澡，很快就要到晚修的时间，看着这满营的伤病号，我的爱心又开始泛滥了，虽然我也还没有回家，没有吃饭，但是，我还是心甘情愿地开车去买了 8 个外卖，到超市买了两瓶大可乐，外加家里的一些土豆丝，"风雨兼程"地送给这些为篮球事业拼了命的学生。作为班主任，这样的"走狗"生活永远都不会结束。某些学生，他们"吩咐"我买苹果要"脆口"的，买"红牛"要"最贵的"，买盒饭"蔬菜要最翠绿"，买肠胃药"要最好的"……当我从城市的各个角落买回这些"最产品"的时候，他们怡然享受，"不计回报"，甚至连"谢谢"都免掉了。

这种"安之若素"的态度曾让我倍感受伤，虽然付出不求回报，可是常怀感恩之心，是我们人生必修课，也是人心温暖社会和谐的关键。近日来，佛山女童悦悦连遭两车碾压，十八路人见死不救的"新闻头条"在成为滚烫的岩浆，灼烧着每个人的道德神经。老年人跌倒该不该扶，华丽变身为"恢复高考以来最难的选择题"。卫生部参考了《高考宝典》，公布了《老年人跌倒干预技术指南》，从医学角度说明了老人跌倒的施救方法。可是，谁都不希望自己成为第二个"彭宇"或是"许云鹤"。扶起老人并不难，难的是扶起了别人而不要跌倒自己，一部技术指南能医治社会的"扶老人恐惧症"吗？法律缺位致使道德的萎缩：伤不起的道德，扶不起（赔不起）的良知。据说救起女童悦悦的是一个拾荒阿姨陈贤妹。这个没文化不识字的阿姨，"什么都没想，下意识地走上前救人"。这道难题居然让一个"没文化的人"轻松解开，是可喜还是可悲？社会各界有识之士纷纷剖析小童事件的背后，他们把手术刀狠狠地刺向了"法律""管理""制度""家庭"，唯独没有刺向学校教育。当然，学校教育不是万能，不可能为一切社会行为慷慨买单。当我们指责法律的漏洞，制度的缺失时，我们的学校教育是否能站在道德的制高点而牛气十足呢？社会也是教育的讲坛，是全民教育的熔炉，更是学校教育的延伸。比如整治"地沟油"，当我们不从"唐古拉山（发端）"上抓，而从"大海（终端）"惩处，最终结果"大海有着一时的澄清"，可是改变了流向的"地沟油"依然从四面八方流入"大海"。所以，法律是必要的，制度也是必要的，但是最重要的还是要"击中"人最柔软的心灵。毕竟法律惩处的只是少数的作奸犯科者，中国历来占多数的都是一些"无恶意的闲人"和一些"麻木不仁的庸人"！

因此，教育的真谛就是要把这层心脏的老茧泡软褪去，把"类人猿"培养成真正"直立行走的人"。然而，我们的教育也还处在"脱贫致富"阶段。我们的教育手握四颗方糖，可是，第一颗，奖给了高考状元；第二颗，奖给了"奥数"种子；第三颗，奖给了"亚太区英语竞赛"头号选手；第四颗，奖给了在"模拟"考试中的第一名。而对于"打架的孩子"，对不起，糖是一概不给的，"罚扫厕所"是最轻的惩戒。四颗方糖投进教育的池塘，发酵成红（领巾）和黑（领巾）两大阵营。当性本善良的"陈贤妹"们踏入学校的大门，"有德无能"的人们佩戴上黑领巾，性情难道不会大变？当我们的素质教育成为我们一个美丽而羞涩的梦，当我们的应试教育发育成一个诱人蛋糕的时候，我"自负盈亏，甘做走狗"的行动得不到半点的感恩，也就有了一个较为合理的注脚，十八人冷血面对被碾两次的小悦悦也有了合理解释！

2011 年 10 月 19 日 听取"蛙声"一片

很多时候，班主任似乎拥有阿 Q 式的自由，"喜欢谁就是谁"，想干嘛就干嘛。这种天马行空的念头固然可笑，但是教育确实存在着这样一个困境：孩子的教育究竟谁说了算？教师？家长？学生？……学生的教育难，我觉得有一个很重要的原因就是七嘴八舌、指手画脚的人太多，让教育的方向左摇右摆。班主任家长化，家长教师化，让一件简单的事情变得像千足虫一样纷繁复杂。

今天，因为某宿舍的男生多次触犯学校住宿条例，经批评教育没有改进，所以动用班规进行处理，要求走读半个月，但由于五邑生存在走读困难，故采取了其他相当的处理方式免除走读。对于这个处理，是该宿舍一致建议并表决通过的。谁知道平地起波澜，其中有一位家长，从中午十二点多到晚上八点多的一段时间内，多次电话联系，阐明自己的教育观点，无外乎"家长没有这种心理准备""走读对小孩影响大""处理要公平，班干部不应该负最大责任"等等。应该承认，这位家长并不蛮横，可是对处理自己儿子却有着异乎寻常的执着。她软磨软泡，目的是想我放弃惩处其孩子的决定。这可让我为难：有令不行还要令干什么？如若屈于家长的"高压"而放弃了原则，何以服众？在我唇干舌燥的情况下，经过一天一夜的思索，我最终还是向家长"缴械投降"了。那一刻，有一滴眼泪从我的脸庞滑落。

本来，目前的应试模式就已经让教育沦为"中国式的男足"，耳边听取"蛙声"一片。你即使为捍卫教育的尊严而效仿屈子"宁溘死以流亡兮，余不忍为此态"之孤高，但在强大的世俗面前也只能以"畏罪自杀"而告终。至于自杀十几刀才死去的教育神话当然会为"围观网友"提供最好的话资。

2011 年 10 月 25 日 没有不逐光的青春

"这一刻，我们紧紧相拥，这一刻，我们激动满怀，B505、B506 今天评优了！在 A、B、C 三座楼仅有的四个优中，我们 B505、B506 就占了两个！我激动得说不出话来！杨老师，这对我们是多大的激励！"（13:05）

"B505 在杨老师的英明领导和全体舍员的共同努力下，终于得到了！！优！！(^o^)"（13:20）

中午一点多，正在匆忙地扒着饭的时候，两条短信"鱼贯而入"。当时，感到心头一热，似乎一股强劲的墨西哥暖流环绕全身，瞬间跌入幸福的漩涡。开学以来，我使出了浑身解数，把"少林的地堂功、象形拳、铁布衫"练得左右翻飞、上下沉浮，把"武当太极拳、五行拳、玄武拳"练得形顺体松，气通力沉，遵循着攻守进退、动静疾徐、刚柔虚实的"武术套路"。可是，襄王有梦，神女无心，我的拳掌棍术恍如击入一团棉花，没有着力点。该扣的分还是扣，不该扣的分也还是扣，扣 1 次小菜一碟，多次反复扣、扣反复还要酷，"反思文学"（检讨书）玩得滴溜溜转。我每天出现观山非山、观水非水的幻觉。挫败吞噬着我的魂灵，让我常常游走在躁狂与抑郁之间，难得有半刻心静如水的感觉，每天都在迟到、关灯、头发、纸屑、手机等问题中团团转。班级一些核心力量（班干部）也积极参与到这种扣分的狂欢活动中，"南村群童欺我老无力，公然抱茅入竹去"。我天天"大闹野猪林"，可是我手中的"禅杖"却始终无法抢起，年龄摆在那里，"唇焦口燥呼不得"，只能"忍看对面为盗贼，归来倚杖自叹息"了。

"心在红尘中沾满尘埃，不能辩识来去"，疲惫的心灵，常常使我徜徉在"历史的入口"，去找寻老屋子锁住的一帘幽梦，以及幽幽雨巷尽头的那一抹阑珊。

我看到了 B505、B506 这两个扣分严重的宿舍原来也那么重视名誉。后来，我在午读的时候回到班课室，当时 60 位同学非常亢奋，静静地等着我。当我把短信读出并宣布为他们的德育加分的时候，全班掌声雷动，像过年一样兴高采烈。

2011 年 10 月 31 日 13:12，我又收到一条短信，内容如下："杨老师，我已经出离兴奋了！在本月的最后一天，我们迎来了新时代的曙光，在全校男生宿舍，仅有我们 B505 和 B506 获得'优'！！！如果把 9 班比喻成中国改革开放，那么我们 B505、B506 就是深圳和珠海，王侯将相，宁有种乎！"

比喻虽然严重失当，可是，我终于明白：原来，没有不逐光的青春！

2011 年 11 月 9 日 玫瑰自有其颜色

期中考之后，学生呈现出三种态势：一种是颓废；一种是躁狂；一种是抑郁。这是六十位学生第一次大揭秘，九门功课三天时间席卷而过，像飓风卡特里娜（Hurricane Katrina）一样，吹出了"国王的真相"。我手握"60 颗种子"，可是放得上餐桌的也只有那么几颗：我们班，第一名的同学在年级里排第 19 名，年级前 200 名的同学有 14 人，500 名之后的有 21 名，3 人排在 1000 名之后，最后一名是在年级排第 1248 名。当然，两个月的接触，我已经放平了心态，以非重点的眼光看待这个"重点班"。可是，我还心存侥幸，我不应该把学校辛苦挖回来的"金子"当"烂铁"。我一直为这些金子不能发光找说法：或许是我之前的学生太过优秀，以致在正午日光下看不出这批"重点生"的影子？也许是我站在了喜马拉雅，以致看不到任何一座山头的高度？也许还没到春天，山没有朗润起来，水没有涨起来，种子的芽没有发起来？可是，这种近乎自嗨的想法在这个"大数据"面前显得尤为可笑，甚至浸渍了丝丝悲凉。我并不是为被这串触目惊心的数字而莫名哀伤，只是有一种沉痛氤氲于心。

我们知道，每一颗种子都有自己的花期，都有自己花开不败的理由，只不过有些开在早春，有些开在暮秋。可现在，我们不解花语，把恩平的"玫瑰"、开平的"芙蓉"、蓬江的"杜鹃"，全部移植到金瓯这块肥沃的"黑土地"。以为这块充满了历史厚重感的黑土地，及充满了历史使命感的一中人，终能把不同品相种类的花"杂交"成功，从而解决我们的"粮荒"。殊不知，"橘生淮南则为橘，生于淮北则为枳"，这些"淮南橘"据说本来也是甜得诱人，可是移民"淮北"之后就严重水土不服，成了苦涩难咽的"淮北枳"。当然，这些"橘"原来是"橘"还是"枳"，这已经没有了索引的价值。问题是，我们为什么非要把花期不一、种类不一的品种实施"无土栽培"，甚至下谕"花须连夜发，莫待晓风吹"？这些本非"开花时节动京城"的牡丹，更何况我们还真没有运斤成风，"尽垩而鼻不伤"的超人本领，哪能培养出"年年长占断春光"的国色天香？如果，我们都能够把玫瑰当成玫瑰，把芍药当成芍药，实施不同的培植方法，我想，玫瑰自有其颜色，无须低首拜芳尘；芍药也自有其风姿，无须"沉香亭北倚栏杆"。只可惜，"玫瑰"被告知自己的身份是"牡丹"，花匠被告知要培植"牡丹"。结果，白玫瑰终究成不了白牡丹。花匠们经过苦心孤诣，终于研制成"一种对人体无害的染色剂和助染剂调合成的着色剂"。以之浇灌"白玫瑰"，最终加工成了"蓝色妖姬"，不懂行情的人都以为是牡丹中的新贵，让人着迷，实际上是"花匠"歪曲了"花信"，生造繁华世界中的"四不像"！

2011 年 11 月 14 日 谁动了教师的幸福感？

曾与天、地、君、亲并列而被众人供奉的教师，能不幸福吗？

然而，多家媒体的问卷调查结果表明，八成以上的教师没有幸福感，高中教师所占的比例更大。在教师群体中还流传着这样的顺口溜："上辈子杀猪，这辈子教书；上辈子杀了人，这辈子教语文；上辈子杀错了人，这辈子再带个班主任。"愤慨还是愤青？但不难窥见当下教师的从业心态。

那么，是谁动了教师的幸福感？这个问题，很难回答。我想教师戴着镣铐跳舞的生存状态，可以窥一斑而知全豹。当我们高擎道德理想的时候，现实却给我们迎头痛击；当我们追随新课标北斗的时候，高考的指挥棒却把我们打得东倒西歪；当我们响应"每天锻炼一小时，健康工作五十年，幸福生活一辈子"的号召时候，我们却变成了"许三多"——说话时间多、站立时间多、伏案时间多；当我们为教育生无所息的时候，我们的报酬只能让我们过着"撑不饱，饿不死"的边缘人生活。职称评定、岗位考核、科研申报、论文发表、生活负担、上升空间……这一切让教师感到了前所未有的压力感、疲惫感、焦虑感、恐惧感。确实，"从明天起，做一个幸福的人，喂马，劈柴，周游世界"不单是海子的梦想，也是教师的梦想！

那么，有压力就等于没有幸福吗？我想，还是不能这么简单地画上等号。为何？首先，各行各业都有压力。正如香港巴士大叔所言："你有压力，我也有压力"，压力像个充气之球无所不在，医生面临着"医患"的压力，农民面临着歉收的压力，金融大鳄面临着"华尔街被占领"的压力。所以，压力并非教师专利，也非不幸福的托词；其次，幸福是一种心态。诗人何其芳说："凡是有生活的地方都有快乐和宝藏。"这是一个永恒不变的真理，而拥有这个快乐和宝藏的法宝就是要有一个良好的心态。这样说起来很鸡汤，可是，这口鸡汤还是要喝的。幸福总是相对的，不同的期待、不同的标准会有完全不同的幸福感受。《信纸上的柏拉图》讲述英国一个名叫约翰·劳勃生的残疾人，他只有一只左手，全身瘫痪在床，只有右眼能见到一丝光芒，爱上了远在库伦山里一位名叫美丽丝的同样全身瘫痪的姑娘。爱情就诞生在两个几乎被上帝扔掉的人的身上。这对信函上的"恩爱夫妻"，开始了长达一生的精神爱情生活，最后实现了一生唯一一次躯干上的接触：骨灰合葬。确实，有人天天喝"路易十三"，除了那点可怜的虚荣之外，没有感到特别的幸福；有人天天吃着青菜萝卜，却嚼出了生活的香甜。

作为一名普通的教师，我也感到特别累，"写不完的各种应付材料，填不完的各种上交表格，迎不完的各种检查验收，补不完的各种活动资料"。忙碌一整天，GDP见长了，可该做的事情没有做，专注于教育教学的研究思考，专注于学生的身心发展，专注于教师专业素养的提高……这一切都被一些无聊的"重要事情"挤占了！可是，我还是在夹缝中瞥见了阳光，在教育中舔舐到小确幸：

曾经，有一个学生每隔一段时间就会送我一个苹果，放下就走，什么也不说，只希望我平平安安。那一刻，我感到幸福。

曾经，有一位我教了半个学期的学生，非常调皮捣蛋，后来参军了。有一天，我在学校和他不期而遇，当身穿迷彩服的他热情地和我打招呼的时候，我却忘记了他的名字，可他居然鼓励我说"别怕，好好想想，想不起来也不要紧"——这是我常常对学生说的话。那一刻，我在尴尬中也舔舐到幸福的滋味。

2011年10月的一天，我在加拿大蒙特利尔一个餐馆用完午餐。正要出门上车，在一个狭窄的玻璃间隔的门口，我和一个人撞个满怀，抬头一看，双方都惊叫起来。原来被撞的人是我十几年前的学生，十年前移居多伦多，四年前定居蒙特利尔，我吃饭的地方正是他生意的地盘。这种奇遇激动了每一位团友，他们都欢呼起来。这个当年被誉为后进生的学生，放下手头工作，请我吃饭，带我逛街，并真诚地希望我能保重身体，到此定居，为我养老。那一刻，我幸福得眼泪乱飞。

每年我的生日或教师节，学生都会记下这个普通的日子，送上真诚的祝福。20多年薪火相传，我想，这就是幸福。

也有这样的学生，他读书的时候不是传说中的优秀生，可是后来功成名就。他自信满满的样子一扫之前的怯弱，那一刻，我很幸福……我的学生遍及世界各地，清华、北大、留洋硕士、博士，也有很多成为一个小公务员或售票员，可是，不管是"抽雪茄的总统"还是"种土豆的农民"，他们都兢兢业业，都遵纪守法。那一刻，我很幸福。

××酒店是富人的天堂，我连在那里订桌喝个早茶都困难，而学生挥手之间就完成这"逆天"的订桌任务。那一刻，我很幸福……幸福就是一种心态，向左转就是痛苦，向右转就是幸福。迎着太阳走，把影子抛在后面，我们的心情就不会缺钙，也会拥有"面朝大海，春暖花开"的幸福了！

记得以前读过一个故事：海水退潮后，大量的鱼被搁浅在海滩上。一个小男孩见状，开始拾起鱼一条一条地往海里扔。一个路过的人不理解："这么多鱼，你救不过来的。""我知道。"小男孩头也不抬地回答。路人好奇："那你为什么还在扔？谁在乎呢？"小男孩一边救鱼一边回答说："这条鱼在乎！"随即又将一条鱼扔回了大海。确实，很多事，是需要有一点理想主义的。教育事业是一项讲良心的事业，当我们投身于教育，其实就是要奉献良心。虽然，今天的教育环境有着前所未有的开放与复杂，我们所做的一切甚至有着堂·吉诃德大战风车的可笑可悲，我们救不了全世界的人，救不了全中国的人，但是，我们还是可以救一些人，可以救起一条鱼。因为我们的存在，他们的生活从此有所不同，我们可以使他们的生活变得更加美好。这是我们能够并且一定会做得到的。当别人说幸福是午后红茶＋柠檬冰水的时候，我却认为，在乎一条鱼的感觉，在乎你的学生，这就是我对幸福的定义。

虽然，我们不能像"80后"的"麻辣教师"那样，"把威信捧在手上、把真诚写在脸上、把美丽穿在身上、把问题放在网上"，可是，我们依然可以做到放平心态，心有风景，世间就有风景。这样，我们就能努力收获为人师的满足感、成就感、使命感和幸福感。

2011 年 11 月 20 日 教育的崇高性

笛卡尔说:"我思故我在。"

教育是思想的启蒙。教育自身充满了思想的契机和需要。让教育充满思想和智慧,是教育的自然需求,也是教育的崇高境界。(郭思乐《天纵之教》)

苹果公司 CEO 乔布斯在斯坦福大学 2005 年毕业典礼上的演讲中讲道:你们的时间很有限,所以不要将他们浪费在重复其他人的生活上。不要被教条束缚,那意味着你和其他人思考的结果一起生活。不要被其他人喧嚣的观点掩盖你真正的内心的声音。还有最重要的是,你要有勇气去听从你直觉和心灵的指示——它们在某种程度上知道你想要成为什么样子,所有其他的事情都是次要的。

同样,作为班主任,重要的不是做什么、做得怎么样,而是为什么这样做,怎样做会更好。这就是思想,教育离不开思想,没有思想的教育都是缺钙的,最终只能佝偻而行,不能直立。

教育是培养人的事业。这里说的人,是我们社会的未来,是我们民族的希望,是数以亿万计的群体。对人的教育,不仅意义重大,而且内容极其复杂多样,引领这样一个无与伦比的工程的,是人的思想。帕斯卡尔说:"人是能思想的苇草。"而教育世界是动态而且开放的世界,"人不能两次踏入同一条河流",所以我们须臾离不开思想。我们要用思想与智慧来教育和改变教育。

教育的最基本目的是传授知识。可是,我们的小学、中学甚至大学,更多时候把这个最基本的目的当作唯一的甚至是最高的目的。

教育的更高目的在于启蒙人的智慧和思想。教育的过程不仅要使蒙昧者得之启蒙,获得思想,还要自觉地成为智者和思想者,从而成为自己生命的真正主宰。

教育的最高目标是唤醒人的真正人性和使人彻悟人生,使混浊的人生变得清澈,使沉睡的生命得到觉醒。通过教育,人要成为真正的人,而不是人以外的任何生物,更不是他人的什么工具。

很多人爱把教师和医生相提并论,认为都是"救死扶伤"的事业。其实,这并不完全对,医生拯救的更多是生命,而教师拯救的更多是灵魂。医生用手术刀说话,而教师却用思想说话。所以,鲁迅会放下手术刀而拿起笔杆子,无他,拯救一个人的灵魂重于一具躯壳。每一个教育工作者，成不了教育家，也应该成为一个有思想的人。鹦鹉学舌，邯郸学步，最终会丧失自己的语言和步伐。

有一个故事，叫《菲拉的选择题》，讲美国新泽西州的一所小学里，一个由 26 个孩子组成的班级，被安排在教学楼里最边缘的一间教室里。他们都是曾经失足的孩子，有的吸过毒，有的进过少管所……家长、学校对他们非常失望，甚至想放弃他们。这时，一个叫菲拉的女教师接手了这个班。她的一道选择题、一番话就改变了 26 个孩子一生的命运，其中就有今天华尔街最年轻的基金经理人罗伯特·哈里森。

记得，我踏进教坛的第一年，班中有一个来自农村的学生 S。该生无心向学，吸烟、打架、结交社会不良青年。家长奈何不了他，我多次的教育也没有效果。有一天晚上，他拿着一把刀，找上我的门，告诉我，他不想读书了，现在想去砍人，因为某社会青年得罪他了。我一听，头皮发麻，心想这可不是开玩笑的。我当时想尽办法安慰他，让他狂躁的情绪平复下来，然后再把他手中的刀"转移"到我手里。那天晚上，我们聊了两个多小时。他最终决定"放下屠刀"，但仍然坚决表示"退学，不想读书"。我没有坚持己见，只是让他回去好好休息，好好想想，再下结论。按常理，这样一个"人肉炸弹"要自动解除警报，作为深受其苦的班主任是求之不得的。可是，我想，他还那么小，把他像包袱一样扔给社会，这既对他的人生不负责任，也对社会不负责任。虽然他执意要走，他的父母也表示尊重他的选择，但我还是决定尽我最大的努力，去挽留他去意已决的心。第二天，我立刻布置班委出了一期黑板报，主题是"给 S×× 的悄悄话"。54 位同学都写下自己对 S 同学的"悄悄话"贴上黑板报。S 同学看了，桀骜的眼神难得地闪现了一丝温和。然而我故作无奈地告诉他，对于他的选择，我无法挽留，但毕竟师生、同学一场，因缘分走在一起，想为他举行一个送行的班会，以示彼此的挂念。

他很高兴地表示同意。但这不是一场普通的送别班会，因为我和班委精心设计了一个温柔的陷阱，能否不露痕迹地套住这头"野狼"，就在这一场好戏了。我的心也怦怦乱跳，生怕最后一线生机从手中溜走。班会开始，是一些表演节目，里面再现的都是本班同学在校运会、文艺晚会等活动中精彩夺冠的场面，紧跟着就是特写镜头的场景，有关 S 同学在班生活的点滴情景都被同学用特定造型来再现，并配上深情的朗诵。最后，全班 54 位同学轮流上台，为 S 同学送上最后的"悄悄话"，同学们情到深处，有愤愤不平的，有慷慨激昂的，有摇头叹息的，有泪流满面的……场面感人。这位自诩硬汉的 S 同学、自诩流血不流泪的学生，情绪到极大感染，心灵受到极大的震撼，一时竟说不出话来。他走上讲台，向同学们深深地鞠了一躬，未语泪先流。最终，他选择了留下来，完成了他的学业。今天，他已经娶妻生子，虽没有轰轰烈烈的业绩，却也安分守己，自力更生。这对一个班主任而言，何尝不是最大的奖赏？

一个教育"产品"合格与否，社会似乎没有一个完善的监管、跟踪、评价体系。只要我们的"产品"不违法犯罪，没人能够评判他们的优劣高下。班主任，确实是良心事业的代言人，自己的产品是"官窑"还是"民窑"，是"明青花"还是"清高仿"，我们每一个班主任心里都清楚得很。当我们的假冒伪劣产品出产多了，国家的基石也会摇摇欲坠。所以，我们每一个行动，都须是思想的产物；我们每一句说话，都须是智慧的结晶。因为我们的产品"出窑"之后，再也没有"回窑重烧"的机会。为学生负责、为民族负责，我们就得用思想导航。有时，我们不经意的一言一行，就是孩子的一生一世。

2011 年 11 月 28 日 教育的复杂性

有这样一个故事：孔子周游列国被困于陈蔡国境之间，七日未进食。弟子颜回讨到一些米煮饭。饭熟了，孔子看到颜回从锅里抓饭吃。当颜回把饭端来时，孔子佯装没有看见刚才的事，说道：我方才睡着了，梦见先君，他说只有清洁的食物才可送给人吃。颜回知道老师在怀疑自己偷饭吃，便禀明老师：刚才是柴灰落进锅里，挑不出来，弃之可惜，就把那些脏了的饭抓来吃了。孔子这才发现错怪了自己的学生，慨叹道："人们都相信自己的眼睛，看来眼见的也未必都真实啊！"眼见的都未必真实，孔圣人道出了生活的复杂性。教育亦然！

有人说：不临财，全是谦士；不遇色，全是正人；不见骨头，全是好狗；不见危难，全是英雄！还有一个幽默的桥段：爷爷告诉我，他娶奶奶的时候只用了"半斗米"；爸爸告诉我，他娶妈妈时总共用了"半头猪"；而我娶媳妇的时候，则用了我爹妈"半条命"。教育的复杂就在于它的动态性。人性不是静止的，事物总是流动的。天使与魔鬼有时就是一线之差，马加爵杀人，并不是他自出娘胎额头上早就刻上"杀人犯"的印记；名牌学校学子硫酸泼熊，并不意味他真有虐待动物的倾向……教育的复杂，需要我们练就一对火眼金睛，更需要我们开动脑筋，披文入理，去粗取精，去伪存真，探求教育的真谛。

教育的开放性，对于人的心理结构的影响是巨大的，也让教育面对着眼花缭乱的多元素材：2010 年，"我爸是李刚"成为经典名言，药家鑫的残忍、经过鸟粪熏蒸而成的劣质燕窝、地沟油的贩卖、三聚氰胺、苏丹红的闪亮登场，艳照门的疯狂点击以及凤姐、犀利哥、兽兽、苍井空、马诺等众蛙齐鸣，"潜规则"盛行、社会泄愤、诚信缺失、疯狂拜金……今天的我们，面对着空前繁荣的教育题材，不可能躲在阁楼里浅唱低吟，关起门来"关关雎鸠，在河之洲，窈窕淑女，君子好逑"，我们就像站在讲台的堂吉诃德，拿起长枪，演绎着大战风车的悲壮。当然，我们无法左右历史车轮的方向，可是，我们依然可以在自己的一方天空下放飞自己的教育理想，或许，这种光很微弱，可是，只要我们一棵树苗一棵树苗精心地培育，他们也能长成参天大树，也能连片成林，也能影响局部的天气和气候，也能让"白水带"（江门风景区）炎热的夏季下起清凉的小雨。只要我们拥有自己的教育思想，即使我们在行动上无能为力，但我们也会给后代看到教育的萤火和烛光，让他们能够看到迷雾中的灯塔和硝烟中的旗帜！

2011 年 12 月 3 日 做一个生命的牧者

插秧是种水稻的一大农活。传统的方法都是把秧苗插得密密麻麻，以为付出越多收获越大，殊不知产量年年如此。现在，人们"偷懒"改进了新技术，把"拔秧—密植插秧"改为"小块育秧—抛秧"。这一改，反而改出了高产量大丰收。

乍看起来，这有违"天道酬勤"之理，也有悖于"一分耕耘一分收获"的汗水主义。可细想之下，道理明了。因为传统"拔秧—密植插秧"方法，固然灌注了我们丰收的意愿，却破坏了秧苗自由生长的规律，抵触了秧苗的自然意志。反之，"小块育秧—抛秧"符合秧苗的生长规律，这是因为它不像拔秧那样折磨秧苗的根系，而又提供了秧苗分蘖所需的充分空间。

类比到我们的教育，我们大量地做着类似插秧密植的事情，强行损害根苗，以期得到我们的教育效果。学生的发展是可以外部设计的吗？是一种既成规定的现实吗？学生可以像工程设计下的楼房，依照图纸而长成吗？教育应当是类似于计划经济的计划教育吗？实际上，教育在给人以限制的时候，同时也要给人以自由，好让他们用自身的内存、自身的自然物，去获得外部知识、外部的自在物。想要教育好学生，却以压抑学生内部自然为能事，显然是不合逻辑的。古人"道而弗牵，强而弗抑，开而弗达"的思想，就是强调了天纵之教的重要性。

讲到这里，我想到了著名的钢琴家 LL，想到 L 爸的教育。为了打造孩子的天空，L 爸辞掉工作、毅然进京，严加管控，软硬兼施，直到把 LL 送上国际舞台。"给你三个选择，一是回老家，二是跳楼，三是吃安眠药。"这是"L 爸"在儿子 13 岁那年，给儿子的三个选择。理由仅仅是，儿子没有打招呼就帮校合唱团伴奏，耽误了两个小时的练琴时间。"那天我拼命地用拳头捶墙，想把每一根骨头砸断，看你还怎么让我练琴。"每每说起这一段，LL 还是会做出激烈的手势，而父亲则会扭过头去，默默拭泪。

耳光比掌声更响亮，榜样的成功之路尚且畸形，那么他们身后的 3000 万中国琴童以及不是琴童的儿童的生活更是可想而知。

庄子曾讲过一个寓言："南海之帝为倏，北海之帝为忽，中央之帝为浑沌，倏与忽时相与遇于浑沌之地，浑沌待之甚善。倏与忽谋报浑沌之德，曰：'人皆有七窍以视听食息，此独无有，尝试凿之。'日凿一窍，七日而浑沌死。"爱人而予其所乐者，人之常情。人们在付出爱的同时，总是忽略了对方是否接受这些方式方法。往往出于好心，结果却是爱人而予其不乐者。中国式的教育、中国式的爱情，不是缺爱，而是错爱。爱得越多，错得越多，甚至积聚仇恨。溺爱并非"爱人而予其所乐"，只是在小孩跟跄学步时从后面盲目推了一把。

顺其自然，何其难哉！

当然，这也与我们的教育评价体系有关。我们常说"不以成败论英雄"，但这话在现实中似乎从来就未真正实现过。成则为王败则为寇，这是目前教育的真实状况。而"成"的标志，从理论上讲，是学生德智体美的全面发展，但事实上，"成"的重要标准甚至唯一标准是学生的升学分数以及学校的升学率、进重点进本科的人数，而状元更是学校的"救星"。这让许多有志于教育改革的教师，胸怀教育科学与教育民主的顽强信念，却不得不在"升学教育""种子教育"的铁索桥上冒着"学生考不上大学一切都是白搭"的舆论"弹雨"，艰难而又执着地前行！

于是，在当下，几乎每一位"优秀教师"的辉煌大厦，都必须以其班级大大高于所在年级、所在地区平均水平的"升学率"作为支柱。否则，他的一切教育思考、探索与创新都难于有"发芽"的机会！

不能简单评判这种社会评价舆论对与错。因为在中国这个人口压力极大的国度，升学是人们今后面对就业竞争乃至生存竞争最关键和最重要的途径。正如白岩松所讲：没有高考，你有机会打败富二代吗？确实，这是现实，可是，不能因此而成为教育者推搪教育失败的借口。当药家鑫开车伤人后杀人行凶之事发生时，我们所有教育工作者都不能做一个袖手旁观的看客，而应该反思教育的错位。学校家庭双管齐下，打着"为你好"的旗号，阉割学生主体精神，禁锢学生心灵自由。不少学生的脸都长成了一本书，每个学生都异口同声高嚷"啊，我光荣的大桥"，我们以爱的名义对学生实施"精神暴力"，这远比单纯的暴力更加可怕。长此下去，我们的民族是很难真正屹立于世界民族之林的。

"素质教育"的大旗上，有一个大写的"人"字：它是目中有"人"的教育，是充满人性、人情和人道的教育，是为了一切人全面发展的教育！苏霍姆林斯基全部理论的基石无非就是一个朴素而富有人情味的愿望：把每一个学生培养成幸福的人！他说，教学大纲、教科书规定了给予学生的各种知识，但是没有规定给予学生最重要的一样东西，这就是：幸福。他的教育信念就是："要培养真正的人！"每一个从他手里培养出来的人都能幸福地度过自己的一生，这就是苏霍姆林斯基的教育理想。

陶行知说："我们此地的教育，是生活的教育，是供给人生需要的教育，不是作假的教育。人生需要什么，我们就教什么。"他明确指出，生活教育的"四大方针"，即民主的、大众的、科学的、进步的方针。他还大声疾呼，要"解放儿童的创造力"，"解放小孩子的双手，解放小孩子的嘴，解放小孩子的空间，解放小孩子的时间"。苏霍姆林斯基说："所谓和谐的教育，就是如何把人的活动的两种职能配合起来，使两者得到平衡：一种职能就是认识和理解客观世界，另一种职能就是人的自我表现，自己的内在本质的表现，自己的世界观、观点、信念、意志力、性格在积极的劳动中和创造中，以及在集体成员的相互关系中的表现和显示。"正是在这一点，即在人的表现上，应当加以深刻的思考，并作为教育改革的方向。

又想起一个很考验人性的问题：如果有两个人落水，且都已昏迷，一个是成年人，救上来的成活率有65%，另一个是儿童，救上来的成活率只有11%。你只能救一人，你会选择救谁？这是电影《机械公敌》里提出的一个问题。结果机器人救了成年人，因为那更科学，更理性，而人类选择了救儿童，因为那更符合人类善良的感性。

2011 年 12 月 12 日 做一个终生学习者

提高班主任素质是提高学生素质的前提，也是务实、精细、创新的条件。常言道"打铁全凭自身硬"，大家其实都明白，班主任对学生最有效的影响力并不在于他的"行政权力"，而在于他的内在素质。

班主任是知识的传播者，更是心灵的塑造者，作为班级建设的经营者，要注重自身的综合素质，不断学习，不停锻炼，从而不断丰富、武装自己，努力让自己成为学生心目中的教育家、科学家、演讲家、指挥家……让每一位学生在班级里，在班主任的感染下都获得良性的发展。如果班主任的智慧和才能让学生纷纷争着仰视的话，工作中便可"不令而行"。

南师大附中有这样一句校训"嚼得菜根，做得大事"。初见这句话，只觉说得好，大学府大风范；细细咀嚼，觉得实在是好，用来指导班主任工作很有意义：只有"嚼得菜根"，才能"做得大事"。"嚼得菜根"是一种品质，也是一种能力，只有努力，才有能力；只有用功，才能成功。

教育的复杂性，要求教师的知识是全方位的，不仅仅是学科本身，而且大到你对联合国的看法，小到你的穿衣打扮都会给学生留下印象（隐性知识）。一个视野狭窄的教师与一个视野开阔的教师，对学生心灵的打开程度是不一样的，前者就事论事，后者却可以旁征博引，就事论理。

进行教育科研必须关注教育的新理论、新动态，像元认知、建构主义、多元智能理论、研究性学习、人文素质教育、生命教育、学习策略等理论和实践都要有所关注，并不断融入自己的思想，写出自己的见解。

"老鸟"：你上课还敢睡觉？怪不得只能进普通班了！

"菜鸟"：你上课还敢讲课？怪不得只能教普通班了！

……

"菜鸟"：你会火星文吗？

"老鸟"：我是地球人，凭啥要懂火星文？

这是我信手拈来的一些例子，我们大可以当茶余饭后的谈资一笑置之。但是，笑过之余，我们是否也会冒出这样的想法："菜鸟"的上课睡觉的深层原因有没有"老鸟"

的"催眠"作用？"老鸟"懂得了"地球文"就可以理直气壮地拒绝学"火星文"吗？

著名教育专家孙晓云说：这是一个"菜鸟"教育"老鸟"的时代！说得好，这一方面固然是"长江后浪推前浪"，另一方面我们这些"老鸟"难道不应该与时俱进地接受"菜鸟"的教育吗？

2012 年 1 月 8 日 "做一头紫色的奶牛"

广东省中小学德育研究与指导中心首席专家李季教授首次把"独特风格与思维方式"称之为"紫色奶牛",既形象生动又寓意深刻。通过对班级优势的诊断、核心主题的提炼、德育模式的构建等自主创新和实践创新活动,进而形成教育特色品牌。从这个角度而言,特色不是昔日的辉煌,不是历史的陈列品,而是传统积淀与传承创新;特色不是简单的模仿,不是仿制品,而是制造品、生成品;特色不是追求时髦,不是共性模式,不是人云亦云,而是独特的风格,是具有鲜明个性的与众不同。当然,一种新的特色模式的形成不是闭门造车的结果,它需要借鉴、借助或参考传统的或现代的教育模式或经验,至少可以从中找到它的理念基础或文化渊源。但是,借鉴不等于克隆,如果我们只是克隆别人的思想、"拿来"别人的方法,思想不动鼠标动,俨然流水线工人,用相同的"导游词",接待着不同批次的"游客",一天又一天地重复别人的故事,那么,教育就难于挤出"特仑苏"。

有不少老师在学生做错事的时候,勒令让学生写一份检讨书,让他认错与表决心,可是这种千人一面的做法让学生有恃无恐,写检讨闭上眼睛"度娘"一下就能一挥而就,走出办公室又是"一条好汉"。我也曾采取过这种方法,老师黑脸,学生脸更黑,这种方法最终的结果是没有结果,何况对待这个 IQ 和 EQ 不在同一层面的班级,如果抡起大刀"向鬼子的头上砍去"的话,势必引发学生的"海啸"。其实,这个班级"惯犯重犯"颇多,重典之下未必有"治世",兼其写作水平还处在比较低幼的蒙昧阶段。面对这种情况,我创造性地开启了"反思文学"的教育模式,主要是走以下两步棋:第一步,为"检讨书"更名,用一个含金量高的"反思文学"冠名,并告诉学生"检讨"与"反思"的根本区别就在于"人","检讨"是目中无人,把学生按在被告席上审判,老师就是高高在上的法官;而"反思"则是心中有人,是"平等对话的首席","我思故我在",每个有思想的人都应该有反思的能力,所以,不管是思想性,还是人文性,"检讨"无法和"反思"相提并论;第二步,共同创作,共同反思。既然是平等对话的首席,作为老师断不能把学生关在"黑屋子"里面壁思过,教育的环境很重要,假如营造一个温馨和谐的气氛,那么,惩戒的意味淡了,对话的意味就浓了。为此,我会抽空与"反思文学"的作者"共患难",并紧扣高考考点，对反思文学进行攻坚战：首先，写一篇不少于 800 字的反思，有着"文学"的味道；其次，训练筛选信息的能力，要求用 100 字把"反思文学"的主要信息概括出来，至少有一种修辞手法；再次，用诗词歌赋的形式把 100 字的"浓缩版"变成精华版。这三关下来，学生仿佛换了元神了，创作中创新，疲惫中亢奋，合作中共赢，不敢再随意触犯校规校纪了，更可喜的是，学生的灵魂没有被压制，学生的作文能力有了质的飞跃，中段考，语文的作文成绩居然独占花魁，拿了全级第一名。当学生这种能力居然和"反思文学"有着密切的联系时，全班都在自嘲的大笑中抹上了一脸的骄傲。有学生在中段考的总结中提到了"反思文学"的神奇功用：

"提高写作能力的最好方法就是多写多练。其中，写反思文学就是最好的方法之一。我觉得我们班期中考试的作文能打败三班，推倒十八班，压倒其他班，成为第一名，主要原因之一就是常写反思文学。我们班的同学，特别是男同学，写反思可谓写绝了。写反思是我们的绝活。你可知道，一篇反思中含有诗歌，运用各种修辞方法？一篇反思，融合各家精华？妙绝啊！"（GWJ）

"反思，顾名思义，就是回想自己在某段时间里做了些什么，做得是对还是错，是否有意义，并对未来进行展望。从小到大，'反思'一词对我来说很陌生，到了高中，我才知道原来反思是那么重要。

开学后的第二个月，班上的人完全熟悉起来，有部分男同学开始调皮捣蛋了，迟到是常有的事，班主任便叫他们写反思，以便告诫他们日后不再重犯。他们除了写一份 800 字的反思之外，还要把这份反思压缩成一句话，还要用诗词歌赋的形式表达出来，对于'惯犯'还要加重'刑罚'，起点很高，一步到位，责令其采取古文反思的形式，其中有歌行体、有离骚版。我想，这可苦了他们了！我原本以为写反思是一件很痛苦的事情，可在欣赏他们的反思时，这种想法便在我的笑声中消失得无影无踪了。

我记得有一次，男生宿舍的某个同学被扣分了，他把扣分单交给小 L 同学，左手中指推了推眼镜，道：'我很乐意我的作文水平能得到提高了。'之后便留下一个潇洒的背影淡定地走开了。我暗暗地想：写反思真的有那么大的好处吗？我看他们是写疯了吧？！然而，当我在语文课上听到语文老师曾写的反思后，我震惊了：反思，原来也可以写得如此深沉，如此动人，如此震撼！仔细一想，原来这只不过是我以前的幼稚无知罢了，这本来就是反思的特征啊！能让人悔过，能让人醒悟，能让人沉稳，能让人成熟。这大概是反思的魅力所在了吧。

真可笑，我到现在才知道反思妙处多多，而之前的我，还肤浅地认为反思无非就是'开端—发展—高潮—结局'，外加认个错，外加反反复复地道个歉就完事了。原来，这只是我个人的想法。看来我真的有必要好好地反思自己了。但愿我能像班主任那样，通过反思，走向成熟的人生。"（LXL）

下面摘录部分同学的反思（真名隐去），供教育解剖之用。当然，学生所写的诗歌，基本不在调上，勉强算作打油诗罢了。然而，作为临阵磨枪，人生的"第一只小板凳"，学生受到的教益不是蹩脚的打油诗所能涵盖的。

（一）

【反思文学篇】

"秋风萧瑟"，迟到的"洪波"开始"涌起"—今天中午午睡的时候，我已并非一次难于入眠，断断续续的失眠已不止一次侵袭了。每当响铃，我就像"揉碎在浮藻间"，昏昏欲睡而再次入眠了……忽然，第二次的铃声犹如惊雷一般狠狠地去碎了我"沉淀着彩虹似的梦"。于是，夺命般的竞赛开始了……

时间一分一秒地过去，给宿舍大楼蒙上了一层灰，一切都不再炫丽。时间，还有三分钟，它化成了一张阴暗恐怖的魔障，在它就快把宿舍大楼紧紧包住的时候，我们几个人几乎是从缝里，滚出来的！当我们仍心存一丝希望从"六宿四舍"走到一起来，为了同一个目标，而竭尽全力地狂奔的时候，又一次铃声，彻底把我们从失望推到了绝望……

在我们把"牛肉干"签完之后，

在我们充满愧疚地回到班之后，

在我们心存不安地上了几节课之后，

在我们"负荆请罪"之后，

在我们海量地反思与自责之后，

我拿起了我纯白的钢笔，写下了这无比悲凉漆黑的字……

我为九班抹黑了！我抚摸般地触碰着自己的书桌，不敢直视同学们的眼睛，我"毫无愧疚"地上课，但，我是这般忸怩不安！因为我在九班的大厦上，戳了一个洞。

九班呀！今天，我是在你的怀里，写着一封呈给您的反思书……您的一切如平常，却无法让我安详地躺在您的怀里；您的一切的美丽，却掀起了我的万般忧愁；您的一切辉煌，却使我感到无地自容！终于，我自己也成了九班，有个我天天呵护的宠儿，在我的肌肤上戳了一个洞。

满屋安静使我的心仿佛又在油锅里煎熬。我陷入了沉思……

在中段考之后，我承认我的心思放松了。因此，成绩也不乐观，自己擅长的科目却用力地拉了我一把。这段时日，值得我反思和改进的有许多……

我知道"对不起"是趋近于寒暄的老土话，可我还是要说"对不起，九班！对不起，一直深爱着九班的人们！"

"星汉灿烂，若出其里"，继续做九班人，继续在九班的星辉斑斓里放歌，我要如"日月之行"，即使成为最后一位回来的人，也再也不成为一位迟到的人。

"临表涕零，不知所言！"在费尽心力地想把心中的情绪表现出来后，我实在无话可说了，只能对九班（也包括我自己），再说一次："对不起！"—（LJH）

[兰姐点评]读了这篇反思文学，才知道语文是如此的美丽，作者极富移花接木之天赋，在作者的餐桌上，从康桥走出的徐志摩与从"大堰河"走出的艾青把酒言欢，虽然惊鸿一瞥，也足以留下绵绵的想象，中西合璧的金瓯（学校位于金瓯路）文学，应该是两大巨擘酒杯冷炙散发的路易十三的醇香吧！如果反思能更简洁、更深刻、更有力、更富振聋发聩的作用，你认为拿起手术刀，应该如何下手呢？（抽取关键信息，至少一种修辞，100字内）

【筛选信息篇】

秋天很凉爽，我的午睡质量却很差。终于，我迟到了！在无谓的挣扎失效之后，我在九班的彩虹上添上了一点污迹。怀着内疚，作出此书，以深表自责……我再也不迟到了。对不起，九班！（LJH）

[兰姐点评]筛选信息在记叙文中主要体现为：人物的性格特征、思想、情感的变化，景物的特点及变化，景物描写的作用，情节的发展过程，叙事的线索、顺序，人称的变换等。在阅读的过程中要有意识地注意这些信息，淘汰非相关的信息，挑选出合乎要求的有关信息，也即依据题目要求，来区分信息的有无、主次、轻重，去粗存精，去次留主。信息筛选和确认一般分为两步进行：第一步，确认区域，即确认需要的信息所在的范围；第二步，确认词句，即确认承载所需信息的词语和句子。

【诗歌篇】

承天自责

午睡难眠醒来迟，金秋枝叶不知时。

铃声再响心绪乱，亡羊补牢不能换。

长夜自愧不能彻，心怀疚意迟不乐。

自愧一迟破天穹，天予虎胆勿见红。

[兰姐点评] 诗三百，一言以蔽之，曰诗无邪。诗有诗的礼，诗的内在规律和操守决定了越礼的诗即是非诗，是邪念和妄念。

（二）

【反思文学篇】

今天上午上英语课的时候，我迟到了。

事情大概是这样的。今天第一节上数学课，LT哥以一个华丽的讲解结束了这节课，伴随着一声"谢谢老师"，同学们一拥而上，都想第一时间知道自己的成绩，我也不例外。经过一段时间的苦苦找寻之后，我终于找到自己的名字，唉，才111分，真是情何以堪。突然，我感觉自己的"内存"差不多满了，于是我拉着黄生去厕所解决"私人问题"，正当我们"埋头苦干，解决问题"的时候，"零零……"短促的一声响如闪电一般地刺痛我们的大脑神经，引发我们的条件反射，在我们"问题"还没有彻底解决之际，我们匆忙地在痛苦中"挣扎"出来，然后，我们以光速闪回课室，以为亡羊补牢，为时未晚，但是，现实总是残酷的，我们已经迟到了。

在现在这个经济高速发展的时代，守时已经成为人们不可或缺的素质，也是各个企业招聘人才的重要参考标准之一，如果我现在不好好改掉这个恶习，其后果是难于想象的。

迟到不是个人的事，也是我们班集体的事。如果班集体因为我迟到恶习而滋生了不守时的风气，这会导致我们班每一个同学"失守"，不仅影响了个人，还影响了整个班集体的进步。而且，我的整个行为给班集体抹黑。

孔子曰："勿以恶小而为之。勿以善小而不为之。"可能因为我以前对自己要求不高，认为自己迟到一点点不算迟到，其实不然，迟到一分钟也是迟到，我会改正这种错误的思想，防微杜渐，因为人一旦有了这种错误的思想，就会滋生不良行为，不良行为就会越来越多，逐渐地，就会犯大错。所以，我们应该勿以恶小而为之。

在此，我向老师保证，我一定会痛改前非，改掉迟到这个恶习。——（ZJT）

[兰姐点评] 作者极尽夸张之能事，采取了电影蒙太奇的手法，把广角拉近放大，触目惊心地展示了"叶卡捷琳娜二世"统治下一个"一个小公务员"连"尿"不敢撒尽的悲惨遭遇。让兰姐扼腕长叹，切齿拊心。当然，细节描写也抓尽眼球，尤其作者模棱两可的语言，给读者留下二度创作的巨大空间。某些"剪不断，理还乱"的句子，说明作者几天没吃饭，气血两亏。（抽取关键信息，至少一种修辞，100字内）

【筛选信息篇】

作者通过因上厕所而迟到的事引发其对自己的反思，深刻认识到细节决定成败的道理，表达了自己的惭愧心情和决心，发誓以后再也不会为九班这片净土抹上一个黑点。

[兰姐点评] 想必初中阶段原始积累起来的"财富"还能在金瓯的地盘流通，信息筛选归纳通过中心思想式的方式提出，可谓前无古人。敢第一个吃螃蟹的人，除了烈士，除了异端，大多成了民族的脊梁。

【诗歌篇】

无题

内存已满急需解，铃声大响遭大劫。

亡羊补牢机未殆，大悟细节定成败。

[兰姐点评]"诗者，感其况而述其心，发乎情而施乎艺也"（赵缺《无咎诗三百序》）。强烈的现实感，有可能在价值上扼杀了诗人，制造出挣扎的泡沫。

（三）

【反思文学篇】

一封信引发的感慨

CJX：

沉默，此刻你无言以对。

已非初犯，你却毫无警惕。

想起清晨你提着书包匆匆跑出宿舍的背影，我真的很着急—小孩，你怎么就忘了我？不把我锁上你会扣分的！但是，我仔细一想，怨恨又马上覆盖着急。既然你不吸取教训，既然你喜欢无视我，那我就给点颜色你看看，嘿嘿，看你还敢不敢无视我！

等你的背影消失时，风儿对我说："我帮你提醒他吧。"我阻止了风儿："不要，如果每一次都需要提醒，这小孩是不会成长的！我要他永远记住我！"过了一会，你的背影消失在雾色中，我便知道—你是真的再次把我忘了。

此时，我便更加心安理得了，因为，我才意识到，提醒你并不是我的义务，把我锁好才是你的责任！眼睁睁看你的舍友们一个个离开，直到最后一个锁上宿舍门，我终于舒了口气。因为，我终于可以教训一下你了，小孩。

人去楼空，徒留我静静等待。是啊，既悲伤又喜庆的等待。小孩，你要知道，挫折成就人才，这是基于我的痛苦之上的对你最好的思想洗礼啊！

脚步声打破了宁静，门被打开了。我知道，我的时日不多矣。门外走进了一个人，不，是判官！我知道，我们就此作别。判官环视宿舍一周，在触及我鲜红的标记"2"时，执起毫笔。我知道，我将挽救一个小孩，让她接受思想的洗礼。判官在生死簿上挥毫寥寥，却是笔笔精干，字字"千金"。我知道，我很高兴，虽然这不是我的工作，但大概，这才是更有意义吧？我死而无憾……

当你看完这封信，我恐怕已为你捐躯，静静了却自己的身体了。但，这一切，都是值得的，只要你吸取教训的话。再别了，小孩！

你的柜子

以上便是我的柜子给我的绝笔信。对于我那已经牺牲的柜子，我无以为报。只是，我仅有一点改过自新的能力而已。若这事是对我的洗礼，事已至此，我唯有欣然接受并衷心感激他吧。

我的柜子，我感谢你，怀念你。永别了，柜子，联通我混沌的思想、粗劣的习惯。去吧，去寻找更光明的主人吧。

[兰姐点评] 精巧的构思，拟人的手法，梦幻般的语言，显示了作者非同一般的底气。柜子像极了"山月不知心里事，水风空落眼前花"的闺怨女子，而你，活脱就是那"司空见惯浑闲事，断尽江南刺使肠"的风流才子。（抽取关键信息，至少一种修辞，100 字内）

【筛选信息篇】

"我等不到你回头，唯有记恨你。我静静地蜷缩，徒留一本生死簿（这是我柜子的绝笔）。它默默的付出，我无以为报。唯有内疚一生，还念他逝去的背影。"（第一次）

[兰姐点评] 雾里看花，水中窥月，有时是一种境界，有时是一种折磨。近视眼丢失了眼镜的世界你懂吧？希望你能帮我找回清晰的世界。（抽取关键信息，至少一种修辞，100 字内）

"今天早上，你没有把我锁上就离开了宿舍。于是，你被扣分了。我希望你改过。"这是我柜子的绝笔。一个柜子也为我费心劳神，我这当事人难免有点说不过去了。我愧对自己、愧对柜子，也愧对九班，我决心改过。（第二次）

[兰姐点评] 从来不敢怀疑你是诗人，今天从反思文学来看，更加验明了你的货真价实。气氛渲染、人物烘托、内心独白游走其间，如腾蛟起凤。虽然，我遥闻潇湘啼哭，可就车近观，林妹妹不曾有泪光。可是，这种"闲静时如姣花照水，行动处似弱柳扶风"的做派，秒杀了众多"行为偏僻性乖张"的宝哥哥。（绝句或律诗一首）

【诗歌篇】

言悔

雾里独来去，

云里君蜷曲。

尔岂逞英豪？

吾欲问清渠。

［兰姐点评］或许我诗心缺失，或许你诗兴大发，或许，你用尽曲笔，否则，言悔而不见悔，何种笔法？莫非，你就是朦胧诗派的鼻祖，曾与义山"华山论剑"？

（四）

【反思文学篇】

这几天心里颇不宁静。今晚在教室里自修，忽然想起周末放进mp3的新歌，在这静谧又寂寥的教室里，总该有一番别样的感觉吧。夜，逐渐深了，同学们的喧嚣声，讨论声归于沉寂，只有笔轻轻划过纸面的沙沙声！

我悄悄从抽屉里抽出书包，在书包里掏了一会儿，找到了心爱的iPod，我把耳机卷成一团放在桌上，屁股后挪，腰挺直，眼睛幽幽地环顾四周，好一片专注之景！我施施然俯身，瞄准这一绝好的作案时机，麻利地将耳机线塞进衣服内侧，从衣领处伸出，这样做有利于隐蔽工作，免得被级长逮个正着。

话说今晚真是得天独厚般的优越条件，我穿了件白色卫衣，白色兜帽，白色耳机，身后还有个白色书包作屏障，在我看来，万无一失。我此时心安理得飘飘然的，戴上耳机，打开开关。

美妙音符传来，我心激荡！

如杜子美寂观落木萧萧的秋景，如戴望舒在雨巷里邂逅幽怨的丁香姑娘，如朱自清沉醉在荷塘月色的无边美景中，我如痴如醉，双眼一闭一睁，仿佛观宇宙之大，俯察品类之盛。

但我犯了三个错误，很严重，足以致命。

第一，我很傻很天真地戴了双边耳机，忘了右半边耳朵正对着窗口；第二，听歌听蒙了脑袋，眼保健操时忘了摘耳机；第三，我严重低估了三班尽职尽责的纪检们的能力，原来她们观察力的级数早已升爆了，站在窗外仅需数秒即可发现我这个可疑分子，这样的纪检伤不起啊，同学们！

纪检们悄悄地走了，正如她们悄悄地来，她们挥一挥笔，却留下一张罚单。下课后，班长把罚单一把贴在我脸上，我揉眼一看，哭笑不得。

今晚，九班没有什么新闻，只是我已经出离自责了。像晚自修的时候，不应三心二意，不应搞与学习无关的项目，这是纪律的规定，我且深刻反思，做一个努力向上的好学生，好班干好了！（FJF）

［兰姐点评］作者练就了乾坤大挪移的上乘武功，古今中外名家名篇荟萃，杜子美从长江走来，戴望舒从雨巷走来，朱自清从荷塘月色走来，亚伯拉罕·迈克尔·罗森塔尔从奥斯威辛走来，电光火石之间，古今中外名家荟萃金瓯，共同完成了福尔摩斯般最缜密的案发现场推理和文学史上最牛的反思文学。

【筛选信息篇】

晚修，听歌欲望强烈的我犹如蚂蚁钻心般的难受，遂鬼使神差般地掏戴耳机。沉湎其中，终被扣分。身为班干，我思想觉悟低，不自律，屡次违纪，对此我深恶痛绝，立誓不再做作奸犯科之事。

【诗歌篇】

沁园春·愧

独坐教室，
日落西沉，
书堆案头。
忆上周新歌，
意乱情迷；
内心挣扎，
百蛙齐鸣。
鬼祟窃听，
万籁之声真自由。
愧当下，
问漫漫学海，
谁渡我心？

符韵如此缤纷，
引无数童鞋竞折腰。
惜自诩聪明，

行差踏错

头脑发热，

破绽百出，

一次犯错，

足以愧疚误人生。

俱往矣，

理应铁肩道义，

做好榜样！

[兰姐点评]"蓬生麻中，不扶而直；白沙在涅，与之俱黑。"立志高，学识富，能力帅，这是班干的三门看家本领，否则，何以"号令天下，一统江湖"？ 故言有招祸也，行有招辱也，君子（班干）慎其所立。

（五）

【反思文学篇】

背书难

莫莫莫，多乎杂哉，背书之难，难于上青天。蚕丛及鱼凫，背书何茫然。尔来肆万捌仟页，不与吾辈通人烟。西当太白有书店，可以横绝峨眉巅。必修选修壮士死，然后唐诗宋词相勾连。上有六龙回日之李白，下有冲波逆折之苏轼。高一之飞尚不得过，高二欲度愁攀缘。古文何烦烦，百背九忘多么烦。捶胸顿足仰胁息，以手抚膺坐长叹。

问我成绩何时升？畏途巉岩不敢攀。但见尖子多如毛，男飞女从绕林间。又闻李C啼夜月，愁背书。背书之难，难于上青天。使人听此凋朱颜！连书去天不盈尺，定理倒挂倚墙壁。早读分贝争喧豗，摇头晃脑万人雷。其难也如此，嗟尔读书之人何言懒惰哉。

高考峥嵘而崔嵬，勤奋当关，万夫莫开。所遇若懒虫，化为笨与傻。朝避老师，夕避级长，睡眠不足，作业如麻。若无心学习，不如滚回家。背书之难，难于上青天，侧身西望恐扑街。（HRZ）

[兰姐点评]世上什么最难？李白说，蜀道最难；李嘉诚说，求人借钱最难！你说，背书最难！我说，写文言反思比背书更难。然而，你却犯难而上，可见，背书默写，不是"挟泰山以超北海"之诚不能，而是"为长者折枝"之不为也。

（六）

【反思文学篇】

<h3 style="text-align:center">杰之于睡也</h3>

杰曰："吾之于睡也，尽心焉耳矣。夜困，则移吾身于吾床，覆吾被于吾身。察邻床者之为，无如吾之用心者。邻床者不加困，吾不加醒，何也？"

师对曰："汝好学，请以学喻。早而起之，手已执笔，无用心而学。以早学而无用心笑晚学而用心，则何如？"

曰："不可，早学而无用心，是亦无用也。"

曰："杰如知此，则无望汝醒于邻床者也。

"违时而睡，觉不可尽醒也；手机不放床上，觉不可胜睡也；书不放身旁，心不可胜安也。觉不可胜睡，心不可胜安，是使吾潜心学习无憾也。潜心学习无憾，杰胜道之始也。

"五尺之墙，贴之以画，五十者可以观其矣；梗楠梓之种，无失其时，七十者可以睡床矣；百格之柜，勿夺其物，数口之舍可以无饥矣；谨庠序之教，申之以睡觉之义，学生者不再睡于课堂矣。三千者观画睡床，学生不饥不苦，然而不师者，未之有也。

"吾若狗彘睡而不知检，今有困乏而不知睡，人睡，则曰：'非欲睡也，太困也。'是何异于刺人而杀之曰'非欲杀也，怒极也，'杰无罪困，斯全校之学风至焉。"（WWJ）

[兰姐点评]"你挣得了安适的睡眠，你就会睡得好；你挣得了很好的胃口，你吃饭就会吃得很香。你得规规矩矩，老老实实地挣一样东西，然后才能享受它。你决不能先享受，然后才能挣得。"（马克·吐温）确实，戴皇冠的头颅是不能安于枕席的，何况还枕藉于课堂？

（七）

【反思文学篇】

<h3 style="text-align:center">"跑饭"论</h3>

CZN据后门之安全，拥5班之险地，ZN固守以待下课，有席卷美食，收于腹中，吃空饭堂之意，欲有逃课跑饭之心。当是时也，兰姐窥之，案上吆喝，请留步，告我逃课之理，于是ZN却坐而心飞数里之饭堂也。

铃声既响，MZ，J，FL背书包，于室外，南奔饭堂，西领兼健，安，荣，东打

511，北占 513，舍长恐惧，会盟而谋弱荣，不爱珍器重宝肥饶之地，以致 5 班之士，合纵缔交，一齐跑饭。当此之时，东有 RY，南有 QY，西有 XM，案上有兰姐，此四君者，皆明智而威势，德高而望重，尊贤而重士，打击跑饭。吾侪尝以十倍光速，率一撮之众，叩关而跑饭。兰姐开门延请，我等之众，逡巡而不敢跑。兰姐无吹灰之费，而 5 班"诸猴"已困矣。于是作鸟兽散，争俯首而称臣。兰姐有余力而制吾弊，虚张声势，倒下一人，流汗漂橹；因利乘便，声东击西，分裂饭团。强者文言反思，弱者现代文反思。

　　当是时，ZN 饿意难耐，有敏昭，江峰，肥健之属为之谋，FL、真 W、文 H、HW、WQ、李子、螃蟹、文 T 之徒通其意，RR，裕 H，健 A，宏 B，天 C，R 安，W 杰，佳 H 之伦开其路。兼昌、雄、雯、明、豪、菊、玲、聪、颖之众，尝以十倍之速，九牛之力，飞身而跑饭，饭堂阿姨开门迎之，九列之队，徘徊而渐进也。ZN 不费吹灰之力，迫近窗口饭台，而兰姐有余力而治其错，走遍江湖，阅人无数，所向披靡，闻者足戒，遍观天下，无出其右。我等乖乖，文言反思。

　　先言 Z 能，奋理科之精辟，振长策而御宿舍，并二舍而成霸主，履至尊而霸六舍，执敲扑而鞭策舍员，威震五班，南占 4 班，以跑饭为起点，不知兰姐，体弱多病，用心良苦。吾乃使 6 班多人为我把风，欲不顾兰姐之告诫，兰姐生病已是悲惨，ZN 不应添其忧。于是费 ZN 之时，面壁思过，深刻反省；思过错，定身心；收宿舍之兵，欲不再跑饭，聚之教室，勤学习，轻跑饭，誓科科见长，以告兰姐，然后以室为家，因椅为床，以无比好学之心，藐所遇困难，工笔粗笔攻困难之题，师生皆天下无敌。事已至此，ZN 之心，愧疲不已，自以为学习之重，无价之宝，此学生立世之本也。（CZN）

　　［兰姐点评］千百年来，食物一直随着人们的脚步，不停迁徙，不断流变，只有学校饭堂的味道，"它就像一个味觉的定位系统"，一头锁定了一里之外的课室，一头则永远搅动着饥肠辘辘的你我！你哒哒的跑饭声是个"美丽的错误"！

（八）

【反思文学篇】

"短歌行"版

　　教室之内，奋笔疾书，作业太多，去日苦多，铃声叮当，慨当以慷，沉迷其中，流连忘返。青青子衿，专心做题，题目真难，沉吟至今，纪检来临，如梦方醒，我有过错，没做眼操。

195

明明要做，怎么没做？忧从中来，不可断绝，忧伤至今，悲痛欲绝，绝而不死，唯有反思。思吾之过，过既成错。错而反省，是很好的。山不厌高，钱不厌多，兰姐教导，错要承认。（YMX）

[兰姐点评]"绝而不死"，其实还可以有多种活法的，选择了反思，就是"犯其至难，图其至远"之道，这是最理性最长寿的"活法"，也是冲破你眼前"结界"的最有效方法。

（九）

【反思文学篇】

"赤壁赋"版

壬辰之末，冬至前夕。周子与友背书于舍内，北风疾来，两股战战，属友背诗，诵苏子之诗，歌赤壁之章。少焉，吾诵于课室之间，将默写于课桌之上。其诗已熟，出口成章。无大体之残缺，若白璧之无瑕。自信乎如冯虚御风，而不知其所止；自豪乎如遗世独立，羽化而登仙。于是胸有成竹，奋笔而疾书。诗曰："壬戌之秋，七月今既望，苏子与客今泛舟游于赤壁之下。"有不知其诗者，吾心生快意，不绝如缕。对吾默之段落，心中窃喜焉。

兰姐愀然，正襟危坐而问吾曰："何为其然也？"吾曰："'清风徐来，水波不兴'，此非苏子之诗乎？上观标题，下观结尾，完美无瑕，并无缺漏，此非苏子之诗于吾默者乎？方吾诵此诗，默此篇，完其任务也，闻鸡起舞，谨慎行事，把纸临桌，提笔默诗，固一等良民也，而今安错哉？况吾与子相约于一室之内，重背书而轻娱乐，执一卷之书，举笔以数默之。寄快乐于书海，渺长篇于一瞬。哀吾性之粗心，美他人之仔细。挟书本而早归，与朋友而同乐。知不可乎骤得，漏两字于章中。"

兰姐曰："余亦知己之错乎？逝者如斯，而未尝往也；相约之与彼，而卒不相守也。盖将自其信者而观之，则汝等自悔其约；自其义者而观之，则吾与汝之光阴殆尽也，而又何怨乎！且夫吾汝之间，时各有安，苟非吾之职责，虽丝毫而莫理。唯吾之所愚，与吾之所爱，弃己身而奉之，费心而劳神，无穷无尽，周旋不绝。汝将用润之'拖肥之至瘦，拖瘦之至死'之计乎？是班主任之无尽苦乐也，而吾与子所共适。"

吾羞而悲，洗心革面。反思既尽，泪流满面，相与感叹乎书中，不知西方之既黑矣。（ZXQ）

[兰姐点评]"一举而无功则疑，再则倦，三则去之矣"，世事如此，名篇默写何曾不是？"淫慢则不能励精，险躁则不能冶性"，夫名篇经典诵读须静也，静则生慧，

文化方能融进血液骨髓，呈现盎然生机，何至于从"东方之既白"煎熬到"西方之既黑"矣！

（十）

【反思文学篇】

"赤壁赋"版

辛卯之秋，七月既望，韬与哲打机之于晚修其间。清风徐来，春心荡漾。举机属客，诵"搜狗"之诗，歌"度娘"之章。少焉，L校出于窗帘之后，徘徊于走廊之间。浑然不知，乐极至哉。纵手机之所如，凌纪律之坦然。傻傻乎如欲仙欲死，而不知其所止；晕晕乎如浪蝶狂蜂，乐极而生悲。

然则骤然手机被缴，伏桌而怨之。曰："手机兮吾命，捶胸兮眼无光。渺渺兮于怀，望手机兮天一方。"哲也闷闷不乐，倚吾亦怨之。手机呜呜然，如怨如慕，如泣如诉；余音袅袅，不绝如缕；舞金瓯之潜蛟，泣陋室之韬哲。

哲忽愀然，正襟危坐，曰："吾等错甚也。"曰："上课打机，多则违纪，此非某前辈之言乎。西望窗口，东望阳台。同学奋斗，无聊之极；此非学子之困于课堂乎？所以破规矩，玩手机，没收而去之。纪录千分，一去不返，览物思情，不禁悲痛欲绝，固一时之错也，而今后悔哉。况吾与子压迫于课堂之下，侣作业而友试卷，故使吾等之手机，于晚修中以放松；寄快意于课室，渺纪律之一时。哀吾等之错乎，羡他人之何用。挟手机以遨游，抱PSP而长终；惜乎不可实现，托遗响于今宵。"

吾曰："吾知时间之宝贵矣。逝者如斯，而未尝用功也；于是乎成绩之跌荡，而吾只可黯然也。盖将自其经历而观之，吾已从中吸取教训；而自此事而观之，则他人之功于吾上也，吾成绩之差，而又谁怨乎？冀赐吾机会一，以证吾志。为期末而备战，奋斗而至上游也。不待兰姐号召乎，吾意已当领头羊，听师言为天籁，观师容而感奋。望兰姐见谅，予涅槃之机会。是吾等之错也，而吾与哲共反省于此。"

吾既知错，辗转反侧，期考将尽，力争上游。相与搏击乎课堂，不知天意可遂乎？（HXT）

[兰姐点评]"你的原则构成了你的个人"，一言以蔽之，任何人的归宿都是他自己。你有什么的原则，你就有怎样的处事方式；你有怎样的原则，你就有怎样的人生轨迹。手机本无错，错在你对待手机的原则态度，在需要原则的时候丢掉了原则，原则便会化为藤鞭，数鞭下来，人生便会"皮开肉绽，血肉横飞"。

（十一）

【反思文学篇】

"离骚"版

过睡期仍安眠兮，哀睡眠之太少。余虽曾诺之以不再兮，謇朝许而夕忘。既表白以不再兮，又为之而重犯。亦余心之所悔兮，虽九死其犹未改。怨余心之动荡兮，终不更夫本心。众生怨余之非时兮，要余致诗以相告。固规矩之死直兮，偭之理而夺情。背绳墨以追曲兮，竟违纪而再犯。忳郁邑余侘傺兮，吾独再犯乎此时也。余不忍为此错也，宁失态不犯三兮！鄙人之不群也，自前世而固然？何再响而不醒兮？夫孰时过而心安？悔恨而明志兮，反思而改过。伏清白以守纪兮，固名师之所厚。

[兰姐点评] 古诗云："三更灯火五更鸡，正是男儿读书时。黑发不知勤学早，白首方悔读书迟。"一睡情深，二睡倾心，三睡焦心。把睡觉当成事业，天底下也就出了那么几个奇人异事，倘君能睡出孔明的高度，即使身在隆中山旯旮，也能迎来贵客刘皇叔，那也算是干大事业的人啊！

（十二）

【反思文学篇】

"孔雀东南飞"版

序：JML 事后，高一学生刘 CL 之手机，为 Z 级长所收，自叹无奈。同学闻之，前来慰之。父母得知，亦叹息良久。鄙人伤之，为诗云尔。

孔雀东南飞，五里一徘徊。

"十二始毕业，十三上初一，十四上初二，十五到初三，十六来吾校，心中常苦悲，余既为学生，守节情不移，手机常关屏，相见常日晞。鸡鸣起洗漱，夜夜不得息，三日学五章，先生故嫌迟。非为学作迟，高中生难为！余不堪压力，长此无效率，便欲玩手机，偶尔来偷闲。"

同学得闻之，教室启告余："学生压力重，幸复得手机，夜晚同枕席，午间共为友。住宿二三年，幸得此联系，手机无罪过，何意不许带？"

余即谓同学："何乃太天真！手机故无罪，却有 JML。语言伤吾校，领导自怀忿。城门既失火，殃及我池鱼，领导立规矩，教室禁手机。相见即收缴，缴则期末还。"

同学长太息："此事尚未过，玩机需谨慎，避过此风头！"

余闻之惊惶，无奈更无语："领导说检查，勿漏各插头。手机无电时，何敢来充电！"

此后过数日，风平浪亦静，同学渐放心，行事如往昔："风头略已过，同学可放心。吾且先充电，待会再来收。其虽来检查，此处甚隐蔽。而今无人来，胆壮有何惧？"

余笑谓同学："此话勿外传。此事本不许，切勿引祸端。悄然来充电，彼此且心照。勿向外宣扬，天下可太平。谓言去日多，与家少联系；心中系家里，电话语父母。我有一手机，视频并QQ；午休回宿舍，致电且问暖；晚间坐床边，来语更嘘寒，事事各自异，种种在心中。平日无故事，午间看小说，睡前来听歌，闲时来做题。时时为安慰，久久终无电！"

夕阳挂树梢，步出宿舍门。拿我厚大衣，捎带我手机。足下步履急，头上青丝摇。手机无盈电，仅仅余一格。听人相谣传，此时不可用。余电仅一格，使用辐射大。

入室欲充电，讲台无闲余。"平日充电时，六点回教室，插头连手机，七点电已满。如此状日久，习惯已成形。今日充不得，欲念不得息。"转身回座位，伏桌复抱怨，"往日此时刻，讲台尚未满；今日同时充，讲台无闲余。忧心望手机，久久为叹息。晚间及明日，何与父母语？"坐下复又起，叹气百余声。

余伏坐在前，同学站在后，叹息自幽怨，同学问我故，站立至身旁，低头共耳语："讲台已占满，有机无处充，晚上回宿舍，阿母来致电，何能共母语？"

同学顾四野："感君区区怀！君即欲充电，门角尚有余。君且先充电，晚修再取回，充电一小时，手机电充盈。我有一手机，讲台正充电，彼其尚未满，未能让予汝。"点头而致谢，双眼泪盈眶。

移身至门角，左右不见人。余即不犹豫，手机连插头："十二始毕业，十三上初一，十四上初二，十五到初三，十六来此校，学习脑欲昏。手机来娱乐，不料已无电。"喃喃而自语："吾有不祥感。"踱步回座位。

还座过一刻，插座已全满。不祥已自去，代之为庆幸，时过一刻余，便已无闲余。

同学忽惧然："Z级立后门！"

余色变振恐："先前JML，老师见叮咛，玩机多小心。今日事突然，临危心烦乱。眼看机且收，奈何无良谋。"

同学脸惨白："吾亦有手机，充电在讲台。Z级收手机，岂会漏讲台？手机若被缴，期末才归还。"同学急抬头，讲台立有人，说有一手机，快请收藏好。吾惧而回首，Ｚ级杆门角。左手抱一堆，右手正收缴。直到藏机处，吾欲奔上前，拔出我手机，却又无肥胆。

紧握同学手："吾且将奈何，实欲上前取！"

同学亦慌乱，自顾尚无暇，言语亦颤抖："此时已无用！先前不检查，而今来突袭，趁吾无准备，吾溃不成军。今日已无望，听天且由命。"

余转身还顾："理实如汝言。早谓来检查，我等不理会。数日无动作，我等便无防！心中猛下沉，天地何昏暗。Ｚ趋藏机处，人机已无缘。"

Ｚ级上前来，皱眉又呵斥。指向电视机："孰可得准许，此时开电视？"众人得闻之，诺诺而鸟散。还顾望四周，四方插座空，不复见手机。收机两三部，孰是手机主，来我办公室。交语转身去，消失转角处。徐徐作蜗牛，四肢僵如铁，心中乱如麻。门外寒风作，冰冷而刺骨，吾心掉冰窖。转身到楼梯，寒风一何劲，前方一何暗。步履蹒跚去，郁郁登室门。

Ｚ级语不悦，"适缴汝手机，期末来领取。之前已谓告，教学区禁机！"

吾侪默无声，脑袋垂胸前，眼神甚缥缈。移我细碎步，蠕至Ｚ级前。左手垂脚侧，右手执一笔。写下吾姓名，裹住吾手机。梢上月光寒，愁思出门啼。

同学闻此变，数人围上前。未至二三步，便闻我悲鸣。同学识我声，蹑履相逢迎。怅然遥相望，知是我心哀。举手拍我肩，嗟叹使心伤："尔往办公室，事态且如何？Ｚ级可狰狞？手机何时还？旗后有手机，拔出相及时，Ｚ级无察觉，幸而得福全。"

余哀叹连连："三周后归还！三周为期末，期末还手机。长夜漫浩浩，无歌心不爽。今后早睡眠，旦日好精神。"

捶头并抓狂：今日事不顺！是日无手机，如何白父母。且问人相借，向其释缘由。执手分道去，各各回座位。晚修神恍惚，哀怨那可论？万念皆俱灰，手机不复全！

晚休回宿舍，电话致父母："今日大风寒，寒风摧树木，月色更冷寒。阿女今悲催，手机已被缴，今后致阿女，勿复致手机！天寒要保暖，今日早安眠！"

阿母得闻之，长叹复连连："早已告诫汝，入校应学习，切勿玩手机，何至沦落此？今后趁此机，勤奋来学习，阿母在家里，心中亦安慰。"

母女共话语，语毕复长叹，阿母已谓告。移步兰姐处，三省于吾身。

其日鸡犬吠，吾今难入眠。明月挂中天，星辰尚寥落。"我今且安眠，有事待明日！"扯被来蒙头，一宿意不宁。

兰姐闻此事，召我办公室，心知时日到，心中忽释然。

兰姐心慈绵，反思尚可怜。期末作保证，名次二百前。反思选古文，孔雀东南飞。从此难入眠，日日写反思，模拟孔雀鸣，夜夜达五更。宿管驻足听，室友起彷徨。多谢后世人，戒之慎勿忘！

[兰姐点评] 此文只应天上有，何落寻常九班人！"孔雀"亮相，惊为天人！不平则鸣，穷而后工，古之人不余欺也。我现在总算明白应试文章千人一面，老师用尽洪荒之力而你们始终逡巡关外的深层原因了。

（十三）
【反思文学篇】

"磨柱"论

丁酉之春，四月上旬，余与众磨柱于班中后门。喧闹如市，乐此不疲。似此数日，渐闻师耳。遂召余，问曰："尔云磨柱者何为？"余惶恐。遂将磨柱之前世今生，一一禀悉。

其言曰："磨柱二字，广东之称谓也，北地谓之树人，江浙谓之打桩，或谓之车裂。磨柱者，高举一男，以硬物戏其下体，或摩擦于柱上。风靡东亚各国，或磨柱以取乐，或磨柱以虐情。追根溯源，始于挪威，乃西方生日快乐歌之衍生。初冷，延及台湾，磨柱之风遂盛行于东亚。犹印度人之造数字，而阿拉伯人传其于四海。自磨柱之风传播台湾始，西行东亚并港澳台，东渡北美。"

师闻之惊异，良久乃曰："汝尝获乐于磨柱耶？"曰："然。"师复问曰："汝固乐甚。然被磨之人，亦大类汝等乎？汝等未经他人允准，因个人勇力，肆意妄为，岂八尺男儿之所为耶？尔身长腰大，磨人固易如反掌，遂乐上心头。然团体游戏，岂凭一人之乐而言乐耶？必得众乐，不者，皆乃恃强凌弱之行。今汝等虽乐，焉知被磨之人乐耶？且游戏者，为娱乐而非伤人。今磨柱者，倘一时不慎，伤阳气之本，断子绝孙，为之奈何？切不可复行此事，更不可以一己之欲个人快意而创所谓'动物游戏之谜'"矣。

余两股战战，汗如雨下；唯唯诺诺，声如虫鸣。思之良久，深然师言。师言如银针，使余身如肿瘤之恶习无所遁形，甚感师恩德，作此赋以谢之。心感羞惭，卧于床，辗转反侧而不能寐，不知东方之既白。（LX）

[兰姐点评]
兰姐与小李游于走廊之上。

兰姐曰："子非柱，安知磨柱之乐？"

小李曰："子非我，安知我不知磨柱之乐？"

兰姐曰："我非子，固不知之矣；子固非柱也，子之不知柱之乐，全矣。"

小李曰："请循其本。"

兰姐曰："'汝安知柱之乐'云者，既已知吾知之而问我，我知之走廊上也。"

2012 年 8 月 25 日　"大龄青年"的黄昏吟

台风，只带来了点雨水，淋得不太透彻的地面，让人感觉像穿着衣服洗澡一样，淋漓都没有，别说痛快了。台风过后更是酷热难耐。

在这样的大背景下，高一新生闪亮登场，下午三点钟是报到的时间，地点选在了6 号楼楼底下，十一张学生桌椅一溜摆开，一张大白纸张贴在桌子边上，上有班级号及班主任姓名电话号码等私密材料，在这个什么都捂不住的夏日全都曝光了。不见一丝的凉风，燥热从心底冒出。

作为一名"大龄青年"，我相信这是最后一回"比武招亲"的机会了。作为一位阅人无数、总在高大乔木下乘凉的我而言，我几乎难于把眼睛的余光瞥向路边的小草。今天，我必须要调整镜头的广角，锁定一棵棵并不起眼的小树，因为，今天这批向我走来的学生，早已经在应试的硝烟中抛离了尖刀班，在"普通"的轨道上走着羊肠小道，而"创新班"的"神道"则是他们羞涩而美丽的梦。

一脸青涩稚嫩的学生陆陆续续到来，多是父母双方或单方"十里相送"。我极力把耷拉的眼皮往上提吊，把凝固的表情漾起"田七"模样，八只牙齿一溜排开，用尽量温和的声调重复"昨天的故事"：整理宿舍内务——4 号楼底领校园卡——16：30 到 2 号楼 4 楼 9 班课室搞卫生——19：30 带纸笔回课室晚修。同样的"导游词"，接待了一批又一批"游客"，直讲到"唇焦口燥呼不得"，最后才"归来倚杖自叹息"！

16：30，我撤掉擂台打道回府，到自己的地盘 9 班瞧一瞧。这一瞧，搞得我"意乱情迷"：好家伙，课桌横七竖八，连个偏南偏北的影子都够不着，讲台上灰尘弥漫，一片狼藉，图书阁成了临时垃圾场，"书"骸遍野，走廊脏兮兮，不忍"卒读"，学生很快就建立了"城邦"，在纸屑遍布的"城邦"里"长江大河起浪花"……我的脑袋有一刹那的空白，神志有数十秒钟的混沌，我的"天翼 3G"突然无法上网。当我强作欢颜拿起扫帚装模作样地把一些触目惊心的大片纸团清扫的时候，我可爱的 90后却波澜不惊地继续侃他们未竟的话题，我的心拔凉拔凉的，竟至无语凝噎了！

课室消散了欢乐的"童音"，偌大的空间只有儿子陪着我在慢慢收拾残局，邻班的班主任小 Y 路见不平拔刀相助，很是帮了我一把忙，把课室内的杂物全都清理完毕，一丝温热的感觉氤氲着眼眶周围。

像孤独的斯宾诺莎一样，落日的余晖拉长了我静静的影子，也许每一朵花都会盛开，只是花期不同罢了。我习惯欣赏那种泼辣辣黄花堆积的盛况，从未想到"羞答答的玫瑰"会有"静悄悄的开"的姿态。

或许，玫瑰就是玫瑰，别把它看作国色天香的牡丹，会不会有截然不同的感觉呢？

当然，我憧憬着，这个日暮黄昏手持扫帚孤军奋战的剪影会定格成满地金黄的图腾，成为历史的新篇。

2012 年 9 月 2 日 9 班"豪门"

　　还没从军训的暴晒中缓过气来，高一的新生入学就已经拉开帷幕，没有开端，直接进入故事的高潮。19：40 刚到，级长便毫不犹豫，立刻宣布今晚班主任的八件大事（实为十件）：到图书馆楼底领新书；全班同学领校服；电教员开会；20：00 全班收看开学第一课；发校园卡；收军训费；中港生复印身份证；明天收齐正取生的临时卡到一卡通办理换证手续；填写校讯通；检查仪容仪表……断句、单词、连珠构成了级长说话的特色，重要的是绝不重复，只此一遍。可怜我年老反应迟钝，等我好不容易整合出某条有效信息，会议却戛然而止，二十多位班主任顷刻作鸟兽散，我在半梦半醒之间，被拽到了课室，凭借多年的磨砺，我把年级长快准狠的话实行了完形填空，并在班级慷慨陈词了一番。59 人的班级涌动的青春气息，在勃发的季节与狭窄的空间翻滚，真有点乐景衬哀情之感。望下去黑压压的一大片，据说这是一个豪门，在群体高嚷"我爸是李刚"的锣鼓喧天声中，留下了一大批李启铭，李刚隐形了，却还像股市的操盘手，操纵着整个"股海"的升沉！在命运面前，我乖巧地驯服了，因为，任何的说话都有可能成为"呈堂证供"！

　　班里像锅沸腾的粥，随着一个个"爆炸性"的消息"浮沉"，每位学生都各干各的事情去了，发书的、领卡的、开会的、度量的……来来回回，进进出出，"恍如百千人大呼，百千儿哭，百千犬吠。凡所应有，无所不有"。我在强劲的气浪中，只能抱头鼠窜，落荒而逃！

　　临近 23：00，盘点了今晚的收获，才惊觉，忙活一整晚，最根本的几项大事却没有如期完成，如校服的发放、军训费用没收、校讯通没填、复印件没印……其实，当我们静下心来，我们就能够很好地推行"蚕食政策"，把每一项工作吞噬在无形中。但是，面对纷繁而并不复杂的问题，我们往往失去了应有的沉着冷静，"随波逐流"而去！

　　回到家了，编好了座位表、宿舍表、成绩登记表、卫生值日表等诸多表格，凌晨一点多，当疲惫不堪的我挨着枕头的时候，我期待的呼呼大睡的美梦幻灭了，当我的眼帘重重垂下，我的神经末梢却异常兴奋，像黄龙峡漂流，疲惫了身体，却亢奋了精神！

2012 年 10 月 23 日 褫夺学生的体锻自由

经过三天"十月革命",学生从九科的鏖战中抬起霜打的头颅,灰色的眼眸正恢复一点亮色,连续四周失去了体锻课的心灵干涸得如同黄土高原,本以为今天可以舒活舒活筋骨,抖擞抖擞精神。但是,理想很丰满,现实很骨感,这点正当的权利都被剥夺了,因为有更掷地有声的理由:要唱歌,因为某仪式时学生不能大声唱歌。这确实是无可辩驳的理由。可是,我还是感到有那么一点点的悲凉,难道正当的都是合理的吗?难道我们教育者就可以随意褫夺学生的体锻自由,仅仅就因为唱歌的分贝不够吗?如此说来,为什么不能向正课开刀,礼让几节课来恶补一下音频呢?对于六天都奋战在九门题海的学生而言,周二第八节这唯一一点"放风"的时间是生命呼吸的最重要的出气孔,可是,我们的教育者,总能站在道德的制高点用充分得难于辩驳的理由绣口一吐就把"出气孔"轻轻堵上,让万众期待的体锻课异变成道德的说教课,甚至惩教课。我们都懂得学生的软肋,都抓准了学生的七寸,使我们快意于学生的苦痛。当学生可怜巴巴地问"为什么"的时候,我羞愧自己没有底气去大声传达"圣旨",当我们的学生在属于他们的体锻课上大声唱歌的时候,我们却居然昂起头来,不知道脸上的污迹……

对于有着所谓道德洁癖的人而言,我只能装作君子远离庖厨之状,以此撇清"伯仁不是我杀"的!

2012 年 10 月 26 日 冲冠一怒为"起哄"

今天物理实验课，据悉举校闻名的"好好先生"——一位有着三十多年教学经验的物理老师终于"晚节不保"，从不发脾气的他在今天物理实验课的时候气歪了脸，因为本班的 VIP 们在做物理实验的时候，让一节严谨的物理实验课上成了狂欢节，每一辆小车（物理实验用具）不慎摔在地上的时候，鬼哭狼嚎的起哄声、尖叫声、跺脚声、拍桌声、欢笑声汇成一股强大的"墨西哥暖流"，让夏日的物理实验室充塞着膨化剂的味道。"好好先生"行走江湖三十多年，场面见过不少，却还没见过这种哄闹的"大场面"，早已气得鼻子不是鼻子，眼睛不是眼睛了。可是，这批 VIP 还"不解风情"，不懂得见好就收，当老师强把冒烟的气运到丹田，深沉地责问"你们究竟是哪个班？"的时候，这些"小猴子"还不知道这句话的酒精度数已经达到了 68 度，居然还嬉皮笑脸地忽悠说"十班"（本是九班），好好先生之问本来是想把火强行熄灭，可是 VIP 之答实在让这把火苗瞬间窜起火舌，老师当场迎头痛骂，VIP 们佯装讪讪，转瞬又是一脸喜感。

我总以为他们挑战了我的权威，因此，当我的脸黑得像包公，像"公鸡中的战斗机"般地扫瞄着一溜排开的"半壁江山"（占班级一半人数），看着半壁江山里的班长、副班长、高颜值的、高智商的、高海拔的、嬉皮的、笑脸的……我倒抽了一口冷气。我明白，速战速决大刀阔斧的整治方针，对于这些天天与老师斗、与家长斗，其乐无穷的"惯犯"而言，简直就是小菜一碟。论持久战，这是我心中陡然升起的智慧星火。对于这些团体作战、有着强大的"群众基础"、关系盘根错节、在长期斗智斗勇中积累了丰富经验的孩子而言，没有什么比"建立根据地""以农村包围城市"这种战斗策略更有效了。果然，当我询问班长何以带头起哄的时候，他故作一脸呆萌地说："只是微笑，并非哄笑"；当我询问带头起哄的同学的时候，他一脸的正气凛然：我只是把实验的小车多次摔到地上，没想到他们会起哄；当我询问哄笑的同学的时候，他一脸的无辜：没有小车摔地，我怎么会笑？……画了一个圈，又回到了原点，想用集中火力的办法来撕开"敌方的战线"的裂缝是最无效的方法，似乎每一位同学都是这场盛宴的吃瓜群众，每位吃瓜人都吃着自己的瓜，这种互相推诿、却又互为掩护的技术确实让人"膜拜"啊！

　　最后，我虚晃了一枪，决定先采取反思文学的方法，让事情暂时冷却，矛盾暂时钝化一下，在绘出一干人马的责任"图谱"之后，再杀个回马枪，以搓面团的方式，掐揉松紧之间，把"面团"搓得顺溜光滑，搓成自己所需的"面条""饺子"或"馒头"！

　　想的还是挺美的！

2013 年 5 月 26 日 红五月，有人欢笑有人哭

"红五月"歌咏比赛结束后，大家似乎被胜利冲昏了头脑，把文娱委员借来的演出服装一股脑地丢给他，五十四套浸渍着汗水的服装堆积如山，可是没有一个同学能够想起来伸出援手帮他搬运，结果，文娱委员在力不从心的情况只能号啕大哭泪洒东门，而家长看到儿子的委屈也流下了眼泪。面对这种情况，我虽然急火攻心，但是没有抡起棍棒作"河东狮吼"状，也没有站在高地"睥睨众生"，而是以此为蓝本撰写了一个教育案例。案例题目是："谁让我们的母亲流泪？谁让我们的兄弟哭泣？"内容如下：

2013 年 5 月 25 日早上 9:00，这是一个万众欢呼的时刻，胜利大逃亡的喜悦汇成了一暖流，从北门流到东门，瞬间漫延整个金瓯大地。可是，在这个欢乐的时刻，却有一个孩子号啕大哭，他无助，他委屈，因为面对红五月的硕果—堆积如山的散发出汗味的"红军服"，他得不到任何人的帮助，他的五十三个兄弟姐妹们早就食尽鸟投林—只剩下个大地茫茫真干净！他出生入死、引以为傲的兄弟用冠冕的理由拒绝了他"无理"的请求；他尊敬的兰姐为班服务了两节课，正蹩进办公室享用早餐，对外面的世界竟然浑然不知；他的那些"脊梁骨"们正钻进父母的小车上，享受着夏日的清凉！这位孩子的母亲见到自己的孩子伤心的哭泣，痛苦的情状，流下了两滴晶莹的泪珠。刹那间，一股寒气从脚底直抵脑门，兰姐感到天地都在失色！谁让我们的母亲流泪？谁让我们的兄弟哭泣？谁又能在这个事件中"独善其身"？

梁晓声说：植根于内心的修养，无须提醒的自觉，以约束为前提的自由，为别人着想的善良！这是文化人的定义！自诩文化人的兰姐，带领 53 位孩子炮制了"英雄流泪"的事件。有人说，世界上有两种疯狂最可怕：一种是什么都敢做的疯狂，一种是什么都不做的疯狂！孩子们，你说呢？

结果，这个案例引爆了"全城的热议"，没有哪位学生成为沉默的羔羊，大家纷纷主动登台。班长上来了，流着泪说："我一定会为九班多出一份力，凡有关于九班的事一定多留点心，将每一件事情都做得尽量完美，让'英雄'不再落泪，让九班成为最团结的班集体。"班委上来了，哽咽着道歉："我第一次发现自己的内心是如此低微、鄙贱和自私。"曾拒绝帮忙的同学上来了，满脸写满着惭愧，誓言以后"遭遇到

困境的朋友或其他人，我都会尽力帮助他，我相信只要人人都对他人伸以援手，抛弃自己的自私，世界将更加美好。"独善其身的同学上来了，头颅低垂着说："当我们对小悦悦事件的数位冷漠的路人指责的时候，谁又会以此来反省自己平常的行为呢？""付出的人却落泪了，这是一件多么令人难受的事情。世界真不公平，然而不公平却是我们制造出来的。"甚至视己为"一个容易受伤的男孩"的文娱委员也没有心安理得地接受大家的道歉，而是反省自己说"对不起兰姐，让兰姐为我'擦屁股'；对不起母亲，让母亲日夜操劳还让她伤心落泪；批评自己没有细致考虑，眼泪中并不只是无助，更多的是羞愧……"

没想到，这次信手拈来的教育，比起之前精心熬制了数月的"鸡汤"还要有效！看来，赶得早不如赶得巧，教育的契机的确很重要！

2013 年 9 月 23 日 "天兔"爽约了

22 日 19 时 40 分，"天兔"在汕尾市红海湾遮浪半岛登陆，登陆时中心附近最大风力有 14 级（45 米 / 秒），中心最低气压为 935 百帕。据介绍，风雨横斜，惊涛拍岸，哀鸿遍野，如此凶狠的"天兔"却让不少孩子"春心荡漾"，像渴望"胜利大逃亡"一样亢奋迫切，分分秒秒都在观天象，听广播，谈"天兔"，期待江门一中的天将是解放区的天，江门一中的孩子将会翻身做主人。然而面对风平浪静的早上，孩子们简直梦碎金瓯，不敢相信这个"噩耗"，以为"天兔"迷路了，找不到来江门的路径。从昨天白天的亢奋到黑夜的煎熬到今天清晨的幻灭，"天兔"给了孩子们一场黄粱美梦，也给孩子上了人生宝贵的一课——想不劳而获，靠天来"打捞"自己，真的比"天兔"的到来还要难呀！

什么是问题生？有人这样界定：品德、学习态度、习惯、心里等方面，存在较为严重问题，而且用常规教育手段不能解决其问题的学生。也就是说，通过一般的表扬、关爱、批评、写检查、请家长等手段能解决问题的学生，其实不算问题生，问题生不等于"有问题的学生"，他们应该是有严重问题，而且这些问题只能通过个案诊疗才可能解决。

二十多年的教育教学生涯，我也算阅人无数，自诩降魔十八掌"运掌成风"，所过之处，无不"应声倒下"，恩威并施，刚柔兼济是屡试不爽的手段，可是当我来到了 90 后的世界，当 90 后又是"官二代""富二代"，当"官二代""富二代"又是"见多识广""'博学'而又不学"的时候，我也只能努力学习，希望能一路"打怪升级"！

天兔爽约了，宝宝很不爽，这批期盼天兔打捞的"宝宝"，被天兔打脸了！

2014 年 7 月 20 日 妥协也是一种坚持

9 班算不算是创造奇迹的班级？这答案也许是丰富多彩的，但在我的班主任生涯里，答案是肯定的。对于一个深受"有恶意的闲人"和"无恶意的闲人盯梢"的"官财班""条子班"，他们用自己的实力改变了白眼青眼的走向，一堵会说话的墙壁为我们书写了奋斗的历史：十八面锦旗——文明班级、学习优秀班、先进班集体、红五月特等奖、书香班级……

这招展的锦旗，给我带来的不只是班级光环，更重要的是改变了我的教育理念：弯下身子看孩子，你会看到不一样的世界，他们会比你想象的站的还要高！在我看来，摊上这样一个"烂摊子"，可谓是上帝给了你一手坏牌，面对这手猝不及防的坏牌，当时的我可谓沮丧而郁闷：凭什么就我摊上这些 VIP ？凭什么就我的运气那么坏？凭什么让风烛残年的我啃骨头？……尤其对于一个常在尖刀班行走的我而言，真有从天堂到地狱的失重之感，以前，我的一个眼神学生都能秒懂；现在，我的一个河东狮吼状，学生都满不在乎，这种感觉，真有把老脸撕破后那种无趣无味无聊的巨大虚空与落寞。

回放一下几个"血淋淋"的镜头：

我的第一次对话是从一个女孩开始，本来出于关心找她聊聊，谁知站在走廊她就给我一个下马威，她两眼一翻，嘴角向上一撇，极端蔑视地问：干什么？一下子把我钉在了十字架，我强颜欢笑地说：开学一个多月了，想跟你聊聊，看看你是不是适应新的班级。她嘴角往下一撇，两片嘴唇像密室传音：我不知道你想说什么，我不喜欢和人聊天！我说：聊天谈心不好吗？她脸上肌肉一绷，声调提高了八度：从小就不爱和人聊天，包括父母！为了缓解气氛，我没接这茬，正想转换话题，谁知她抖了一下脸上的肌肉，说：你想说什么？我要上课，走啦！头一仰，跑得不见踪影了。只剩下满脸僵硬笑容的我，仿佛被孙悟空点了哑穴一样，站在那里动弹不得，很长时间，才回过神来，看看四下没人，像做贼一样，我也跑了！

又是一个被宠坏的孩子，自我中心得厉害，大多时候只有看到别人对自己的不好，很少反省自己的不足。宿舍的舍友投诉，那是舍友的偏见；学习小组成员的投诉，那也是成员的偏见；骂宿管，那也是因为宿管该骂。编座位，即使很好脾气的孩子也强烈抗议，几乎天天有学生因这因那来我这里投诉她，就是这样一位孩子，还大踏步朝着自己认为正确的方向前进。某次宿舍扣分，我找她来面谈。我脸带笑容，温和地开场：听说……她还没听说，就立刻发飙，咆哮中夹杂着"冰雹"（眼泪）。当时，我基本上听不清楚她在说什么，因为她的咆哮抽搐使整个语音已经变形，我只大略揣测到不是她的错是别人的错。结果我又温和地接了一句：即使是你对了，但也不要得理不饶人呀！这一说，像火上浇油，瞬间烧红了西天，她跳起来反驳：我没有得理不饶人！紧跟着又是一阵猛烈的机关枪扫射，扫得我火冒三丈。不过，我还是强压下去那把火，温言道：我找你来不是为了盖棺定论的，我只是为了了解事情的来龙去脉，至于别人做得怎么的不好，这不是我们要谈论的核心，我们的核心是在这件事情上我应该负上什么责任，你认为有理的人需要大声说话吗？结果，她的脾气来得快去得也快，爆豆似的声量打在吴侬细语上，像吸星大法一样，全吸进去了。慢慢地，她的狂躁平复了下来，话题真正打开。老子云：天下莫柔弱于水，而攻坚强者莫之能胜，以其无以易之。弱之胜强，柔之胜刚，天下莫不知，莫能行。"是的，妥协有时是必须的，"妥协的意义并不是让步了什么，而是坚持了什么"，妥协于放弃无关，它是充满智慧的以退为进的艺术！

电影《肖申克的救赎》说道：刚入狱的时候，你痛恨周围的高墙；慢慢地，你习惯了生活在其中；最终你会发现自己不得不依靠它而生存。

可见，把墙融入血液，墙就是拐杖而非绳索，对这些雷人的孩子是最好的诠释！

2014 年 7 月 31 日 套牢欲望

重庆谈判后，蒋介石曾对秘书陈布雷说：

毛泽东此人不可轻视。他嗜烟如命，手执一缕，绵绵不绝。但他知道我不吸烟后，在同我谈话期间，竟绝不抽一支。对他的决心和精神，不可小视。

看一个人今后的发展如何，就看一个人对本能欲望的自我控制能力。

高三这一年，成王败寇，是否也是看一个学生对本能欲望的自我控制能力呢？当他的所有欲望都被高考套牢，走进十月的阳光那会不会是迟早的事？

2014 年 8 月 1 日 高三的味道

"尊敬的家长，孩子的假期即将结束，8 月 3 日下午 15:00 开始入校，19:00 到达课室晚自习，入学后准备假期验收测试。"今天 11:17，2015 届高三级的第一条信息意味深长地不期而至！

38℃的高温，"康师傅"下锅了。在"康师傅"弥漫的夏日，高三的脚步声近了。"阔别"高三舞台后，三年卷土重来，时光以一个完美的侧颜，似乎一切又回到了原点。

高三的日子，是在雪花般的试卷飞舞中穿梭的，翻开书页有一股清新的墨香。我笑了，就是这种感觉，陪我走了二十多年的熟悉的感觉。一个个晨昏过去，桌上我们的资料也逐渐增加，一摞一摞，叠起我们为梦想奋斗的岁月。

会在睡梦中支棱一下子坐起来，看看时间还早，又忐忑睡去，会牢牢盯梢占据高位的"金蛋"，会歇斯底里把"要成功，先发疯"当成摇滚高歌，会和时间紧紧相拥，不怕时间把我们遗忘，只怕我们追不上时间。

黑色的高三给了我一双黑色的眼睛，我将用它带领我的孩子去寻找光明！

2014 年 8 月 3 日 战旗飘扬

早上九点，高三集结号已经吹响。74 位老师携带着 38℃的暑气济济一堂，或老脸，或新手，或"无间道"的中年。首先发话的是意气风发的级长，急促、短句、密集构成了他一贯的讲话风格，在这个昏昏夏日猛下了几滴雨，溅起一朵朵烟尘，空气似乎更加的闷热。

接着领导做了更为励志的报告。黑格尔说过，"在纯粹光明中就像在纯粹黑暗中一样，看不清什么东西"。鸡血打多了，顿挫也是沉郁，在一如既往的"盼望着、盼望着"的忐忑声中，金瓯大地扯起了 2015 届的猎猎战旗！

2014年8月5日 口号上的高考

总有一种力量让人感动得热泪盈眶，每每看到一些比鸡汤更补的狗血式的标语口号，我就恍然有雷霆乍惊之感。踏进高三楼，不变的是任岁月流转也静美的楼宇，此刻多一些鲜红的横幅，"你已进入高三学习区，努力！"平和、冲淡，像海啸前出现的快速退潮，让人警醒。一旦进入警戒线，下一刻将会迎接摧枯拉朽之势的海啸到来！又如包大人的惊堂木，威武之后是一片肃穆！"努力就能成功！坚持确保胜利！""我心一片苦勤奋，不上重本誓不休！""潜心复习战高考，信心满溢跃龙门！"有洗脚上田的泥土气息，就像你在田头劳作了一整天，父母送到你手里的一碗"荡漾"的稀粥，解渴而又充满着大地的"米气"！

"口号"是"供口头呼喊的有纲领性和鼓动作用的简短句子"（《现代汉语词典》）。口号作为意识的表现形式之一，作用是不言而喻。从陈胜、吴广提出"伐无道，诛暴秦"的口号，到太平天国提出"有田同耕，有饭同食，有衣同穿，有钱同使，无处不均匀，无人不饱暖"的口号，到"深挖洞、广积粮、不称霸""同一个世界，同一个梦想"等，口号在历史进程中曾发挥过积极作用，可是，也多少被一些"用心良苦"的人作为"人血馒头"治疗"肺痨"之用，宣泄爆表的荷尔蒙，宣泄偾张的热血，宣泄物质匮乏或精神上的缺钙，例如什么"混蛋王八蛋，你睁眼看一看，WH大革命，谁敢来阻拦"，试问，不是流氓，谁敢做混蛋王八呢？今天，竞争的激烈、评价的单一、教育的功利，让"口号上的高考"风烟滚滚，什么"不学习，如何能养活你众多女人""生时何必久睡，死后自会长眠""今生只为高考狂，冲进重点孝爹娘""只要学不死，就往死里学"等有着"飞越疯人院"之势，在犬牙交错、斗折蛇行中的莘莘学子，何时才能在天朗气清、惠风和畅的日子里"诵明月之诗，歌窈窕之章"？何时才能让孩子像个有生命的画家，画出"穿花蛱蝶深深见，点水蜻蜓款款飞"的生命气息？

教育不是戕人或自戕，它不是技术的奴隶，而是灵魂的自由！

2014 年 8 月 6 日 来自星星的孩子

昨天经过上甘岭式的战斗，整个人都像泄气皮球状。

"人充满劳绩，但还诗意地安居于大地之上。"每天，我就在荷尔德林深情的呢喃中，拽着充满劳绩的躯体努力前行！

上午九点就要迎接"回炉生"了，千呼万唤，等到了差不多十点，才寥寥落落进来了几个学生，步履似乎没有沉重感，神情似乎也自若，言行举止和应届生没有两样。泰勒斯说"只有那些从不仰望星空的人，才不会跌入坑中。"看来，这些都是来自星星的孩子。不过，很快就一气呵成"快闪"出九名来自"五湖四海"的孩子，九班在高考前由四名"外逃"的学生留下的空白，就这样被"因为仰望星星而跌进坑里"的孩子填充完毕，九班又一次以 59 人强势回到原点。

我尚未有想法，可是班干却早于我有大大的想法，他们害怕这些"外来物种"扰乱了"原著居民"的安定团结，他们害怕这些"师兄师姐""看惯秋月春风，携带着H7N9 席卷九班，他们害怕这些发现新大陆的"哥伦布"把九班"土著"蚕食……因此，下午第八节课，九班班干"架空"班主任擅自霸气地召开了第一次复读生会议，每位班干都急于灌输自己的"政治主张"，五六个"主干将"一轮扫射，九个闯入"土著居民"处的"外星人"已是东倒西歪，十几年生活在"元谋"时期，要回到"立正，齐步走"那也是举步维艰的事情，何况"井蛙不可以语于海者，夏虫不可以语于冰者"，这些"外来物种"被班干们的"班规公约"灌得"酩酊大醉"，甚至"狂呕不止"。不过，对于誓死捍卫班集体荣誉的"脊梁骨"们而言，他们理所当然地认为，没有什么比直接灌输和要求更加有效的了！

"识不足则多虑，威不足则多怒，信不足则多言。"言之有理！

2014 年 8 月 6 日 让优秀成为习惯

"疲劳的一天！虽然比较紧张，但是过得很充实。今日宿舍扣了分，这好像是很久没有出现的状况了，今日的这个'惊喜'令我有万死难辞的感觉，虽然已妥善处理，但警钟长鸣，莫以为到了高三，除了学习其他什么都可以放松，这会让我们'掉色'的。所以，无论是因为新鲜血液的流入，还是有部分同学已经离开这个集体外出求学，我们都要一直保持这种优秀，让九班这个集体空前绝后式的优秀！"

以上是一位班干所写的值日反思。确实，这些按蛇形分布最后以蛇尾姿态进到我们九班大家庭的高四学生，似乎还没有从 2014 年高考的那一团乌云中穿越出去，第一天就有两位同学被宿管各扣了 2 分，其中一位玩手机被警告，这对于一年来才扣了6 分的九班人而言，这一笔债可谓"罪恶深重"，像炸了马蜂窝似的，告状的，声讨的，吐槽的……侧目而视，沸反盈天，群情汹涌。作为大内总管周班干，更是有"泰山压顶"之感，两年来苦心孤诣的"泰山"，突然崩于前，难怪会产生"万死难辞"之感。

优秀是九班的习惯，当这种习惯一旦形成心底的道德律，那么，它产生的正能量是令人敬畏的！当别人把扣分当成是每天必修课的时候，这批把扣 1 分都当成是罪恶的孩子，是怎样的自律才能筑成这暖人心扉的"长城"呀！

"举直错诸枉，能使枉者直！"我相信，九班的孩子，可以成为这一洪炉，任何生铁，都能在这班级的洪炉中冶炼成钢！

2014 年 8 月 7 日 一个没有春天的女孩

我们的"一姐"似乎走进了"日暮黄昏"：深锁的眉头，瘦削的双肩，苍白的脸色，密布的愁容，踟蹰的脚步……你完全不敢想象一朵花的年龄却呈现出一枯草的状态。午读的时候，她的头痛病又发作了，在走廊遇到我，双目垂泪，气息衰微。我让她到工作室稍做休憩，看完午读，我就和她详谈。她断断续续哭诉，包括父亲从小对她姐弟的冷暴力，对她病痛表现出来的厌烦埋怨以及痛骂，包括对她的学习从不过问等等，像是一个没有春天的女孩。

我除了深表同情，唯一能做的就是倾力地安慰以及帮忙。首先，我打电话向家长医生求助，希望她能伸出援手。很快家长医生就为她争取到了一个名医的坐诊机会。其次，我也喂她一些"鸡汤"，和她袒露肺腑之言，说我自己的成长史，就是一部长长的与疾病斗争的血泪史，教育她在最深的红尘里，在千里沃野的原上，懂得将自己站成一棵坚强的树，淡看花开花落，漫赏云卷云舒。第三，认清现实，也许负重前行。人有千种，世有百态，每个人的性格、品味、素养皆不同，父母是无法挑选的，既然如此，幸福就像握在手心里的一块冰，只要你慢慢将冰融化，那一段简短的距离，就是幸福向你招手的时刻！

当然，我教育的最终也是高投入、低产出甚至不产出，"一个没有春天的女孩"，我的关怀，对她而言，也只是刹那的亮光，之后却是长久的黑暗。有时候，不是因为教育的无情，而是来自家庭那冰冷环境，我盗来的火种焉能点燃冰封的世界？

家庭的教育，影响着一个家族每一代人的成长，从《颜氏家训》《朱子家训》到《曾国藩家书》《钱氏家训》，从古到今，从乡村到城市，莫不说明：少成若天性，习惯如自然。家庭教育是一个人成长的地基啊！

可惜，现在有某些家长，或奔波于生活，或忙碌于应酬，或智昏于功利，或醉心于养生，或魅惑于无知，让孩子成了名副其实的心灵流浪儿！

2014 年 8 月 20 日 高原反应

本周开始进入多事之秋，"大案要案"层出不穷，我在繁忙的教学之中茫茫然如丧家之犬。且看案例回放：

案例一："世纪大战"。两个大男孩，一个一米九，一个一米八六，两人体重加起来据悉超 400 磅。作为班干的高个子男孩在铃响后要求同学回位自修，可是"矮个子"男孩却偏向左转，反问高个子男孩为什么自己不回座位自修，而且还用惯常轻佻的举动抚摸高个子男孩的脸，高个子男孩大声吆喝伴随惊堂拍案，"完爆"全班眼球！

案例二："唾沫横飞"。两个女孩同桌，一位女孩认为同桌回答问题时唾沫横飞，一节课下来，脸和手都遍布了唾沫星子，对于本有洁癖的女孩而言，每节课下课清洗成了头等任务。强烈要求老师能够"御驾亲征"，狠刹唾沫现象，还她一个清明的世界！

案例三："我爱的名花有主，爱我的惨不忍睹"。女孩很想读心仪的重点大学，而且有"非君不嫁"的强烈愿望，可是，作为敲门砖的成绩却是一大瓶颈。因此，她苦恼、焦虑、躁动、哭泣、不知所措！

其实，以上种种，大多源于"高原反应"。心理学认为，人在复杂技能形成的过程中，练习到一定时期出现的练习成绩暂时停止不前，在练习曲线上出现近于平缓甚至下降的一部分线段，即"高原现象"。而学习中的"高原现象"，是指在学习过程中的一定阶段，产生学习效率低、学习进步缓慢，甚至停滞的现象。造成学生"高原"现象的原因既有生理、心理疲劳，也有学习方法缺乏"升级换代"、学习效率下滑，还有知识点出现"瓶颈"等等。说到底，就是丰满的理想与骨感的现实产生了巨大的鸿沟，每位同学在寻找理想的桃花源的时候，并不是都像武陵人那么幸运，在熬过"初极狭，才通人"的困境之后，能够"豁然开朗"，到达"怡然自乐"之境！

一上高三鬼见愁，焦头烂额似非洲。烽烟初起金瓯地，山雨欲来风满楼。

2014 年 8 月 20 日 教育，也有完败的时候

今天晚上的要案，莫过于和这位 Y 姓女孩的"较量"了！没想到，这会是一场重量级的"较量"。

谈话源于收到该女孩母亲的短信，内容是这样的：

杨老师您好！我是 Y 妈妈，本想打电话给您，可又怕打扰您休息。Y 最近一直跟我闹矛盾，这两天发信息总数落我对她关心不够，以前她不会这样的，我担心她在学校是不是有什么不开心的事情，杨老师麻烦您帮我留意一下她吧！她性格比较偏执，现在高三学习又紧张，我真的很担心她！杨老师千万别告诉她我发了信息给您。

其实，收到女孩母亲的短信是上周的事情了，由于开学诸多琐事缠身，分身无术，没能"快好省"地处理此事。当时正处在水深火热中的我只是简短地回复，就没有给太"长情的告白"。

可是，今晚家长亲自打电话过来向我哭诉，对于一个处在困境的家长而言，老师或许就是她的最后一根救命稻草，这种深度介入家庭的事情，于我其实这不是第一次，也不会是最后一次！老师的艰难处境就在于"没有执照就要行医"，而且，"吃了人血馒头还要包好"。所以，我往往自我安慰：家长说你行，不行也得行！

重任在身，不敢懈怠。谈话，以我惯常的怀柔政策开始，绵软的语态，和蔼的脸色，倾侧的身姿，无不显出一个"功力深厚"的江湖中人应有的历练！

可是，这一招却在"魔高一丈"的 Y 同学面前，简直像是拿着树叶就当隐形的法宝去偷窃一样可笑，或者练就了所谓的葵花宝典，以为潇洒到"任我行"的境地，谁知画风突变成为不伦不类的"东方不败"。我耗了大概 60 分钟和她促膝长谈，除了一句"我不想谈"之外，就是面瘫似的表情。在她面前，我可以说没有任何可以"扎针"的地方，她除了偶尔翻一下白眼之外，雕塑造型就是她给我的最好回应。第一次，我有口吐白沫之感，教育，也有完败的时候！

然而，让我更郁闷的是，谈话之后，据她母亲的反馈，是她变本加厉的怒骂，我所教的语文，全在这"上气不接下气"反问句中：你到底是有多恨我？想让我连学校都待不下去？那你怎么就没想过我接下来一年要怎么过？同学们怎么看？明天是不是再打一个电话过去，然后让全部人认为我冥顽不化？

一年三百六十日，风刀霜剑严相逼！这个已经剥夺了母亲"明媚鲜妍"而从不觉得是一种伤害的女孩，也会觉得母亲和班主任的善意沟通是对自己的伤害，也会觉得冥顽不化是有失斯文之事，也会觉得要维护自己在同学面前的"光辉形象"！可是，光辉如太阳也就罢了，因为，即使有黑子的存在，那也无损太阳的光辉！如果，本身就是一颗不发光的海王星，即使有幸成为太阳系的一颗行星，也无法维持自己的亮度与温度！

有人说："一个懂得爱的人，宁可扮演输家，也不去打败自己的人！爱，就要懂得让步，让步，在情感中不是退却，也不是从权，而是一种尊重，一种人格，一种胸襟，一种涵养！"

假如，以己之心度母亲之心，那该有多好啊！即使给母亲一个怜悯的眼神，也比长久的寒光要温暖得多！

由此，我常常想起史铁生笔下的母亲，想起在儿子大难临头时的那种温婉小语："听说北海的花儿都开了，我推着你去走走。""咱娘儿俩在一块儿，好好儿活，好好儿活……"想起胡适对母亲的深情呢喃："我在我母亲的教训之下住了九年，受了她的极大极深的影响。我十四岁（其实只有十二岁零两三个月）便离开她了，在这广漠的人海里独自混了二十多年，没有一个人管束过我。如果我学得了一丝一毫的好脾气，如果我学得了一点点待人接物的和气，如果我能宽恕人，体谅人——我都得感谢我的慈母。"想起老舍失去母亲的哀恸："生命是母亲给我的。我之能长大成人，是母亲的血汗灌养的。"我之所以能成为一个不十分坏的人，是母亲感化的。我的性格，习惯，是母亲传给的。她一世未曾享过一天福，临死还吃的是粗粮。唉！还说什么呢？心痛！心痛！也感慨于三岁母亲故去，"我对她一点印象都没有"的汪曾祺，也能回忆母亲的遗迹……

由此，我也想得更邈远一些。想起汉朝抗击匈奴名将霍去病，作为霍仲孺的私生子，其父未曾尽过一天当父亲的责任，但霍去病长大后，知道了父亲的事，有次任骠骑将军出征时顺道到了平阳（今山西临汾），霍去病便命下属将霍仲孺请到休息的旅舍，跪拜道："去病早先不知道自己是大人（大人：汉唐时指父亲）之子。"霍仲孺愧不敢应，匍匐叩头说："老臣得托将军，此天力也。"随后，霍去病为霍仲孺置办田宅奴婢，并在领军归来后将同父异母的弟弟霍光带到长安栽培成材。一代名将霍去病居然能以私生子的身份去原谅父亲的无情，而我们的孩子对待爱自己的父母以冷暴力而浑然不自知甚至到了残忍的地步！

是否不让孩子品尝饥饿，他们就不会知道食物的价值？是否不让孩子品尝寒冷，他们就不会知道温暖的可贵？是否不让孩子品尝失败，他们就不会知道成功的美妙？

我们的教育，是过多的爱和关注剥夺了孩子体验负面经历的机会。从来就认为理所应当得到的，怎会有得到的感恩之心呢？

我也成不了扁鹊，当"有疾在腠理""病在肌肤""病在肠胃"，尚能当"陈医师""坐诊"一下，用"汤熨"、用"针石"、用"火齐"，可是，当"疾在骨髓，司命之所属"，那就"无奈何也"。因为，你做不了关羽，我也成不了华佗，刮骨疗伤，早已是"关羽与华佗"的绝唱！

你，赢了父母，又如何？难道，你就能赢得了世界吗？

2014 年 8 月 26 日 开启"高二准高三"模式

在伟大的、英明的某某的领导下，2015 届的小朋友们成功进入到高三阶段！让我们为伟大的某某鼓掌吧！啪啪啪（此处省略十八个"啪"），同学们一定要加油啊！！！还有 280 多天我们就能迎来上学阶段最长的假期了！还有 1700 多天我们就大学毕业了！还有 16000 多天我们就退休了！还有 24000 多天我们就香了！小朋友们，香个痛快！最后，祝大家高考愉快！！！！鼓掌！啪（此处省略十一个"啪"）

以上是实录班级某 F 姓男生的"家长日志"，作为班级的"值日家长"，他的调侃在这个夏日的高三补课的日子里显得尤其悲壮！自从踏进高一，大人们一路嘶吼，高调演绎高一就是准高二，高二就是准高三，结果，孩子们举一反三，融会贯通，不费吹灰之力就得出"高二准高三"模式，而且还越"演"越烈，终于推算出百年之后的日子，我不知道这算不算应试教育的又一大硕果呢？

2014 年 8 月 26 日 占据道德制高点

今天，偶尔翻出"一个过去的某班人"的一封信。洋洋洒洒的两千多字，与其说是书信，倒不如说是一篇战斗的檄文！说实话，学生姿态各异，性情不一，不足为怪。可是，把自己伪装成"一个没有春天"的"祥林嫂"，而后又因机缘巧合摇身为"黄金大妈"，再挥起纸刀在人群中獠牙误作干将莫邪的学生，还是罕见。看完书信，除了愧疚自己道行不深之外，就是深深的痛心！

孟德斯鸠说过："对他人的公正就是对自己的施舍。"《礼记》云："大道之行也，天下为公。"作为行走于江湖的大侠，无论他是东邪也罢，西毒也罢，"无论他有多大的成就，他在人格上和任何人都是平等的"；作为美国总统的林肯，也能一丝不苟地脱帽对乞丐回礼；作为女王的维多利亚，也在丈夫面前婉称"你的妻子"。确实，"皇帝与鞋匠的灵魂都是用同样的模型塑造的"。我们有着"抟扶摇而上者九万里"的能耐，也不等于有了嘲讽"不过数仞而下"的人的底气。保送生也罢、正取生也罢、择校生也罢、中港生也罢，这种分门别类的本身就是教育畸形，可是，在这种畸形的土壤里，难道"婆罗门"就应该比"首陀罗"多了一对"天使的翅膀"吗？如果作为教育者也把一次摔倒的学生视为"南蛮"而"因人而异"，那么，在最深红尘里的最后一片瓦尔登湖会不会是海市蜃楼呢？

当然，不是"昧着良心说话"的人，就可以扯开嗓子辱骂别人，"没有智商""败家"等道德锐词更不应该成为同学之间彼此攻击的利器。

当我们狠涮别人的时候，甚至恶语相加的时候，往往假以正能量的亮相方式，以示自己的浩然正气！正如"露面秀"往往是高官落马前在公众场合的最后一次露面，是他们以正面形象示人的"绝版"一样，总意淫着高官显爵带来的威风，故作高端。实质道貌岸然，不堪一击。我们喜欢站在道德的制高点指手画脚，却忘记了自己的灵魂是否有重量。

如沈从文先生所言："我只想造希腊小庙，这庙供奉的是人性！"每一个学生，都值得我们温柔相待！每一个同学，都值得我们相互尊重！希望社会的烟火，能蒸熏你的戾气，化成一朵祥云，为你终日缭绕！当然，走出心魔，还是要靠自己！

2014 年 8 月 29 日 疼痛的皇冠

"顺便吐槽一下中秋假期，为啥星期六日考试星期一才放呢？俺们虽然嘴上不说，但心里却拼命骂呢，某叔你太不仁道了，子曰'爱人者，人恒爱之。'俺曰：'不爱人者，人恒不爱之。'这三星期以来，俺的体质变弱了，没有体育课，只有体锻课，这样每个星期就少了两次锻炼的机会了，望体育老师早点上班。愿伟大领导带领我们走向新生活！"

这位平常腼腆的 W 姓学生，在 39℃艳阳高照的夏日，终于喷出了一口"浓血"，虽然，明天太阳一样毒辣；虽然，早七晚七星期七会照样波澜不惊；虽然，早上五节下午四节晚上三节已经从暗箱操作走到了前台。可是，学生依然有着强悍的忍耐力，只要打上"高考"的旗号，即使群情汹涌鸡血喷薄也会瞬间万马齐喑，高考，你伤得起吗！

钱教授认为，"接受教育的对象的主体已经是人类历史上从来没有出现过亚种了"，"我们这个社会最后一道防线是教育。我们不要轻易向社会让步，我们也不要轻易向我们的孩子让步，也不要轻易向家长让步"。因此，他责问："凭什么教育是快乐的？"并大声疾呼："教育，请别再以爱的名义对孩子让步。"

正因为"我们这个社会要赋予校长、老师更大的权利、更高的荣誉、更好的待遇"和"更大的责任"，所以，我们可以把无耻做到高尚的地步。在教育的百花园里逛逛，你会欣赏到众多的奇葩，撷取几朵嗅嗅，你会有头眩目晕之感：

首先，老师随着高考而开始泾渭分明起来，有些成为高三的御用老师、金牌老师、状元老师，每一代天子都有其核心的大臣，虽然唐太宗也会重用魏征，但毕竟只有唐太宗才有这样的魄力，所以造成了有些"老迈大臣"长期蹲点，年轻的后进如果不是出类拔萃或"曲线救国"的话，高三就会成为他美丽而羞涩的梦。当然，也会有一些老师以优秀（或不优秀）的名誉被交流了出去或"退居"二线。这种沙场秋点兵的恢宏壮阔，每年如史诗般磅礴上演，在这种惊涛骇浪的舰船上，不少老师演得花容失色！

其次，作为劫后余生的高三钉子户，曾经沧海，见过巫山，深明做上了"奴隶"来之不易，想要坐稳"奴隶"之位，那可是一项艰苦卓绝的持久战。因此，抢起棍棒，让学生狂奔，一场声势浩大的造星运动如火如荼，"我们举办了一场造星大赛，你准备好一炮而红吗？"让每棵稗草通过"转基因"成为优之良品——"明水香稻"。因此，眼保健操形同虚设，因为我们的敬业，视下课铃声于无形，以免费的午餐喂给那些"嗷嗷待哺的孩子"；因此，同一艘战船，没有一个掣肘平衡的力量，因为每位强悍的老师都懂得势力范围的重要，不管是作业量的涨停，还是划分自修的时间，都在谈笑间，把"樯橹"干得灰飞烟灭，而往往，老师彪悍的程度与学生作业回收的程度成正比，在这个弱肉强食的丛林法则中，学生迅速掌握了一套野战技术；因此，第九节开始应运而生，体锻课也开始"填海"，自动生成第九节，至于晚修什么时候从21：00变成10：10，午读什么时候从无到有，早读什么时候从7：10改为7：00，我们再也想不起曾经有过那么一段"媳妇的美好日子"了。转眼几十年，同床共枕的教育不知道什么时候从一个窈窕可人的初恋情人变成了一个臃肿不堪的黄金大妈。谁都不想下地狱，或许，这与金钱无关；或许，这与地位无关；或许，这仅仅为尊严为荣誉而战！

　　第三，在高考这场海啸中，很难有劫后的"生猛海鲜"。虽然，我们都不是始作俑者，但我们自觉或不自觉地成为这场海啸的推波助澜者，然后又无法逃离自己布下的魔咒。在高考前行的历史，我也成了一个无耻的刽子手，一方面泥足深陷，把"只要学不死，就往死里学"嫁祸到自己的身上，只要"教"不死，就往"死"里教。结果，把青葱岁月教成了暮色苍茫，教出一身的坏毛病：眼疾、哮喘、腰椎颈椎畸形、胃病、肩周炎……沟壑纵横，"始以强壮出，及还，须发尽白"。学生也为"亏了一个我，幸福几代人"的我而感激涕零，家长也在"伟哉我杨某某，壮哉我杨某某"的重章叠唱中膜拜。那些偃仰未名湖、放歌康桥的天之骄子，更是"满载一船星辉，在星辉斑斓里放歌"，我也在康桥的柔波里，招招摇摇做了一条"金色"的水草，偶尔也有星辉灿烂，但更多的是长久的科头跣足，蓬头垢面！虽然，我也尝试在应试的泥淖中凿一泓清泉，让课文剧、课前演讲、班会承包、趣味庆生成为学生呼吸的芦管，可是，我还是无法为自己立贞节牌坊，因为在高考的"硕果"面前我也分了一杯羹，所以即使我努力炼石，炼成了五彩石，也成就不了女娲与共工的高度，融合成一则救世的神话。

2014 年 9 月 13 日 望瘦了高考的荣光半许

"清风无力屠得热，落日着翅飞上山"，八月并不流火，"天地一大窑，阳炭烹六月"，恰是酷暑，大旱不雨，小河干涸，土地龟裂，禾苗枯萎，炎气蒸腾，虽然"昆仑之高有积雪，蓬莱之远常遗寒"，可是，作困兽犹斗的高三学子，在炎热而又缺乏蝉鸣，暗涌却又翻不起波涛的课室里却只能"背汗湿如泼"，无法遥想昆仑、蓬莱之清凉世界！

可悲的是，"昨天我并非对你爱理不理"，可是"今天你却让我高攀不起"！一往情深地植杖芸草，可是最终却在风和日丽中颗粒无收！九月月考，成绩像印度洋海啸，翻卷吞吐过后，哀鸿遍野：领跑了多次的数学、化学、物理，一个比一个狼狈，像从龙卷风眼摔下来，散架了；语文、英语、生物，在多次触网挣扎无效后，最终成了"黑寡妇"舌尖上的美食。总平均分跌到了第十，一切又回到了原点。苦苦拼搏了两年，登顶的快感早就让我们忘却低谷徘徊的痛楚，耀眼的光芒瞬间被吸星大法吸走，除了空白的大脑，就是"我好傻好天真"的呻吟！

当然，作为班级的"精神领袖"，正如 L 所言，只要"领袖仍在，精神就在，九班'帝国'就会崛起"，正如 ZGL 所言：某班，迟早的事！语调波谲云诡、迷离惝恍；正如蝶变转身的壮士所言：都是我的错，我没有考好，把九班的"颜值"（成绩）拉低了！在这个"黑云压城城欲摧"的混沌世界，在家长不期而至的电话询问声中，在班级差距 3 分就有可能"面圣"的艰难时世中，孩子们的吴音柔媚，让"浪迹"教育多年的我，真有"百炼钢，化为绕指柔"之小阳春之意。"雄鸡一声天下白"，沉湎只是埋葬过去，今天，还应直面人生，不管流长飞短，不管风刀霜剑，擦拭眼泪，迎着太阳，把阴影抛诸背后！

"幸福的家庭总是相似的，而不幸的家庭却各有各的不幸"，成功都是相似的，而失败却各有各的说法！痛定思痛，苦思冥想，原因何在？

首先，三分天下的"隆中对"已经完成了历史使命。现在高三是春秋战国时期，群雄并起，在这个"存亡之秋"，每个班级都"磨牙吮血，杀人如麻"。谁敢在这个千钧一发之中，放下屠刀呢？虽然，我们仍然咬紧牙关，似乎没有松一口气，可是对于跑了一千米的我们，明显有点上气不接下气，意志也略显松懈，脚步也略显踉跄，这对于本来就是睡了一觉的兔子而言，追上乌龟也就不足为奇了！何况，乌龟还常常讥笑睡觉的兔子，以为他们只是一只流氓兔（MASHIMARO）呢！殊不知，流氓兔确是聪明得很！

其二，每个班级到了高三，完成了老师的大换血。对于以前"有志与力"却"至于幽暗昏惑而无物以相之"的班级，终于等到了普罗米修斯的火种，瞬间师生之间"映山红"，你爱我来我敬你，"军民鱼水一家亲"，处在蜜月期班级，喝水也像喝红牛，本来就是 iPhone，有了乔布斯，"苹果"也会带来彻底的科技革命！这不像九班的孩子，在 K 少的钟磬中摇晃，在 Y 姐的呢喃中迷离，在 G 果的机智中面瘫，在 Y 姑的绵针中扑朔，在 BZ 的启发中失忆。"相濡以沫，不如相忘于江湖"，惯看秋月春风，还有什么人物能够勾起九班孩子对青春的集体记忆呢？当"恋情"步入"黄昏"，"窈窕的恋人"变成了"广场舞大妈"，怎能和"风乍起，春皱一池春水"的"仙女下凡尘"的班级血拼呢？

第三，我们虽然保持奔跑的姿势，但更多的是"有姿势，冇（没有）实际"。不少孩子有如思春的杜丽娘，在罐装的生活环境中，"眼睁睁地看着青春即将逝去，却无能为力，不由自主，只好把炽热的感情压制在心中"。可是，"心有猛虎"怎能不"细嗅蔷薇"呢？因此，"不到园林，怎知春色如许"成了守规矩的九班孩子的思想跑马地。课听了，可是不求甚解；作业做了，可是，却雁过不留声。跟着老师奔跑，一轮猛冲，停不下脚步，气喘如牛之际，却发现不懂的还是没懂，懂得的反而忘了一干二净。因为，我们并没有改变奔跑姿势，我们只是老师的皮影戏，我们只是作业的奴隶，我们并没有自己的复习计划和思路，脚踏西瓜皮，滑到哪就是哪。这种猛火爆炒式，这种死抱着老师大腿不放的死缠烂打式，对于初级阶段是有效的，可是，对于内销即将转出口的我们，是一大硬伤！没有带着灵魂上路，没有实际意义上的奔跑，即使是雅典奥运百米跨栏冠军，也只能把栏杆拍遍！

第四，我们是否"体力不支"，这是最纠结的问题了！斯蒂芬·金说："地狱从来都不是立即让你掉下去，而是一点点吞没你。"老虎病了偶尔可以做一回猫；兔子懒怠了，偶尔还可以睡一下懒觉，因为，它还是老虎还是兔子，只要志存高远，只要永不停步，那么，猫永远吃不了老虎，乌龟永远跑不过兔子！两年的时光，孩子们的地基可以建起"世贸大厦"吗？当别的班级如睡狮般惊醒，当别班的种子如爆豆般地响起，当别班的老师蜜蜂般地勤勉，掂一掂自己看看还有多少斤两！当我们确信种子不是秕子，那么，终会种出自己的春天！当然，我还是坚信，九班孩子的实力并不像楼市一样只会吹嘘冒泡，长时间的领跑不是别班给面子的问题，没有一定的实力，土豪终归会成为土鳖！

高考不是"成功与发疯"的狗血剧情，也非"往死里学"的荷尔蒙式井喷，高考是低到尘埃的沉静智慧，高考是荷锄而战的实力，高考是大战风车的搏杀，高考是千年轮回，不怨不悔的追求，高考是陌上花开的缓缓前行，高考是注定无法将你忘记，只能将你刻在手心安暖一世的倾国倾城！

反思不是全盘否定，相反，是为了更好地吸收鱼翅和燕窝！调整姿势，不是为了装土豪，相反是为了成为"贵族"！人在失败之余如果只看到失败，那么你就永远只能当一只井底之蛙。正视挫折无疑是非常痛苦的，因为在某种程度上承认了自己的失败，也许会摧毁我们的自信，损伤了所谓的尊严，除掉恶习更是一个刮骨疗伤的过程，要用滴血的心力同错误的自我决裂，洗心革面，重获新生。然而，我愿意和你携手一起做阿尔班鹰，为生命中下一个25年再次凤凰涅槃！我们不能满足于高一高二时的土豪做派，我们要往低调奢华、附身而下的"贵族"进发！只有这样，我们才能笑傲江门！

时光清浅，花影微凉，蜿蜒岁月阑珊的年轮，我想，这一世花开，是你路过我的微凉时光。高考即使荆棘丛生，可是，我仍然相信，亲爱的孩子，你们会划着青春的步，从十月的光和凉风中摇曳而来，触摸到高考的一轮艳阳，望瘦了高考的荣光半许。

没有疼痛的皇冠是不存在的！

2014 年 10 月 6 日 高考无义战?

为什么我会变得这么无耻?在远离尘嚣的工作室里,我常常会蹦出这么一个奇葩的问题,尤其在 9 月月考遭遇了九班重组之后的滑铁卢,我对这场惨烈的战场进行了"打扫"后,发现"哀鸿遍野":

首先,孩子们"死"的姿势千奇百怪,可是他们共同的特点就是还没来得及反应,就已经齐刷刷地倒下了,倒下来的姿态像"一坨坨"的东西,没有倒成抗日神剧的伟岸。在我们看来,这堆积如山的"尸骸"就是罪魁祸首,因为他们上课没有认真听课,因为他们没有认真做作业,因此,"死"固宜然!

其次,家长也"探头探脑",平常潜伏在水下的头颅哗啦啦地冒了出来,电话不期而至,问候不约而同,"曲径"了一番之后,最后总会"通幽":考得这么糟糕,究竟他有没有学习啊?我也不要求他拿第一,只希望他能努力学习!说者动容,闻者惊心。

再次,"战胜国"与"战败国"反应迥异。"战胜国"的军民则系敌方首脑以组,"函俘虏君臣之首,入于太庙",凯旋金瓯,"而告以成功,其意气之盛,可谓壮哉"!至于"战败国",则"君臣相顾,不知所归,至于誓天断发,泣下沾襟,何其衰也!"成王败寇,这何尝不是教育的生存法则!

成功的喜悦总是相似的,而失败的滋味却各有各的味蕾,不管是狗咬狗互相撕扯也罢,不管是深刻反思自怨自艾也罢,这些笔头上的战争,不见血,却比见血阴狠;不见刀枪,却比刀枪锋利!

春秋无义战,这用在教育上颇有相似之处。我们总把"杀死"学生的责任推卸到应试教育机制中。确实,我也不想为"潘金莲"立贞节牌坊,"潘金莲"可恶可恨,死有余辜,但周遭的唾沫星子里又有多少成分是"官燕"呢?我不杀伯仁,伯仁却因我而死!我们改变不了森林,可是我们连改变一棵树的想法都没有!我们为了糊口,我们选择了做一个披着一袭华衣却爬满虱子的人。应试制度固然是戴着镣铐,可是我们有些教育者却往往连学生戴着镣铐跳舞的机会都剥夺了,我们在应试的"骆驼"上压上了最后一根稻草!

国庆七天,高三学子只有三天,国庆补课的五天晚修,老师可以享受天伦,这还是仁慈的级长所能做到的最大尺度的开放。可是,三天的假期,孩子们却"一沐三捉发，一饭三吐哺"，昏天黑地做作业，三门主科当仁不让是龙头老大，只要做不死，就往死里做；另外披着次科的皮做着主科的狼"反客为主"的"次三科"，也不是吃素的"角马"，因为谁都明白，自己的退让与仁慈，会让自己像庄子一样无路可走。所以，雪片似的试卷纷纷扬扬地下了整整三天，学生在白茫茫的世界里始终没有感受到国庆假期带给他们的幸福。其实，统一战线上的老师之间尚且天天扛枪开辟战略"根据地"，抢夺"上甘岭"，何况处在食物链最底层的学生，更是"三座大山"之下的"农奴"。失序的老师，像拼抢猎物的狮子，没有上限的作业，让学生生无所息。在哥德巴赫猜想中拼命猜想，在阿基米德的流体静力中挣扎沉浮，在有机和无机之中游走，在细菌域和古菌域中穿越……学生只恨爹娘少生了几条腿，连滚带爬也无法翻越到山的那一边，看到那美好的春暖花开！

在这种恶性争夺战中，学生患上了习得性无助的心里毛病，从刚开始的狂躁到后来的抑郁到现在相对的平静期，很是有了一番欲说还休的沧桑。他们也学会了苟延残喘的伎俩，作业的完成程度与老师的咆哮程度成正比，当面对一个总以咆哮代替说话的老师，以连线家长代替处理的老师，他们会把该科的作业排在第一位，不管数量有多么的惊人，他们都会乖乖地实行"优先"政策，甚至早上五点多就开始了宿舍总动员，全民爬起来在"昏暗幽惑"中演绎成"陈景润"。他们不会揭竿而起，因为，他们早已经被父母、老师、家庭、学校"围剿"了，他们只能把笔头做断、把镜片做深、把作业做完。有这样一个著名的心理现象，大意是，大象小时候被细绳拴在木桩上，拼命用力都无法挣脱，渐渐的，就认命了，即使长大了，依旧被那根细绳所束缚。这个很久很久以前的故事，学生听得入了迷，甚至还微笑、默叹、以为妙绝，丝毫不知道自己就是那头"大象"！

我们的错误大多数时候并不在于让学生做多少作业，而在于我们让学生把作业做大做强，做得苦大仇深；而在于我们不问青红皂白动辄扬鞭奋蹄；而在于我们挥舞着为你好的猎猎大刀向学生的头颅砍去……只要我们能静下心，就会听到我们的心跳；只要我们静夜思考，就会看到自己的嗜血。"六国"都要"大封相"，六科作业都在"逐鹿中原"，学生只能"一科功成五科枯"，更何况学生的水平本就参差不齐，可是我们的作业要求却像切韭菜一样整齐划一，"无贵无贱，无长无少"，老师布置的就是合理的！孔圣人的有教无类只在论文的引用中救市，在实际"股市"中只是作为分析"熊市牛市"走势挂在墙上的圭臬罢了！

我们的错误不在于宰杀了多少头牛，吃了多少果子狸，而在于腆着肚皮还高嚷"君子远庖厨"，我们捧着烫金的高考优秀奖证书，脸上开出了高原一样的红晕，我们精准地演算着三六九等的高考奖金，"袋袋平安"而不觉得满手血腥！说得夸张一点，每一个高考奖的枕木下面，大多压着的是一个个呻吟的灵魂，一颗颗饱满的"粟粒"里，大多都是"转基因"而成的"硕果"！自觉或不自觉，我们都成了拿起纸刀向学生挥舞的人！

其实，高考这一场战役是怎么打起来的已经变得不重要了，重要的是我们都要参与"混战"。为了参与这场"群殴"，我们只能把生命的长度尽量活得长一些，把生命的厚度尽量活得厚一些，活出点战术和策略，否则，对于一些"输在起跑线"的孩子而言，只能"见光死"。老师也就在这种"乱世"中揭竿而起，师出有名地作为幕后军师来指点江山了。因此，"没敲钟就进饭堂"，"鸣金"了却久久不见"收兵"，大课间变成小课间，小课间变成没课间，课间的眼保健操形同虚设，在"放松脸上肌肉，深呼吸，呼气、吸气"的呼唤声中，老师们"负隅顽抗"，绝不退出三尺讲坛！以悲壮的方式诠释了坚守教育的真谛！其间没有陈胜吴广，没有高考问天，毕竟，老师都是牺牲休息时间为学生做义工，老师尚且如此，学生夫复何言？就像我们的会议理所当然地顺延到第九节课，班主任责无旁贷地利用下班时间（有一点"骨头"的奖赏）巡查宿舍。本来，你的顺延、你的巡逻可以镌刻在奉献的丰碑上，可是，转瞬间，你不顺延、你不巡逻却被钉在了十字架上，翻手是一耳光，覆手便沦为一只扒光羽毛的飞禽！我们的做法大类如此，常常让孩子们有冤难申，有苦难诉，一旦申冤诉苦，便是一只扒光羽毛的飞禽！把高尚的事做得如此无语！

高三两个多月以来，我们的孩子突然就变得万马齐喑起来。不约而同，课堂上，是渴睡人的眼。偶尔，金瓯路上哐哐的打桩声，更增添了这个炎炎夏日班级的死寂。我们敏锐的触须捕捉到了这种异常的空气，于是我们反复教育，教育不成，反复埋怨；埋怨不成，反复责骂；责骂不成，反复投诉……在我们看来，死水一潭，仅仅是因为死水的原因。可是，我们却很少想到，一泓清泉为何变脸成死水？如果说偶尔泛不起涟漪，不足为怪，但长久处于默哀状态，难道我们就可以站在道德的制高点横眉冷对吗？我们的教学方法是否妥妥的？我们的内容是否从班情出发？我们是否了解学生的作息安排？我们为什么不尝试往死水扔几颗石子？我们为何不寻求突围？一个巴掌拍不响，即使孩子们用了全力，没有另外一个巴掌，仍然是响不起来！所以，当大人们为振士气而组织了师生篮球赛的时候，你会感觉到漫长的冬日里的射进铁窗中的一缕阳光，虽不足温暖身心，但至少可以心生暖意！其实，在这场默剧表演中，我们才是真正的导演！

我们一直都在呼吁教育的公平，许多仁人志士也在摇旗呐喊。可是，回荡在大山周围的除了寥寥几声空洞的回音，就再也难觅铁肩担道义的"英雄"人物。从师资分配而言，高三与高一的距离有多远，你懂的！从挑选班级老师，"苹果四代"的与"四袋苹果"有多远，你懂的！当我们从"鸿门宴"归来，我们腰腿都不灵便了；当我们吃了几个"嗟来之饼"后，我们的"感情亲疏与认知"就开始发生了关系！六十个孩子，本来资源就紧缺，如此一来，就更加端不平那碗水了，"一不留神"多洒了几滴给"钟鸣鼎食之家"的"苹果四代"，也就是顺水推舟之事了！我们的青眼长久地停驻在能给我们带来无上荣光的种子选手身上，停驻在一些打过招呼的关照生身上，停驻在那些和自己有转折亲的孩子身上，停驻在给了我舌尖上的"白切鸡"的子弟身上！那些长久挣扎在下游的孩子，除了偶尔传来岸上老师一两声吆喝，再也难见一叶橄榄枯枝的希望！所以，当"钱多多"（真名钱峰雷，宁波鄞州茅山中学92届302班学生）成了土豪，给全年级同学送去新款iPhone6时，当他成为亿万富翁，在亲戚婚礼上给每人派红包1万元、给诸多慈善捐助时，这个当年早早地就被学校劝退了的下等生，又再次"感谢母校英明的决策"，而我们的老师却很健忘，早就忘却他是怎样被流光抛弃，只知道"如当初没把你劝退，你哪来如今的成绩？"是的，当你变成一颗价值连城的"祖母绿"的时候，教育有时也会见到其千娇百媚的一面，连一个"弃儿"也能得到由衷的赞美！

教育是一项利在当代、功在千秋的伟大事业，凡是在教育作出精准把脉、开出一剂良方的教育家，无不有着沉潜到尘埃的素颜，无不有把寂寞坐断的勇气。"先生""老师"是多么神圣的称呼，可是，现在的教育更多时候是以产业姿态呈现，这个时代老师繁衍能力强，连相亲节目娱乐节目的主持人也"好为人师"，称呼为老师的人一下子遍布神州；而本该坚守讲坛的老师，却因为发表了一些豆腐干式的"高见"，出版了几本自娱自乐成分居多的"力作"，酱油了几个某某规划课题，便从"走兽"摇摇身为"飞禽"，"教授满街跑，名师多如狗"，夹着公文袋满天飞，从这一场赶往下一场，像极了救火的消防员，用隔离法，用冷却法，用抑制法，用窒息法对着教育出现的问题一轮猛喷，最后喷成了拍砖级的大师，从此，教学是副业，只是作为铺设通往"辋川别墅"的青砖红瓦罢了。教育成为发家致富的引爆点，这多少都有悖于一个教育者的情怀！

而对付学生的撒手锏，考试是当仁不让的招数。一位出题专家焚膏继晷兀兀穷年去研究出"一些狠招来套狼"，三下五除二放倒一堆愣头青是不在话下的。《史记》《汉书》等二十四史似乎有退出命题者的视界之忧，李白杜甫更是多打发去天涯海角了。巴西的若昂·吉马朗埃斯·罗萨从"河的第三条岸"来了，德国的博歇尔特从

"废墟"中来了，美国的爱米·罗厄尔也"象征"地来了……这些连命题者都在绞尽脑汁才胡诌出所谓参考答案的美文，在一地鸡毛中完胜莘莘学子！王蒙都错选了以自己《打拐》作为命题的主题选项，更何况在苦海中浮游了十几年的孩子？连看到岸上伸出一枝枯枝的机会都没有！坦白地说，离开了答案，又有多少老师能完胜学生呢？当我们在改卷场上对学生的限时作文指点江山的时候，我们笔端下何尝流淌着属于自己的新鲜血液呢？我们总像怨妇一样埋怨学生不听课，反复讲的知识都不懂，考试又不会，可是，我们有没有换位看看，或许那个坐着除草的"懒惰之人"，有可能就是"失去了双腿"的勤奋之人！？

走进十月的阳光，端起太阳底下最光辉的饭碗，我仍然寝食难安！无数个深夜，我疲惫不堪的身躯支撑着我久久伫亢的灵魂，耳边的海螺回响着二十多年来教育的步履！我不明白，为何不离不弃的教育会像沉潜的青筋突然暴起？为何二十多年前，我可以和学生一起欢笑一起沉醉不知归路，而今天却可以面无表情双目冰冷？二十多年前，那些鲜活的男生那些鲜活的女生，泾渭分明；二十多年后，我的老眼昏花中再也难分辨男生女生，以及触摸不到十六岁的青葱模样！

我常常在深夜的时候用手术刀狠狠地解剖自己，像日本的武士一样切腹。可是，我亵渎这种高贵！因为，二十多年后，我走成了爬行动物！为了生存，我也拿起了屠龙刀，"斫直，删密，锄正，以夭梅病梅为业以求钱也"。在我的修剪之下，学生几乎成了"病梅"。这三年来，我几乎没夜没日地加班，几乎每一个晚修都与学生同在。可是，我的行为并不伟大。表面上，是为了自己的孩子，为了和自己孩子同龄的孩子；深层次，是我无法停下匆匆的脚步，我无法做到坦然面对六月份的那份榜单！或许，只有让灵魂与脚步同频，我才能为自己从事的事业找到高尚的理由！

当然，我不能把自己漂白，因为这样会把周围的事物衬黑！我在高中求学阶段，Y老师告诉我做人要像阿Q一样，别人打了你的左脸，你还要给他打你的右脸；大学毕业前夕，C导师和我促膝长谈，告诫我作为一个中文系状元不可有傲气；今天，领导们又循循善诱，告诫我很多人生的道理人性的复杂。我用一年时间学会了说话，可是却用了四十多年时间无法学会闭嘴。慎言，寡言，讷于言，甚至忘言，这种或深沉或贞静，或浑厚或诚实，多半是与生俱来的天赋，以前我是不谙世事而呕哑嘲哳，今天还是因为太懂风情而容易触礁沉船。我知道，至诚的君子，"人格的力量照彻一切的阴暗，他用不着多说话，说话也无须修饰"，而戚戚的小人，只知讲究修饰，嘴边天花乱坠，腹中却矛盾森然。我这种不上色的介乎两者之间的草根，没有高山仰止，可也不至于忘掉了自己，"将嘴挂在墙上"，偶尔夜半跳下来说说人话！张爱玲言：不能变成一个鬼，不能说鬼话说谎言，不能在醒来的时候看见自己觉得不堪入目。一个人必须活得是自己并且干净。

有一些问题，我总想不明白，为何把树叶换成了西装，把爬行改成了直立，就摇身成为万物之灵，可以任意宰割在茹毛饮血时代同天地共日月的同类？我也冥思苦想，为何教育的大道离我的初衷渐行渐远，而我还匍匐地做一名朝拜的信徒？我狂灌着心灵鸡汤，可是，却虚不受补，脚步踉跄！

卡夫卡说：活在真实里！可是，"一旦有旁人见证我们的行为，不管我们乐意不乐意，都得适应旁观我们的目光，我们所做的一切便无一是真的了。"（《生命不能承受之轻》）

迷糊中，有一线曙光，从梦境深处射出！

2014 年 10 月 15 日 游走在天堂与地狱

人总是生活在矛盾中，对现实的绝望以及信赖，让我们在夹缝中求生存！

虽然是一次小打小闹，可是对于初次亮相高三便被狠狠地扇了几个耳光的九班而言，轰鸣像飞机的降落，很长时间都挥之不去。十月月考是一根细小的神经，稍一触碰，全身震颤。当九月的月考成绩还像京都的雾霾一样无法消散，十月月考成绩又像月历翻新，九班就像久盼从西伯利亚吹来的寒冷空气，希望给雾霾天带来几天"解放区的天"。然而，就像不能揣摩这股冷空气属于强冷还是弱冷，师生心里都惴惴不安，心情在天堂和地狱间游走，就是没能回到人间大地。

"沉郁"了两天的考试，经过三天的发酵（改卷），今天终于"顿挫"（成绩公布）了起来。成绩就像一股强劲的海风，终于让各方的力量形成了一股强大的墨西哥洋流。在小心翼翼地探寻之后，真相终于像揭开了狗皮膏药的感觉一样，结果并没有太大的好转，也没有更坏的恶化。可是对这块疤痕，各方反响强烈：老师们像操盘手，谋事在人成事在天，在无奈之中渐渐被现实磨平了棱角，有难得一见的笑意荡漾，因为相信"生活坏到一定程度就会好起来，因为它无法更坏。努力过后，才知道许多事情，坚持坚持，就过来了！"（宫崎骏）学生像股市，有买卖，就有升跌，升的平静之中压不住浪花，跌的平静之中盖不住乌云，人前欢笑人后痛哭，甚至精神不能承受成绩之痛，塌方了、崩盘了！家长是最揪心的一群"看客"，既不能参与其中，又不能置身事外，亦步亦趋，孩子成绩是他们的高压线，成绩高了血压就降低了，成绩低了血压就升高了。他们像热锅上的蚂蚁，在孩子沉默是金的困境下，只能千方百计地往老师方向寻求突围，期盼能够得到有关孩子的一点风语，从中榨出一些有效的信息。因此，每到这个时候，班主任就像钻在豆腐里的泥鳅，两头受气中间拔凉。每当我被家长围剿得口干舌燥的时候。我就深刻地明白：成绩就是硬道理，数据就是权威！看到普通班叭叭叭的种子直爆，而且还升起了两朵"蘑菇云"（全年级的冠亚军出自普通班），直看得你惊心动魄，头晕目眩！可以说，一粒小小的种子就能改变世界，正如袁隆平希冀的那样，一定能让自己的后半辈子实现"禾下乘凉梦"的理想！

黄菡老师说过："每个人，都会有一段异常艰难的时光，没人在乎你怎样在深夜痛哭，别人再怎么感同身受，也只有一瞬间。再苦再累再痛再难熬，只有也只能自己独自撑过。大多数人都看你飞得高不高，却很少在意你飞得累不累。"

是的，没有经过深夜痛哭的人，是不配谈高三的教学的！

如果不能飞，那就跑；如果跑不动，那就走；实在走不了，那就爬；连爬都不行，就只有滚。无论做什么，你只要勇往直前；无论多难，你都要多坚持一下。何况，这一次，我们毕竟向前了，虽然是"慢步"，但正如阿姆斯特朗的"向前了一小步"，人类从此就有了迈进一大步的可能！

只要奔跑，就有希望！

2014 年 10 月 19 日 上帝给了一手坏牌

　　教师，这个曾经与"天地君亲"一道，在中国享受膜拜的职业，如今似乎走下了神坛，成了"骂不还口，打不还手""落后正在挨打"的职业。社会众志成城，要求老师放下烦恼，立地成佛，可是老师只不过凡人一叶，"备课时，他们病重的父母也许正没钱看病；上课时，他们的妻子可能正在外劳累奔波；批改作业时，他们的孩子可能还前途未卜……"（贵州省教育厅副厅长）很多时候，除了尊严，教师再没有可以奉献的东西。

　　应该说，上帝给了我一手坏牌，两年来，我"焚膏油以继晷，恒兀兀以穷年"，希望通过自己的"转基因"技术，能够让这些"稗子"产出"杂交水稻"。我眯缝着两眼，在惨白的日光灯下度过一个又一个黑夜，把一个个"冥顽不化"的孩子"日凿一窍"，把"用药"不太猛的孩子一遍遍打磨……一家子几乎没吃过什么囫囵饭，几乎远离了滚滚红尘，在工作室茕茕孑立形影相吊，一晃就是两年。两年来，我似乎看到了"转基因"的曙光，似乎舔舐到"玉米"的甘甜：每次考试，几乎都领跑普通班，每次活动似乎都能勇夺桂冠，宿舍 0 扣分似乎早已独孤求败，自修课创造了鸦雀无声的化境，种子选手如火烧云，把半边都烧得通红，班干部挺起的脊梁有圭峰的高度……正当我今生无悔，死而无憾的时候，世界突然齐刷刷地变了脸：1 号种子或者蔫不拉几的，苦大仇深地每天喝着比开水还要多的黏稠中药，或者夜半无人之时总是下起"瓢泼大雨"；2 号种子计划在发起总攻之前"仓皇出逃"；3 号种子是一颗金豆，在肥沃的社会主义土壤中为资本主义输出了一个"大熊猫"，现在正享受着加州的阳光和空气，其他的 N 号种子，要么心里常常"早搏失序"，要么"大梦还不觉，平生我未知"……曾经被追赶的我们，突然变成了"第三世界"的国家，拼命地追赶着"西方资本主义"国家，而且似乎还不知道从哪条路才可以"弯道超车"……抑郁、纠结、困顿、迷茫，终于让处在更年"浪尖"的我神思恍惚，变形的颈椎压迫神经的沉重感让我步履蹒跚，终于在前天走完"群众路线"之后找不着北，轰然倒下！

　　晚修，我破天荒地缺席了；上课，我又破天荒地缺席了。对于学生天天"阴魂不散"的我而言，这是罕有的情况！可是在孩子们十八岁成年礼的今天，我却无法缺席，人生有多少个十八岁呢！即使孩子以后只是"为河马洗澡为大象刷牙"，但毕竟还是和自己奋斗了两年多的孩子呀！我强撑着一阵一阵的晕眩，坐在工作室等待着成年礼的召开。第二节课，物理老师铁肩担道义帮我顶上，我则在工作室摇摇欲坠，恍惚之际，突见眼前一黑，张眼看去，原来是新任副班长 ZWL，吓我一跳，混沌的脑袋实在想不明白，为何上课之际他居然可以屹立在我眼前？还没等我开口，他就满脸关切地问：兰姐，听说您身体不舒服，哪里不舒服啊？我很是诧异"你怎么知道啊？"他回答"物理老师上课时讲的。"然后又满脸关切地询问我哪里不舒服，我只好告诉他脑供血不足，整日神思恍惚。他说了一堆让我保重的话，完全不像一个十七八岁孩子的口吻。我感动得热泪盈眶。后来，我回过神来问"上课期间，你怎么出来啦？"他"谎称上厕所"。并希望我"快快好起来，即使花光自己所有的运气也心甘！"

　　人在孤独中，尤其在生病时，特别喜爱这种美丽的"谎言"或者特别容易豁免这种"违规"的行为，重点不在于真实与否，而在于师生间参与了这个情感的游戏，丰富且填满了它。

2014 年 10 月 20 日 请务必擦净你的"窗户"

绝路

啴啴叹叹，走走坐坐，凄凄惨惨戚戚。

直面圈圈叉叉，最痛人心。自扪十月将过，怎又衰，胡有退路？

无他法，已如此，基础薄弱该死！

一堆旧债未还，憔悴损，熬夜早爬谁敌？

无人能敌，终究败于自己！吾心本是无畏，今衰颜，渐近变态。

这次第，怎复读的节奏吧？

以上文字是来自一位男孩的十月月考总结。九月月考的时候，他的成绩处在中上游，结果，当大部分的人都惶恐不安的时候，他却在反思中一反常态地镇定自若，有泰山崩于前而色不变的气度，连"江门水上漂"挨过无数"刀"的我也自愧不如，让我从他身上吸取了一口正能量，支撑我从九月的深坑中爬起来！

可是，还不到一个月时间，这个曾经轻舞飞扬的小孩像六月天，说变就变。自从月考成绩出来，"躲藏着，躲藏着，雾霾还是来了，春天的脚步远了，一切都像要入睡的样子，昏昏然闭上了脸。山模糊起来了，水消退去了，太阳的脸不见了"，满脸都是雾霾，浓郁的，湿漉的，似乎处在中生代末白垩纪的生物灭绝时代，"天空尘烟翻滚，乌云密布，地球因终年不见阳光而进入低温中，苍茫大地一时间沉寂无声。"这个曾给过我温暖印记的孩子，就这样用成绩扇了自己几记响亮的耳光，班干也不做了，因为繁重的班务让他无法应付繁重的作业，据悉，为了赶作业，他常常哭泣、常常熬夜。

看到辞职信的那一刹那，我的头脑嗡地一下响了，血直往上涌，因为里面的文字分明让我感到自己就是被押在审判席上的被告，控诉声声："黑板上的一堆堆作业，各科课代表催我交作业，物理作业也要登记上交……当所有的事情一齐冲向我，我很抱歉地说一句'我快撑不住了。由于前两天早上化学课要评讲练习册，数学作业也不可不交，回到宿舍我是做到凌晨 24∶30，再 5∶30 爬起来才又把语文和生物作业及时完成'"，他认为自己不是以前那个正班长，"我达不了他的高度，我不一步步地学，最终我会败得很惨。"何况"我不是官二代也不是富二代，以后的路要靠我自己走。"他还用了一个寓言故事引入，说"一头牛被野狼逼到了悬崖边，往前几步万尺深渊，可那头牛毫不犹豫地突然转身用尖角把野狼顶翻逃走了，野狼很是吃惊"。我对这些文字作了一番演绎推理：由于我让他做了班干工作，而班干工作繁忙，所以无法完成老师布置的作业，而他既不能像正班长那样游刃有余做到工作学习齐头并进，又没有后路可走，因此，他这头"野牛"山穷水尽之际只能一头拱翻我这头"野狼"。当然，野牛野狼的类比只是我天马行空的想象罢了，可是这种联想符合我当时恼羞成怒的心态。首先，在我看来，班干辞职让我老脸很是挂不住，骨子里流淌的"尊严"血液让我倍感挫败，何况，他还是我的"爱将"；其次，现在班级正处在低谷，众志成城，万众齐心，实现"东坡突围"需要脊梁骨式的人物挺身而出，战不了"风车"，也不能"弃甲曳兵而走"，我们尚可以呐喊几声，"聊以慰藉那在寂寞里奔驰的猛士，使他不惮于前驱"；第三，世有伯乐然后有千里马，作为举荐他的伯乐的三位班长，都不吝溢美之词，给予他高度评价，群众基础也不错，据此，我才把他纳入了"上层建筑"圈，并让他以核心班干的身份出现在公众的视野，铺垫伏笔粉底都已经打得够厚，才水到渠成造就了他这个"英雄"，等我为"巨人"（前班长）的离开所留下的空白进行填空，并自诩妥帖无比的时候，他突然釜底抽薪，把我精心所布下的棋盘一举掀翻，而且不动声色！在我看来，没有宿世仇恨，断不至于做这种"抄家"之举；第四，镇日神思昏昏的我，自从遇上这个"千年一遇"的班级，一直游走在狂躁与抑郁之间，自诩以校为家的我，很难容忍这种"穷则独善其身"的举动。因此，站在"白水带"的高度，我的心就像冬天里的一把火，熊熊火光"烧亮"了我。只是，海啸之前大海总以温和的冒泡泡为底色，几十年的"修道"，俺也毕竟有点修成"半仙"的道行！经验告诉我，点燃的烟头最好狠狠地掐灭，否则，很有可能形成燎原之势！

经过班委会全体会议决定，最后一致通过这位班干的请辞，虽然彼此双方感情复杂，不过，毕竟满足了请辞方的心理诉求，这就解除了他的心理压力！

而对我而言，失望自然难免！可是，接踵而来的事情，让我火星噌噌往上窜。由于工作还需要交接，可是前任干事却扬言"不想到工作室"，所以只有等待回家时才能从电脑把资料取出来。工作室有三台电脑，可是，他却弃之不用，非要等到回家才鼓捣，这不分明踩在我的高压线上吗？

三昧真火把我烧成了火眼金睛，如同优雅的猫忽然尖叫着露出尖利的牙，怒火在胸中翻腾，如同压力过大，马上就要爆炸的锅炉一样。

我以为自己要咆哮了，可是，出乎意料地是，我却安静地询问"为什么不想来工作室呢？"惊人的平静，像暴风雨来临前的可怕。

他的回答浇灭了我的无焰之火，"我觉得有点惭愧！"

哦，原来如此！慢慢地，我的"高烧"降下来了，在温水之中，我开始煮起了"青蛙"。我用了一节课的时间，和他进行了真诚的沟通。归结起来，不外六点：第一，工作多少与学习成绩高低没有必然联系，我曾经身兼班主任、工作室主持人、科组长、语文教师等多项工作，可是并不见得因为工作多而影响了教学的质量，这就告诉我们要学会统筹安排。第二，学习不是我们的唯一，它只是我们目前最重要的任务，而非全部任务，出色完成任务不是靠急功近利或猛火爆炒，学习成绩的提升是一个长期积累的过程，即使用一轮冲锋占领了山头，但终究不会长久。第三，要客观评价自己的综合指标，要知道自己所处的位置，而非拼命往前冲，以为成绩升不了就是不够努力，要明白勤奋固然重要，但也不要忽视其他非智力因素，例如心理因素等，努力攀爬固然很重要，可是并非每个孩子都会攀上珠峰的高度。第四，现在天下"群雄"并起，九班疲弊，此诚危急存亡之秋也。然"侍卫之臣不懈于内，忠志之士忘身于外"，在这种形势下，你选择了退出，其实就是选择了独善其身或者明哲保身，出于一己之思而辜负了同学的殷殷希望和老师的信赖。这是既负如来又负卿的行为。第五，只有阳光而无阴影，只有欢乐而无痛苦，那就不是人生！（宫崎骏）可惜，大多时候，我们都以为只有阳光而没有阴影，只有欢乐而没有痛苦，即使有，也以为只是骤雨，倏忽来去。当真的灾难到来，又有多少人能从废墟之中站起来呢？第六，碰到一点压力就把自己变成不堪重负的样子，碰到一点不确定性就把前途描摹成黯淡无光的样子，碰到一点不开心就把它看成自己这辈子最黑暗的时候，大概都只是为了逃避责任而找的最拙劣的借口！我心平气和地传情达意，他涕泗横流地洗耳恭听！

我庆幸，我能够"沉静的观察人生，并观察人生的整体"（英·阿若得）。任何事情，在我们做出判断之前，首先要看一下你的"窗户"是否干净。我们所看到的东西取决于眼前窗户的纯净度。在我们做出任何评判之前，我们应该检查自己是否客观，是否能看到对方好的一面，而不仅仅是找出问题审判对方。所以，请务必擦净你的"窗户"。

2014 年 10 月 23 日 再起硝烟

"桂魄初生秋露微，轻罗已薄未更衣。"已经是深秋光景，可是秋露未露，秋老虎依然张狂，依然有着"永日不可暮，炎蒸毒我肠。安得万里风，飘摇吹我裳"的夏日遗风！

在这种季节不明，雾霾弥漫的天气，"只觉得天地圣众歆享了牲醴和香烟，都醉醺醺地在空中蹒跚"，人的精神也更不济了！

灰色的天空，时光就这样碎落着，匍匐前进。

就在这种匍匐的岁月，突然响起了几声闷雷：某老师进行了课堂改革！为了因材施教，老师按学生的成绩分成了三六九等，分成不同的组别。上课要求以及作业要求都有所不同。可是就是这样一件于国于家都有利的事情，却一石激起千重浪，两大阵营迅速展开了一场激烈的骂战：站在低谷的学生，心中自然心生不忿，总觉得自己分在了"第三世界"，因此，要么就郁闷不堪痛哭流涕，要么栏杆拍遍怒发冲冠，要么义愤填膺怒斥"种族歧视"。而暂时坐在"优之良品"位置的"尖刀圈"，有着"德国牧羊犬"的天然优势，还击当然很是凌厉，一招封喉：你丑你先睡！

让老师始料不及的是，一次动机纯良的改革为何会演变成阶级对立、甚至把周边的群众（家长）也席卷而入呢？我想，这就是高三，一个"特区"啊！牵一发而动全身！甭说这种"先富带动后富"的做法是否值得推广，在这么紧张的备考阶段，"先富起来的"肯不肯带动"后富的"也是值得怀疑的，操作不好，就像马太效应一样，富的会更富，穷的会更穷。而以富裕起来的一批来拉升班级的 GDP，这多少都有损这些低分大户的自尊。更何况，老师聚焦的视野毕竟有限，为了"高产试验田"，必须要少管"低产农田"，这样，处在低产地的子民们自然心生不忿，发飙、揭竿而起也就可以理解了；而作为"天生贵种"的学霸学神，他们有些人并不珍惜这来之不易的绝佳风景处，而派生出"我爸是李刚"的天然优势，从而滋生了"龙生龙，凤生凤"的阶级血统论的想法。而站在两大阵营的家长，才是真正的汪洋大海，才是真正的"人民战争"！

我想，不管出发点比初恋都还要美好也罢，比瓦尔登湖还要澄清也罢，最后弄得狼烟四起、烽火连天的局面，绝对不是我们老师改革的初衷，也非我们愿意看到的结局！

使一个班级变成地狱的东西，恰恰是我们试图将其变成天堂的努力！

做一个有想法、图改变的老师，有时还真不容易啊！

2014 年 11 月 4 日 俯拾皆是风景

作文已经是班中的老大难问题，而"积累"与"阅读"的缺失是根本。学生学了几招太极套路，两年下来，来来去去就那几招，黔驴技穷，而且总是生硬无比，像刚学走路的小孩，踉踉跄跄，无法让语言发挥 AA 超能胶的粘合力。为了让学生多观察、多思考、多动笔，我今天倡议全班同学我手写我心，每天"随便写写东西""写写随便的东西"，只要有感有悟，一千字也罢，一个词也罢，都可以形诸笔端，一周五次，周末检查！

我觉得这是很妙的想法和倡议，同学们其实不是缺乏风景、也不缺乏思考，缺乏的是想象和行动！

这不，第一次作业收上来检查，眼前一亮：真是百花齐放，题材丰富多彩，从饭堂到课堂，从社会到身边，从大事件的占中到小事情的眼镜，从名著的人物到现实的老师……真是包罗万象，活色生香！下面两则随笔，信手拈来，奇文共赏！

随笔一：做晚练的时候，突然停电了。全班先是一阵莫名其妙的诧异，之后便是一股莫名的小激动。吃饭时，大家都在七嘴八舌地讨论今晚如果还不来电的话怎么办，场面毫不亚于圆桌骑士们围在圆桌上激烈地分析常战局势，策定计划方案。大家都期待着今晚这场盛宴，但任何邪恶念头产生的阴影终将终结于光辉女神那耀眼的光芒之下。在这光芒中，任何亵渎的念头都是可耻的，是要被驱逐的，就像饭后校道上亮起的路灯，它恰到好处地把我们心底的那个小小的念头扼杀在摇篮之中。最后大家也只是"节哀顺变"地度过了平常的一晚。

虽然无法实现，但内心的狂野还是要有的，要是连这点本性都失去了，青春还叫青春么？只不过是一副年轻皮囊内藏着一颗风烛残年的心罢了。学习也是如此，如无激情，亦无心情。

随笔二：兰姐的汤很好喝，骨头须是从市场买回来的新鲜的肉骨，木瓜须是朋友自家栽种，不施加任何化学肥料，自然瓜熟蒂落的天然木瓜。待肉骨用冷水洗净肉骨间渗透的血水后，加入适量的水，一把红豆，让肉骨与红豆在沸腾的开水中激昂地起舞，犹如爱情一般，激情过后，便是平淡的相处，从现在开始，才是真正的互相了解，互相融合的过程，天然的木瓜，犹如油腻世界里吹拂来的清风，注入一股甘甜、清香，这股活力使这一煲靓汤，不拘于油腻。

我们很多时候都在寻找去天堂的路，那是因为我们在地上迷路了！其实，俯拾皆是风景，写好作文，何须到象牙塔上寻觅呢？

2014 年 12 月 5 日 穿自己的草鞋走路

教育是一棵树推动另一棵树。那么，怎样才能推动另一棵树呢？

苏格拉底以"产婆术"这棵树推动了另一棵树，夸美纽斯以自然主义的教育思想这棵树推动了另一棵树，苏霍姆林斯基以全面发展的教育理论这棵树推动了另一棵树，蔡元培以思想自由、兼容并包这棵树推动了另一棵树，陶行知以生活教育这棵树推动了另一棵树……可见，想要推动另一棵树，我们就必须要有从实际出发的底气，有形成自己理论体系的仙气，形成推动另一棵树或森林的人气。

教育总会面临困境。面对困境，我们希望突围，我们敢于极其诚恳地自我剖析，"无情地剥除自己身上每一点异己的成分"，哪怕这些成分曾为我们带来过无上的荣誉和名声，我想自我救赎的精神是难能可贵的。只是，紧随而来的改革步履，却更多是一种走向乖巧的心理调整，是抛弃一个真正的自己而邯郸学步的功利之举。我们少得可怜的一点理论常识也仅仅源于拾人牙慧，"精英阶层"参观了一两回，讨论了三四趟，就跟跄上路，像一个学车的新手，囫囵了师傅的技法，就满腔热血地化为上路的激情，路况本来就复杂丛生，自己的个性、才情、经验等又与师傅迥异，画虎不成反类犬，学了优美的邯郸姿态最后反而要匍匐而行！

不是每一个老师都能成为教育家，不是每一次教育改革都能稳操胜券，不管穿自己的鞋子走自己的路，还是穿自己的鞋子走别人的路，抑或穿别人的鞋子走自己的路，甚至穿别人的鞋子走别人的路，关键的是要明白这条路适不适合自己，这双鞋子合不合穿，否则改革就像包办婚姻，掀开盖头来，就只能认命，不管好歹。

当然，缺乏教育大家，我们也未必不能进行改革，就如德国足球，极少会制造出如巴西、英格兰、荷兰等队的激情快乐、华丽的"热闹"的场面，可是，你会无时无刻地感受到这驾德意志战车的强悍，德国队是当之无愧的欧洲足球巨人，钢铁般的意志和严明的战术纪律是日耳曼战车数十年来称雄欧洲以及在世界赛场上取得彪炳战绩的最重要因素。因此，教育改革也是一盘棋，每个棋子都能独当一面而力又能往一处拧，那么，主不昏臣不暗，我想也能像王荆公一样，走出一段曾经烫金的历史！

2014 年 12 月 19 日 铁骑踏高考

兢兢业业，这个与生俱来流淌着"皇家正统血脉"的词语，很难想象它会与一些卑微的词语联姻，比如"愚蠢"一词，而一旦当他们两极组合成"一个兢兢业业的愚蠢的老师"，恍如杨贵妃有狐臭，你难于想象这极美的与极丑的组成一个怎样的全新意境。

高考是一枚指南针，全民之心，"不指南方誓不休"，在这个巨大磁场中，师生都如琐屑的星铁，瞬间被"吸卷"而去，剩下的只是呆呆地尾随，痴痴地打转。每天，我们都做着一些打着"为你好"的事情，我们划分了"势力范围"，把学生的作业定位定点定时但不定量不定人，尽量把一群"肥瘦不一"的"羊群"在"日落前"赶回"羊圈"，彼此气喘吁吁甚至"气绝身亡"也在所不惜；我们让"两操"（眼操、课间操）沦为了懒婆娘脖子上套着的饼，能吃一口是一口，我们顶着空灵的音乐，继续论证 1+1 究竟等于多少；我们公然把生命活出了厚度，第九节课应运而生，我们从来都是居高临下，占领这座高地而浑然不知对学生身心的阉割；我们的工作短信总在你吃饭的时候、准备睡觉的时候应声响起，而且还一而再再而三，让你感慨"免费通"的巨大好处。

为了让学生长点记性，我们用反复的手法让他多次反复错题，为了让学渣练成学霸，我们启动了所谓的学霸模式，"断网断电断水（钱）"，让心灵返祖，体味着自然和生命的原始意味。

汗马逐落日，铁骑踏高考！身负教育使命，多次与高考狭路相逢，让我们比别人野蛮地成长；冷汗潜潜的虎口脱险，使我们像极了嗜血的北极熊越舔舐越骁勇！"尘生马影灭，箭落雁行稀"，一路横扫月考统考调研考模拟考，倚马仗剑，马蹄扬尘一路萧萧，纵使尘满面鬓如霜，又有何遗憾？

高考，有时是教育的一种信仰！

2015 年 1 月 16 日 座位乾坤大

有时候，你总想把日子过得简单一些，可是，日子却偏偏像个"九毛九"的生日面条，扯不断，理还乱！

就如一个简单的座位，其实都是暗藏玄机的。如果说座位编排你考虑的只是高矮相称、动静结合、前后轮换、左右搭配、虚实相生，那你已经是外星人的思维了。每次编排座位，你必须像柯南一样无孔不入，你要了解学生的过去、现在，甚至要预测其未来走向，比如某男和某女曾经友好过，现在反目成仇，所以不能同桌甚至邻居；又如某男和某男曾经铁杆过，可是现在又莫名地分道扬镳，所以要注意隔离；再如某女和某女表面风马牛不相及，可是由于前后喜欢过同类"小鲜肉"，所以不能编成铁金三角阵型……因此，多次的排列组合，推倒重来，让我思维的严谨度达到了最TOP 的水平！

可是，今天，这还是让我出乎意料。一女孩过来，未语先流泪！情绪激动，非得把一个无冤无仇的男孩编离她的势力范围，越远越好！问起原因，无非就是主观能动地认为别人虚伪、别人凶。如果脱离了有色眼镜，这些都是干瘪的逻辑，成不了呈堂证供，可是，任性就可以让一个自己不喜欢的人远离，这难道就是传说中的任性？可曾想过，班级不是一个人的山头，我们谁都没有资格任性到让别人消失在自己视域或地平线上！

原来，我一直认为，同学之道，与你为邻。而她却认为我罔顾其感受，忍无可忍，终于在沉默中爆发！今天，我终于意识到座位乾坤大，教育无处不学问！

2015 年 1 月 24 日 超越疯人院

今天，是江门一模交卷的日子，又到了风雨飘摇的日子！

命题有一个月的期限，可是，我却像个精算师，把日子过成了分针秒针。每天，剔除两个多小时的备课、一个多小时的上课、不定时的答疑解难、一个小时左右的作业批改，剔除一周一次的模拟套题批改，一周一次的两篇随笔的批改，两周一次的作文批改，以及备课组、科组每周定期的会议、学校或工作室不定期的会议，还有孩子每天三顿的准备……在这种超越疯人院的节奏中，还要为全市孩子精心准备"新年第一顿饭"，江郎才尽的我，蓬头垢面，力求在前人无数的道路中走出自己的羊肠小径，烹饪出"原汁原味的食品"，每一次的舔舐，都让我舌尖发麻，以致到了最后，味觉全失，肠胃居然有了痉挛之感。今天，最后的校对工作从早上 7：00 持续到 16：00，中途十分钟吃个面包，上了趟厕所，就头昏脑涨地继续校对下去，到了最后，我终于磕了两颗救心丹，才把离魂的心脏强压回来！

有人说，忙碌是一种病！有人说，不作死就不会死！有人说，四五十岁的人，为何还是放不下？

其实，人到中年，我们总在撕裂中前行！"一边是马云，一边是星云"，我们在"马云"的创业、梦想、财富中热血沸腾，一边在"星云"的醒世恒言、警世通言、喻世明言中抹掉棱角、放下争端；"一边是上流，一边是逐流"，我们痛恨腐败、藐视权贵，挹一袖清风，笼一轮明月，做安能摧眉折腰事权贵的清高李太白；可是，为了孩子读书的学位，你要绞尽脑汁，打通关节，谄媚"粪土"过的万户侯，你要住院，在一床难求的情况下，你要装儿子扮孙子，殚精竭虑；或者，竞岗上位，机会来临，你早就低下曾经高傲的头颅，使出浑身解数，藏獒变京巴……

只有站在珠峰的人，才有睥睨天下的条件；站在谷底，只有一个目标：努力攀爬！

2015 年 2 月 2 日 高考，让我们开始裸奔

时光荏苒，岁月如梭。高考的日子越走越薄，而心事却越来越沉，半载年华，似沙漏般，弹指间，留在昨天。再回首，原来，昨天，就在那清酒浓茶杯起杯落中泛成黄色，虽唇齿留香却始终说不出"黄酒之于白干"是何种滋味。

有人说，人是有欲望的，但是我总弱弱地认为，人性总有光辉一面，尤其沐浴在最光辉的太阳底下的一群人，是有能力对自己进行心灵拷问的一群人，是有能力克制自己欲望的一群人！然而，我们有着普度芸芸众生的善心，却不是被钉在十字架的耶稣或流血流泪的圣母，我们的善心不是一种愿望，而是一种能力！我们都愿意成为神一样的人物，去超度天下可笑或不可笑的学生，歆享着狼烟四起的烟火，使他们在高考的灌汤下脑满肠肥。重点、重点临界生是年度辣词，滚烫程度不亚于"你懂的"！只要你有重点生的"慧根"，哪怕临界也是炙手可热的"炸子鸡"，你可以享受老师们轮番打磨，精雕细琢；你可以享受自修不跟班，独享级组为你开辟的"敌后根据地"；你可以假期回来自修，因为你是希望之星……高考，让我们开始人性裸奔而浑然不觉！

其实，别低估任何人！可是，在这种"特种兵"拥有特种权的叫嚣中，我们已经无法聆听心脏的跳动，而我们部分的孩子也已经丧失了走出雾霾的信心与能力。我们班两个女孩，排位一前一后，可是，却一前一后地在狼烟中呛倒，选择了回家"归隐"！"一姐"已经深居简出一个多学期了，似乎还没有冒泡的迹象；小 Z 今天突然回来，可是却掀起万丈波涛，因为这个重回人间的孩子，再也无法承受人间的烟熏火燎，而父母则差点跪求，只希望孩子能够参加期末考试，即使倒数第一也绝不问责！可是，已经远离兵家必争之地两个多月，孩子的恐战心理已经表露无遗，就像万里长征中红军爬雪山过草地，极度困乏极度寒冷极度恶劣的环境，只要有"休息"的念头便有可能长眠不起，高考就是长征，谁掉队，谁就难于继续前进！

最终，在父女长达一个小时的拉锯战中，以级长的中庸之策化解了僵局。孩子晚上还是回家休息，如果明天精神状态良好，可以回来参加考试！

可是，还有如果吗？我们可以安慰孩子，你没有那么多的观众，别那么累！可是，当教育者都面露菜色，我们的安慰纯属呻吟！

这个世界充满了假象，只有痛苦从不说谎！

2015 年 3 月 2 日 哪怕遍体鳞伤，也要活得漂亮

在全民刷柴静，刷柴静自费百万推出的公益作品《穹顶之下》的时候，我们也在雾霾之下迎来了开学第一天！天气灰不溜秋，不咸不淡的气温让人仿佛吃点微辣，既不痛快，更不酣畅！领导的"煲冬瓜"弥足珍贵，似乎有点怨怼柴静的穹庐之下的刷屏之举，视频、文字、访谈、感想、评论、乱弹、胡扯，显得火辣辣地生气！

我今天的生活有点像"炖盅"，有点像酒精的"内焰"。自从上学期末与油印室为邻，工作室就成了"马六甲海峡"，每天有各路的"神仙"路过，不少的"神仙"对现居"蓬莱"的我直抒胸臆，独立的工作室成了仙家们众口铄金的话题，每天我最大的责任就是讪讪地笑，小心翼翼地解说，最后还要感谢神仙的驾临。看着"诸神""腾云"而去，我感到脚底发软，中气不足！

就像柴静，我们也有人把目光投射到内容之外，把这部片子分析成一次成功的营销，甚至走向了惯常的阴谋论，而过来人崔永元接受采访时说："关于'女儿患病'的指责只是第一轮，……之后的质疑声和辱骂声会越来越多。甚至一些科学家，一些学者也会自觉地加入这个行业里来，会有人找出片中的某个数据质疑这个不准确，那个不靠谱。"我想，吃瓜的总觉得瓜淡而无味，来点"老干妈"佐料，会让"瓜"的味道更富口感，让吃瓜的人生更加跌宕、甚至波澜壮阔！

忽然，我脑海闪现出骆驼祥子的形象："现在，他自由地走着路，越走越光明，太阳给草叶的露珠一点儿金光，也照亮了祥子的眉发，照暖了他的心。他忘了一切困苦，一切危险，一切疼痛；不管身上是怎样褴褛污浊，太阳的光明与热力并没将他除外，他是生活在一个有光有热力的宇宙里；他高兴，他想欢呼！"

哪怕遍体鳞伤，也要活得漂亮。

2015 年 3 月 15 日 今夜有大风雪

今夜有大风雪。我现在才知道，生命中的码头又有挥手之人，三千繁华从此苍白无垠！

生存与死亡，现实与梦境。这是和我有过一个学期交集的学生，瘦瘦的，弱弱的，可是，声音却永远响晴，一声吆喝总能让心生虚幻的同学按下云头。可是，两年不见，轻轻踉跄，便以飞扬的舞姿谢幕。即使亲人撕心裂肺，即使春天又如期而至，可是，他的生命之花却永远停在了如花季节！

其实，生命是脆弱的，走着走着就散了，我们终究会找一个理由下车，有些甚至脆弱到连理由都来不及寻找就跳下去了；可是，有时候，又发现生命极其顽强，沙漠中的仙人掌、地震中的幸存者，尤其高考烈日下的一群师生，反复死去，反复活来，在死去活来之中，诠释着生命的无极限！

生命是什么？生命是一个故事，还是一个事故？年轻的时候，我总以为一个问题只能有一个答案。长大后才明白，生活中每个问题都有无数个解，甚至无解也是答案。

我认为，生命是一本书：体裁不同，有人活成了诗歌，有人活成了传奇；篇幅不同，有人活成了长篇，有人活成了短篇；影响不同，有人活成了经典，有人活成了笑话……

生命，每人只有一次；活着，就是一种幸运。

2015 年 3 月 19 日 谁的青春不高考?

"我拼尽全力却只为换取,一个不确定的奇迹"!江门一模硝烟还没散去,广州一模又以雷霆万钧之势席卷而来。在这个多考之秋,孩子的眼睛越来越迷离,脑袋越来越迟钝,可是,为了一个不确定的奇迹,学生、老师、家长、领导、社会,一浪高过一浪,让雪片似的试卷幻化成无影刀,片片无影,刀刀致命!

本想把日子过成诗,时而简约,时而精致,不料日子却过成了我的歌,时而不靠谱,时而不着调。学生的成绩高不靠谱,低不着调,斗折蛇行,让我们这些依附在学生荣光上的"寄生蟹",在棒杀与捧杀中轮回。生活,就如"在河滩上行进的船肚下砺砺地擦着人生的河床,不是痛楚,而是酸楚"!(胡兰成)

我们的眼眸没有了蓝天碧海,我们的心田种满了高考的稗草,生活挤兑成言简意赅的两个字"高考"!我们只对高考的东西或具备高考取胜的东西感兴趣,我知道这不仅是智商的低下,更是心灵的萎缩!

谁的青春不高考?我无法逃避网中人的宿命!有人说,结如果真的打不开,你就给它系个花样!

高考是一个死结,那么,我们唯一要做的就是给它系个美丽的蝴蝶结?

2015年3月21日 任性之人必有任性之处

也许 / 我是被妈妈宠坏的孩子 / 我任性 / 我希望 / 每一个时刻 / 都像彩色蜡笔那样美丽

1981年顾城的"任性"，让我们触摸到诗人那种纯净、和谐，没有矛盾的审美理想；怒砸虎头牌，撰写革命檄文，怒踹蒋中正，一代国学大师黄侃，他的任性，既有着志士之狂、名士之狷，又有着文人的恃才傲物。任性，一度是充满暖意，充满脉动的词语。

现在，能任性的不是诗人、不是大师、不是贩夫走卒，而是当官的、有钱的、有颜值的……

例如被尊称为"国民老公"的W某某，其任性地不费吹灰之力就能引发全城尖叫。而我们一些大人们，任性起来也能引发全民"微笑、默叹、以为妙绝"，例如总把自己当成无所不能的猫，喜欢自导自演，虽然地球人都知道要假装玩互动，而且还要配合得天衣无缝，明知道名花早有主，花落谁家不须有奖竞猜，可是，我们总要进行一些貌似繁荣的陪跑游戏，这不是任性之人的任性之处么？

又如周幽王，为博美人一笑，点燃了烽火台，戏弄了诸侯，"赫赫宗周，褒姒灭之"，这为世人贡献了任性的经典案例。教育不能任性，教育者也不能任性，教育的官员更不能任性，一切游离于教育的根本——人，都不是一个好玩的游戏！

"拟把疏狂图一醉"，最终，会落得个"强乐还无味"之境。不过，懂得太多，看得太透，你也有可能变成世界孤儿。

2015 年 3 月 22 日 汗马逐落日，铁骑踏高考

今年高三，有三大特色：第一，寒假不补课，考完就滚蛋；第二，老师做义工，补课"老白干"；第三，前松后紧，上学期 27 周，本学期百日誓师恰好在寒假。

不过，人的智慧是无穷的，没有了百日的头衔，誓师难道就泡汤了么？不用怕，师出无名这样的事情在中国人的头脑里从来就不会有，只有你想不到的，没有你做不到的。这不，百日誓师摇身一变，孙猴子顷刻变成了威风凛凛的齐天大圣，下周四，距离高考还有 N 天，一个全新的时代"高考誓师"就要宣告来临。

誓师前的铺垫渲染也早已统一部署，最热血的一笔莫过于各班的高考标语，最狗血的情节莫过于某位人物在多次视察本校后，认为本校成绩不如他校的原因，居然是俺们的标语不够鸡血。这不，沉敛的"鹌鹑"们听了顿时也开始血脉偾张！这不，"今年只为高考狂，冲进重点孝爹娘""今天不刷卷，明天就刷碗""爱学学，不学滚"等人性裸的标语呼啸而过！

不敢在"顺高考者昌，逆高考者亡"这种滚烫形势下逆风飞扬，因为你伤不起，正如北大教授郑也夫所言：中国糟糕的教育，是全社会的共谋！它不仅把所有学生都席卷进来，还把明白或不明白的家长、以及明白或不明白的老师，全都裹挟进来，这就是制度的力量！不然，你就是找死，像祥林嫂一样，在"新年的祝福声中""祝福"死去！

"汗马逐落日，铁骑踏高考"，看似高大上，实则矮矬穷，在高考的铁棍里，文字的游戏衣衫褴褛，这就是我在苦苦"堂吉诃德"式意淫了一宿之后，还是向杀鸡取卵的教育方向俯首称臣，而赠给 2015 届 9 班学子的狗血标语！

现在暂时的低头不可耻，以后长久的抬头才可贵！

2015 年 5 月 21 日 致青春

孩子，课堂上老师们终于"销声"了，当走廊上桌椅的摆放又成了一道风景的时候，我终于触摸到高考又一个轮回即将碾过我们曾经青葱的夏季。

●是什么让我遇见这样的你

曾经，我常常在想，是什么让我遇见了这样的你，让我厌倦现在惧怕未来？

曾经，我常常抱怨，是什么让我遇见了这样的你，让我放下茶器拿起利剑？

早上 7:00 前到校，晚上 22:30 才离校，中间围着 59 位"VIP 尊贵客人"不停转轴，提供 24 小时畅通无阻的绿色通道：7:00—7:30 看早读，14:00—14:30 看午读，晚上友情赞助 19:00—20:30 黄金时段，中间"插播"大量眼花缭乱的"广告节目"——备课、上课、作业、开会、辅导、讲座、家长访谈、不定时课堂"晃悠"、学生伤病处理……早上 9:00 还顾不上啃一口面包，晚上 20:00 还吃不上一口热饭，当先生在家那边等到花儿都谢了的时候，我在学校这边却像德国牧羊犬一样，做着"追踪、鉴别、警戒、看守、巡逻"等任务，热火朝天，方兴未艾。望文生义一点，那简直称之为"一沐三握发，一饭三吐哺"。每天，一波又一波的"海啸"把我拍在沙滩上：这边厢，"梅西"和"徐志摩"双剑合璧精准地射穿了宿舍玻璃窗，K 少因为"被默写"而狠狠"问候"了科代表，一哥和铖少两大巨擘常常上演双峰争霸战，K 仔、舟少、陈条、B 陆、PC 五大猛男横行金瓯大地，所到之处，憔悴损，群蜂乱舞，花痴堆积……那边厢，XN 任性，拍案吓退千军万马，XZ 横刀立马彰显汉子英雄本色，YJ 饮马，CY 手起刀落……我刚擦拭完在三大猛男的"微笑"下痛哭流涕的 WT 的最后一滴眼泪，又抽身抚摸被班中第一相扑手摔坏的"梅西""小蛮腰"，刚拿起"干粉灭火器"窒息 C511 的硝烟，又扛起泡沫灭火器中断 B 燃烧的链反应。物理实验课上群魔乱舞，以"好好先生"的美名行走江湖三十多年的物理老师被"叫兽"戏弄得"晚节不保"，甩门而去；宿舍里沸反盈天，一批"土行孙"上天遁地，把宿管关在门外"佛跳墙"；劳动值周，把值周沦为了副业，篮球变成了事业，颠倒乾坤，让级长一地鸡毛！

烦恼，永远是冥冥之中寻找幸福的劫数。我穷尽所有的力量去攀登，最终却发现，我永远登不到顶，摸不到幸福的半条毛！有时，PC 的瞠眼怒目，让我从噩梦中惊醒；有时，XX的决绝而去，让我的脊背嗖嗖发凉；有时，B陆"喷气式飞机"的呼吸，让我气冲丹田；有时，一哥的人肉炸弹式的实验，让我惶惶不可终日！我，从一个踩在云端的教育者瞬间打回原形，从优雅的"狐狸"沦为獠牙的"白骨精"！

本想在人生的暮年，养成一种雍容之态，让教育的拐杖不再刻意插到哪里。一路上闲庭信步，看看山岚、吹吹清风，听一树蝉声，赏数枝残荷。"睡起有茶饴有饭，行看流水坐看云"，这些琐碎而细微的小自在，若能萦绕于心扉，想必也是极好的！

我明白，阡陌红尘路，终究一场繁花落寞；只是，三生弱水畔，为何我偏与你相遇？世间有千万种相遇，而有种遇见叫作触目惊心！前世一个轮回，今生一个辗转，还是逃不出与你的一场"械斗"，从此开始了为你走上"步步惊心"之路！

● 你是我慢慢读懂的诗行

"当我凝视着黑暗，我就在黑暗里，当我凝视着光明，我就在光明里。"孩子们，当更年期遇上青春期，是否注定咱们的交集是电光火石，是老鼠与猫的游戏？孩子们，当你们携带"官财班""高富帅"的基因呼啸而来，是否注定咱们的相遇是一场漫长的修炼？孩子们，当你们以"抗日神剧"中的"手撕鬼子""裤裆藏雷"拉开高中三年生涯的序幕时，是否注定咱们嘴在逞强，泪在投降，一边受伤，一边坚强？

有那么一段时间，我常常凝视着黑暗，心也黑暗：一批高富帅，天天与同学斗，与老师斗，其乐无穷！除了不说学习，什么都爱说；除了不做作业，什么事情都爱做，一辆除了铃铛不响，什么都响的"自行车"，让我这座自诩矗立"佛国"里"歆享"人间众多烟火、偶尔在心心念念的"信徒"中洒几点杨枝甘露，便可将自己的灵魂立成一座丰碑的"观音"，瞬间遭遇到了"破四旧"的你们，虔诚的"信徒"走了，嗜血的"暴徒"来了；拈杨枝洒甘露的"观音"碎成一地，执金箍降魔怪的"悟空"应运而生；"好好学习，天天向上"的磁场消失了，"路见不平我不吼，该出手时不出手"的北纬30度来了；54个尖刀班学生变脸59个VIP学生，还有半数不是"操正步"进来的……

孩子，刚开始的时候，我和你们一样，眉毛对不上鼻子，麦芒对着针尖：当你嚷嚷管理式严时，我却感觉你的"前半生"都是晃荡过日的；当你在课堂上鼾声四起甚至"垂涎三尺"而被我打断你的美梦的时候，你不解我的温柔就如我不敢想象你梦游周公的功力有多深一样；当你屡战屡败背不出高考必考篇目，我要牺牲休息时间陪你车轮战地重默又重默，你却愤愤不平的时候，我也为二十多年来头一回要亲自操刀三番五次都难于修成正果而仰天长叹；当你怀念以前自修课笑声如雷而诧异现在鸦雀无声的时候，我很是诧异你向往笑声如雷的自修课的审美取向……教育像一场婚姻，只有咱们才知道，来自星星的你和地球人的磨合有多艰难，更甭说联姻了！

又是一春，又到一秋，我蜷缩在金瓯一角，手拿柳叶金刀，还是一如既往的"庖丁解牛"。春天，我的生命里没有迷人的花香；秋天，我把我最后的青春尾巴遗忘在似曾熟悉而又陌生的贫瘠土地。看着疯玩疯长的你们，看着群雄逐鹿诸侯争霸的你们，唉，"这次第，怎一个愁字了得"！

可是，有一天醒来，我突然嗅到了阳光的味道，暖暖的、香香的！原来，当我凝视着光明，我就在光明里：你看，那一次的家长会，电闪雷鸣，倾盆暴雨，从工作室到教室，那是一段不长但在这种恶劣天气下举步维艰的一段路，积水过脚面，横风狂雨席卷而过，轰鸣的雷声，刺眼的闪电，坦途陡然变天堑，面对窘境，叶班长不由分说，把我驮在背上，一路小跑，安全送达家长会会场——课室；你看，红五月的艳阳里，B陆的身影最繁忙，选歌曲、借场地、借衣服、做指挥……特等奖的徽章里，浸润的是这个桀骜不驯的少年的俯首与汗水；你看，积雨满地的走廊，有两个高矮不一的少年拿起扫帚低头疏水的剪影，付鹏与星星，三年来的坚守，那是一道怎样荡气回肠的风景啊！你看，那个极品乖Z少爷，所到之处，寸草不生的"楚留香"，终于变成进退有度、文质彬彬的花样少男了；你看，那个上天遁地的大闹天宫的"班草"，终于变成懂得遵规守纪、不把"开片""蛋散"经常挂在嘴边的有节操的一代愤青；你看，那个"出口成脏"以拳头代替温柔的PC，终于蝶变成温柔敦厚、乐于助人的好青年；你看，"小狗"的一堆呕吐物，K仔、B陆、JY等亲自打扫战场，K仔一边清扫一边呕吐起来；你看，蓝魔天生异相却有着古道心肠，作为电脑权威为师生排忧解难；你看，JY三年来风雨不改的一杯水，柔软着兰姐蒙尘的内心；你看，阿祥、PY、星星、Q如、F鹏、TY、L瑶、R昕、北大等一批草根，经过三年刀尖滚过的岁月，终于抢起丈二长矛，横刀立马，挺起九班的喜马拉雅山脉；你看，大战红孩儿的C511宿舍最后却是云淡风轻，三年前150多分的宿舍扣分到今天的0扣分记录，创造了住宿前无古人后暂时没有来者的战绩；你看，优秀班级、文明班级、文化建设示范班级、书香班级等纷至沓来，红五月特等奖、校园韵律操一等奖、篮球赛冠军等目不暇接……

后来，我才明白，邂逅你，是因为有缘，走近你，是因为梦想。"你是我慢慢读懂的诗行，你是我肩膀愿意承受的重量"，你是我红尘里最深的温暖。若时光可以回流，且让我在你的记忆入口，安静地研一池水墨，重新为你的青春作序，再次为你的成长代言。与你共一场文字的地老天荒！

走在秋月的田野上，我想起一位诗人对老托尔斯泰的叩问：一切／成熟了的／都必须／低垂着头么？

●在这个站口与你挥手

我相信，生命的每一站都会遇到不同的风景，不一样的行人，然而随着时光的流逝，那些景，那些人都会渐渐远去，而你们，会永远色彩斑斓地存在我的生命模板里。

有人说，年少的时光就是晃，用大把的时间去彷徨，用几个瞬间去成长。诚哉斯言！把极狭的入口凿成宽敞的出口，把一部厚厚的《史记》翻成一本薄薄的语文书，把三年长长的弯路走成一步之遥的直路。三年的跃马扬鞭，最后的饮马高考。六天之后，我会成为你们生命中这个站点的曾经风景：或许，会定格在你们记忆的画框里；或许，会变成灰色的头像不再闪烁；我们终究会迷失在人海里，甚至忘记相遇的美丽。

十里长亭闻鼓角，一杯浊酒三年情。孩子，今天，你便要第一次离开我的羽翼，摇身成为高考大军中的一员，带着稚嫩、带着忐忑、带着憧憬，你将要杀进成千上万的童子军中，去打一场从物质战力到精神意志硬碰硬的激烈对撞，看着"吃麦当劳、喝星巴克、听爵士乐的草莓族"的你们，看着磨刀霍霍却又两股战战甚至惊慌失措、抱着我痛哭失声的你们，我的心也五味杂陈。三年来像雕鹰一样严厉甚至苛刻地强悍你们的心理，野蛮你们的体魄，不就为了能让你们拥有一身盖世武功而笑傲江门么？放飞无疑是蕴含着滴血的悲壮，然而我相信，经过三年鹰式训练的每一个孩子，"都会看到人间最美丽风景，浏览人间最绮丽的风光，"六月，将会腰斩楼兰；六月，将会燕然勒石！

三年，咱们从孙悟空大战红孩儿，到两情相悦，甚至"与狼共舞"，时间就是一支AA超能胶，把咱们黏合在一起。这个黏合的过程，其实就是咱们对几个核心关键词参透的过程。

首先，就是"高考"。高考，这是咱们怎么也绕不过的一道坎，从三年前的神推理演绎——"因为，高一等于准高二，高二等于准高三，所以，高一等于准高三"开始，高考始终成为我们青春最痛最深的集体胎记。白岩松曾经说过，没有高考，我们很难有打得过富二代官二代的机会。确实，有不少孩子尤其贫穷落后地方的孩子，把高考看作了鱼跃龙门、鸡变凤凰的出路。而对于我们这些大多官二代、富二代的孩子而言，高考，更多的是意味着从成功走向成功的保卫战，是从梦想走向梦想的尊严战，是从圭峰走向珠峰的超越战！可见，高考之所以会从学生PK学生的战役，演变成为家长 PK 家长、老师 PK 老师、领导 PK 领导、学校 PK 学校、农村 PK 城市、中流 PK 上流的各阶层、各种肤色的人民大混战，是因为高考被赋予它本身不能承受之重。高考，把平常我们丢掉的信仰重拾了起来，并供奉在神龛上，顶礼膜拜。高考模式、高考城、高考房、高考陪读、高考餐、高考特权（如打的免费、包括堵车找警察、包括考场 500 米禁止通车鸣喇叭、包括公安、交通、卫生、供电等单位强强联手、全城布防等）等现象丛生，这无形中让"一试定终身"的传说变成了血淋淋的事实。在这种全民"战争"之中，我们想要"独善其身"那是谈何容易啊！可是，"我可以不同意你的观点，但我誓死捍卫你说话的权利"。我们无法以蚍蜉之力撼动大树，无法以一支长枪去大战风车。可是，这仍然无法褫夺我们思想的权利。窃以为，高考更多的是一场自我完善的修行：三年来从学渣到学霸的逆袭，三年来从"试卷等身"的废墟中走来的经历，三年来从削掉图音体到增加第九节到断网断电断欲的高三模式，三年来从一月一模、一周一测、一天一练中连滚带爬地过来，三年来成绩从涨停板到跌停板到横盘不上不下的踉踉跄跄……这一切，与其说是为走上人生的星光大道作铺垫，倒不如说是为塑造更完善与圆融的自己作张本。是的，高考，更多的是给了我们这样的一块磨刀石而非仅仅垫脚石，它磨掉了我们浮躁之心、功利之心，暴戾之气，它让我们沉潜下去，明白成功不是狗血的剧情，失态的叫嚣，它是大音希声、大象无形。明白了高考是人生之中的一道坎，不管你多么害怕，你都要靠自己走完全程；明白了高考面前人人平等，拼爹终于拼不过分数。可以说，如果缺少了这场厮杀，你就吼不了几嗓子京剧、秦腔，你就成不了把栏杆拍遍的辛稼轩，或许，你还有可能沦为把井水喝遍的柳三变！高考，不是微整形，而是"完全摸不着亲娘的影子"的那种大维修，它让我们第一次懂得了不羁的青春有了一丝牵挂与羁绊！

其次，就是"规则"。对于头顶着"计划生育"的"指环王"出生的一代，你们身上最大的特点就是对规则的粪土。你们误认为个性就是敢于打破规矩，特别是那些让你们浑身不舒服的校规班矩：穿校服，你们感觉老土，泯灭性别；迟到早退，你们认为这是"爷们"长成的必经之路；上课讲话自修自由进出，你们觉得小菜一碟；打篮球打人踢足球踢人，你们觉得这是成为下一个科比和梅西的必杀技；进级组室踢门、不高兴咆哮，你们认为这是荷尔蒙与血性的象征……规矩，在你们面前是那么的丑陋不堪，甚至和"四旧"相提并论。我承认，天性自由，人都喜欢无拘无束，然而，无拘无束并不意味着无法无天，方圆之前，必有规矩，从混沌到四极，从国家到黎民，都有一个紧箍咒，一旦越界，必然会遭受其惩罚。就如孙悟空无论如何十万八千里，最终也要在如来佛的五根巨柱下打住。何解？那是因为如果每个人都以元谋人为标签，那么，这个社会必然会失序，必然会让我们回到茹毛饮血的爬行时代。有人说，孔圣人的"礼""乐"为核心的儒家思想，其实就是为中国社会定下了游戏规则，这种规则一旦破坏，就会礼崩乐坏，就会全面崩盘。你们也在应试教育下摸爬滚打了十二年，相信对应试作文也有一套了吧？材料引写作要求也罢、材料引材料也罢、材料引观点也罢，它总是温柔地抛出诱饵让你自选角度，可是这个"自选动作"却不能离开冷冰冰的游戏规则：不能脱离材料的内容与含意范围。也就是说你一旦脱离了"一个中心（自然）两个基本点（远与近）"，那么，你的"自选动作"就会成为"自刎动作"。同样道理，当你的天性自由都在游戏规则之内浮游，那么你可以上天遁地；可是，当你无视规则，"大闹蟠桃会"，那么"五指山"下便是我们的归宿。所以，要么你有能力去推翻规矩，要么，我们像鸵鸟一样敬畏规则，别跳起来刚好对准规则的枪口！

第三，就是"道德律"。康德说："在这个世界上，有两样东西值得我们仰望终生，一是我们头顶上璀璨的星空，二是人们心中高尚的道德律。""不论黄昏，还是晨曦初露，茉莉花，总是洁白的。"正如希腊诗人乔治赛福斯的这首小诗所说，我们想要成为香远益清的"茉莉花"，就要坚守住自己的洁白，坚守住自己的芳香，坚守住自己心中的道德律！不可否认，当R某某一马平川的时候，许多人常常以与之交往为荣，而当R某某出事时，我们的许多媒体就迫不及待地在网络上开始肆意谩骂；不可否认，某些高校的校园也开始闹哄哄了，广告飘飘，老板班、赚钱班都可以在高校找到讲台，"博雅"氛围淡而远之；不可否认，三鹿奶粉、地沟油、毒大米这种丧尽天良的案例不是个案；不可否认山寨产品、盗版软件这类违法行为屡见不鲜；不可否认，网络暴力、标题党、人肉搜索弥漫网络世界；不可否认，一方面我们对社会不公、官员利用权力寻租深恶痛绝，另一方面，在遇到关乎自身利益的问题时，我们也殚精竭虑挤占别人的份额……然而，即使这个世界从来就没有花香铺地，我们也不应丧失善良与自律。须知道，一座珠峰，总有它隆起的山脊；一个民族，总有一批挺起的脊梁。雪山崩塌，每一片雪花都是它的原罪。

或许，我们成不了为民主事业而不屈不挠的斗士曼德拉；或许，我们成不了普度众生的德兰修女；或许，我们成不了生的伟大、死的光荣的刘胡兰；或许，我们成不了对敌人像秋风扫落叶般的雷锋……可是，当别人张口"某丝"闭口"草泥马"的时候，咱们可以闭口甚至侧目而视；当别人侵略性行车的时候，咱们可以不怒路、不暴打"女司机"；当别人不小心撞倒我们的时候，咱们可以说一句"不要紧，我有医保"这样有温度的话；当别人在潜规则的大海中沉潜不起的时候，咱们可以勒紧裤带不松开；当别人花费公款吃着和牛喝着拉菲的时候，咱们可以吃着"自个生的蛋"喝着自制的葡萄酒；当别人堂而皇之开着玛莎拉蒂又晒着高档 LV 的时候，咱们可以用满身的汗水换一次油焖小龙虾的痛快淋漓……说实话，在这个物欲横流声色犬马的俗世里，在这个心灵鸡汤满大街叫喝的大时代，我们要做一支洁白的茉莉花殊属不易，可是，"你可以狡黠，你可以圆滑，你可以装傻，你可以在茶余饭后发泄一通不痛不痒的牢骚，但是你一定得坚持点什么底线"。作为一个社会人，我们总不能在社会竞争的食物链中扮演着阴冷的角色，"在被他人鱼肉与鱼肉他人之间痛心疾首或乐此不疲，或者在无奈的旁观和沉默中自戕或咬啮自己的灵魂"，只要我们坚持心底的道德律，坚持把元谋人站立成两条腿走路的人，那么，我们就可以像王阳明教育小偷一样，最后一条内裤脱不得，即使在无人窥见的情况下，我们都要穿上最后一条"底裤"。这样，钱是自己的就不会任性，资源是大家的就不会浪费，就会像最强悍民族之一的领导人——德国总理默克尔一样，能够像"乞丐"那样捡掉在地上的面包来吃，不是出于作秀，而是出于"一个文明、民主制度下的官员，该有怎样的行为标准，该怎样要求自己"！在没人监管的情况下也能坐怀不乱，也能"君子慎独"。否则，在不经意间，我们如入鲍鱼之肆，自身已然成了这社会不公和腐败链条中的一环，甚而早已蜕变成了自己曾经痛恨不已的那条奇臭无比的鲍鱼而不自觉。甚至做出一些像"厕所文字"一样肮脏丑陋的"毛坯"事情来！

第四，就是"奔跑"。关于奔跑，我给你们讲得最多的故事就是"狮子与瞪羚羊"的前世今生，不管是狮子也罢，不管是瞪羚羊也罢，每当太阳升起的时候，他们所做的第一件事情就是"奔跑"，否则，要么饿死，要么被吃掉。人类世界何尝不是从"丛林法则"变脸而来，何尝不是在奔跑中一决雌雄？可是，我们不少孩子已经做好了"千年醉一回"的铺垫伏笔，准备抓着青春的尾巴，彻底沉沦以便为了缅怀即将逝去的青春。其实，我并不反对偶尔停一停，相反，张弛有道是调适人生行进的方程式，慢并不是一种病，无所事事才是一种病。我们拔出车钥匙停车熄火的行为，大多源于从小的教育。我们长期处在一种目标式教育和被动式教育的模式中，当高考这座"上甘岭"被攻下之后，我们就丧失了我想做什么的意识，陡然而起的是临时工心态——捞足现在，不管将来。

孩子，"生命是刀尖上的舞蹈，留着鲜红的血，剧痛也要顽强的支撑下去，并且一定要舞至绝美。"（蔓殊菲儿）也有说，"舞蹈最辛苦的不是动作，是日复一日，重复着做着已经做过无数次的动作"，因为，一旦你停下来，"这种肌肉反应就减弱了"。你知道吗，年轻的时候，我也总想着一劳永逸的事情。初上讲台，豪情万丈，热血偾张，所以，我认真备课，一丝不苟，以便教案可以作为流水线导游词来接待"不同的游客"，可是，当我快要一本通书教到老的时候，九年的初中教学生涯便因学校一个高大上的决定——申办示范性高中而戛然而止，我还没来得及"思考人生"，就被扔进了高中这个熔炉中"大炼钢铁"，"囊中羞涩"，不名一文，人到中年，推倒重来，从圭峰摔到狗山脚，那是一段何等艰难的涅槃岁月。于是，"焚膏油以继晷，恒兀兀以穷年"，高中三年一个轮回，一年一个脚印，终于用汗水打造了自己教育生涯的第一个北大才子，并用"蝇头小楷"写成堪称典范的教案。自以为从此可以高枕无忧，谁知道血腥的现实又一次撕毁我的黄粱美梦，教科书修订、高考命题回归广东；我只好把一地鸡毛重新粘贴，力求在浪涛中做一颗"金沙"，于是，我又以博尔特的姿态去百米跨栏，三年又过去了，当我鼎力把两位学子送进清华园并把三年的心血以完美的教案呈现出来的时候，我为自己的执着而感动得涕泗长流；可是，上天又一次开了个大大的玩笑，教材选用粤教版，高考语文第一次以选考题闪亮登场，经过了多年辛劳，才发现原来颗粒无收，连种子都没有留下；之后，粤教版走到了黄昏，人教版又王者归来，可是，当十年的备考积淀终于可以书写成无韵之离骚的"史记"时候，高考命题大权又一次旁落，全国卷以横扫千军之势席卷而来；之后，高考从大文大理到 3+X+ 理基（文基）到 3+X 到 3+3（现在是 3+1+2），语文从 100 分到 120 分到 150 分到 180 分，之后，便是以毛毛虫绕圈的方式从原始分到标准分到原始分；之后，便是以为职称从三级到二级到一级到副高便封顶，可是正高又劈空而来；之后，以为大学的学业便可持"绿卡"横行于三尺讲台了，可是，大学毕业后每年没完没了的"不需要"的"公需课"培训以及热闹非凡的职务培训，就像育龄妇女的查环查孕，首尾两次，此外，还有学法啊、解题竞赛啊、高考试卷闭卷考试啊；之后，折腾了数个来回，终于人到码头准备有资格忝列广场舞大妈行列的时候，延迟到 60 岁退休的"弹性"政策又佛光普照了，不早不晚，不上不下，就是这个节点就是七寸位置……孩子，我一直以来以为自己正当壮年可以左右时间，用昨天的田头耕作去换作今天的席梦思，大不了从头再来。然而，不管多少年劳作，多少次重来，我在"时间都去哪了"的无奈拷问中仍然要像年轻时期一样健步如飞，仍然走在"与作业斗、与考试斗、与学生斗'其乐无穷'"的"不归路"，看着百日誓师中的标语"生前何必休息，死后自会长眠"，当时的我还感觉惊悚雷人，现在看来，其实并非完全危言耸听，生无所息啊，人生就是在摸滚打爬的沼泽中艰难跋涉的一次远行。面对着付出与奔跑，如果我们选择时间、金钱和空想，那么我们营造的，终究是一帘幽梦。马云与浮云，一个选择了做（奔跑），一个选择了看（停滞），因此，马云建起了阿里巴巴王国，浮云却把起跑线和终点并在一起，站在起跑线上，却以为自己跑了很远。其实，你一直站在那儿，看着前行的人冲向终点。曾经，我们为了一个又一个狭窄的入口而苦练"葵花宝典"，以便以"东方不败"的绝世武功来烧得出口的"头炷香"；曾经，我们放弃了"品味时尚"的机会，在山的沉稳、水的灵动中跋山涉水；曾经，我们磨刀霍霍，饮马高考，剑指六月，在金瓯贫瘠的土地上植入我们燕然勒石、步入凌烟的"太空种子"……现在，我们总不至于扔掉书本的同时扔掉了我们的追求；总不至于在昏天黑地的三个多月的"冬眠中"把理想都眠掉了；总不至于在刷屏、点赞、转发中把人生都刷掉了。我想，我们都是自己人生的导演，演成主角抑或演成配角，那都不是事儿，是事儿的就是主角要成为周星驰，配角要成为吴孟达，因为他们都把自己的银幕角色演到极致！孩子，虽然我们的教育"入口太难，出口太易"，但我们不要因为我们用了十几年的青春汗水甚至以阉割童年快乐的做法就可以任性地挥霍我们的暑假，任性地挥霍大学四年的"美好时光"，我们要努力地"寻找到可以重新将自己拼起来的'虫洞'，拾起那些曾丢失的'武林秘籍'"，为自己的"降龙十八掌"继续冬练三九夏练三伏，做永远奔跑的"笨"郭靖！

当然，我不能保证"每次出海都能够钓到大鱼"，因为当"我们抛出了我们的钓丝以后，水面以上，属于意志；水面以下，属于命运"，可是，只要出海，我们就有机会像圣地亚哥一样钓到大鱼。

第五，就是"反思"。马可奥勒留曾说过："我们听到的一切都只是一个观点，不是事实。我们看见的一切都是一个视角，不是真相。"正因为我们所闻所见都只是一个观点、一个视角，它无法成为"水面下"那"八分的冰山"的代言人，既然如此，我们就必须对水面上的"冰山一角"有着清醒的认知，要常常提醒自己"这一角"不是"全牛"，我们对自己一行一言、一事一物都要有反思的意识，都要有八分冰山在水下的意识。相信你们对我的最深记忆，就是我对你们无处不在的反思意识渗透：从你们踏进学校第一天的宿舍扣分开始到离开学校的最后一天0扣分，从你们刚开始的门庭若市的反复默写到"虽欲言，无可进者"，从你们"入口时"的"矮矬穷"到"出口时"的"高富帅"……孩子，当你们从周遭那些有恶意或无恶意的闲人的"笑话"中最终神奇蝶变为"神话"时，当你们从"一地鸡毛"的"山鸡"变为背插十八面锦旗的"凤凰"的时候……这一切，就是反思的力量，就是我结合语文教学美其名为"反思文学"的力量。是的，我们刚开始为什么会成为别人的笑话？我们作为一个"官财班"为何不能成为一个"尖刀班"？我们为何在入口的时候被别人甩开几条街？我们屡败屡战为何不能屡战屡胜？我们成绩不如别人为何就要靠边站？当然，我喜欢吃西瓜瓤就可以嘲笑喜欢吃西瓜皮的她吗？我爱吃素就可以鄙视大碗喝酒大口吃肉的他吗？……可见，反思，就是一念之差，很多时候，折腾、怠慢、抱怨、腹诽、狂躁、抑郁等行为或状态，多是从自己的角度看问题，假如我们能跳出自己看自己，既能入乎其中，又能出乎其外，那么，一切的风景都会迥然于鼠标点击下的风景！我想，我多年来的教育之所以能够接地气，能够做到教学相长，那是得益于我无时无刻不在的反思，当你们课堂上鼾声四起、"鞠躬尽睡"的时候，我会反思自己的教法是否过于沉闷？于是我学会了寓教于乐！当你们对老师"口蜜"而"腹剑"时，我会反思是否因自己严苛而让你们变得表里不一？于是我学会了宽容！当你们重复而重复地犯着"低幼"的错误时，我会反思这是否就是 90 后最自我的表白？于是我学会了聆听；当你们虽然拼尽全力却还技不如人的时候，我会反思是否每个孩子都有不同于他人的花期！于是我学会了静待……天下之大，即使天眼追踪，也未必能维基解码，因为"好而知其恶，恶而知其美者，天下鲜矣！"（《大学》）故谚有之曰："人莫知其子之恶，莫知其苗之硕。"因此，"吾日三省吾身"，反思"为人谋而不忠乎？与朋友交而不信乎？传不习乎？"做一枝会思维的苇草，我们就有可能像孔子一样发现"终日，不违，如愚"的颜回，其实是"亦足以发，回也不愚"！

"热词"陪伴我们走过了感情的荒漠，走过了思想的戈壁，走过了"极地"的苦寒。咱们在"静水流深"中灌溉，在"低调"中奢华，在"始终如一"中保持九班人九班魂的本色，在极致的"细节"中高歌猛进，执笔夜深处，总有说不完的一笺记忆，如清浅的藻荇，在心海中独自招摇着。三年前那个夏日，你哒哒的马蹄，扰乱了我"小小的寂寞的城"。从此，"是归人"也罢，"是个过客"也罢，咱们都在这"美丽的错误"中成为故事的男女主角，"无论是熟悉的，陌生的，遇见的，错过的，记忆的，遗忘的"，都在踏着深浅不一的探戈，"竭尽的演好自己的角色"，"为的只是一场永不凋零的演出"……在最深的红尘里，看着一拥而散的你们，尽管，揪心；尽管，不舍；尽管，泪流满面……可是，只要我交给你们的"锦囊"一直揣着，只要看着你们一直向前奔跑身影，只要你安好，即使我码在泛黄的扉页沉湎直至缅怀，即使在点一下鼠标就随便有一个传说的故事诞生的今天，我也会永远铭记"原稿"，不会"将你一笔抹去"！

2015 年 6 月 18 日 遇上"五大金刚"

有人认为，要花光所有的运气，一位老师才能遇上好学生。无数精彩的故事，就会在相遇后产生；同样道理，要多倒霉多背运，一位老师才能遇上"差学生"。无数悲惨的事故，就会在相遇后发生。

世界很是神奇，相遇本就不易，宇宙浩渺，人海茫茫，你，就这样不迟不早，不偏不倚，停在了我的窗前，若不是造化，哪有这样的鬼斧神工，把命运雕琢得如此巧妙？

其实，"五大金刚"是我始终绕不过的话题！

"暮春者，春服既成，冠者五六人，童子六七人，浴乎沂，风乎舞雩，咏而归"，春的和煦，歌的嘹亮，诗的馥郁，人的快乐，作为教育者，谁不向往这种诗意境界？

可是，遇上"金刚"，教育的味蕾似乎也变了样：从清蒸到红烧，从白切到油炸，从少油少盐到油盐俱下……教育，似乎只剩下一地狼烟！

无数次从梦中醒来，一手抄起的，便是看家的"金箍棒"。一句"老孙去也"，便开启了日复一日、年复一年的"降妖伏魔"征途，"三打白骨精"那是天天上演的必备剧本！

可是，三年之后，某天，当你醒来，"东一行，西一行，尽都是蕊宫珠阙；南一带，北一带，看不了宝阁珍楼。"你的"金箍棒"居然没有了用武之地，原来到了"地胜疑天别，云闲觉昼长"的"大雷音寺"，"五大金刚"从"猴子老猪河怪"逆袭成"使者罗汉"，恍惚一夜春风，千树万树桃花开！

"生命中，总有一个人，轻轻地念起，便是嘴角上扬的甜蜜，静静地想起，便是眉梢的舒展；有一种眼神，轻轻凝眸，便是深情款款，有一种心动，轻轻蹦跳，便是爱如潮水，有一个名字，轻轻呼唤，便是情深似海。"我和"五大金刚"的相遇，从事故变为故事，正可谓美丽的教育可遇不可求，执笔流年，醉枕墨香，为你写诗，开篇写着衣衫褴褛，结尾写着衣袂飘飘！只有明白书的结尾，才会知道书的开头。

摘取"金刚"们的片言只语，以此祭奠那年夏天的遇见，那年冬季里的恋歌——

（一）花季少年的独处时光

沉默是一种优秀的处事哲学，处理得当的时候，又是一种艺术。我以前是一位风尘仆仆，浪迹天涯的楚留香，所到之处，寸草不生，只剩下一堆花痴，我浑浑噩噩地过了初中三年，直到遇到我心目中的女神——青兰大侠。

QBZ，一位散发着独特气质而又低调奢华有内涵的知性女士，阅人无数，拥有独特的眼光，一路斩妖降魔，激流勇进，光宗耀祖地攀上她人生的巅峰，拥有唐僧般百折不挠的耐心，处处感化和温暖世人，是我们班人心目当中当之无愧的女神，让无数一帮凡夫俗子都无怨无悔地屈服在她的五指山下。

刚进江门一中，拈花惹草是我的本性，我对此不以为然。BZ对我这些事却很在乎，目测认为目前的女孩还不够优秀，要我再等等（桥段）。于是她开启了对我的长征之旅。一开始，她对我并未立即采取高压措施，而是循序渐进，她先开始了解我，接近我。一天，她把我叫到办公室，映入眼帘的是可口的点心，和她那奥黛丽·赫本的脸孔，我深深地被美食吸引住了，我们开始边吃边聊，从客套到家长，聊得不亦乐乎，没想到如此娇小玲珑、年轻貌美的女子，做出的美食竟不亚于KFC，咸淡适中，让我爱不释手。接着，她开始和我深入话题，她说看见我和一个身高一米五几的女孩亲密无间，觉得反差萌厉害，毕竟我一米八几。刚开始，我不为所动。继续享受美食，只看见她的嘴在动，却不知其所言。她见我左耳进右耳出，于是改变了策略，开始舌灿莲花，说什么高中恋爱大学很可能会分手之类的话，苦口婆心地教导我，我见她给我做这么多好吃的东西，不忍看见她自言自语，于是她说一句我就拼命点头，可终至于面无表情，她见我还是"坐怀不乱"，她便放弃了这次的攻城拔寨的行动，叹口气说："你的青春你做主！"

作为一位名师，她不可能这么轻易投降，凭她的三寸不烂之舌，她完全可以把我说到口吐白沫然后再帮我洗脑，但她更愿意和我做朋友，毕竟，勉强没有幸福嘛。从那以后，她便经常找我聊天，这位长得像花季少女的成熟女性开始和我聊女孩。因为大热天有空调的陪伴，我的心情也舒畅起来，开始和她谈心。谈了几个前女友后，她对我有了大致的认识：三分钟热度，欠缺责任感。然后她对我说："花心的男人没有好下场。"我顿时花容失色，战战兢兢地说："会……会死吗？"她故作擦了一把冷汗，说："这倒不会，不过可能会脑垂体中心失控下垂。"我顿时舒了一口气，说："这是什么病啊，怎么没听过？"她斩钉截铁地说："YK！"我顿时转忧为喜，热泪盈眶，说："我以后再也不敢了！"然而这只是一个玩笑，我知道后便哈哈大笑，这次谈话虽然没有改变目前的局势，却让我谈恋爱的决心动摇了。

以后的日子里，她对我无微不至，体贴细心，她分析了谈恋爱孩子的心理：因为家庭缺少爱和温暖，所以需要别人来关心，我觉得这句话真的让我受益匪浅。因为受到了她发自内心的熏陶，我渐渐觉得女人如衣服，兄弟如手足，打破了一日不拍拖，心里痒痒的惯例，即使几天没拍拖，但我内心却依旧平静，不再对女生想入非非，一不开心就找她聊天、谈心，我们渐渐成为无话不谈的好朋友，有时偶尔谈谈哪个女明星漂亮，哪样东西好吃，哪个国家好玩，在她的英明领导下，我终于从比较混乱的私生活中重获新生，她真是我的女神！

（二）极品少爷的成功转型

"路见不平一声吼，该出手时就出手。"初中时经常以正义为借口，做出各种有失斯文之事，比如拨弄女孩橡皮筋，集体群殴等，但最致命的便是我的大少爷脾气，动不动就发火，让人趋而避之。

但来到 QBZ 的门下之后，我便变得温顺可爱。刚进一中，一场物理实验险些让我走上"不归路"。那天实验是需要用到玩具小车，随着几辆小车"砰砰"地掉到地上，我就开始带领一帮人起哄，把物理老师气得脸红耳赤，不知所措，摔门而去。随后我们便被"押"到 BZ 的办公室。为了给新班主任一个下马威，让她怕我，我便摆出一副蛮不讲理的样子，与其他人的低头认错形成一道截然相反的风景线。她把其他人教训完后，独留我一人，见我气焰嚣张，便知道对付这样的学生说软话就输了，于是她态度坚决地说："你知不知道你做错事了？"见她如此状况，我的脾气登时就发作了，眼一翻，冷冷地说："不知道！"她突然大声咆哮："做错事还这么嚣张！"我被她突如其来的气势吓坏了，阅人无数的我立即低下了头。"写 3000 字的反思，明天下午交上来！"我一听字数吓得七窍流血，心如刀割，不过慑于严威，"君要臣死，臣不得不死"，一通手忙脚乱之后，"奋笔疾书"地写了 3000 字。第二天，当我去交检讨时，她却早已冲好了一壶奶茶，于是我们的谈话又开始从美好的下午茶开始。她认为我大少爷脾气严重，做人要学会体谅他人，理解他人，然后说了一番大道理，虽说心里的叛逆还未完全驯服，但怒气已经烟消云散了。第二次和 BZ 正面交锋是在半年后的一次值周，我们逃去打球了，被级长逮个正着，于是我又面临审判，但这次我认为自己没有错，于是脾气又发作了。我瞋目视之，气喘如牛，坚持说我没有错。她不言不语听我倾诉。等了十多分钟，我发作完了，她就开始给我做思想工作："这样发脾气有好处吗？打球是好事，但无规矩不成方圆，你既不能改变规矩又不能制定规矩，那么就只有遵守规矩，不过，你没有让这个世界看到你的实力之前，你真的没有条件打破规矩！"她越说我越像做错事的小孩子一样，垂头丧气，无地自容。最后，她放缓了语速，用相当温和友善的口吻教我如何控制自己的脾气，驯服自己的野性，学会冷静地对待人或事物。经过一番头脑风暴后，我们都已经坦诚相待，真是神奇的感觉。

从上次发脾气至今，我已经能控制自己的脾气，待人处事也非常友善，这也从侧面烘托出BZ教育的神奇魔力。对我来说，高一至今，人还是那个人，帅还是那样帅，但过去的少爷脾气时光已经一去不复返了，涅槃重生啊！

（三）从自私男到小孝子

青春叛逆期，对父母的话都有一种发自内心的反感与抵触，所以我以前对他们的态度是持互不侵犯、互不干涉的内政原则，但偶尔也会发发脾气。BZ接手我后对我疼爱有加，简直犹如我的再生母亲，我是她的儿子。她对我不理睬甚至顶撞父母的行为感到不解甚至反感，所以就开始对我进行调教了，让我多对父母说说自己的内心想法，让代沟逐渐减小，让隔膜消减，让我在父母过生日的时候发去祝福，买些小礼物等，她一点点地把我对父母那种坏脾气刮骨疗伤般地剔除，把我以前的自私自利赶得远远的。终于，我能够和父母心平气和地说上三句话以上，能够不以忤逆的姿态对待父母，甚至能够和谐地吃上一顿家庭餐了，这简直是破天荒的事情。虽然，现在我只是做到不忤逆，与达到至孝的境界还有一段距离，可我相信在BZ的带领下，我一定会变得越来越好，成为一个称职的高富帅，当然了，离富还有一段距离。

非常感谢BZ三年来的精心照料、悉心指导，把我打造成一个父母见了会骄傲，师妹见了会尖叫的男人！感激之情，无以回报，您若安好，便是晴天，乌鸟私情，愿乞终养，我对您的感情真切诚恳，汹涌澎湃，谨拜表以闻！（CHZ）

第三部分　沟通，从懂你开始

"你觉得孤独就对了，那是让你认识自己的机会。你觉得不被理解就对了，那是让你认清朋友的机会。你觉得黑暗就对了，那样你才分辨得出什么是你的光芒。……你觉得迷茫就对了，谁的青春不迷茫。"（刘同《谁的青春不迷茫》）这种摇滚式的嘶吼，虽然无益，但还是指出了学生成长中所有遇到的问题，都是容易让青春迷茫的问题。

成长是一个过程，成熟是一种阅历。成长意味着习惯任何人的忽冷忽热，看淡任何人的渐行渐远，从一千零一个事故变成一千零一个故事，内心早已尝过百种草药，蹚过千山万水！这些量身定做的梗，拔掉了，就是成熟了；拔不掉，就永远成为后青春时代的痛点！

作为教育者，要从学生"踌躇的眼泪里，沉吟的微笑里，甜柔的羞涩和痛苦里"读"懂"。懂，是教育最温情的语言！只有"懂"，才会读懂学生的眼睛与内心；只有懂，才会知道学生笑容背后的忧伤与坚强；只有"懂"，我们才会耐心地聆听，轻轻地擦拭：将那滴流淌的眼泪，回流到深邃的海洋；将那柳絮飘飞般的烦恼，编织成温婉的文字；将那颦蹙的眉眼，安放在浅笑嫣然处……读懂学生的灵魂，你会发现：那个哭泣的男孩，教会我成长；那个内向的女孩，教会我爱！那些紧咬"王者荣耀"不放的孩子，教会我更多的道理！学生是我们天空中的一片云，只是偶尔投影在我们的波心，然后又渐行渐远。我只希望在彼此"交会时互放的光亮"，让他们相信：人生总会有不期而遇的温暖和生生不息的希望。

静守纤尘，余生，我将在远方眺望，耗尽所有暮光。因为我相信，他们总有一天会回来，回来聆听我的心事，教会我更多的事……

风吹旧雪，望断征途

●来

杨老师：

您好！其实在命运中我们都有一种消失的感觉。

怎么说呢？跟您在一起混的时候，我并不觉得有什么特别的地方，或许只是因为你我的性格过于相近，我只是很自然地与你交流，给你无数个象征平平安安的苹果。因为您的"圣体"实在需要源源不断的 vitamin C。

当然我也很无耻无赖地拿你的饼干、蛋糕或一碗糯米饭，当时只是吃过便罢，不当回事。现在想来，那些食物像你的心一样味道平淡，却能产生一股不可阻遏的暖流环绕全身。

进入大学，一下子觉得有一种渺小感。学生太多，除了一个班的同学，食堂里即便对面吃饭也互不认识。而老师们来来去去，似乎都太过匆忙，除了能叫出几个班干部的名字，其他同学在老师眼里仿佛都成了灰色头像，有种被忘却的命运。

或许你早就产生这种渺小感了吧！早就在人世浮沉，要被捐款、被开会、被培训、被询问、被谈话……以你弱柳之躯在世间做个强人实属不易。但同时得承认：你也被热爱、被关心、被我这样的人在某个不眠之夜想起，或许也是人生大幸吧！哈哈！能被一群赤子集体回忆的人，总比那些在社会围栏里纵横冲杀才挣得别人忠诚的人多一些满足感吧！

想起 The Sound of Silence 中一句歌词："People talking without speaking. People hearing without listening." 在这个言不由衷、充耳不闻的世界里，老师你在我心中是为数不多的会讲真话、讲实话、为学生说话的形象。你为我们争取在课堂上演课本剧的机会，使我有幸自编自导自演了最新版的《大话西游》。我"演艺事业"的处女作就奉献给你啦！当然也有你争而不得的东西，比如想在午读时间让同学们讲一点课外语文常识，最终只轮了几个同学，正准备轮到我的时候就戛然而止了。毕竟如今，高中教育只是为了把人通过高考这个炮台射进好大学，虽然强调学习兴趣的重要性，却似乎没有兴趣通过课外途径培养这种兴趣。

又想起你"娇小"的身躯从教室门口摇晃向讲台，又从二楼摇晃向四楼语文科组办公室的奇景。你把你多次出入医院的经历说得轻如鸿毛，仿佛只是在讲一个与自己无关痛痒的故事，实在有大将举重若轻的风范。但想想你改卷改到眼睛淌血的样子，我又不禁为你担忧和伤心。做女人难，做一个高中语文女老师更难。既要哄学生，还要哄领导，但你在世俗汹涌的浪潮中保持了自己的本色演出。

"淡泊明志，宁静致远。"你铭于座右的老葛这句话真的太适合你啦！虽然在课堂上你谈笑风生，把牛皮吹成一列火车，但对于学习上的问题你又永远是那么严谨。记得曾经问你一个问题，你一时不知怎么解答。过了一段时间我都忘了这事了，你竟翻出一个笔记本跟我说应该如此如此。我真的很感动。虽然我知道"鞠躬尽瘁"是所有好老师对自己的要求，但我还是衷心地希望你不要鞠躬尽瘁，不要再熬夜，要好好休息，多吃苹果，把身体养得滋滋润润的。

轻轻地，我将你发间燃烧的红玫瑰替入落雪的白芦苇。

与你师徒一场，我希望能够高举火把，继续前生未尽的联欢。

祝：安康！

ZJQ

●往

ZJQ：

你好！

有一段文字，我特别喜欢："如果把烹饪比作江湖，我最喜欢的厨艺高人当如风清扬——背负绝学，遗世独立。他们有自己的价值观和三两个知己，绝不会参加武林大会之类的有套路规则的选拔。他们做的菜永远是小众的：有性格，意气风发，绝不会考虑劳什子评委渐渐迟钝的味蕾和已经退化的牙齿。山脚下，大河边，是他们揣摩和历练武功之所，偶尔遇到知音，他们会停下手里的活计，从后院搬出一坛陈年老烧，过来跟你连干几杯，仰天长啸……那才是完整的美食体验。"（陈晓卿《至味在江湖》）我之所以原汁原味地和你分享此文，是因为它特别符合我教育的审美追求。

亨利·亚当斯说过："老师的影响经久不息，无所不在。"正因如此，教育者应该"背负绝学，遗世独立"，有自己的价值观，有独立的思想，有渊博的学识，并且"把教育当作一种情怀来做"，与金钱无关，与功利无关，甚至与分数无关。"山脚下，大河边"，是师生揣摩和历练"武功"之所；有时，"从后院搬出一坛陈年老烧"，或"晤言一室之内"，或"放浪形骸之外"……这才是完整的教育体验啊！

其实，我也并不高尚，我只希望我"达达的马蹄"不是你"美丽的错误"罢了。

275

我虽然只是个过客，但既为人师，就决定着我要从事这一份爱的事业，让过客也能感到深情而不纠缠。"你未看此花时，此花同汝同归于寂；你来看此花时，则此花颜色一时明白过来。"愿我们都能看到花开，愿花儿因我们的看到而灿烂明白。

　　这个夏天，最高兴之事莫过于你们高考的强势逆袭，你还是班里四个130分以上的"种子"之一。这是我未曾想到的！当然，我更加相信了，"当一个孩子具备了更好的情怀和更高的胸怀，成绩优秀并不是一件难事"。难就难在，教育者如何能在喧嚣的环境里聆听心音？如何能让灵魂跟上脚步？如何能把教育当作一种情怀来做？

　　仅以此互勉互励。

　　祝：进步，快乐！

兰姐

奔向太阳最多的地方

●来

兰姐：

您好！我不知道说什么好了，除了烦还是烦，除了抱歉还是抱歉，除了不开心还是不开心。学习什么的完全不在状态，我真的很后悔，后悔自己为什么要做这么愚蠢的事情。

我还能说什么，保证吗？没用……检讨吗？也没用了……这一切都是我自己招来的。我活该。我有时真的想放弃学业了，好烦啊！上了高中以后，我真的一点学习状态都没有了。初中时的拼劲完全消失了，每天就无所事事地过日子。我不想他们寄托那么多的希望在我身上，可是我又不想让他们失望。每天都觉得好累好累，就像鲁迅先生说的"非人间"吧，好辛苦。

那天卷子发下来，有很多不会的，我真的好怕，好怕我考得差，会令爸妈、老师您失望，怕你们骂。我一直觉得我获得保送机会全因为运气好而已。开学以来我压力一直好大好大。班中每个同学都很努力，可我却没有。我不想输，我怕输，却没有努力，而是用这些卑鄙的手段。我是如此可笑！一个重点班学生做出这样的事情恐怕会笑掉别人大牙吧，我是那么可鄙！呵呵。老师多次保护我，庇护我。我却毫不领情，还以为老师好欺负，不断地犯错，不知悔改，不守纪律，可笑至极，我算什么保送生！我根本没这个资格！或许，我一开始就没这个资格了吧。我甚至连普通班的学生也不如吧。

我现在还有什么脸面留在班级这个大家庭？我的贡献除了抹黑还是抹黑，扔蛋糕的是我，作弊的是我，玩手机的是我，宿舍扣分的是我，上课不守纪律的也是我，我也可以算是一个无恶不作的大坏蛋了吧。我想我真的不适合这个如此好的班级。我这种垃圾只会影响到别的同学吧？

对不起。我固然希望老师能给我机会改过，但如果不行，我也只能悉听尊便了。

此致

敬礼！

MYX

● 往

小 M 同学：

你好！看完你的"自白书"，我心里可谓百感交集，沉重？安慰？痛惜？还是……

对于一个免考试、操正步进入重点学校重点班的学生，你扔蛋糕、早恋、玩手机、考试作弊、迟到、"领读"还吃早餐、不交作业……任何一项，都让人难于和"重点生"挂钩。你在开学一个多月以来给班集体抹的黑，给"推荐生"抹的黑，给父母抹的黑，给爱你的自己抹的黑，足以让你"流放西伯利亚"N 次了。这一段时间，我和你隔三岔五就进行"南北对话"，以期达到"共识"。可是，你在我面前一次次地"虚心接受"，转身后又一次次地"坚决不改"。我曾愤怒过，即使是一个普通学生也不至于这么冥顽不化吧？何况你这个免试的优秀生呢？我不管用"金疮药"，还是"还魂丹"，都无法医治你"流脓"的伤口；我也懊恼过，懊恼自己"时运不齐""命途多舛"，怎么在即将优雅转身的黄昏会碰到一个"夺命阎王"？我也动摇过，为一个"锈迹斑斑"的人耗费我大量的精力，每天上演"智取威虎山"，这是否"物有所值"？我也曾发过狠，想我"行走江湖"二十多年，多少的"刺头"我没见过？总不至于被一个"愣头青"打得落荒而逃吧？

可是，有一件事情，彻底改变了我对你的看法。你知道？扔蛋糕事件让我对你到了零容忍状态，我"磨刀霍霍"，下定决心让你尝尝痛的滋味。9 月 5 号晚上，我和你母亲联系，你母亲透露了你的身世：虽然"父母双全"，可你却"孤苦伶仃"；你寄宿在保姆家里，生父母的爱也是鞭长莫及，他们各自的新家、各自的孩子让你的身世复杂起来；父亲爱你，许你一个移民出国的未来；母亲爱你，可是用溺爱代替了教育，以弥补对你的亏欠。你有吃不完的零食，你有花不完的零钱，唯独缺乏的一份属于你的爱，属于你的家。虽然我的教育生涯里也碰到过无数单亲的孩子，不幸的家庭各有各的不幸。可是，总有父方或母方为孩子提供一份哪怕残缺的天空。而你却没有"片瓦遮头"。更为可悲的是，即便孩子的教育问题，也不能把曾经相爱的父母拧成一股绳，各人都用自诩为爱你的方式来"教育"你……当时的我，不是作为一个教育者而痛心，而是作为一位母亲而伤痛。对你的解读，就因为"多看了一眼"，看到的风景就已经发生了根本的改变。

我不敢施舍我的怜悯，我相信怜悯是对你的侮辱。但我还是改变了看法，我为你不像重点生的"风范"找到了全新的注脚。当然，老师毕竟不能仅守"妇人之仁"，我理解你的遭遇，但并不打算放纵你的行为。因为每个人都有自己的伤痛，但我们不能总捧着伤口呻吟，甚至放弃治疗。如果我们没有刮骨疗伤的勇气，那只能让"伤口""发炎流脓"，最终会祸及"生命"。很多时候，我们之所以会感到痛苦，是因为我们把痛苦拿到了放大镜上观察。佛说：人有八苦，生苦，老苦，病苦，死苦，怨憎会苦，爱别离苦，求不得苦，五蕴炽盛苦。所以，生老病死，爱恨情仇，我们觉得痛苦；悲欢离合，阴晴圆缺，我们觉得痛苦；坎坷迷离，伤痛失落，我们觉得痛苦；众叛亲离，流离失所，我们觉得痛苦。我想，同一棵树都找不到相同的叶子，何况这异彩纷呈的人类社会，生活的差异是社会客观现实的存在，每个人都活得不同，都因身世遭遇不同在书写着各自不同的人生故事。我们虽然无法如佛一样身心放空，可是，我们还是要放平心态。毕竟，幸福无指数，心态是关键。拿不幸说事的人，最终不幸也总会拿他说事。

当然，我并不否认你缺失一个完整的家，也不否认这是一件很痛苦的事，更不否认这事儿摊在哪个人的身上都是不幸的。可是，遇到这种痛苦的你不会是第一个，也不会是最后一个。既然不幸和我们打了招呼，那我们就不能退缩到雨巷中去。如果我们的眼光总是集中在困难、挫折、烦恼和痛苦上，那么，我们的心灵就会被一种渗透性的消极因素所左右，就会把"黑点"看成大片阴影，甚至是"黑洞"。

你听过这样一个故事吗？据说加拿大北部茂密的原始森林里，生活着一种腹部带有美丽花纹的驯鹿，这种草食动物有着肉食动物般惊人的跳跃奔跑能力，而且极端耐寒，是森林中生命力最顽强的动物之一。而这一切超能的本领，正是源于驯鹿童年的"磨难"，驯鹿妈妈是一个"狠心的'后妈'"。为了驯鹿宝宝日后"前途光明"，驯鹿妈妈故意带着幼鹿到荆棘丛生的地带。驯鹿妈妈在荆棘丛中"腾挪闪移"，驯鹿宝宝为了喝上新鲜的母奶，只能在荆棘丛中跟随"妈妈"上跳下跃，驯鹿宝宝的肚皮被道道荆棘划过，淋漓斑驳，发出哀鸣不绝之声。可是，这"苦难"中开出的"奇葩"，却让驯鹿成就了自然界最伟大的奇迹之一！

当然，我们并不渴望苦难，也不想讴歌不幸。但是，我们人类往往把最美的赞歌都献给了面对苦难与不幸的人或物。有一个叫朋霍费尔的人，从被关进集中营的那一刻起，他就清楚地意识到死期将至，可是从他留下的《狱中书简》看，"他写于狱中的每个字都不只是用来表达悲哀，更是表达乐观的希望，其分量沉得比任何悲观或绝望都丰富"。在失去自由并随时可能走向终结的苦难中，他始终平静地对自己微笑，也在信中向家人传递着乐观的信心。在胜利前夕的1945年4月9日，他被押赴刑场。在临刑前，他向狱友告别时说："这，就是终点。对我来说，是生命的开端。"我们未必都有"泰山崩于前而色不变"的气度。可是，我们可以像水母一样，即使被虎鲸、鲨鱼等海洋中最凶猛的动物咬得遍体鳞伤，也能用伤痛刺激新陈代谢，从折断触须根部长出新触须，让伤口迅速愈合，在肉体剧烈的伤痛里将自己一点点变得强大起来的。我们要善于看到生活中的"白光"，善于在山穷水尽之处走到柳暗花明之村。

在反思中，你也渴望老师给你改过的机会，但"如果不行，我也只能悉听尊便了"的结语，让我感到很沉重。首先，我认为教育的目的是为了让学生明理，让学生学做真人。当然教育的橄榄枝什么时候都不会拢藏起来。为了一切学生，为了学生的一切。这橄榄枝一次次地伸出来，让孩子能够顺利到达光明的彼岸。可是，你每每"上岸"后，却每每折断这橄榄枝，把它抛得远远的。你只是把它当成了"救命"的稻草。所以，你犯了过错张嘴闭嘴就是"给个机会"。"机会"到手，你就好了伤疤忘了痛。就像一个孩童嚷着要糖果，糖果到手，便把它当垃圾扔掉。其实，与其乞求别人施舍机会，倒不如自己创造机会。当你手中握有更多的"门票"，你又何必因"缺钙"而下跪呢？其次，"悉听尊便"的说法有股怨怼之味，有点自弃之意。像孩子向妈妈要一件昂贵的"羚羊木雕"，妈妈不答应，你就满地打滚，大声哭闹，甚至"拒绝吃饭"，以此来宣泄自己"出离的愤怒"。说实话，这种做法是低幼的，这种想法是错误的。做了错事并不可怕，可怕的是用更错误的态度来对待错误。自暴自弃是懦夫的行为，你知道人最大的勇气就是生存，选择死亡是最简单不过的事情了。当我们有了过错而选择逃避，逃避不过而选择死亡，那可真是鸵鸟人生，悲哀！孩子，当你把心揉成多少瓣，日后你就必须把它一瓣瓣捡起，还要一瓣瓣地缝起来。生活的大门从来不会为拳打脚踢的人打开，当你好好善待生活，善待人生，那么，芝麻开门的奇迹就不会仅仅发生在阿里巴巴的身上了！

叔本华说："我们对自己已经拥有的东西很难得去想它，但对所缺乏的东西却总是念念不忘。"这也许是造成我们不幸的重要原因。

我愿意携着你的手，含泪奔跑，华丽跌倒，一起奔向太阳最多的地方！如何？

祝：安康！

兰姐

从现在开始

●来

兰姐：

您好！我知道您忙，也不想多耽误您的时间，但我真的再也压抑不住了。

感谢您对我的信任，让我在那 11 个班干位置中占一席。可是我的心真的很累！刚开始，我以为会像以往那样，几天之后我就可以适应一中的种种，可事实把我的所有想法都否决了。我来自普通学校，其实不仅如此，还是来自差班，是一个差班的领头羊。所以我的心里有一定的落差，这一块我也填补了，只是在学习上，我始终有点力不从心。每周末面对成堆的作业，就感到压力很大，觉得还有很多很多知识来不及吸收。我不是不想学习，只是习惯了宠着自己，总在小细节中浪费很多时间。

我真的不聪明，但我希望能在课余为集体做事，因为我听说过一个强大的人在学习与学生干事工作中自由切换的故事，所以我答应您了；我相信时间的流淌会让人真的有一个质的飞跃，因我目睹过一个顽皮捣蛋的差生怎样走进重点大学，走进顶尖学院的研究院系，所以我还撑着。我初中的政治老师，94 年时，像我一样，从一个普通学校考进江门一中。她告诉我要有自信，她说没有自信，想放弃的小朋友就不是我，不是她的干女儿了！

兰姐，我知道您信任我，我不想让您失望；我知道初中、小学老师都等着看我，我也不想让他们失望，更不想比那个从顽童走向成功的哥哥逊色！您可以告诉我，我能做些什么，应该怎么做吗？我能走到哪里？谢谢！

此致
敬礼！

GXM

●往

小 G：

你好！感谢你的信赖，让我能够聆听到你的心声。站在朋友的战壕，我想和你分享一下我的一些感受，或许并不适用，姑且当给你我彼此深入认识的一个机会吧！

《世界是平的》一书中，引用了这样一则寓言：在非洲，瞪羚每天早上醒来时，他知道自己必须跑得比最快的狮子还快，否则就会被吃掉。狮子每天早上醒来时，他知道自己必须追上跑得最慢的瞪羚，否则就会饿死。不管你是狮子还是瞪羚，当太阳升起时，你最好开始奔跑。MM，我很喜欢这则寓言，因为这段话不仅生动地揭示了现实中竞争的残酷，而且揭示了压力可以转化成无穷动力的基本原理。世界是平的，但竞争无处不在、无时不在。我们作为食物链底层的"瞪羚"固然有着"被吃"的焦虑，可是作为顶端的"狮子"，何曾不为果腹而忧心忡忡呢？只要奔跑起来，我们都有活下去的希望。你要求我告诉你，你能做些什么，应该怎么做？你能走到哪里？我很明确地告诉你我不能告诉你什么，因为连你自己都不知道该做什么、怎么做、到哪里、如何到……你又怎能要求别人做你的 GPS，为你的人生定位呢？人处在什么位置并不重要，重要的是你清楚自己处在什么位置，你还想往哪个位置进发。当我们逃避捕猎者或追赶猎物的时候，我们自然就能够奔跑起来，而且懂得如何奔跑！因此，确立目标是你的第一要义，竖起这杆大旗，明天醒来的时候，你就自然撒腿奔跑了！

当然，每个人都希望含着金钥匙出生，可是，这并不是一个切合实际的愿景。每个人不能选择自己的出生，可是，每个人都可以选择自己的人生轨迹。或许，"贫困"会加大我们前进的阻力，可是，这并不应成为让追寻的脚步停下的原因。你感到自己"出身贫贱"，来自普通学校，来自差班，是差班的领头羊，是命运的眷顾让你有幸作为推荐生进到重点学校重点班。你的心里充满了自卑的情愫，总感到在众多牌子学校里，自己就是一只丑小鸭。我想，你对前路感到迷茫的主要原因，就源于这种"草根"的心态。我可以理解你的忧虑，可是如果说这种忧虑可以影响你对人生积极进取的心态，我并不苟同。"王侯将相，宁有种乎？"出身行伍的陈胜、吴广尚能"粪土"王侯，敢把皇帝拉下马，而 90 后的我们却卑怯于我们的身份。我也只是毕业于普通大学，没有烫金的证书，扎在江门一中这所人才济济的学校，是不是也应该感到自卑？或许，别人会有同感，可是，我从来没有认同这种"龙生龙，凤生凤，老鼠生子会打洞"的阶级血统论。我的起点不如人，不等于我的人生不如人。所以，我把别人去泡温泉、吃佛跳墙，去唱 K 的时间都用在了学习上，用在了工作上，我不是最聪明的，可是，我是最勤奋的！二十多年来，我一步一个脚印，走到了今天为师生认可的位置！因此，我们要直面人生，直面现实，要端正自己的心态，包容自己，做到"你走你的阳关道，我过我的独木桥"。生命各有特色，不要跟自己过不去。懂得生命中的角色，活出自己的人生特色来。

你还谈到了自己诸多困境，比如说你不聪明，力不从心、压力山大、习惯宠着自己、甚至浪费时间等等。我不知道是否可以把这些都当成你逃避现实、不敢直面人生的托词？香港巴士大叔说"你有压力，我也有压力"。生活在这个膨胀的蓝星球，渔舟唱晚、田园牧歌式的生活早已成为难于企及的美梦，地球上任何的一种生物都在压力下进行"有氧抗压运动"。深海里的鲨鱼有"要吃"的压力，森林里的常青藤有攀缘的压力，你有作业的压力，我有教学的压力，大学生有就业的压力，企业有生存发展的压力，国家有国际政治军事经济竞争的压力……在压力面前，我们的心里防震要做到8级或以上，否则，我们就会像豆腐渣工程一样土崩瓦解。正如泰戈尔所言："琴弦为什么断了呢？我强弹一个它不能胜任的音节，因此琴弦断了。"所以，"真的猛士，敢于直面惨淡的人生，敢于正视淋漓的鲜血"，这样，你才能把红旗插在敌人的山头上，否则，你的人生永远听不到胜利号角的吹起！无臂达人刘伟说得好："摆在我面前的只有两条路：要么赶紧去死，要么精彩地活着。"MM，面对压力，你难道就会学那个蠢笨的企鹅，躲在悬崖边，怯弱地呻吟着？

另外，我也认为不要把人分为三六九等，你是白天鹅，我是丑小鸭，你是聪明的孩子，我是笨小孩，以此原谅自己的不作为。你听过张海迪的故事吗？你听过海伦·凯勒的故事吗？你听过舟舟的故事吗？高位截瘫的张海迪，成为中国"当代保尔"，实现了"轮椅上的梦"；盲聋女孩海伦·凯勒，成为20世纪"人类十大偶像"之一；舟舟却成了天才指挥家。不知道已经推荐免试进到重点中学重点班的你，比照以上人物的时候，是否会为自己"不聪明"的说法感到一丝汗颜呢？我不否认天赋，但像我这样资质平常的人毕竟是大多数。可是，资质平常不能决定你的人生平庸，唯一能决定你平庸人生的是你平庸的心态！

最后，有一个故事和你分享，名字叫《菲拉的选择题》。里面讲到美国新泽西州的一所小学里，一个由26个孩子组成的班级，被安排在教学楼里一间很不起眼的教室里。他们都是曾经失足的孩子，有的吸过毒，有的进过少管所，家长、老师、学校都对他们非常失望，甚至想放弃他们。正在这时候，一个叫菲拉的女教师接手了这个班。她不像以前的老师那样整顿纪律，而是给大家出了一道选择题，选出一位在后来能够造福于人类的人。

这三位分别是：A. 笃信巫医，有两个情妇，有多年的吸烟史且嗜酒如命（美国总统富兰克林·罗斯福）；B.有曾经两次被赶出办公室，每天要到中午才起床，每晚都要喝大约一公升的白兰地，而且有过吸食鸦片的纪录（英国首相温斯顿·丘吉尔）；C.曾是国家的战斗英雄，一直保持素食的习惯，不吸烟，偶尔喝一点啤酒，年轻时从未做过违法事情的（法西斯恶魔阿道夫·希特勒）。

当然，没有答案之前，大家都选择了C作为答案。

听完这个故事，你会惊呆吗？菲拉说得好："孩子们，你们的人生才刚刚开始，过去的荣誉和耻辱只能代表过去，真正能代表一个人一生的，是他现在和将来的作为。从现在开始，努力做自己一生中自己最想做的事情，你们都将成为了不起的人。"

我相信你也可以，对吗？

你的朋友：兰姐

学会左手和右手下棋

●来

兰姐：

您好！每一个人的心底都会有不能说的秘密。我们都应该尽最大的能力去尊重和保护这些秘密，因为它是每个人内心深处最柔软和敏感的地方，一旦碰它揭它挑它，就会给人带来莫大的痛苦和悲伤。

初一的时候，幼稚的我以为所有的爱情都会像小说和电视剧那样，一见钟情便会天长地久。于是，我和一个平常和我挺要好的男生开始交往。然而，现实狠狠地打击了我：原来我错了。随着时间的冲洗，感情变淡了，我们也唯有分手了。我默默地把这件事放在心底，不希望再有人知道和提起。但是有个知道这件事的女生，悄悄地告诉了她的妈妈，然后她妈妈又打电话告诉我妈，接下来的就是暴风雨般的责骂。其实这个女生是在我分手一年多之后把这个秘密泄漏出来的。如果她是在我分手前把那件事说出来，我还能理解她那样做是为了让我专心学习，尽快结束那些没有结果的感情；但是时隔已久，她旧事重提，不仅勾起了那些我不想再面对的回忆，还使我和家人的关系瞬时僵化。我的心被深深地刺痛了，我憎恨她，甚至觉得她的做法是别有用心的。从此以后我再也没有理睬她。

或许因为这件事的发生，我变成一个不会轻易对别人诉说自己秘密的人。如果我有十个秘密，那么对于普通朋友，我仅会告诉他们三个秘密；至于很亲密的朋友，我也知会告诉他们七个。

经过一个多月的相处，我觉得老师您是个善解人意的朋友，所以我把自己重要的秘密之一向您倾诉。在我家人听了那个女生的话后，我用我倔强的个性歇斯底里地否认了那段感情。因为时隔已久，况且经历那件事后我也成熟了很多，不会再去盲目追求朦胧的爱情；为免节外生枝，我坚决不向家人承认。我相信老师您会明白我的想法，我真的不想我心里最柔弱的地方再次受伤了。

此致

敬礼！

小 H

●往

小 H：

你好！很抱歉，因为诸多繁杂的事务，周末才有机会坐在家里的电脑前敲击键盘，给你回信。感谢你对我的信赖，让我有机会分享你的秘密，和你聊聊我的看法。

每个人都有潜存于心底的秘密，当我们决定拿出来和朋友分享的时候，你当然得掂量这个朋友在你心底的分量，掂量分享这个秘密的后果。假如我们决定信任朋友，共同分享，那么你还必须要担当秘密不再成秘密的风险，而且在事前还应有评估这个风险的能力。人性是复杂的，没有一支温度计能测量人心的温度。我重提人心的温度，不是看不到阳光，而是呼吁大家摒弃我们虚无的幻觉。有人说：不临财，全是谦士；不遇色，全是正人；不见骨头，全是好狗；不见危难，全是英雄！所以，慧眼识人很重要，否则，等到伤害加身，不是你捅我一刀，就是我捅你一刀，你再捅我一刀，我也再捅你一刀……然后彼此数数身上的刀伤，舔舐流脓的伤口，在风化的岁月里结痂，留下难于磨灭的伤痛！

从一个旁观者来说，我并没有像你一样解读那个"告密的女生"。首先，这个女生并不是你的好朋友，更谈不上"死党"。你没有理由要求她为你保守秘密，何况这样的秘密，连你自己都无法守住，奢望别人帮你守，这不觉得有点强人所难吗？其次，这个女生不一定充满恶意。你不能和母亲分享秘密，那是你的选择，但你并不能阻碍别人和母亲分享秘密。你和她母亲相比，你认为她更信赖谁？第三，虽然时隔已久，但并不能够成为"旧事不能重提"的原因。有些事情我们一辈子都会想起提起。你认为你分手前，她把这事捅出来是为你好，其实这是你一厢情愿的想法。我想，当你还在"蜜运"中时，以你的"倔强"个性，你不觉得她的"爆冷"是捅了马蜂窝吗？你不觉得她是恶意破坏你的好事吗？你不会有"血战到底"的决心吗？相反，事情过去了她才旧事重提，我想顶多就是一个无恶意的闲人罢了。何况，她的妈妈告诉你的母亲，于理于情都应如此。如果，作为一个家长或朋友，面对别人家孩子的事情采取"不作为"的态度，从另一个角度来说，你认为可以理解还是不可以理解？

与其憎恨别人，倒不如反思自我。假如我们不是始作俑者，怎么会有日后的故事发生？在这个天天都有"人肉搜索"发生的年代，你会认为自己那点秘密真的可以成为秘密吗？你以为这个女孩不说，那个女孩就不会说了吗？你以为不告诉你妈，你就可以当作什么事情都没有发生吗？你以为别人不当你面说，别人就不会背后说你吗？这纯属掩耳盗铃之举。所以，我们每做一件事情之前，都应该三思而后行。早恋应该属于我们的禁区。因为阅历与身心都让我们处在一个蒙昧的阶段。早恋中的少男少女，往往盲目行事，甚至一意孤行。"这就好比一个小煤窑的老板，没请任何勘探队就打定主意往下挖，甭管中间谁拿出什么证据告诉他这里荒芜一片，他就是认准了这里能挖出煤来。意念之强大，堪比愚公。"最终，我们往往就成了"容易受伤的女孩"。

　　事情过去有一段时间了，可是，你还是不开心。因为，你生活在憎恨中，憎恨让你的心灵长满了稗草，终有一天，它会吞噬你心灵的稻穗，让你颗粒无收。佛印与苏东坡说佛："心如佛，所见者皆如佛；心如粪土，所见者皆如粪土。"因此，世间有没有风景，就在于你的心中有没有风景，当你的心中长满了杂草，你还能奢望看见鲜花载途吗？很多时候，我们总把仇恨当成种子埋在心里，让它一天天、一年年、一代代，无休无止，疯长，报复他人的同时也伤害了自己。本来你的花季只是掉下了一片树叶，可是你却凋落了整个春天。人与人相处，不是一件容易的事情。或许，别人损害了你的利益；或许，别人打击了你的尊严；或许，别人害你一无所有。可是，我们仍然让仇恨的伤口开出芬芳，让快乐从灵魂发出。你一定听过乔布斯的故事，当年，他被自己开创的苹果公司炒了鱿鱼，公开把他"请了出去"。在你看来，你会不会觉得这是一件忒没面子的事？是不是应该憎恨那些把他"踢出局"的董事会成员？乔布斯"整个成年生活重心的东西不见了"，令他不知所措。可是，他没有怨天尤人，徘徊了几个月，他又决定从头来过。接下来，他成立了皮克斯公司（Pixar），公司接着制作了世界上第一部全计算机动画电影《玩具总动员》，现在是世界上最成功的动画制作公司之一。十年后，在苹果败军之际，乔布斯一笑泯恩仇，回到"苹果"，力挽狂澜，让"苹果"重发新芽。我想，乔布斯有充分的理由憎恨那些"炒鱿人"，也有足够的条件嘲笑那些困境中的"苹果人"，甚至兵不血刃袖手旁观就可以剿灭"老东家"。可是，他没有让仇恨燃烧，他只是选择了宽容，他实现人生又一次华丽转身。他说："如果当年苹果没开除我，就不会发生这些事情。这帖药很苦口，可是我想苹果这个病人需要这帖药。有时候，人生会用砖头打你的头。不要丧失信心。我确信，我爱我所做的事情，这就是这些年来让我继续走下去的唯一理由。"是的，当别人用砖头打你头的时候，你应该关心别人把手扎痛了没有。我们每天都把憎恨的牢骚的心情拿出来晒晒太阳，心情就不会缺钙了。

　　另外，不管你相不相信别人，不管你怎样处理秘密，你都应该相信这个世界还有美好的人或事；不管你歇斯底里地向妈妈坚决否定，你要相信事情还是会有一个真相；不管你如何憎恨那个出卖你秘密的女生，你还是要相信即使没有她，秘密仍然会被"出卖"。"漫漫的人生长路是由三段路面连接和延伸开来的，这就是所谓的友情路、爱情路、亲情路。每条路都有各自的色彩标识，每条路都有各自的交通规则，熟悉色彩标识的含义，掌握交通规则的重点，你才可以安心、安全地驶完一生的情感路程。"既然青涩的年纪跳摘了青苹果，那么，你没必要为这个苦涩的种子烂掉而耿耿于怀，更没必要为此憎恨朋友、敌对家人，只是因为你一时不遵守"交通规则"，并对开出的"罚单"仇视不已，一错再错，让友情路、爱情路、亲情路举步维艰！

在我看来，你是一个温文尔雅的女孩，想不到你用"倔强"一词定位自己。其实，有时候，人心需要一点脆弱。有一段文字说得好："时时都是那样坚强，像时时穿着盔甲、举着盾牌似的，会让人受不了。就像城市要是处处都变成坚强的钢筋水泥，露不出一点儿泥土的地方，就不能让雨水渗进去，滋润出一片青草。如果我们还能够在行色匆匆中偶然被一首陈年老歌或被一些微小的事所打动，说明我们还有可救药。有时候，脆弱就是这样测量我们是否还有可救药的一张 pH 试纸。"面对亲人、面对朋友，何必做一只刺猬呢？何不做一条鱼！

你也许会认为我是站着说话不腰疼，可是，我经历的故事即便没有一千零一夜般的绵长，也有一百零一夜的丰蕴。每个人都有属于他的故事，演绎的是悲剧还是喜剧，我们可能做不了导演，可是我们完全可以做一个出色的演员。理性地用"演技"刮骨疗伤，让它肌体健康，让心境恬淡怡然！

小 H，试试看：学会左手和右手下棋，胜利就会永远在自己的手中，快乐就会永远在自己的心里！

你的朋友：兰姐

我的"今日说法"

●来

兰姐：

您好！昨天，像平常一样，我回到家，放下书包，瘫坐在沙发上。妈妈走来了，开口便是一句："回来了，你知道吗？前几天新闻报道了××中学的一个老师呢。"我一听，立即坐正了："什么？""××中学老师在网上支持学生早恋"，妈妈补充道。我一听到"××中学"便立即清醒，随后上网查这一事情，就得出前面的一段新闻。（编注：报道后附）

关于这段新闻，这个事件，有两种态度：一是反对。大部分家长坚决反对，就如JML家长则批评老师祝福早恋；二则并不反对，认为老师的祝福并不代表赞成早恋，单看微博也太断章取义。

看了这新闻我也思考过。

作为一个处在青春期的中学生，我很理智地认为男女双方产生好感，是十分正常的。常言道："哪个少年不钟情，哪个少女不怀春？"如此正常的事情却被家长过于激动地关注，我爸爸便是其一。早在初中，他已经十分正式地警告过我早恋的坏处：早恋分散学习心思，对女孩没有安全保障，最终结不了好果子，还让自己终生后悔。我虽不相信"终生后悔"，但我还是认同早恋有坏处的。

早恋的坏处，因当局者迷，一旦陷入的同学难以自我发现。心思分散了；眼际从一群异性缩小到一位异性的范围；若不成功，女孩应该是受伤最重的……早恋，在身心、学习等方面都有不好的影响。

凡事都有两面，一切皆有可能。我就听说过一个实例：一对男女朋友在读书时候便在一起了，两人成绩都不错。他们达成了约定，两个人要互相鼓励、帮助、支持，要双双考入同一所名牌大学。就这样，他们像往常一样学习、生活，最终都以优异的成绩考上理想的大学。这便是早恋成功的例子，多让别人美慕呀。

早恋有负面影响，也有像上面例子那样的正面影响。那么，引发风波的微博里的那对情人，也许他们正是受正面影响而修成正果的。我们都不知道，只有他们知道，一概否定的家长太过偏激了。

我们都希望早恋能有正果，但是有多少真正成功？多少孩子总不听老人言，最终吃亏在眼前？生活无限好，何必着急去贪婪地享受？何不等我们真正享受了学习的快乐，再去享受人生另一段的美好呢？慢慢地沿着路走比疾驰而过更能享受细腻的美。

另外，新闻最后提到的学生上课发微博，是关于纪律的问题，这应该要引起重视，也许学校要更加强化纪律管理。

此致

敬礼！

LXM

●往

小L：

你好！我很高兴，因为你比一般同龄的孩子都要理智、成熟。能够辩证地对待早恋问题，条分缕析，有理有据，令人信服。

对于早恋问题，我和你不是第一个讨论，也不会是最后一个讨论。说实话，这是一个家长敏感的话题，也是教师头痛的话题。因为"早恋"一词几乎成为洪水猛兽，闻之色变。大家之所以认为可怕，重要的原因在于"早"，也就是说"不是适当的时候做适当的事"，就像农民冬天播种，春天收割，白折腾了，赔了夫人又折兵。我曾努力地思考过，花季年华，天空应有着怎样的繁星？14岁英勇牺牲的赖宁，15岁壮烈就义的刘胡兰，"为中华之崛起而读书"的周恩来，"埋骨何须桑梓地，人生无处不青山"的毛泽东……花季年华，我认为是尝试的、求变的、奋斗的年华！你在父母的"计划经济"中没有金融海啸的冲击，你在老师的"市场经济"中无须"占领华尔街"，你只需把"三点一线"规划成宏伟蓝图，就有可能实现你少年时代最浪漫的梦——我和你一起慢慢变老！纪德说："只有在变动中，我才能寻得自我的均衡。"花季的我们，就应在求变中实现自己的人生价值。

你认为人生最可怕的是什么？我认为是时间，时间是魔鬼。"江畔何人初见月？江月何年初照人？人生代代无穷已，江月年年望相似。"有人说，人的一生就犹如在时光的睫毛上舞蹈，花季只不过是睫毛上激起的一朵小小的浪花，其晶莹的光彩只是昙花一现。我颇有同感，花季占有的时间极为短暂。它往往创造了美，又在最短的时间把美毁灭。"日月失今，岁不我与。"正因为如此，我们的花季就应该用汗水浇灌最鲜艳的花，为人生的金秋结出最丰硕的果实。

当然，人非草木，孰能无情，何况我们还处在春光明媚的季节，"钟情怀春"正如你所言，是少男少女正常的生理现象。可是，我并不苟同这种激情泛滥，甚至决堤，肆水横流。我不否认早恋或许有修成正果的个案，就如你的举例，可是它不具有代表性，就像牛蛙也有吞食蛇的个案一样。在我的教学生涯里，碰到或听到的早恋情形，大都以惨淡收场，甚至形同陌路，老死不相往来。究其原因，不一而足。可"早"是一道始终难于迈过的坎，少年的心理成年的行为，极端的矛盾结成的终究是青苹果，苦涩、难于下咽。爱情不是玩过家家，不是为了排遣寂寞或者寻找一张短期的饭票，说严重点，爱情像一次赌博。无论选择了谁，都是一次投资，无论选择原始股、潜力股还是巅峰股，都需要承担风险。我们虽然在"香辣鸡腿堡"的环境中"饲养"长大，大个头却没有大智慧。这些"生长素"并不能掩盖我们稚嫩的思想，有些甚至在父母的翼蔽下失去飞翔的冲动。这种"大婴儿"又怎能承担"股市风险"和爱情责任呢？当浪漫的玫瑰遭遇猪肉飞涨的时候，自以为拥有一份可以海枯石烂的爱情，却无法天长地久了。"非你不可"的爱情最终灰飞烟灭，也许这就是早恋难于修成正果的重要原因。

对于"微博门"，本来我并不感冒。"他默认学生早恋，有木有？"这种知音体的标题触目惊心。我之所以成为沉默的羔羊，不是因为我无动于衷，而是我认为生活历来都不缺乏无恶意的闲人，当然也不缺乏有恶意的闲人，在全民"织围脖"，人人啃"苹果"的年代，没有什么比信息传播更快的速度了，三人成虎，何况众口莫辩，云深不知处，只缘此山中，唾沫横飞的天空，想看清北斗都不是一件容易的事。

我想，"JML"从T老师微博上的内容触摸到教育深处的"思想脉动"以及"政治走向"，这对教育而言是一大幸事。因为当教育能够从神坛中走下，成为开放性的大讲堂，全民共织"教育的围脖"，我们教师就不会孤军奋战，独自在"铁屋子里呐喊"，以至于"彷徨"了。从这个角度而言，"JML"们无可厚非。

可是，我还是觉得对教育应该持有一种心平气和的态度，教师与家长不应该成为"医患关系"。我们是一条船上的左右桨，共同的革命目标都是合力撑船，把孩子送到光明的彼岸。假如我们用赌气、找茬儿的态度去"合作"，我们最后有可能落得个"野渡无人舟自横"的处境。如果我们仅从事件的横断面看，T老师所说的"Y先生在××校园邂逅同班同学L小姐，身为劳动委员的他一见钟情于她。此后，在××校园共度六载快乐时光。"这样的话，固然有不按教育常规"出牌"之举，甚至有误导"早恋"之瓜田李下之嫌。可是，当我们的索引派把T老师强摁在审判席的时候，我们的对话、我们的倾听都失去了任何效果，甚至一切的解释都成了掩饰。所以，T老师三缄其口，我想不是理亏，不是害怕，更多的是"无法站在弹药库的周围点灯"的无奈。我不胜冒昧，揣摩事情的脉络，力求回到事情的原点。

我想，世事的复杂性有时候就在于看到的不一定是真实的。孔子尚且错怪过颜回，慨叹："所信者目也，而目犹不可信！"我不是为教育的纰漏找"免死金牌"，只想说明一点，眼见的都未必真实，这就是事情的多样性，教育的复杂性。T老师说这番话，就等于默认学生早恋，就等于学校恋爱成风？学生发几条微博，就定性学校监管不力？这些说法有道理，但明显中气不甚充足。首先，T老师是这对"早恋"学生的六年见证人吗？是身临其境还是过后传说？这不得而知。其次，对T老师这番话的解读，真可谓"青菜萝卜，各有所爱"，"经学家看见《易》，道学家看见淫，才子看见缠绵，革命家看见排满，流言家看见宫闱秘事。"（鲁迅），结果，两大阵营"狼烟四起""刀光剑影"，大战了"三百回合"，还要"且待下回分解"，一千个读者有一千个哈姆雷特。其三，我们仅凭T老师这番话就演绎推理出"读某某学校可以早恋，可以在校园共度快乐时光，可以最终结婚……"这样逻辑，显然是站不住脚的。我在学校工作了二十多年，我还没亲历或道听途说哪个老师去鼓励或默认学生早恋的情况，或许我比较孤陋寡闻。不否认林子大了，什么鸟都有。可是，我仅凭教育的良心，说句"JML"们可能不爱听的话，一只鸟成了乌鸦，还远不至于让我们"眼前一黑"的地步。

T老师是一位颇有口碑的老师。这样一位教师，仅仅因为这次"微博门"而被推上风口浪尖遭到口诛笔伐，甚至××学校这块锃亮的招牌也惨遭泼漆毁容。这就有点形而上学的意味了。可是，教师们也不是一个装在套子里的人。当教育大环境呈现出前所未有的开放性的时候，当教育素材长出多元胚胎甚至怪胎的时候，教师也是一个终身学习者，也会在学习途中有"失控"甚至"失身"的可能，可是"黑子"并不能削弱太阳的光辉。佛山小悦悦连遭两辆车碾过而十数人冷血面对，我们可以痛心疾首，我们可以指手画脚，我们可以痛陈弊端，我们甚至可以"华山论剑"，可是，这并不能因此而否定佛山的文明进程，更不能跳到云端呵斥全民道德的萎缩，良知的崩溃。我们固然希望每个教师都白璧无瑕，固然希望所有孩子都乖巧，固然希望所有人都能站立成人。可事实上，如果我们的教育都是成功的，那么，警察完全可以放进历史博物馆了！

教育不是万能钥匙，不能把所有的社会症结一一打开。唯其如此，我们更希望多一点"JML"这样的家长，把关注的焦点投到教育的版图上，当然，我更希望我们的家长是正气而不是怄气，是公道而非私心，是精准打枪而非乱枪扫射，只要我们平等对话、真诚沟通、去伪求真，求同存异，我们的教育一定会充满元气而非戾气，家校合作就会向教育的大同方向进发。我也希望我们的家长，把目光也扫描到自身上，做一个言传身教的家长，得理也可以做到饶人。就像教师对待犯错的学生一样，采取的难道不应该是治病救人的态度吗？当我们的校园门口的大字标语从"树立文明意识，珍爱美好家园"摇身变为"治不孕，到玛丽""一站式解决女人贴身问题"这些触目惊心的标语时，你是否有对付 T 老师的勇气拿起长枪大战风车？当我们的教育环境如同空气时时接触到这些非教育环境的时候，我们都有"JML"们横扫千军的勇气的时候，即使有被误伤的可能，也是"伤而无怨，死而无憾"的了！

我想，教育需要声音，甚至一些"杂音"，否则，教育的百花园也很难枝繁叶茂。

你的朋友：兰姐

●缘起

2011 年 10 月 4 日国庆长假期间，博名为"SY 锁清秋"（化名）的某中学老师在网上发微博向一对曾经是某中学学生的新婚夫妇道贺："恭喜恭喜！某年某月，某先生在 × 中校园邂逅同班同学某小姐，身为劳动委员的他一见钟情于她。此后，在 × 中校园共度六载快乐时光。今天，漫漫爱情长跑修得佳偶天成。同班真的好有爱！百年好合，永结同心！"该微博以拼图的方式附上一对新人婚照和中学集体照。

这本是一条平常而温馨的祝福微博，却引来一位学生家长，博名为"JML"（化名）的质疑和指责。"JML"原博文："博主身为 × 中的老师，发这微博。本意是讴歌爱情，但你别忘记你的粉丝全是你的学生。你现在无疑是在告诉你的学生：读 × 中可以早恋，可以在校园共度快乐时光，可以最终结婚……"此微博一出，引发学生、家长和媒体的多方关注。随后讨论上升到校方管理和学生素质的层面。"JML"认为校方该申明对早恋问题的立场和态度。他还指出，× 中有学生在上课时间发微博参加网上讨论，这也印证了他对 × 中老师疏于管教课堂纪律的指证。

●后话

前段时间，"新婚祝福微博事件"闹得沸沸扬扬，"JML"与"T 老师"的粉丝开骂，媒体也来蹚浑水。当时，级组紧急通知班主任开会，说了一些云里雾里的话。把说话的几个关键词连起来，揣摩表达的意思可能是"T 老师没有这种意思，不要听信传言，严禁学生带手机回校，尤其课堂上微博"。说实话，当时班主任们十个有八个不知道这回事，然后就要立刻回班里传达"圣旨"。当时不少班主任在半梦半醒之间把这十万火急的诏书传达下去，然而我没有。

第一，在自己都还不知道事情的来龙去脉的情况下，照本宣科会不会太草率？第二，在不知道学生对这件事是否了解的情况下贸然宣旨，会不会刺激学生的好奇心？第三，师生都不是生活在聋哑人的世界，当我们都没有对事情进行"大众点评"的时候，单单宣布"官方"的观点，这种做法会不会仓促？基于以上，我按兵不动，私下里认真学习了 T 老师微博的内容，钻研了"JML"和"粉丝们"的对骂艺术，揣摩了媒体报道的思想脉动。后来我也一直没有采取什么行动，因为观察了班中学生的反应，似乎没有过大动作。直到后来，有两位家长遮遮掩掩地来了解我们学生拍拖的问题；有一位女生在周记中写到此事。我意识到有必要说说，把暗涌导出地面。

首先，我给这位女生答复，阐明了我的看法；其次，我利用市教研室举办的作文课比赛的机会，开了一节题为《横看成岭侧成峰，远近高低各不同—认识社会，辩证分析》的作文课，把近段时间发生的焦点新闻作为作文素材：占领华尔街、佛山小悦悦、卡扎菲、红领巾绿领巾、天宫一号与神舟八号、江门创文、"微博门"等等都成了课堂研讨问题—"微博门"就这样不露痕迹地摆上了餐桌。学生讨论热烈，尤其知道严禁手机在校充电，学校封杀"插头"都是"JML"惹的祸的时候，他们几乎一边倒地声讨"JML"的行径。按说我应该很高兴，这不正中下怀吗？可是，我们更需要一些杂音，只有从杂音中我们才有可能分辨哪些才是真正的天籁之音。于是，我要求辩证看这个核心议题，面对社会纷繁复杂的问题，我们要懂得"运用脑髓，放出眼光，自己去拿"（鲁迅），懂得运用联系的、发展的、一分为二的哲学观点去看待问题，避免患"近视眼"，说"过头话"，做"井底蛙"，否则，我们永远都无法看清雾中之花，镜中之月。在学生讨论的最后，我才把我的一篇关于"微博门"事件的看法的文章拿出来和大家分享。听完后，同学们掌声雷动。那一刻，我觉得这种方式比赤裸裸的宣战要有效一些。

江南雨巷的唯一入口

●来

兰姐：

您好！

下午两点，那熟悉的铃声，睡梦中的安详马上变成了惊恐。我连滚带爬地起床，连忙穿上鞋子，衣服尚未整理好，就与L同学离开宿舍。我们跑到宿舍大楼门口，回眸已空无一人。我们默然相视后，便奋然向前冲。死神般的值日生已然站在教学楼楼下，守住了他们身后通向人间的通道。可怕的寒秋啊！一阵风呼啸而过，我深感寒意。死亡的铃声响起，那两位手臂上戴着红底黄色"值日生"袖章的"死神"，截住了我们逃出"鬼门关"的路。他们拿出死亡笔记的纸条，命令我们写上名字。"你们为什么迟到了？"级长满脸乌云地走了过来，严厉而带有责备的声音也使我回到了现实。我胆怯地瞄了她一眼，实在无话可说。

下午第一节是历史课，我并没有很好的心情与专注跟老师穿梭。我心里是那般凌乱，有点埋怨那位死神，上次眼保健操我没有做好而被扣了分，也是她干的好事。可我又想，值日生是级长安排的，值日生也只是辅助老师维护纪律，是我自己纪律散漫罢了。可我又想，兰姐你今天对我的表扬，其实我有点配不上。说真的，我真不愿意去伤害你脸上挂着的笑容。相比起我初中那个人人都自私自利的班级，现在这里人人都那么无私，为班级抹黑实在让我感到惭愧。

于是我下课后歉意地走到你办公桌前。没有批评，你的问话，我却答不上来。你说，我有着对我很关心的、爱我的父母，这是我的幸福。可是，这又何尝不是我的压力呢？您说得对，我没有理由让他们失望。于是，我就不能让自己失败。兰姐你可知道我的初三有多么痛苦？头两次月考成绩不理想，让父母对我失去了信心。尤其是父亲，谁能理解我的痛苦？谁又能理解他的痛苦？初一的时候父亲告诉我："你最重要的是付出努力，成绩不重要。"于是，我初中的前两年成绩都很不错。可是到了初三我发现，付出努力并不重要，只要成绩，只有成绩，才能得到所有人的认可，才能令他们开心。我两次月考失败期间，以前经常与我讨论问题或向我请教的同学都远去了。我不得不承认这就是事实。所以，我很怕付出了努力却得不到回报。但我选择了坚强，跌跌撞撞中又爬了起来，庆幸还是到了这所重点学校。

我从未停止过对自己的怀疑，而如今又在这人才济济的地方。也就是说，我的自信并不充分。其实，我知道我的父母会给你打电话询问我的情况，这就是说，他们也不相信我。我怎么自信呢？成绩排名出来了，我并不算满意，因为英语考得实在糟糕。兰姐你说我来了一个华丽的转身，可我说，其实我并不太差，不是太愚蠢。我亲爱的兰姐，请给我一点信心与勇气。

我想报理科，我想进实验班。我的同桌，大男孩CJH，在得知成绩后与母亲通电话中哭了。他在一次吃饭时与我聊天说："我的家庭环境并不好，如果我读书不行，以后就难有出路。我可不能用差的成绩去回报我的父母。"我看着他捂着脸抽泣着，并没有去安慰他。我知道他自己能面对。这两天，他确实是变了一个人，他安静的样子挺可爱。我从前也是心浮气躁的，只不过现在适应了环境。我们会一起安静下去的，我们也想在十三多亿人中出类拔萃。

大男孩也说要报理科，如果我们能够进实验班，请兰姐把咱俩招到你的门下，希望您能再带领我们通向更高的殿堂。

此致

敬礼！

CHY

● 往

亲爱的孩子：

你好！与其说你交给我的是一份检讨书，毋宁说是一份深刻的反思。我也常常反思，也在反思中迷茫过、痛苦过、失望过，可是，反思依然让我拥有一片属于自己温暖的天空。

你说"我们会一起安静下去的"，我突然有种泪流满面的感觉，我分不清这种感觉是高兴是伤心是痛苦还是落寞。就像非洲大草原上的雄狮。有一天，它终于失去奔跑的能力，失去了追赶角马的力量。它淹没在万马奔腾的硝烟中，嶙峋的骨架依稀还能嗅出往日的雄风。它终于安静下来了。可是，我没有高兴，我只想哭。因为当狮子不再追逐角马，草原是多么可怕的死寂与蛮荒。

有时候，作为教育者，我也有神经错乱的时候。在应试的泥淖中，我无法抽身出来，因为我"越想动就陷得越深"。我无法停下不知所措的脚步，就像夹在逃荒的人流中，动作稍微"羸弱"一点，就有可能绊倒甚至被踩死。我只能拼尽全力，妄想像张翼德一样，做到"长坂坡头杀气生，横枪立马眼圆睁。一声好似轰雷震，独退曹家百万兵"。这样，我的"兵马"才有可能在千军万马中占领有利地形，才有可能抢占高考这座山峰的制高点。我常常抢起长枪挥舞，只为吓退周围的"黑猩猩"。每当我筋疲力尽的时候，我就站在"长坂坡头"打一下盹，让过去曾经在我历史天空中划过的彗星重新在脑海中闪烁一下：在荷塘月色下漫步的 L、K、G，在未名湖上偃仰啸歌的 L、Z，站在爱丁堡大学领奖台上的 H，在德国化学研究室的博士 L，还有二十多年来成为我身心良医的 R、Z……虽然，他们今天的辉煌，无一不涂抹着昨天惨烈格斗的痕迹，我在这场搏斗中也起到了推波助澜的作用。当他们的笑脸终于变成了高考"该有的样子"的时候，我也长长地舒了一口气："人类的血战前行的历史，正如煤的形成，当时用大量的木材，结果却只是一小块。"可是，在我快要遭受灭顶之灾的时候，这一小块"煤"足以让我容足，让我下沉的身子奇迹般地站稳。虽然，我知道我的脸沾满了"污泥"，可是，比起"中外杀人者"，我真的很在乎自己在制造"999 纯煤"的时候的黑点。"威猛先生"冲刷了我脸上的污迹，可是，却无法清洗心灵的积液。我尝试对着熙攘的人流呐喊，别人把我当疯子看待。于是，我蜷缩在自己的"阁楼"里，锁住自己的寂寞春秋，偶尔下楼遛遛，和"街坊邻里"说些无关痛痒的话。不敢说教育，是因为无法说明白。我们都在应试教育下如驴负重，气喘吁吁，甚至伤兵满营。可是我们仍然要步履维艰的前行，因为，挤不上高考这条独木桥，我们就有可能被抛弃在人生的横断山脉，把人生变成一条凶险诡秘的"澜沧江"。中国人口众多，资源有限，大家都想切一块蛋糕尝尝，那是不太现实的想法。因此，你想在十三亿人口中尝到蛋糕的滋味，甚至还能品尝"星巴克"的香醇，你就必须往前冲。或许，高考，真的给了我们一个打赢富二代、官二代的机会。否则，"猎人就敢在狮子口中夺取上好的角马肉块"。当然，最可悲的不是我们明知山有虎，偏向虎山行。而是你我根本就不知道除了虎山我们的根据地究竟在哪里。换句话说，教育的原生态究竟长成什么模样，我们不是考古学家，无法复原它的原貌。可是，当我们在这个"整容"成"疯"的年代，我们早就已经见惯了"我全身都是整的"的"刀削美人"。虽然明知道不真实，可是总比我们回到真实的原生态要熟悉得多，习惯得多。因为，即使我们有着专业的"考古队伍"，有着惊人的还原技术，还原过来的也极有可能就是"一具千年古尸"。虽然是"马王堆汉墓出土的古尸"，"皮肤仍旧是淡黄色的，按下去甚至还有弹性，部分关节能够活动"，可是，毕竟面目狰狞，不复鲜活与美态了。

我很喜欢这个故事：一位裁缝在吸烟时不小心将一条高档裙子烧了一个窟窿，致其成了废品。这位裁缝为了挽回损失，凭借其高超的技艺，在裙子四周剪了许多窟窟，并精心饰以金边，并取名为"金边凤尾裙"。不但卖了好价钱，还一传十，十传百，不少女士上门求购，生意十分红火……应试教育不能说千疮百孔，但也"弹痕累累"。虽然我远不是一个"好裁缝"，但我常常用我"笨拙的手艺"，希望能把"窟窿"修补成"金边凤尾裙"。但很多时候，事与愿违，越补越难看。可是毕竟"补"过，也就无愧于心。所以，"在应试的泥淖里，我尝试开凿一泓清泉：让老师走下神坛，让'差生'也能抬头走路，让知识与快乐同行，让语文的舌尖可以舔舐到草莓的香味。"（《青舞飞扬》）这是我唯一能做的事情，也是我无法判断你成为你更好还是成为科比更好的原因。

你知道邓文迪吗？一个普通的中国徐州女孩，"18岁时离开中国，14年以后回来，她的名字成了文迪邓·默多克。她嫁给了那年69岁的世界传媒大亨默多克。总资产超过400亿美元的新闻集团，从此诞生了一位来自中国的王后。"邓文迪自我评价说："我是一个进取上进的人。无论做什么，我都尽心尽力。人生充满了跌宕起伏，不管是顺境还是逆境，我都会找到美好的东西，使生活尽可能地完美。"生活总是充满了观众，不管成功与失败，都会有人指指点点，即使成功如邓文迪，指手画脚的人也从未停止过。可是，她并不活在别人的世界里，成功就是王道。英文有一句话说得好：不要和成功争辩。要成功，就必须活出你的性格，活出你的叛逆，活出你自己的生活。当然，传媒大亨默多克只有一个，邓文迪也不可复制，可是每个人都应该活出自己的默多克，活出自己的邓文迪。世俗的价值评判比较单一，不少人都想做 CEO，不少人都想成为狮子，你不能改变这个世界，那么，你只能改变你的心态。假如，你是羊、你是小鸡、你是兔，我认为还是做回你的羊、你的小鸡、你的兔，因为只有狮子才会最终成为狮子，我们虽有可能被狮子"逼成疯子"，但也免却了"只想活给周遭的人看"的悲剧。

你知道复活节岛的毁灭吗？这个世界上最偏远的一块人类栖息地，据悉它最终消亡就与外部的敌人或朋友毫不相干，而只与他们自己直接相关。岛上的玻利尼西亚人就是为了活给周遭的人看，所以大肆挖石，用巨型的石头雕成巨大的石像，当数不胜数的大石像竖立在南太平洋海岸上的时候，玻利尼西亚人也许没想到这是为自己竖立的最后一块墓碑。压力就像地心的吸引力，不可太大也不可没有。它是一所没有人报考的大学，但它年年招生，能够毕业，都是强者。看清这个世界的伤疤，然后爱它，这样你才能笑傲江湖。我很喜欢一句话：这个世界并不会在意你的自尊，而是要求你在自我感觉良好之前先有所成就！

讲到父母，你似乎有着满腹牢骚。即使父母的关心询问，也会被你异样地"维基解密"。所以，你看不到父母爱而不得其所的焦虑，看不到父母为保护你自尊而"曲线救国"的心酸。你之所以曲解或误解父母的一切，首先，是源于你内心缺少一个强大的气场，总希望别人以示弱来反衬你的强大。如果你是狮子，即使打盹又何必在意瞪羚的偷窥呢？第二，你把父母当成了你成长过程中的格斗对象，他们对你的关心都成为你借力打力的机会。我不否认父母的唠叨，有点偏执甚至有点过错。可是，他们不是跟你过不去，而是想你日后能够过得下去甚至能过好生活。你认为父母的做法是不信任你，甚至认为兰姐对你摸底成绩的客观反映也是没给你信心的表现。或许，这一切皆因你蹲在孩子的高度，所以才会看见可怕的"断腿断胳膊"？自信不是别人给的，那是要靠自己挣的。难道，你真的希望像个乞丐一样，伸开双手，接过嗟来之食？每一个孩子成长都有烦恼，每一种烦恼其实并不是别人给你的，更不是父母给你的，而是你自己给自己的！有时候，"心就像一扇厚重的城堡之门，没有外面的锁，只有里面的闩，别人在外面怎样使劲地踹，不如自己在里面轻轻地一拨"，拨开了你心里的闩条，外面的世界就会精彩绝伦。你眼中的各色各样的人也就不会成为"变形金刚"。别总拖着"尾巴"回到自己的洞穴躲起来，你要知道，"尾巴是弱者的眼泪，苍蝇也斗胆在它上面盘旋"。

　　我很羡慕你，上有父母，下有妹妹，生活富足，你目前似乎唯一需要做的就是好好学习，不用为蒜头的涨价而斤斤计较，不用为各种培训而焦头烂额，不用为"占领华尔街"而摇旗呐喊，不用为碧桂园成为别人五星级的家而激扬文字。我多怀念父母健在的日子。父母在，家就在，父母不在，我总觉得住的是房子而不是家。我也曾经像你一样愤青，也曾把父母当成"阶级敌人"，甚至把父母对自己的宠爱变脸为刁蛮、任性、不可理喻。父母对我这个从小体弱多病的女儿像青花瓷般捂在心里，生怕摔碎了。可是，我总把这种爱演变成无理取闹，总觉得这种爱是永不枯竭的阿拉伯国家的石油。我挥霍着，不知疲倦。可是，当我母亲今年7月15日遽然离去的时候，我才知道她的离去对我的人生造成多么大的苍白与荒芜。走在滚滚红尘，我的心找不到落点，我的眼睛患了可怕的雪盲，我感到了前所未有的疲惫与困乏！每当更深人静，我都会穿越那个未知的黑洞，妄想在奈何桥边痴痴地守候着还"未曾离去"的父母。我舔舐着父母双亡的伤口，在每一个日落黄昏，希望靠自己内心的力量治愈深深的刀痕。别人说，信父母的人最柔软，可是，我再也无法躺在这柔软里细数窗前的落叶。我只知道，当"我掠开雨湿了前额的头发，深深、深深地凝望"，我把最后一次的目送给了我的父亲母亲！

　　龙应台有一段深情的文字，深深地击中我的软肋："我慢慢地、慢慢地了解到，所谓父女母子一场，只不过意味着，你和他的缘分就是今生今世不断地在目送他的背影渐行渐远。你站立在小路的这一端，看着他逐渐消失在小路转弯的地方，而且，他用背影默默告诉你：不必追。"

　　我亲爱的孩子，今天，我才真正明白：父母，才是我们回到江南雨巷的唯一入口！

兰姐匆匆

初心，不忘

●来

兰姐：

您好！对于新年才过来一封这样的信我感到非常抱歉！希望这封信没有妨碍到兰姐吧。

回想起这一学期来我眼中的你，此时此刻可用百感交集来形容我的心情。

你的教育方向很理想！你只教我们一个学期，然后分道扬镳，这是每个九班人都认识到的事实，但是你在忙碌的十几个星期内，充实了我，充实了九班。你就像初恋的对象，使人永远记得你，并时刻爱着你受用于你。这一点足以让我们、让我们的家长、让学校、让社会感激你了！正如小孩的学前教育，你带给我们的不只是语文的反思文学，更多的是对人生的感悟。这对小孩以后的人生是非常有利的！而我认为相对于课本知识，我更需要做人的道理！无论我这一句多么 boring，我也要说：兰姐，你很伟大啊。因为你是我最真心赞赏的人。

你的语文水平很高！估计你也猜到了我要说什么了吧？正如我刚才所述，你的教育方向就是不一样。因为比较注重思想培养品德培养，于是你搞了个"反思文学"。不仅让我们反思，自己也时刻在反思。这又勾起我对你的好奇，难道你也还有什么不足吗，兰姐？

你的"调情"能力很强大！我印象最深刻的是校运会的庆功大会。你能调动全班一起欢腾，我差点就被催泪了，从未遇到过这么温馨的班集体（说起来我又惭愧了呢……）！你真的成了我们的益友，而不只是良师。你说过你是我们的朋友，与我们统一战线。你真正地做到了。还有多少次，我们糟蹋了你在教育战线的光辉形象。我猜想你应该很在意，甚至对我们已经失望了，但你仍然能支起九班的精神支柱，安慰我们。我不知道这是否也能安抚你……

你的人才意识很敏锐！记得期末前你说我们在九班可能怀才不遇，你没有发掘到每位同学的才能。这句话可以推出两个可能的结论：第一，你已经尽力了，但无奈于时间短暂，无法一一鉴别；第二，这是谦辞，你已经看到每位同学的能力了，只是没有机会去让我们发挥罢了（这也是我的想法）！

你的处事方式很让我成长！记得以前我是很害怕去教师办公室的，总是低着头，扣着手，不管是否有错，都是一副认错的样子……自从见了你，我没有害怕。轻松是一回事，居然让我产生了"下次有机会一定要再来"的想法！这是前所未有的连自己都惊讶的想法啊！可见你的亲和力能治愈人。还有一次，游园会的时候，级长把话说在前头：任何社团不能提前准备。但是想想社团那边的压力，于是我还是鼓起勇气向你提出请假申请，原以为你会教育我一番，但是你抬了抬眼镜，想了想，批了，什么也没说。我觉得你非常睿智，在一个无间道地带中圆融地处理好了这件事。我到现在都非常感谢你，不是因为你能让我去社团，而是你的放行让我由心里发出愧疚：我以后一定不会顾此失彼，一定不会让老师有左右为难的时候了！这种效果真的比斥训要好几百倍啊。因此，我觉得你更睿智了。

你的身子很虚弱！我心里很矛盾，很想你能继续当我的班主任（虽然这不大可能），又很想你不要再当班主任，心疼你的身体，这很幼稚吧？不过这就是我的愿望。你还是要好好保重身体啊！

衷心感谢你能花时间把这封信看完！我是把兰姐当成我人生中的朋友才用"你"的。若在信中有什么贬低了兰姐的或者写得不对的，恳请你原谅我的自以为是。这就是我眼中的你——兰姐。

祝：新年快乐，身体健康！

你的九班人　CJX

● 往

CJX：

你好！"爆竹声中一岁除，春风送暖入屠苏"，在这个"龙腾云海国昌盛，春满人间民泰安"的新春佳节，难得的是，你用最美好的时光，最深情的文字，赠我一顿新春盛宴！

毛主席曾在《新民主主义论》里用了"六个最"来高度评价我们的鲁迅先生；在你的笔下，我很荣光地被冠上了"六个很"，每一个"很"字，都让我生命与希望在悄然绽放，也让我透过岁月的斑斓，在光阴与现实相织的疏影里逐一揣摩着、反思着，仿佛有一种力量，在我的暮光中葳蕤葱茏。当然，"身子很虚弱"是个生命的话题，就让其以后"独立成卷"。"你的教育方向很理想"，还真的可以在这个年岁末，烹煮一壶远离世俗的清茶，化成流年碎语。

文天祥，相信这个名字如雷贯耳吧，"人生自古谁无死，留取丹心照汗青"的诗句，慷慨激昂、掷地有声，从此，这个民族英雄活成了中华民族的一道丰碑；张千载，陌生吗？这个文天祥的同乡好友，从小和文天祥一起读书，被老师视为"双璧"的人，却只是一个小举人，与文天祥走着迥然不同的人生之道。然而，在文天祥被俘关押期间，是他倾家荡产，上下打点，并亲自服侍照顾文天祥的生活，送饭喂饭，直到妥善处理文天祥的后事。我之所以会想起这个故事，是因为，总有一种力量会让人泪流满面。民族英雄固然烛照千古，可小人物张千载何曾不是有着生命温度与亮度的人物呢？作为教育者，我们无法把每个学生都培养成烛照千古的英雄，可是，我们却可以让每个小人物都有着生命的温度并能拼尽全力地发出亮度。即使微弱萤火，甚至渺茫，但却能笃定地发光。

我们每一天都在忙碌着、追逐着、寻找着所谓的理想。然而，当某天，我们开着兰博基尼，喝着拉菲，穿着香奈儿，细数幸福，舔舐幸福的时候，我们才发现，我们并没有想象中的幸福，为什么？因为，我们在追求幸福的道路上，我们不得不违背自己的意愿，去做着有损灵魂的事情。教育者也往往有这种痛苦，走着走着，就走成了原先自己最讨厌的模样！而我之所以还能感到幸福，是因为即使蓬头垢面，我还能认出自己最初的模样，还能坚持自己的教育理想！

教育没有旁观者，我们都要参与其中，希望，在应试的烘炉里，咱们都能煅烧出喜欢的模样！

祝：进步、安康、快乐！

兰姐

303

噢，你也在这里？

● 来

兰姐儿：

您好！昨天是7月9号，一个让我难以忘怀的日子：这天，我正式离开了高二党的行列步入高三，我开始了高中阶段最后一个暑假的生活。这天，我得知了您不再教我的消息。

一开始的时候，我是在朋友圈看见的教师分工表。虽然像素感人，但是我还是从语文老师栏目下面一堆打了马赛克一般的糊状物里认出来一个"兰"字。顿时，心头大石得以落下：太好了，陪我走到最后的那个人还是您啊！

接着没多久，J老师就在一条朋友圈下面回复我的评论，说道：你太不乖了，把语文老师气走了！

我的内心里电闪雷鸣，脑海里闪现的第一个念头，无疑是J老师这个人又开始捉弄我骗我了。当然我也是心虚的，因为我自觉自己的工作真的做得不够；但是我还是接连问了好多好多遍，真的不教了吗？我要图片来看！

然后他就把图片发给我了。然后我就清晰地看到，那个兰字，真是此兰不同彼兰。我顷刻间就崩溃了，第一反应就是这当然不是真的。你跟我讲过你要一直陪我到高考，要陪我走好长一段路，怎么现在我还没放弃，你就先走了呢？

再三又反复的求证之后，我整个人就蔫了，接着就开始崩溃得不成样子。兰姐要走了啊，我的兰姐要走了！你是那么温柔啊，而且，你也不会吐槽我做得不好（有我也自动忽略了）。

一种诡异的、鲜有发生在我身上的崩溃现象持续了很久。我盯着手机，在微信跟QQ之间不停地切换啊切换，却泣不成声，喘气都喘不过来。好久好久没有过的泪珠竟然那么不争气地，一串一串地流下来了。可是问我为什么会这样，我真的说不上来。

无数次想象过失去你的时候的情景，但当它真正来临的时候，我却连这么点接受的能力都没有。我是不是真的挺怂的呢？

可是，我还是仍然很难接受。在遇到新的老师的时候，我肯定会不由自主地拿你和 ta 做比较吧？我肯定会觉得你比 ta 好上很多很多倍，我肯定会更喜欢你来教我。有这样的想法，让我觉得我自己有点卑鄙，有点偏激，有点背叛了自己的感觉。我希望我能像喜欢你一样喜欢新老师，可是我不知道 ta 会不会像你一样，不知道我能不能像喜欢你一样喜欢 ta。如果我不能做到，我是不是就成了一个坏孩子了呢？

你跟我们说，相濡以沫，不如相忘于江湖。以往的我只会觉得这句话听上去很有逼格，但是往往更觉得有点"少年不识愁滋味，爱上层楼，爱上层楼，为赋新词强说愁"的感觉。然后你又说，相比起那些令人艳美的共甘苦的爱情，如果这段感情对双方都有害的话，那还是相忘于江湖最好。对这句话，当时懵懵懂懂的我现在倒是又再懂一点了。言情一点的说法就是，如果离开我能让你过得更开心一些，更轻松一些，那我宁可做一个甘于奉献的人，放手，让你在你的"浆糊"中玩得更愉快一点。毕竟啊，你开心我才开心！

但是现在安静下来想想，教高一的话，对工作那么忙的你也一定会有更大的帮助。而且想想看，好像教高一，肯定比教我们班的人容易很多！他们一定会比我们更乖，也一定会有像我一样爱你的人来爱你的。真好啊！不过，不不不，我一定不会跟你"相忘于江湖"，你传授给我的知识，我一定会好好记住；你跟我讲的那些大道理、那些规劝与鼓励，我也都会好好记住的。我既然不会忘了你，那也希望你一定不要忘了我哦（虽然我没啥好记的，哼，反正我肯定会在高一认识的朋友里拼命推销你的，哼，而且我知道你肯定不会主动说要抛弃我的，我都知道的！哼）！

我一定会竭尽全力不让你失望的。

祝：天天开心，天天开心，天天开心，年年健康，年年健康，年年健康！

Ps：唉，哭了一个多小时，心都累了。

Pps：其实那个之前全级第一的男生啊，也像我一样的喜欢你哦。

Ppps：在高一一定要过得开开心心的，不然我会带几个男孩子去"打你"（严肃脸）！！

一个几万年没失眠过的人、你的科代表：CYT

●来

兰姐儿：

本来打算发个红包给你，但是考虑了很久，我对你的感情，哪里能用区区几个数字来表达啊。所以我又来胡说八道啦。

在我开始写这封信的时候，距离新一年只剩下大约半小时了。渐渐地鞭炮声开始响起，但是心里却好像没什么特别的新年到了的感觉，反而眼眶有些湿润。

2017年，我最害怕的这一年，终于要来了。你总是半开玩笑地跟我说，毕业以后就是无期徒刑。我很讨厌这个说法。很多时候我更是一个懦弱的人，其实我很怕高考，很怕随之而来的跟你的离别，跟熟悉的环境、跟"未成年人"这个身份的离别。有点不是很合气氛啊，在这个大家都在开心庆祝的时候，我却在房间里开始抑郁。但是，管他呢，你是知道我的想法的，嘿嘿。

又要长大一岁了，此时我的脑子里却是一片空白。这一年里，我失去了我自以为最合乎我认知的人，但是也因此重新认识了身边的世界。我的世界很小，我所关注的只有我想关注的东西。好吧，失去了一个蓝颜知己，抑郁了很长一段时间以后，在你的帮助下，在身边很多同学的鼓励下，我终于算是拾回了自己，开始关注很多不是非常感兴趣的东西，很庆幸，很庆幸。

其实能做到每天有空就去找你，我自己都觉得很神奇。从你办公室到课室那段路程，看似很长，其实飞奔的话，不用两分钟就可以做到的。有时候痛经也会飞奔，回到课室坐下，同桌kb问我为啥脸色苍白。虽然好像做贼一样鬼鬼祟祟，但是每天这样跑跑步，也可以减肥嘛。现在在家里就不能跑去找你了。所以严格来说，见不到你，我是会长胖的。（下一年我也会继续找你的哦，不是为了减肥！）

还有你看，我献殷勤的频率这么高，要我哪天不骚扰你，实在是很难的事情。

兰姐儿，你不是一个完美的人。的确嘛，你总是生病不舒服，让我很生气哦。很多事情我总是选择性地遗忘掉，但是我记得很清楚，当我第一次跟你讲你身体情况的时候，内心那种颤抖的感觉。我还记得回课室以后一节课都心惊胆战不停跟同桌吐槽我的害怕……总而言之，新一年里你也要好好的！照顾好自己，就是对我最大的爱。

其实我很开心，结束了课堂上师生关系以后，我反而能跟你倾诉更多东西，有几分毫无拘束的感觉。好啦，真的憋不出来了！憋得脸都红了，跟利是封一样颜色啦！

所以即使这封信写得溃不成军，你也一定要相信，我是真的、真的很爱你哦！

好好照顾自己，三重感叹号！！！

祝：好！！！

大粉丝：CYT

●往

小C：

你好！你千呼万唤，只为听我一句话；你天天跑我工作室，只为看我一眼；你每晚十一点准点，从不落下的一声问候……深情而不纠缠，温润而不腻耳。曾有眼泪从深井喷薄，曾有话语撩拨六月的枝丫，然而，我选择今天，把昨夜的深情，未来的希冀，饱蘸汁墨，氤氲在这个跌宕起伏的六月画卷，向你延展铺开！

148的高考英语分数，让你在这个夏日足以笑傲江门。可是，你脸上的那一汪泪水，别人为你狂欢，而我却要为你揾拭。戴上皇冠又如何？你仍然为赚不到"双鸭山"（中山大学，Sun Yat-sen University.——编注）的一张入门券而痛哭流涕！或许，这就是人生，你不明白别人为何因你而摇头快乐，别人也不理解你皇冠下的无病呻吟，笑点与哭点，永远不会在一个点上！

所以，不是所有的事情都有原因；或许，不是所有的原因都能讲清楚；或许，讲得清清楚楚的已经不再是真实的原因。正如你拷问我为何离开你，拷问我离开是不是意味着不爱。我很难用一句精当的语言表达。是与非都不是答案，正如狮子吃羊，羊吃兔子，兔子吃草，没有原因，或许，一切的因果都是世界本来的模样！

有人认为，没有伤口的人生不值得一活。也有人认为，没有经过深夜的痛哭是不配谈人生的。我并不是人生痛苦或苦难的鼓吹者，可是，当看到你的痛哭与崩溃，我相信人生还是会有伤口的，而且，这个伤口，是那么猝不及防，是那样蛮横无理地强加给你。这是我选择离开最不愿意看到的结果。

王开东老师曾说过：教师的作用实质上是非常有限的，了解到这一点，对我们而言，不是绝望，而是警醒。对此，我是深以为然的。我曾把"爱"当成了教育的金疮药，多年来一直把来到我的世界里的学生搂在怀里，放在心上，为你们而笑，为你们而哭，为你们辗转反侧，为你们愁眉深锁。好多年了，"你一直在我的伤口中幽居，我放下过天地，却从未放下过你。我生命中的千山万水，任你一一告别。"（仓央嘉措）是的，我了解我的学生，我甚至从他们的颦蹙之间读出心灵的符号。我知道他们的聪明与狡黠，知道那句美丽谎言里的波澜，知道那句漫不经心的话里的温度，知道那句蛮横无理的话里的真诚，知道那喘息之间的脉动。我拿起爱的手术刀，去医治那些或张狂、或自卑、或自闭、或蛮横、或散漫、或自大等"先天不足"之症的学生，"扩张、造口、探查、移植、修补、切除、缝合"等一系列动作，精准而又高效，当我以理想的教育实现教育的理想之时，我便觉得自己是个幸福的人，无愧自己卑微的人生。然而，爱也是一把双刃剑，尤其越到现在，越发现其伤及自己的锋利。一个老师，最难的事情不是授业，而是传道，而现在功利的教育似乎没有时间去等待一朵花开，没有耐心去欣赏"深夜花未眠"的险以远的瑰丽。当我几乎以牺牲对孩子的陪伴为代价，以牺牲家庭的天伦之乐为代价，以牺牲自己的健康为代价，却发现爱的手术刀远没有分数那样有效。救治一个"病孩"远没有打造一枚"春药宋仲基"那么瞩目。猎猎西风，跑来的都是嗜血的北极熊，把人生的励志故事都演成了狗血情节，炫耀数学零分也只有文学了。教育的戾气让卑微却又追求情怀的我在撕裂中前行，在踉跄中蓬头垢面。当然，当我揣着明白装糊涂，身不由己地卷进这个风眼中却又想凭一己之力按下云头去拽着你们的时候，我却发现，你们似乎也被强劲的台风吹得东倒西歪，甚至为了站稳脚跟，不由自主把我狠狠地推搡一把。当我把满腔的爱灌注到你们身上，然后骤然发现，你们并不了解甚至并不需要这种方式的爱，这才是最温柔而致命的补刀啊！

"于千万人之中遇见你所要遇见的人。于千万年之中，时间的无涯的荒野里，没有早一步，也没有晚一步，刚巧赶上了，没有别的话可说，唯有轻轻地问一声：'噢，你也在这里？'"张爱玲的这一番话曾作为我第一次见到你们的开场白。我相信，冥冥之中缘分的亲疏远近，这并非宿命，恰恰是对相遇的感恩与敬畏。感恩你来过我的世界，感恩你组成我精彩的章节，感恩你从我生命的岁月中打马而来，感恩你留下的竹简木牍构成我教育的童话。去年暑假，那是我生命中最灰暗的日子，三年来相濡以沫的学生走了。他们把我削骨剔肉，连根拔起，甚至连灰色的头像都来不及闪烁就已经从我的生命中消失得踪迹全无，这一波生命中的偌大虚空把我彻底击垮；而另一波人生中最大的苦难又赶场般的扑来。我整个假期都在惶恐焦虑与绝望中度过，茶饭不思，彻夜不眠，我甚至被医生诊断为抑郁焦虑症状，大把大把的药，无法剔除心中的肿瘤。可是，当我第一天接触你们之后，我居然奇迹般地复苏了冬眠的灵魂，居然把尚未扛过的灾难撂在了一边，甚至把周遭的阴霾和戾气轻轻抹掉。遇到你们，是上帝送给我的最好礼物，它沉淀了我生命中所有的杂质，所有的灾难、所有的苦恼、所有的抑郁都被瞬间瓦解。我扔掉了一包麻袋的抗抑郁的药，我又开启了另一段教育生涯的"黄昏恋"，满血前行！

因此，我珍惜你们，像珍惜生命一样，我爱你们，像爱上帝一样，风格迥异而又朝气盎然的你们，再一次击退了我的暮气与颓气，让我再一次相信：学生，只有学生，才能生死而肉骨矣！

理科班的孩子啊，是豪放派，聪明而张扬，课堂上永远都澎湃着钱塘大潮。你们激情四射，你们不喜静默，在你们的身上，我似乎触摸到弄潮儿的脉搏。我喜欢你们的口不择言，喜欢你们的裸言裸语，喜欢你们睥睨一切的狂傲。只是，假如你们也能"临帖"苏轼该多好：他可以进，也可以退；可以大江东去，也可以相对无言；上可陪玉皇大帝，下可陪卑田院乞儿；他可以"日啖荔枝三百颗，不辞长作岭南人"，也可以"食无肉、病无药、居无室、出无友、冬无炭、夏无寒泉"而"九死南荒吾不恨"；他无可救药的乐天，他"不务正业"的情怀，他并不陡峭的"高度"，并不刺耳的"声音"……只是，我们聪明，关键我们年轻，年轻就有逆风飞扬的资本，就可以任性地用青春赌明天。所以，当你们道听途说误以为蜘蛛精是神仙姐姐，以为兰姐是无所不能的观世音菩萨，洒几滴杨枝甘露便可普度众生，自己躺在莲座上无须盘腿打坐，便可立地成佛；抑或开启紧急抱佛脚模式，每次考试前夕，只需礼佛三支香，便能瞬间从学渣逆袭成学霸。然而，这种主客倒置、聪明误导的后果，带来的是由爱生恨，由恨生戾。这和2015年的股市风云何其相类！我的到来，诱发了你们一次前所未有的飙升，使"荷尔蒙指数"达到了前所未有的高度，崩盘之后的崩溃是必然的。我们可曾明白，语文是一个厚积薄发的过程，是一个沉潜于心的过程，是一个仙袂飘飘的过程，满面烟火，两鬓苍苍，何曾让语文有诗意栖居之所？失却诗意的语文终究让脚步沦为旷野的僵尸之脚步！聪明而不智慧，灵动而不沉敛，颇类拿起纸刀在人群中挥舞，吓不到别人，却把自己"娱乐至死"！

　　文科班的孩子是婉约派，聪明而内敛，课堂上永远都像汪洋大海。表面上平静如镜，实则暗流涌动。若果风向不对，你们永远就做那汪深不可测的蓝。可是，一旦"诱因"成熟，强大的墨西哥湾暖流就会"席卷天下"，所到之处，"歌台暖响，春光融融"，不管横竖抑或偃仰，不管仰天大笑抑或浅颦微笑，意到剑到，快意恩仇，任意东西。怯怯的小聪、小鳌，傻傻的小楷，暖暖的小勇，帅帅的小峻，冷冷的小高，幽幽的小文，痴痴的优秀，一半是海水的小金，一半是烈焰的小林……十颗种子，饱蘸着生命的张力，恰到好处地搅动着这汪深蓝。心肺全失的、平和冲淡的、邈远幽深的、冷峻峭拔的、高远疏朗的、清丽明亮的、沉郁顿挫的风格全让这寥寥几个欧巴引爆了。欧尼在高叫，欧巴在低笑，"牝鸡司晨，惟家之索"，然而，现实却是，牝鸡司晨，"六畜兴旺"！当然，在这幅繁荣的"清明上河图"里，看似太平盛世，其实危机四伏，祥和之中风雨欲来，阳光之中阴影疯长。或许我们都难于预料，当我们只想成为沉默的大多数，当我们一方面做着晨钟暮鼓、青灯木鱼的妙玉，一方面又想着天然一段风骚，平生万种风情的宝哥哥，禅性与魔性，会不会有堕仙之虞？

　　我总以为，最好的我们，不是多年前不曾相遇，或者，不是多年后不再重逢。而是，不迟不早，正好碰上，正好来得及轻喜：哦，原来你也在这里！

其实，这只是耽于幻想的图景，那个夏日，恰恰是我的梦魇，本以为在你们的身上找到自己未曾老去的容颜，然而，刚刚在刀尖上滚过的我，鲜血淋漓，形容枯槁，在尖锐的疼痛中，拼命徒劳的挣扎，在希望与绝望中复制、粘贴。

我曾那么骄傲，骄傲我的一生都是故事而非事故。在一千零一夜的故事中，有众多优秀学子组成的故事章节，每一章节都散发着线装书的悠悠墨香，是传说，是传记。它焕发着盗火者的撕裂的雅致与风骨，摩挲着，就像着一脉优美的卷轴画，那涩黯的红尘也似乎蕴含着一抹淡蓝，在教育深邃的眸光里，似乎也掩藏着绝不相符的温柔。

我曾那么自豪，自豪我对教育的从一而终，自豪我的学生都能身心健康。我是那么执迷不悟，笃定教育就是还魂丹，教育似也不负如来不负卿。你看，那个寒门子弟，只因一次慧眼识英才，便从此华丽转身，抖落一袍虱子，在十月的阳光中且行且歌；你看，那颗"蒸不烂，煮不熟，捶不扁，炒不爆，响当当的一粒铜豌豆"，只因三年的"慢火细煨"，终于炖出一锅广东老火靓汤，在人生的凉薄中成为我最禅意的道场；你看，那个曾经把我围追堵截、壁咚上墙的躁狂抑郁的孩子，在我的一把辛酸泪中，终于走过了那个湿漉漉灰蒙蒙的雨季，今天的他在人生的舞台上关注民生、倾听热线，为民请命；你看，那个曾在风云际会的应试球场上被长久搁在一边的弃儿，在我的反复"揉搓"、反复"推拿"下，走上了想走的路……

我曾那么充盈，总感到生命饱蘸了张力，点横撇捺之间都圆融自如。因为"爱在左，情在右，走在生命的两旁，随时播种，随时开花"，虽曾流泪，却并不悲凉，虽曾恼怒，却并不伤心。悲而能壮，哀而不伤，有过这样美丽的交集，青春裂出了一道伤口，一张一合地呼吸着，痛感默默地传遍全身。

你永远也看不见我最爱你的时候，因为我只有在看不见你的时候，才最爱你。你永远也看不见我最寂寞的时候，因为我只有在你看不见我的时候，才最寂寞。你不懂我，我不怪你。

时光荏苒，在不设防之中，已经年近五十，迈向黄昏。有人说我此生足矣，平淡充实的生活一直过到不惑，方才倦鸟归林，所有的花都开过了，唯独我还盛放。然而，其实我还有许多遗憾和未了心愿，我终究没有一场鹰击长空的博弈，羽毛就已经被风雨和荆棘打落得七零八碎。即便还有梦想在血液里回旋，也被现实的冰冷，日子的细碎扼杀在黑暗里难以抬首。

站在五十的关卡，我以为早已洞明世事，在前不见逝去的时光，后不能临摹晚景模样，进退两难之中，还懂得生活的继续……当然，支撑着自己一直无畏前行的是，我始终有一个梦想，梦想花开多少，果实就会结出多少。然而，现实却给了我迎头痛击，原来花开得再多，到花事谢灭之后，不结果子的树也不在少数。

我总很傻很天真地认为，投身教育就是和教育谈一场恋爱，没有杂质，没有功利，没有"色情"，只是精神的愉悦、满足，与清风共舞，与明月同醉，愿得教育心，白首不相离。可是，有一天，教育的画皮下居然也露出了它青面獠牙的面容，记忆中金色的诗行被冰冷的大数据切割成薄凉。教育的血液流淌成殇，有短暂的欢呼，更有长久的凄凉。覆巢之下安有完卵，一将功成万骨枯，状元的横空出世，会让你梦中有太阳升起。只是，下一个轮回，你可能长久泡在冰冷的海水。数据时代引进教育，而教育把数据发挥得淋漓尽致，所以，面朝大海，有可能是春暖花开，也可能是卧轨自杀。别人走上神坛的红地毯，或许就是你马嵬坡上的三尺白绫。

于是，教育者也在把这汪春水蹚成了一方沼泽，把垂死挣扎当作了生蹦乱跳，乌烟瘴气装点成仙袂飘飘的颜色。微信群里，辛勤地搬运着大师们的思想；天上飞的，满是都处赶场的拾人牙慧而被冠以当代专家的拍砖人；地上走的，是曾在豆腐版块中报道过的各类拔尖人才。雨后春笋般的点赞像太平洋海啸，优秀在这汹涌之中直冒泡泡……当然，解开这层温情的面纱，有些在往优秀道场赶路的人，直接抢起了水管，敲打着每一扇窗户。平淡的语调讽刺着一个人仅有的骄傲，剥夺了他人正值青春的最后一点尊严。我听到了自尊阵亡的声音，瞬间分崩离析，那么的惨烈，可我却不敢靠近。

六月的雨淋湿了我满怀心事，絮絮叨叨没有章节，心觉无处可栖，唯有文字可依，哪怕只是自言自语。或许，某天，你恰巧经过我的窗口，偶尔驻足，我飘落的章节，被你轻轻拾起，你会瞬间澄明，所有的答案，都在文字之外，岁月的轮回，也就变得顺理成章。

教育的最好模样，就是在有生之年，看到了彼此的成全，你我门当户对的模样！

历史有一个片段记载，梁思成和林徽因结婚前，梁思成问林徽因：有一句话，我只问这一次，以后都不会再问，为什么是我？林徽因答说：答案很长，我准备用一生的时间来回答，你准备要听了吗？

是的，你问我为何离开？问我爱不爱你？我只好笨拙地盗用林徽因的回答：答案很长，我准备用一生的时间来回答，你准备要听了吗？

兰姐儿